『十四五』国家重点出版物出版规划项目

南昌民盟史

（1947—2022）

中国民主同盟南昌市委员会 编

群言出版社
QUNYAN PRESS
·北京·

图书在版编目（CIP）数据

南昌民盟史：1947—2022 / 中国民主同盟南昌市委员会编. -- 北京：群言出版社，2024. 3
(民盟历史文献)
ISBN 978-7-5193-0921-3

Ⅰ. ①南… Ⅱ. ①中 Ⅲ. ①中国民主同盟－史料－南昌－1947－2022 Ⅳ. ①D665. 2

中国国家版本馆 CIP 数据核字（2024）第 015304 号

责任编辑：孙平平　宋盈锡
封面设计：李士勇

出版发行：群言出版社
地　　址：北京市东城区东厂胡同北巷 1 号（100006）
网　　址：www.qypublish.com（官网书城）
电子信箱：qunyancbs@126.com
联系电话：010-65267783　65263836
法律顾问：北京法政安邦律师事务所
经　　销：全国新华书店

印　　刷：北京九天鸿程印刷有限责任公司
版　　次：2024 年 3 月第 1 版
印　　次：2024 年 3 月第 1 次印刷
开　　本：710mm×1000mm　1/16
印　　张：26
字　　数：398 千字
书　　号：ISBN 978-7-5193-0921-3
定　　价：128. 00 元

《南昌民盟史（1947—2022）》
编委会

前　言

2022年是中共二十大召开之年，是中国民主同盟十三大召开之年，也是南昌民盟组织成立75周年。民盟市委会领导班子本着对历史负责的原则，团结带领南昌市广大盟员深入学习习近平新时代中国特色社会主义思想，教育引导广大盟员自觉接受中国共产党领导、传承民盟与中国共产党团结合作的光荣传统，夯实多党合作的共同政治基础，积极做新型政党制度下中共南昌市委的好参谋、好帮手、好同事，为南昌经济社会发展、实现中华民族伟大复兴的中国梦贡献南昌民盟的力量。

2021年年初，民盟市委会制定、印发了庆祝中国共产党成立100周年、中国民主同盟成立80周年“十个一”系列活动实施方案等，部署学党史、学盟史、学多党合作史、学统一战线史等活动。经大家搜集编辑《南昌民盟简史》等22本系列资料，为方便保留，现决定把盟史资料整合，冀为后人留存一份相对完整的南昌民盟史料。

本书正文包括创建与成立、曲折发展、恢复活动与快速发展、稳健发展、展现新气象等内容，附录包括历届工作报告、参政议政主要成果文章题目集成、各基层组织历届负责人名录等内容。

由于时间仓促，资料搜集难免有遗珠之憾，加之市委会工作人员经验不足、专业水平不够，成书难免粗陋，敬请谅解。

2022年12月

目　录

第一章　创建与成立（1947—1965年）

第一节　早期活动与组织创建（1947—1949年）

南昌民盟组织成立于1947年秋，包烜敏、廖伯坦两位同志负责南昌的盟务工作。

1948年，两位同志先后在各校学生中组织了“生活读书会”“新知识读书会”“火苗读书会”“狂人读书会”“海燕读书会”，编印《解放快报》。

1949年3月，漆裕元、包烜敏同志负责南昌民盟组织盟务工作，支持小学教师索薪罢教斗争。4月，宣传政策，粉碎谣言，护校护厂，迎接新中国成立。5月，热烈欢迎中国人民解放军进城。

第二节　正式成立（1950年）

1950年3月，在完成盟员登记和组织整理工作的基础上，奉民盟江西省支部临时工作委员会指示，成立民盟南昌市分部临时工作委员会。主任委员为傅铭第（1951年后为向法宜）。委员（6人）为：殷楚经、李国华、胡先行、张自清、傅舜华（女）、胡宗澹。

向法宜

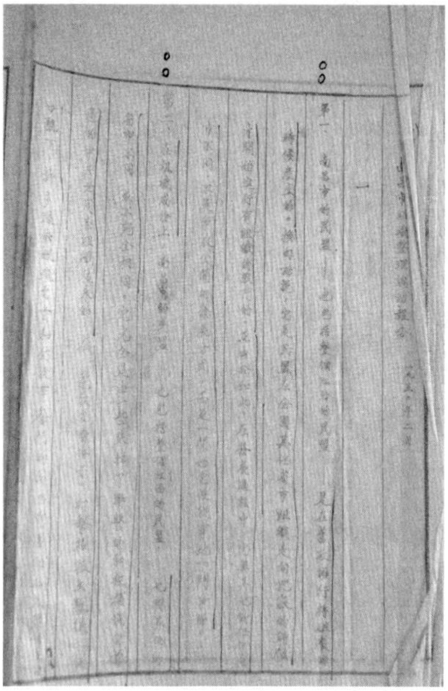

▲1950 年 2 月，南昌市组织整理总结报告

当年，推动盟员积极参加抗美援朝。南昌市民盟大力开展了宣传教育工作，推动盟员抗美援朝，保家卫国。许多盟员或鼓励子女参军参干，或慷慨解囊参加捐献飞机大炮活动，全市盟员共捐献旧人民币 6870 余万元，盟员黄再兴捐献了楼房两幢。盟员殷楚经、梅俊文参加赴朝慰问团，跋山涉水深入朝鲜前沿慰问了“最可爱的人”。盟员胥蘗荪、刘孔芝参加赴朝医疗队，救死扶伤，为抗美援朝做了贡献。

第三节　快速发展（1951—1965 年）

1951 年，推动盟员积极参加镇压反革命运动。推动和组织盟员积极投入“三反”运动和对农业、手工业、资本主义工商业的社会主义改造工作。

1952 年，推动盟员积极参加反行贿、反偷税漏税、反盗骗国家财产、反偷工减料、反盗窃经济情报的“五反”运动。

第一次盟员大会，于 1952 年 7 月 6 日举行。大会总结了民盟南昌市分部临时工作委员会工作，选举产生了民盟南昌市分部第一届委员会。第一届委员会主任委员为刘九峰，副主任委员为吴英俌。委员（9 人）：刘九峰、吴英俌、殷楚经、何克兴、傅铭第、雷世懋、黄新和（女）、季夫民、刘孔芝。候补委员（2 人）：黄安南（女）、汤维增。

1953 年，我国开始执行国家建设的第一个五年计划。民盟中央一届七中全会扩大会议决定民盟以积极参加国家文教建设为中心工作。南昌市民盟密切配合，推动教育界盟员，在工作中发挥骨干带头作用。

第二次盟员大会，于 1954 年 1 月 31 日举行。大会审议和通过了民盟南昌市分部第一届委员会工作报告，选举产生了民盟南昌市分部第二届委员会。第二届委员会主任委员为谷霁光，副主任委员为吴英俌、李柱。委员（13 人）：谷霁光、吴英俌、李柱、殷楚经、周正、雷世懋、吕小薇（女）、季夫民、刘孔芝、燕天爵、于长伦、赵天睿、李昌元。候补委员（2 人）：赖淮靖、辛桂馥（女）。

1955—1956 年春季，农业合作化、手工业社会主义改造和私营工商业社会主义改造期间，南昌市民盟部分领导、机关干部和盟员分批参加了中共江西省委工作团，分赴各专区和有关市、县，参与农业社，粮食定产、定购、定销，并队扩社工作，手工业和小商贩的全面规划，联营并店工作以及私营工商业的全行业公私合营工作的实践。

1955 年 2 月，王秋心当选为南昌市政协副主席。

第三次代表大会，于 1956 年 8 月 10 日至 11 日举行。大会审议、总结了民盟南昌市分部第二届委员会工作；贯彻民盟二大提出的“一切为了社会主义”的总方针、总任务，讨论和确定了南昌市民盟工作任务；选举产生了民盟南昌市第三届

年来工作報告（草）
一、本盟解放前後的活動情況

▲1952 年 7 月 6 日，民盟南昌市临工会三年来工作报告

中國民主同盟江西省南昌市分部
一年半來工作總結報告（草）
一九五四年一月卅一日
（壹）工作情況

▲1954 年 1 月 31 日，民盟南昌市分部一年半来工作总结报告

委员会。第三届委员会主任委员为王秋心，副主任委员为吴英備、赵天睿。委员（19 人）：王秋心、吴英備、赵天睿、于长伦、万希文、刘孔芝、刘子彻、李昌元、辛桂馥（女）、陈汉程、金立强、赵稚鸿、殷楚经、张修镐、张自清、张喜群、赖淮靖、潘衡、谢治平。候补委员（5 人）：刘文荏、陈瑞云（女）、吴静芝、周明珏、黄明璪。

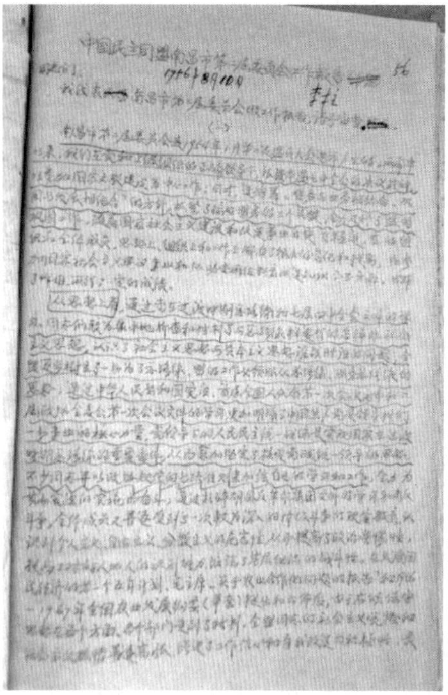
▲1956 年 8 月 10 日，民盟南昌市第二届委员会工作报告

1957 年，民盟南昌市委会响应中共中央召开知识分子问题的会议，联合民盟江西省委会于 1 月 31 日至 2 月 21 日，在中山堂联合举办了全省盟员“向科学进军展览会”。展览会分为科学研究、文学艺术创作、发明创造、科研规划、学习马列主义和毛泽东思想的心得体会五个部分。展出期间，举办了学术报告会，由盟员教授邓宗觉，副教授刘椒麟、阎席丰分别主讲《达尔文学说》《现代物理学的发展》《传染病的流行和停止》，场场座无虚席。“向科学进军展览会”深受社会欢迎和省、市党政领导同志的重视。邵式平省长和中共江西省委宣传部负责同志参观了展览。《江西日报》对展览会做了专题报道，并发表了题为《有意义的创举》的社论。5 月，民盟南昌市委会召开会议，学习毛主席的讲话，传达贯彻民盟中央四月工作会议精神，号召全市各级盟组织和盟员以认真负责的态度帮助党整风。民盟南昌市委会的几位主要负责人应邀参加了中共江西省委召开的全省宣传工作会议，一部分有代表性的盟员参加了有关大专院校，省、市机关党组织举行的整风座谈会。民盟南昌市委会和一些基层组织为了贯彻“长期共存、互相监督”和“百花齐放，百家争鸣”的方针，邀请部分盟员和所联系的人士到

民盟南昌市委会机关或在基层单位举行以帮助党整风为内容的座谈会。民盟江西省委会和中共南昌市委还联合编发了《内部简报》，及时向省、市统战部门和有关党组织反映盟组织帮助党整风的情况。6 月，遵照民盟中央的指示，民盟江西省委会和中共南昌市委联合成立了整风领导小组，开展了对所谓“章罗联盟”和所谓“许、刘、漆、向、王反共集团”的批判。向法宜、刘九峰曾是民盟市委会的主要负责人，王秋心则是在任的主委。这个“反共联盟”被揪出后，对他们的“右派言论”进行揭发批判。8 月，在中山堂召开了全市盟员参加的批判大会。

1958 年 2 月，各民主党派中央共同作出“在各民主党派内部进一步开展整风运动的决定”，号召各民主党派成员通过整风，掀起自我改造大跃进的高潮。民盟南昌市委会当即响应号召，开展了一次以改造政治立场为中心的整风运动。这次进一步开展的整风运动，强调“盟的组织和盟员都必须进行根本性的改造”，要求“掀起自我改造大跃进”。在这个指导思想下，经历了整风学习，大鸣、大放、大字报、大辩论，订立自我改造公约，向党交心和分析批判，订立个人改造规划五个阶段。高潮掀起，持续进行了四个多月。在运动开展的过程中，从民盟南昌市委会到基层组织，由于着眼于加强盟员的政治立场改造，通过大鸣、大放、大字报、大辩论，错误地把一些盟员帮助党整风的某些言论，或平时工作、学习上的某些认识问题，上纲上线，揭发批判为政治立场问题，在政治上和感情上伤害了一些同志。5 月以后，全省各地形成了全民大炼钢铁和人民公社化运动的热潮，民盟南昌市委会在整风运动的基础上，结合机关整改，为加强对在职干部的形势教育，提高政治思想素质，先后两批组织机关干部，与省、市政协，各民主党派干部一道，在省委统战部领导同志的率领下，到丰城县参加工农业生产劳动，结合进行机关整改座谈。第一批于 5—6 月在丰城县拖船埠共青高级农业社参加劳动和公社化运动，第二批于 9—10 月在丰城县桥东乡铁山参加开采矿石和大炼钢铁劳动。1958 年 6 月，周志方当选为南昌市政协副主席。

第四次代表大会，于 1959 年 1 月 15 日至 21 日举行，历时 7 天，出席代表 103 人。大会听取和审议了民盟南昌市第三届委员会工作报告；根据中共八届六中全会决议精神和民盟三大决议精神，制定南昌市民盟社会主义改造规划，组织和动员全市盟员，鼓足干劲、力争上游、多快好省地建设社会主义；继续加强组织和成员的根本改造，积极投入技术革命和文化革命运动，更好地为社会主义建设服务。大会选举产生了民盟南昌市第四届委员会。第四届委员会主任委员为周志方，副主任委员为吴英倩，秘书长为殷楚经。常务委员（10人）：周志方（女）、吴英倩、殷楚经、徐文星、刘子彻、辛桂馥（女）、张修镐、赖淮靖、万希文、金立强。委员（23人）：周志方（女）、吴英倩、殷楚经、刘子彻、辛桂馥（女）、张修镐、赖淮靖、万希文、徐文星、金立强、王友德、刘文荏、刘孔芝、叶兰生、吴静芝、李昌元、赵稚鸿、黄明璪、谢治平、贾祥骅、潘衡、于长伦、王秋心。候补委员（3人）：陈瑞云（女）、周明珏、熊丹如。

▲1959年，中国民主同盟江西省南昌市第四次代表大会专刊

推动盟员认真学习党的建设社会主义总路线，学习党的八届六中全会《关于人民公社若干问题的决议》和八届八中全会（庐山会议）公报，学习马恩列斯的《论共产主义社会》一书，帮助盟员认清形势，提高认识，从而高举“三面红旗”积极参加社会主义建设和社会主义革命，积极投入增产节约运动。

1960年，着重推动盟员学习毛主席著作，学习中共中央纪念列宁九十周年诞辰座谈的三篇文章。3月，雷世懋、殷楚经等四位同志参加了四省、二市在上海举行的盟员服务与改造经验交流会。

在1959—1961年国民经济暂时困难时期，民盟南昌市委会机关和省、市政协，各民主党派机关一道，响应党的号召，在青云谱区兴办了政协农场，搞“一种（蔬菜）三养（猪、禽、鱼）”，机关干部分批参加劳动。民盟南昌市委会组织部部长刘子彻勇挑重担，出任场长一年。

第五次代表大会，于 1962 年 9 月 27 日至 29 日举行，历时 3 天，出席代表 57 人。会议学习了形势，交流了基层工作经验与盟员服务和改造体会；审议和通过了民盟南昌市第四届委员会工作报告；确定以高举毛泽东思想红旗，继续推动盟员积极服务、加强改造为工作任务；选举产生了民盟南昌市第五届委员会。第五届委员会主任委员为周志方（女），副主任委员为吴英脯、雷世懋，秘书长为殷楚经。常务委员（10 人）：周志方（女）、吴英脯、雷世懋、殷楚经、徐文星、刘子彻、辛桂馥（女）、张修镐、万希文、金立强。委员（21 人）：周志方（女）、吴英脯、雷世懋、殷楚经、徐文星、刘子彻、辛桂馥（女）、张修镐、万希文、金立强、于长伦、刘文荏、向法宜、李昌元、陈洪真、胥繁荪、贾祥骅、黄模宗、熊戈、熊丹如、潘衡。候补委员（2 人）：陈瑞云（女）、周明珏。

1963 年，在进行反对“现代修正主义”斗争的同时，国内大规模地开展了社会主义教育运动（“四清”运动）。民盟南昌市委会推动各基层组织在单位党组织的具体领导和安排下，组织盟员开展国内外形势的学习，结合学习，进行“三个主义”教育。

1964 年，民盟南昌市委会在对盟员进行“三个主义”教育的同时，动员盟员积极投入社会主义教育运动，民盟南昌市委会机关抽调了专职干部分批参加中共南昌市委组织的工作组，分赴农村搞社教。

1965 年，学习中共中央《农村社会主义教育运动中目前提出的一些问题》（又称“二十三条”）。民盟基层组织，利用组织生活进行学习，民盟南昌市委会定期召开会议进行座谈讨论。采取“三自”“三不”的方式，鼓励盟员对国内外形势、阶级和阶级斗争、反修防修、服务与改造等问题，谈看法、找差距，然后自己归纳问题，进行自我剖析和批判，以加强政治立场和世界观的根本改造。

第二章　曲折发展（1966—1977 年）

1966 年 5 月，中共中央政治局扩大会议通过《中国共产党中央委员会通知》（又称“五·一六通知”）。8 月 8 日，中共八届十一中全会通过《中国共产党中央委员会关于无产阶级文化大革命的决定》（又称“十六条”）。对此，民盟南昌市委会响应党的号召推动全市盟员在中共南昌市委和各自单位党组织的领导下，认真学习上述文件，积极投入运动，接受锻炼和考验。

全市盟员经受了严峻的考验，但没有动摇他们坚信共产党的领导、坚持走社会主义道路的决心。许多同志对林彪、“四人帮”的倒行逆施和他们推行的极左路线，进行了不同程度的抵制，在极端艰苦的条件下，坚持了教学工作、创作实践和科学试验。

其间，全市民盟组织停止活动。

第三章　恢复活动至快速发展
(1978—1999年)

第一节　恢复活动（1978—1981 年）

1978 年 7 月，在中共南昌市委的关怀下，成立民盟南昌市委会临时领导小组，负责筹备恢复民盟组织的工作。临时领导小组成员为雷世懋、殷楚经、金立强，由雷世懋召集。

1979 年，市民盟恢复组织活动，当时实有盟员 173 人。刚恢复组织活动，工作很难开展，人们难免有思想顾虑，1980 年才发展 3 个年龄比较大的同志。

1980 年 1 月，江西师范学院南昌分院支部成立，为第一个市直支部。3 月，成立了东湖区支部、西湖区支部。4 月，中教一支部、中教二支部成立。

随着中共十一届三中全会精神的深入贯彻，民盟组织的性质、地位得到确定，人们的观念发生了变化，组织的发展工作逐步走上正常轨道。

第二节　快速发展（1981—1999 年）

经过一段时间的调查研究、调整组织、开展基层工作，于 1981 年召开了民盟南昌市第六次代表大会。

第六次代表大会，于 1981 年 3 月 23 日至 26 日举行，历时 4 天，出席大会代表 60 人。这次代表大会与第五次代表大会相隔 18 年，与会代表感到第二次解放的喜悦，会议开得生动活泼。大会以四项基本原则为指导，遵循中共十一届三中全会的路线、方针和政策，总结了第五次代表大会以来特别是恢复活动以来两年多的工作，确定以贯彻中共中央和国务院作出的“在经济上进一步调整，在政治上实现进一步安定”的重大方针作为今后的主要工作任务。选举产生了民盟南昌市第六届委员会。第六届委员会由委员 23 人、候补委员 2 人组成。委员会选出常务委员 11 人，组成常务委员会。主任委员为雷世懋，副主任委员为殷楚经、金立强、张修镐，秘书长为刘子彻。

▲1981 年 3 月 26 日，民盟南昌市第六次代表大会合影

1981 年 10 月，民盟市十六中支部成立，为第一个中学支部。

1982 年 4—6 月，遵照民盟中央指示，对盟员中知识分子政策落实情况，特别是平反冤、假、错案问题，做了一个全面的调查。对存在的问题，多次写出综合材料和专题报告，向中共南昌市委和有关部门汇报，促使不少同志的问题及时得到了解决。10 月，组织离、退休盟员，经南昌市教委批准立案，创办了“南昌求实业余学校”。

1982 年，周志方当选为第七届南昌市政协副主席；万长枬、刘子彻、许德桂、贾祥骅、夏宗欧、殷楚经、雷世懋、文继贤当选为江西省第六届省人大代表；筱牡丹当选为江西省政协第五届常委会常委，刘希武、周志方、熊志成、向法宜、郑丹华、熊戈、孙定玉、王文方、朱莲芳担任江西省第五届政协委员；殷楚经、雷世懋、贾祥骅当选为南昌市人大第八届常委会委员，张修镐、刘子御、熊志成、朱莲芳、李朝墩、万长枬、蒋忠道当选为南昌市第八届人大代表；徐文星、李昌元、向法宜、万希文、熊戈、吴子彦、章金媛当选为南昌市政协第七届常委会委员，雷世懋、辜捷成、黄荣禄、朱起凤、孙定玉、吴英脩、熊丹如、汪樾荣、陈方增、李传梓、周明珏、夏宗欧、夏湘霖、王文方、梁小豹、李宝婵、周树人、叶伯英、郭鲁民、颜学恕、吴成冠、余香荣、魏福荪担任第七届南昌市政协委员。

1983 年，民盟南昌市委会领导同志参加了中共南昌市委组织的落实统战政策检查组，督促本市和有关县区某些部门落实政策，并指派专职干部参加了落实统战政策办公室的实际工作，协助加强落实政策的工作。举办盟员为“四化”服务经验交流会。4 月，民盟市委会主委雷世懋当选为南昌市政协副主席。6 月，南昌县支部成立。7 月，青云谱区支部成立。8 月，新建县支部成立。年底，民盟进贤县支部转隶民盟南昌市委会。当年，《南昌盟务简讯》复刊，对配合党的中心任务，宣传党的路线、方针、政策，交流情况，互通声气，开展盟的工作方面，起到了积极推动的作用。

1984 年 4 月，湾里区支部成立。民盟南昌市委会配合省政协、各民主党派、工商联举办的为“四化”服务成果展览，选送了 37 位盟员的展品参加展出，其中殷楚经、贾祥骅、吴鸣声等 13 人的材料被列为重点展品。10 月底，帮助有关盟员改正了错划右派问题，平反冤、假、错案及历史遗留问题，归还了被占私房、被查抄财物，补发了被扣发工资。随着政策的落实，调动了广大盟员的社会主义积极性。一些蒙冤多年的盟员，得到平反后，精神更加振奋，为社会主义现代化建设服务的积极性更加高涨。

第七次代表大会，于 1984 年 12 月 18 日至 22 日举行，历时 5 天，出席大会代表 100 人。大会以中共十二大精神为指导思想，学习《中国共产党第十二届中央委员会第三次全体会议公报》和《中共中央关于经济体制改革的决定》，遵照民盟五大和省盟七大的精神，总结了民盟南昌市第六届委员会工作，确定了今后的工作任务，贯彻新老合作和交替的精神，选举产生了民盟南昌市第七届委员会。主任委员为殷楚经，副主任委员为张修镐、徐文星、李宝婵，秘书长为刘文荏。1985 年，民盟南昌市委会接受市直属石岗镇人民政府的委托，选派有丰富教学经验的盟员教师协助该镇办学，使濒临停办的南昌市第三十七中学恢复了活力。群众称赞民盟南昌市委会为石岗镇人民办了一件大好事。这件事受到民盟中央和省、市有关领导的好评，《光明日报》和《南昌晚报》对此做了报道。1985 年，创办求实学校进贤县分校。

▲1984 年 12 月 22 日，民盟南昌市第七次代表大会委员合影

1986 年，暑期组织一批执教多年、经验丰富的盟员教师为特困乡进贤县二塘乡培训师资，并发动盟员和所联系知识分子捐赠图书资料和教学用品，分给该乡各学校，受到农村干部群众好评。

1987 年 11 月，编印完成了《民盟南昌地下斗争概况》。中共十三大召开后，推动盟员认真学习了中共十三大文件，帮助盟员提高对社会主义初级阶段理论的认识，坚持“一个中心、两个基本点”的基本路线。

1987 年，为进一步贯彻新老合作精神，加强领导，于 12 月 28 日召开盟员代表会议，增选了本届委员会的部分领导成员。增选后的民盟南昌市第七届委员会，由常务委员 17 人、委员 37 人、候补委员 6 人组成。决定吴英俌、万希文为顾问。主任委员为殷楚经，副主任委员为张修镐、徐文星、李宝婵、王玉瑞，秘书长为刘文茌。

1987 年，殷楚经当选为第七届江西省人大代表，当选为第八届南昌市政协副主席；筱牡丹当选为江西省政协第六届常委会常委，邓启明、李宝婵、程庞、单人慧、郑丹华、熊戈担任第六届江西省政协委员；李宝婵当选为南昌市人大第九届常委会委员，张旭、丁冠雄、燕方万、程光茜、张学云、邓启明、张修镐、刘安海、程庞、徐慕秦、单人慧、许有功、聂国杰当选为第九届南昌市人大代表；王玉瑞、邓启明、刘文茌、胡康新、黄荣禄、郝士达、章金媛、熊戈当选为南昌市政协第八届常委会委员；许淑琪、李传梓、陈煜南、周梦元、胡绰、胡献坤、桂文波、袁茂华、徐奔、徐巧玲、高林香、雷鸣天、蔡学轩、颜学恕、黄家彬、涂健生、贾箴、陶美秀担任第八届南昌市政协委员。

1988 年，中共十三届三中全会后，在全市盟员中开展了形势教育，帮助盟员充分认识十年改革的巨大成就和前进中的困难，深刻理解、认真贯彻治理整顿、深化改革方针，在各自工作岗位上积极做出贡献。

1989 年春夏之交，为使全市盟员在政治上、思想上明辨是非，立场坚定站到斗争的前列，及时推动各基层组织和盟员认真学习了邓小平、李鹏、杨尚昆等中央领导同志的讲话精神和《人民日报》的“四・二六社论”，传达讨论了中共十三届四中全会文件和中共南昌市委有关会议精神，帮助盟员提高对这场斗争的性质及其产生根源的认识，增强坚持四项基本原则、反对资产阶级自由化的自觉性。在这次政治动乱中，全市盟员人人坚守工作岗位，认真做好本职工作，不仅没有一人参与学生的学潮活动，而且许多盟员以教师、以学生家长的身份，挺身而出，教育学生端正认识，维护国家和社会的稳定。

第八次代表大会，于 1989 年 11 月 24 日至 28 日举行，历时 5 天。出席大会代表 96 人。大会学习了江泽民同志在庆祝建国 40 周年大会上的重要讲话和中共十三届四中全会、五中全会文件，贯彻民盟六大和江西省民盟八大精神，审议了民盟南昌市第七届委员会的工作报告，确定 1990—1994 年工作任务：在民盟江西省委会和中共南昌市委的直接领导下，高举爱国主义、社会主义的伟大旗帜，坚持“一个中心，两个基本点”的基本路线，坚持和发展共产党领导的多党合作和政治协商制度，大力加强自身建设。提高全市盟员的政治思想素质，积极参政议政，发挥参政党的作用，不断拓宽工作领域，开展面向社会的服务活动，推动盟员积极投身治理整顿和深化改革的各项工作实践，在各自岗位上，创造新成绩，做出新贡献。大会选举产生了民盟南昌市第八届委员会，由委员 34 人、候补委员 4 人组成。委员会选出常务委员 12 人组成常务委员会，决定吴英俌、万希文、张修镐、徐文星、刘文茌为顾问。主任委员为殷楚经，副主任委员为王玉瑞、李宝婵、单人慧、徐慕秦，秘书长为胡绰。

▲1989 年 11 月 25 日，中国民主同盟南昌市第八次代表大会合影

1990 年，着重组织盟员学习讨论了《中共中央关于坚持和完善中国共产党领导的多党合作和政治协商制度的意见》《中共中央关于进一步治理整顿和深化改革的决定》和《民盟中央关于当前工作的几点意见》。结合文件的学习贯彻，在各基层组织普遍开展了“怎样做一个好盟员”的讨论，帮助盟员提高对国际、国内形势和我国基本国情的认识；划清社会主义与资本主义民主的界限、中国共产党领导的多党合作的政党制度与西方资产阶级政党制度的界限，增强抵制资产阶级自由化和在复杂环境中辨别是非的能力；明确盟组织当前面临的发挥参政党作用和加强自身建设的双重任务，把民盟与中国共产党长期亲密合作的传统继承下去，提高思想觉悟和社会主义积极性。

▲1990年1月6日，民盟南昌市委会领导班子赴进贤县求实学校调研

1991年4月，完成《南昌市民盟简史（1947—1990）》。

▲1992年，全国人大常委会副委员长、民盟中央主席费孝通与参加民盟代表大会的邓启明等代表合影

1992年3月27日，届中调整，邓启明当选为民盟南昌市委会主任委员。5月，民盟南昌市委会主委邓启明当选为第九届南昌市政协副主席。

1992年，学习中共十四大精神，宣传社会主义市场经济理论，学习邓小平建设有中国特色社会主义理论。民盟南昌市委会发出倡议，学习盟员李淑贞临终前将仅有的积蓄交给民盟组织办教育的无私奉献精神，全市盟员积极响应，踊跃捐款筹备成立教育奖励基金。殷楚经当选为第八届江西省人大代表；邓启明、刘安海、单人慧、程庞担任第七届江西省政协委员；徐慕秦当选为南昌市人大第十届常委会委员，高九荣、邓启明、邹战、丁冠雄、单人慧、赵尔和、邓学明、刘安海、傅桂茂、胡彬、聂国杰、程庞、程光茜、邱觉先当选为南昌市第十届人大代表；王玉瑞、胡绰、郝士达、万里凤当选为南昌市政协第九届常委会委员；李宝婵、袁茂华、蔡学轩、胡康新、桂文波、许淑琪、胡献坤、高林香、范慧珠、胡觉先、徐五一、谭劲曾、吴玉莲、熊淑兰、陶美秀、吕学谨、黄家彬、倪永年、陈煜南担任第九届南昌市政协委员。

1993 年，组织学习邓小平南行重要讲话和邓小平同志建设有中国特色社会主义理论，学习新时期党的路线、方针、政策，坚定改革开放的信念。

第九次代表大会，于 1994 年 11 月 17 日至 20 日在南昌正力大厦十楼会议室举行，历时 4 天。出席代表 116 人，其中当然代表 41 人，选举代表 53 人，特邀代表 22 人，代表全市 545 名盟员。与会代表认真学习了邓小平同志建设有中国特色社会主义理论和中共十四届四中全会精神，学习了中共中央印发的《爱国主义教育实施纲要》，认真听取了中共南昌市委副书记陈绍祥同志和民盟江西省委副主委杜伊力同志的讲话。大会听取和审议通过邓启明代表民盟南昌市第八届委员会做的《加强自身建设，积极参政议政，为南昌市经济发展和社会进步作出新贡献》工作报告；研究确定 1995—1999 年工作任务：20 世纪最后 5 年是我国深化改革、扩大开放，建设具有中国特色社会主义极其重要的 5 年。要在中共十四大和民盟七大精神指引下，在中共南昌市委和民盟江西省委的领导下，坚持党的基本路线，积极发挥参政党作用，解放思想，振奋精神，开拓进取，真抓实干，开创南昌民盟工作新局面，为加快南昌市改革开放和现代化建设步伐，为南昌市经济发展和社会进步做出新贡献。大会选举产生民盟南昌市第九届委员会，有委员 36 人，常委会由 13 人组成。主任委员为邓启明，副主任委员为王玉瑞、单人慧（女）、胡绰，秘书长为杨松林。

▲1994 年 11 月 18 日，中国民主同盟南昌市第九次代表大会合影

1995 年，认真组织学习中共十四届五中全会精神。

1996 年，盟员政协委员、人大代表在市两会上提出《关于制定南昌市社会力量办学条例的意见》《对我市落实科技兴农战略的意见和建议》，被政府有关部门采纳。

1997 年，认真组织盟员学习邓小平理论，先后举办“缅怀中华一代伟人　学习小平革命品格”“香港回归普天庆　‘一国两制’奏凯音”“学习党的十五大精神　高举邓小平理论旗帜”为主题的座谈会、报告会、心得交流会。认真组织盟员学习民盟中央八大精神。在井冈山举办基层盟组织干部和新盟员学习班，对新干部、新盟员进行政治培训。罗慧芬、万伟成当选为第九届江西省人大代表；邓启明当选为江西省政协第八届常委会委员，刘安海、程庞、单人慧担任第八届江西省政协委员；邓启明当选为第十届南昌市政协副主席；邓启明、罗慧芬、龚晓新、傅桂茂、单人慧、高九荣、刘安海、胡彬、万会莲、焦筱兰、邓学明、胡宜祺、傅俊当选为南昌市第十一届人大代表；王玉瑞、万伟成、万里凤、谢弘、章荣彬当选为南昌市政协第十届常委会委员；杨松林、肖义公、邹盛淼、陈圣谋、胡觉先、施治权、饶小林、桂文波、徐小荣、徐声森、涂维民、谭劲曾、陶柱梁、郝士达、席殊、吕学谨、邬海明、熊凤珍、范惠珠、许淑琪、盛文英、熊淑兰、陶美秀、刘浠亮、胡绰担任第十届南昌市政协委员。

1998 年，组织盟员出席全市统战系统和民盟江西省委会学习邓小平理论和中共十五大精神辅导报告会和思想建设座谈会。组织全市盟员参加新盟章知识竞赛，参加全市统战系统纪念中国共产党十一届三中全会召开20周年大型活动。精心编排反映改革开放20年来民盟发生巨大变化、取得丰硕成果的宣传板报。组织抗洪救灾活动，全市各级盟组织和广大盟员积极响应，投身抗洪一线，捐款捐物，投入抗击洪灾的热潮。

1999年，重视对盟员进行社会主义、爱国主义和民盟的传统教育，把各级民盟组织和广大盟员的认识统一到中共十五大和十五届四中全会精神上来。组织实施了领导班子学习的“重点工程”、基层组织学习的“基础工程”和新盟员学习的“希望工程”，形成了认真学习、民主讨论、积极探索、求真务实的风气。5月，民盟南昌市委会组织新老盟员座谈，谴责以美国为首的北约轰炸中国驻南斯拉夫大使馆的暴行，拥护中国政府的严正立场。6月，组织盟内“三胞”人士对李登辉“两国论”进行坚决批驳，组织机关干部和离退休人员深入揭批“法轮功”，努力增强政治敏锐性和政治鉴别能力，以高度的政治责任感，自觉维护社会的安定团结。

第四章　稳健发展（1999—2020 年）

第一节　新世纪创造新业绩

（1999 年 12 月—2004 年 12 月）

▲1999 年，邓启明主委作政协大会发言

第十次代表大会，于 1999 年 12 月 12 日至 14 日在南昌市政协三楼会议室举行，历时 3 天。出席代表 118 人，其中，当然代表 36 人，选举代表 64 人，特邀代表 18 人，代表全市 655 名盟员。与会全体代表认真学习了邓小平理论和中共十五大及中共十五届四中全会精神，听取了时任中共南昌市委常委陈守朴同志和时任民盟江西省委副主委杜伊力同志的讲话，听取和审议通过邓启明代表第九届委员会作的《高举伟大旗帜　迎接新的世纪》工作报告；研究确定 2000—2004 年工作任务：坚持以邓小平理论为指导，在民盟江西省委和中共南昌市委的领导下，认真学习贯彻《各民主党派中央关于加强自身建设若干问题座谈会纪要》（以下简称《纪要》），切实按照民盟中央和民盟省委会的要求，以搞好政治交接为主线，以思想建设为核心，以组织建设为基础，以制度建设为保障，大力加强自身建设，努力把民盟建设成为高素质参政党，同心同德，共同奋斗，积极开拓南昌市盟务工作的新局面，在新世纪创造新业绩，谱写新篇章。大会选举产生民盟南昌市第十届委员会，有委员 34 人，常委会由 12 人组成。主任委员为邓启明，副主任委员为单人慧、罗慧芬、谢弘，秘书长为万圣兴。

▲1999 年 12 月 13 日，民盟南昌市第十次代表大会合影

2000 年，民盟南昌市委会全面贯彻落实《纪要》精神，及时召开全委扩大会议，制定了学习贯彻实施意见，切实加强邓小平理论学习。各基层组织开展形式多样的知识竞赛和研讨活动。民盟南昌市委会撰写的《加强基层组织要有重点有特色》总结材料、南昌教育学院盟支部撰写的《搞好党派基层组织建设要抓好几项工作》和南昌县盟总支撰写的《加强组织建设，发挥参政党作用》的经验材料在全市统战系统专题会上进行交流。

2001 年，民盟南昌市委会主要领导参加了 7 月 11 日由市政协组织召开的各民主党派、工商联学习江泽民总书记“七一”重要讲话精神座谈会。各基层民盟组织通过演讲比赛、交流会、讨论会等形式认真组织学习。5 月 31 日，民盟南昌市委会与湾里区环境监测站在湾里区联合开展了以体现联合国环境署“世间万物，生命之网”为主题的环保专题文艺晚会。江西电视台国际部专门拍摄了由盟员万圣兴撰写的《与世间万物结缘》环保艺术专题片，并在澳大利亚、新西兰、美国美洲东方电视台，美国斯科拉电视网播放。在创建国家卫生城市和国家旅游先进城市进程中，盟员万圣兴撰写了创卫创优专题片解说词《一枝红杏出墙来》。盟员温雪华、徐小荣撰写的《大山之子》长篇通讯，刊登在《心桥》《江西盟讯》杂志，对盟员、湾里区副区长龚晓新的先进事迹进行了报道。盟员郝士达创作的歌曲《寻根》获省委宣传部“五个一工程”奖。7 月，民盟南昌市委会副主委罗慧芬当选为南昌市人民政府副市长；10 月 23 日，民盟南昌市委会联合民盟江西省委会举办师德教育专题讲座，南昌电视台、南昌有线台进行了报道。开设电子邮箱，并加强与电台、报纸等媒体的联系。组织开展“纪念红军长征 70 周年——走遍江西活动”“关注民生，服务社会——法律进社区”等多项活动并在南昌电视台、《南昌日报》上播载。盟内的重点活动均在《江西盟讯》《统战动态》上报道。

2002 年，召开常委会专题学习座谈会学习江泽民同志“5・31”重要讲话。11 月 18 日，中共十六大胜利召开，民盟南昌市委会组织全体机关干部及时收看。召开十届九次常委（扩大）会，以“全面贯彻十六大精神，以‘三个代表’重要思想为指导，与时俱进，开创民盟工作新局面”为主题，学习座谈中共十六大精神。省市民盟联合举办学习贯彻中共十六大精神报告会，200 多位盟员与会听取了报告。11 月中旬至 12 月底，市委会常委分头下基层，组织推动广大盟员开展学习中共十六大精神活动，掀起新的学习高潮。

民盟南昌市委会主要领导和代表人士多次参加时任中共南昌市委书记吴新雄亲自主持召开的建设花园城市专题座谈会、南昌市城市建设十大项目规划通报会，李豆罗市长主持召开的市政府工作报告征求意见会，以及红谷滩新区规划建设情况通报会、南昌市财政情况通报会等高层次民主协商会等。形成《完善机制，开拓“低保”工作的新局面》和《南昌市大中专院校教育资源整合的调查与建议》提交给中共南昌市委、市政府。

2002 年 8 月 5 日至 9 日，民盟南昌市委会在婺源举办基层骨干及新盟员暑期学习班，学习“三个代表”重要思想与学习盟史、盟章。基层盟务骨干及新盟员 60 余人参加。谢弘、万伟成当选为第十届江西省人大代表；罗慧芬当选为江西省政协第九届常委会委员，邓启明、练新庭担任第九届江西省政协委员；谢弘当选为南昌市人大第十二届常委会委员，罗慧芬、万圣兴、方卫红、傅峻、曾昭萍、胡彬、焦筱兰、万会莲、杨贤祥当选为南昌市第十二届人大代表；邓启明、万伟成、单人慧、邬海明当选南昌市政协第十一届常委会委员；邓志平、朱亚芒、杨松林、杨霞林、李德华、陈志强、罗小玲、罗序明、胡觉先、郭翀、顾正良、龚晓新、谢华、熊飞、熊凤珍、李南娜、陈至英、罗建华、练新庭、胡华、胡荣、胡玲、徐小荣、郭爱香、熊玛琍担任第十一届南昌市政协委员。

2003 年，学习“三个代表”重要思想和中共十六大精神。学习理论文章在全市“三个代表”重要思想与统一战线理论研讨会上交流。发出《动员全市盟员积极防非典工作的通知》。全市广大盟员全力以赴抗击非典。开展抗击非典捐款，共捐款 2510 元。发展盟员 24 人。

完成《提升社区文化建设　增强城市综合实力》《区域民营经济发展的几点思考》《做好公共卫生工作　促进社区精神文明建设》3 个调研报告。在市两会上，提出《让小平小道展现小平历程》等集体提案、议案 5 件、个人提案 36 件，涉及全市环保、医卫、科教、文化、旅游等各方面。同年，章金媛荣获第 39 届南丁格尔奖。12 月 28 日，邓启明辞去民盟南昌市委会委员、常委、主委职务。选举罗慧芬为民盟南昌市第十届委员会主委，增补王永南为专职副主委。

▲2003 年，邓启明主委出席民盟青云谱区支部学习章金媛先进事迹座谈会

2004 年，认真开展深入学习贯彻中共十六大及中共十六届四中全会精神和“三个代表”重要思想。学习新宪法和政协新章程。开展“学劳模、赶先进，争做文明南昌人”主题学习活动。全年共发展盟员 35 人，文化程度全部达到本科以上学历。在三清山举办盟员培训班，培训 63 人。学习盟史、盟章、“新时期邓小平多党合作理论”，参观上饶集中营。选送盟员参加省市社会主义学院培训达 20 余人次。组织开展“纪念红军长征 70 周年走遍江西”纪念活动。获民盟江西省委会“江西省盟务工作先进单位”荣誉称号。获市政协“全市政协信息宣传工作先进单位”荣誉称号。6 个基层被

评为“2004 年民盟江西省先进基层组织”，57 名盟员被评为“2004 年民盟江西省先进盟员”。创办《南昌民盟连线》，开设电子信箱，并加强与电台、报纸等媒体的联系。完成《以科技创新支撑现代制造业》《南昌市血吸虫病流行及防治现状的调研报告》《提升社区文化建设，增强城市综合实力》等调研报告。盟员在各级人大、政协会议上提交议案、提案、建议 100 余件，受到有关部门的重视和好评。民盟南昌市委会集体提案《不与失地农民争利，保障失地农民的切身利益》被市政协列为第一号督办提案，并被评为“2003—2004 年优秀集体提案”。盟员个人提案《提请保护和修复翠花街等古街古巷，以展示老南昌风貌的建议》《兴会展经济，创南昌伟业》《稳定农村劳力资源，增强自身造血功能，确保农业持续发展》被市政协评为“2003—2004 年度优秀个人提案”。民盟南昌市委会被评为“南昌市 2003—2004 年度优秀提案先进集体”。

围绕市委、市政府的中心工作，积极组织和推动盟员开展“三下乡”、扶贫帮困等活动，组织南昌市一医院、市卫校专家到新建县生米镇开展送医下乡，民盟市一医院支部、进贤总支医卫支部主动到南昌 SOS 儿童村、敬老院为老人看病体检，上街开展义诊活动。市一医院支部还与省老干部局一道组织大型健康知识讲座，200 余位离退休干部参加活动。市卫校经常组织学生到医院，社区福利院开展义工活动。禽流感流行期间，邀请盟内畜牧兽医专家、养殖专家等到南昌县向塘镇丁坊村为养殖专业户举行防治禽流感等疫病和科学养殖方面的知识讲座。组织市采茶剧团支部盟员到铁河农场参加市委统战部组织开展的送戏下乡活动。组织南昌一中、新建一中支部盟员教师到新建县石岗中学开展送课下乡活动。江西科技师院支部与民盟江西省委会合作，为全市女盟员举办一次中老年服饰装扮艺术讲座。南昌高专支部组织盟员律师在象山文化广场开展义务法律咨询，为前来咨询的市民提供法律援助。

2004 年 10 月 28 日，市政府副市长、民盟南昌市委会主委罗慧芬出席全国红十字表彰大会，代表南昌市领取“全国红十字先进集体”奖牌，获得胡锦涛、温家宝、曾庆红等党和国家领导人接见。

2004 年，市一医院内分泌科主任、支部主委胡玲获得“南昌市首届青年科技奖”“江西省青年科学家提名奖”，并被评为南昌市卫生系统知名专家。市采茶剧团支部盟员邵洁主演的《大雁情》获得江西省“三个一”工程文艺调演一等奖，市歌舞团盟员施惠媛的歌曲《爱不够的井冈》荣获二等奖。盟员练新廷被评为“省优秀青年企业家”“全省各民主党派、工商联为经济建设服务先进个人”。还涌现享受市政府专家特殊津贴、国家骨干教师郭爱香，全国优秀辅导员毛韵洁，全省先进工作者、南昌名师、特级教师谢弘等一大批做出优异成绩的盟员。

第二节　肩负新时期参政党历史重任（2004 年 12 月—2009 年 12 月）

第十一次代表大会，于 2004 年 12 月 22 日至 23 日在南昌富豪酒店举行，历时 2 天。出席代表 128 人，其中，选举代表 108 人，提名代表 20 人，代表全市 738 名盟员。大会以邓小平理论和“三个代表”重要思想为指导，学习了中共十六届四中全会和民盟九届九次中常会精神，认真听取了中共南昌市委副书记王样生和民盟江西省委会主委倪国熙的讲话，听取和审议通过罗慧芬代表第十届委员会做的《加强自身建设　提升参政水平　为我市经济发展和社会全面进步做出新贡献》工作报告，研究确定 2005—2009 年工作任务。抓住一条主线：学习领会“三个代表”重要思想，贯彻落实中共十六届四中全会精神。突出两个重点：切实加强自身建设，积极履行参政职能。实现三个提升：人才兴盟、人才强盟战略要有新突破；调查研究、建言献策要上新台阶；立足本职、服务社会要树新形象。弘扬四种风气：团结之风，民主之风，务实之风，创新之风。提升五项能力：不断提高政治把握能力、参政议政能力、民主监督能力、组织领导能力、合作共事能力，肩负起新时期参政党的历史重任。大会选举产生民盟南昌市第十一届委员会，有委员 35 人，常委会由 12 人组成。主任委员为罗慧芬（女），副主任委员为杜晓晖、谢弘、王永南，秘书长为王永南（兼）。常务委员有：王永南、李南娜（女）、杜晓晖、杨松林、杨霞林、罗慧芬（女）、胡玲（女）、席海、龚晓新、谢弘、谢华、熊凤珍（女）。委员有：万伟成、万炳辉、方卫红（女）、王永南、毛盛杰、朱亚芒、李佐奇、李南娜（女）、杜晓晖、邬海明、陈至英（女）、肖美幸、何啸鸣、杨松林、杨霞林、罗序明、罗建华、罗慧芬（女）、赵小强、胡荣（女）、胡玲（女）、胡彬（女）、席海、徐小荣、龚晓新、郭翀（女）、郭爱香（女）、谢弘、谢华、谢云根、焦筱兰（女）、温雪华、曾昭萍（女）、熊凤珍（女）、熊玛琍（女）。

▲2004 年 12 月 22 日，中国民主同盟南昌市第十一次代表大会合影

2005 年新年伊始，民盟南昌市委会决定以中国共产党在全党开展“保持共产党员先进性”教育活动为契机，在全市盟员中开展“学习共产党的先进性，保持盟组织的进步性”主题学习活动。各基层盟组织按照通知要求，希望盟员以中共党员的“五个模范”标准来勉励自己、检视自己、激励自己。盟员们通过学习，提高了对中国共产党先进性的认识；增强了接受和维护中国共产党领导的坚定性、自觉性；认清了新时期参政党的历史方位。建立南昌民盟政务网站，开设电子信箱。全年向外投稿 160 余篇，其中信息《南昌市民办教育已形成较为完整的多元化体系》等被中共中央办公厅、中共江西省委办公厅采用；信息《农村饮用水安全存在的问题及对策》（新建支部上报）等被民盟中央采用；信息《关于加强社区服务管理和加快社区服务体制创新的建议》获“市政协好信息一等奖”；新闻《发挥优势，推动创业》获“市政协好新闻三等奖”。当年民盟南昌市委会被评为“市政协信息宣传工作先进单位”。

2005 年，副市长、民盟南昌市委会主委罗慧芬邀请时任中共南昌市委副书记，共同确定对南昌“红色旅游”产业和基础教育情况进行调研的课题。课题组走访有关部门和单位，于 9 月完成《创新管理机制，唱响八一品牌》和《整合教育资源，构建和谐南昌》的调研报告。报告就南昌市“红色旅游”产业发展和完善全市教育资源配置，提出方案和措施，得到省委常委、市委书记的肯定和批示。同时，南昌县总支、西湖区支部撰写的《重视做好生态环境保护的建议》《如何提高机关工作效率的建议》等受到当地政府和部门的重视。民盟进贤总支、南昌县总支、新建支部、青云谱支部还配合省政协、民盟省委会开展了多项调研。在各级两会期间，共提交议案、提案 100 余件，民盟南昌市委会被市政协评为“提案工作先进单位”。民盟南昌市委会集体提案《关于加强社区服务业管理和加快社区服务业体制创新的建议》被列为当年市政协第一号重点督办提案；《正视南昌市民办教育发展中存在的问题，确立南昌市民办教育可持续发展的战略》，市教育局认为建议宝贵，认真采纳，并提出了 8 条落实措施。一批盟员议案、提案得到有关部门重视。如青山湖政协副主席龚晓新的提案《关于建立扬子洲农民协会纪念馆使之成为革命历史教育基地的建议》得到市委宣传部高度重视，并会同有关部门抓落实，在扬子洲划地 0.2 公顷，拨款 108 万元，建起全省第一个农民协会纪念馆，为促进青少年爱国主义教育和南昌红色旅游产业的发展做出了贡献。盟员方卫红的议案《关于在新闻媒介上刊登南昌市空气质量日报》得到市委、市政府领导的高度重视，并得到落实。

▲2005 年 5 月 8 日，青云谱区支部举办“5·8 国际红十字日”“5·12”国际护士节，在洪西社区启动“服务社区基地”活动，成立民盟青云谱区红十字会小组。江西省政协副主席、民盟江西省委会主委倪国熙参加

2005 年 2 月 17 日，组织盟员中的非公有经济界人士学习中共南昌市委八届九次全体（扩大）会议精神，并成立“民营企业家创业联谊会”，积极引导他们合法创业，为社会创造财富。3 月 30 日，民盟南昌市委会聘请市林业局盟员专家参加市委统战部、市各民主党派到新建县望城乡联合开展的“三下乡”活动，为当地农民传授苗木种植技术，并赠送 3000 余份农业科普资料给当地农民。5 月 15 日，民盟南昌市委会与民盟九江市委会取得联系，组织章金媛、胡玲等 7 名盟员专家到九江医学院、九江中医院开展讲学活动。7 月，中共南昌市委发出“全民创业”号召后，民盟南昌市委会组织开展“全民创业，富民强市”主题学习活动，号召全市盟员带头在支持创业、服务创业上有所作为，一大批盟员在各自岗位上取得优异的成绩。如盟员刘燕南在南昌县小蓝经济开发区购地 3.3 公顷，在原金谷饲料基础上建起兽药厂，解决 200 余人就业。盟员练新庭在昌东工业园区购地 9.9 公顷，建起一座集科研、生产和培训于一体的花园式工厂——百特工业园，年产值突破 8000 万元，解决 500 余人就业。10 月 11 日，民盟南昌市委会率先在东湖区上营坊社区建立起全市各民主党派首个“社区服务基地”，利用全市盟员在科、教、文、卫和法律界人才济济的优势，为社区居民提供医疗、法律，科技、文化等方面的咨询服务。民盟西湖区支部也积极响应，在西湖区象山社区建立起社区服务基地。10 月 13 日，民盟南昌市委会在西湖区绳金塔承办“南昌市各民主党派、工商联宣传创业文艺晚会”，媒体对这次活动做了专题报道，在当地引起了反响。11 月 2 日，民盟南昌市委会再次与民盟新余市委会联合在新余市分宜县杨桥镇开展送法律下乡活动。向当地农民宣传法律知识、提供法律咨询、分发法律书籍和资料近千份，为当地农民增强法律意识，增强法治观念和推动当地农村的法制建设做实事。

2005 年，规范基层组织管理。按照《关于进一步做好民主党派组织发展工作座谈会纪要》精神，民盟市委会制订了本届市委会组织发展工作规划和年度发展计划，明确将高层次、高素质的人员作为发展对象。同时，主要领导求贤若渴，主动联系重点发展对象，并经常督促基层组织主动出击，发现和吸纳人才。全年新发展的 33 名盟员中有 30 人具有本科以上学历，其中博士 1 人，硕士 3 人，高级职称 15 人。同时，重视加强后备干部队伍建设，建立103人后备干部梯队，重点抓好选拔、培养、管理、推荐四个环节，支持和鼓励盟员参加本单位和政府各部门的实职竞选。全年有一批盟员走上领导岗位。制定下发《基层组织工作考评细则（试行稿）》《民盟南昌市基层组织换届工作实施意见》《民盟组织发展程序“流程图”》，并制定换届工作时间表。市医药卫生综合支部等基层组织如期进行换届改选。同时，根据《考评细则》，评选表彰先进基层组织17个，先进盟员64名。青云谱区支部由于成绩突出，被评为“全国民盟先进基层组织”。民盟南昌市委会重视发挥盟员中特约“四员”（检查员、监察员、审计员、督导员）作用，鼓励他们积极履行职责。全年召开“四员”座谈会3次。9月，有5名盟员被聘为南昌市第五批特约“四员”。

2005年，盟员积极参加各县区招商引资工作，取得显著成效，其中盟员郭翀为青云谱区引资1.65亿余元；方卫红为湾里区引资900余万元；谢华为南昌县引资2200余万元；邓志平为新建县引资5000余万元。

2006年，参加市委统战部、市科技局、市无党派知识分子联谊会联合举办的“南昌党外博士专家与企业科技项目对接活动”。建立“和谐社区服务基地”，基层组织以基地为依托，开展文化教育、医疗卫生、法律知识、文艺宣传、扶贫济困“五进入”服务活动，受到社区居民群众的好评。以制度建设为重点，建立和完善议事决策制度、中心组学习制度、民主生活会制度等多项制度，普遍加强对成员的思想教育，并结合各自实际，以自办网站、刊物为载体，开展形式多样的主题教育活动。

开展政治学习和主题教育及信息宣传取得实效。2006年1月，以纪念民盟市委会成立60周年为契机，开展2006—2007年“忆传统、创佳绩、铸辉煌”主题学习活动，并通过举办“南昌民盟网络知识竞赛”促进活动的开展，同时，组织盟员参加民盟江西省委会举办的“江西民盟网络知识竞赛”活动，获得“2006年江西省民盟网络知识竞赛优胜单位”奖；组织盟员学习新时期邓小平统战理论思想，开展统一战线与和谐创业关系的理论研讨活动，向市委统战部提交统战论文7篇。4月，邀请省政协副主席、民盟江西省委会主委倪国熙传达全国两会精神，并组织盟员学习社会主义荣辱观、《江泽民文选》和全国统战会议精神。在中共江西省委和中共南昌市委分别开展“构建和谐社会，实现新的跨越”建言献策、建功立业活动和“构建和谐南昌，实现经济社会又好又快发展”建言献策“金点子”活动中，民盟南昌市委会开展“同舟共济，共建未来”主题学习活动，号召盟员积极参与，短时间内收到“金点子”100 余条。12 月 26 日，“金点子”大赛活动办公室在全市 1.8 万余条中筛选 100 条“金点子”在新闻媒体公布，供广大市民投票选举“十大金点子”，民盟盟员有 6 条“金点子”进入前 100 条。其中，《关于加强餐饮垃圾管理的建议》获提名奖。全年注重信息的收集、汇总、整理和上报，加强与电台、报社等媒体联系，及时报道重大活动。2006 年年底，共投稿 200 余篇，采用 150 余篇。其中，《有容乃大促和谐——学习中共统战工作精神体会》等共 6 篇文章在《光华时报》上刊登；《大力发展循环经济》等共 9 篇文章在省委统战部心桥网上刊登；《走新型科技工业化道路》等共 17 篇文章在《南昌日报》上刊登；《南昌市农村信息化建设正在加强》等 30 余件信息，被中共江西省委和南昌市委办公厅采用；《高举南丁格尔无私奉献的火炬》等 60 余篇文章在《中央盟讯》《江西统一战线》上发表。民盟南昌市委会获市政协颁发的“好信息”一等奖、“好新闻”三等奖，并被市政协评为“信息宣传工作先进单位”。同时，注重继承和发扬“心系民生、关注社会”优良传统，在创建“国家卫生城市”活动中，组织盟员参与“洪城市民踊跃为南昌创建国家卫生城市建言献策”活动，提交意见和建议 60 余件。其中，被市政协《社情民意》采用 38 件，被中共南昌市委办公厅《今日南昌信息》采用 5 件。信息《乞讨现象影响我市形象》得到时任省委常委、市委书记重视，批示有关部门研究对策，做好教育、疏导和管理工作；信息《关于加强对外来人员的管理力度的建议》，时任市委副书记批示有关部门要切实加以改进工作，维护人民

▲2006 年，罗慧芬到国家体育总局向刘鹏局长申办第七届城市运动会

群众的切身利益和社会稳定。

2006 年，落实《民盟中央关于加强后备干部队伍建设的意见》精神，把真心、热心、用心、关心盟务工作的盟员纳入后备干部队伍，并进行跟踪指导、培训学习、适时推荐。2006 年年底，有 8 人当选市人大代表，35 人担任市政协委员，有 2 名盟员走上副县岗位，有 7 名盟员担任了副科级及单位中层职务。按照《中国民主同盟组织发展暂行条例》精神，通过“制定组织发展计划，主要领导负责重点发展对象，机关干部指导基层工作和争取基层单位支持与帮助”等方式发展盟员。2006 年，共发展盟员 40 人，盟员总数达到 793 人，得到民盟江西省委会的通报表扬。落实《民盟中央关于加强基层组织建设的意见》精神，基层工作做到年初有计划、年终有总结、活动有纪录，并按照《民盟市委会关于机关干部联系基层工作的意见》精神，不断总结经验，提高联系基层的工作效率。同时，制定基层组织换届时间表，民盟南昌县总支、民盟江西城市学院、文艺、采茶、南昌教育学院、豫章中学、南昌八中、南昌十九中等支部如期进行换届，并召开“民盟南昌市委会基层组织建设经验交流会”，表彰先进基层组织和先进盟员，使基层工作出现可喜局面。

2006 年年初，确立助力中小企业实现自主创新和农村文化建设课题开展调研。前后历时 5 个多月，先后形成《助力中小企业走好自主创新之路》和《新农村建设应重视文化建设》调研报告，并提出建议和措施。其中，《助力中小企业走好自主创新之路》作为民盟江西省委会重点调研课题报告提交省政协及有关部门。全年多次组织盟员到进贤县、新建县和安义县等地开展新农村建设调研；到南昌高新技术开发区和南昌县小兰经济开发区考察中小民营企业。5 月，与民盟江西省委联合召开参政议政工作研讨会，邀请省政协提案委主任方正平做题为《运用提案参政议政》的讲座，并就如何做好提案工作总结经验、交流体会，盟员人大代表、政协委员等 60 余人出席。在省政协九届四次会议上提交的《关于切实加强知识产权工作，设立专项基金的建议》的提案，经省政府研究决定，设立知识产权专项基金（每年投入 500 万元），促进全市知识产权保护工作。10 月，举办新当选的人大代表、政协委员培训班，激励履行职责，踊跃提交提案、议案。2006

年年底，在市“两会”上提交集体提案 4 件，个人提案 33 件。其中，集体提案《加强社区服务管理和加快社区服务业体制创新》被评为“2005—2006 年度优秀集体提案”；个人提案《关于健全动物防疫体系，保障市民生命健康的建议》《关于全面推进新型农村合作医疗的建议》《关于尽快建立健全我市城市地下管网的管理和建设的建议》等被市政协评为“2005—2006 年个人优秀提案”。民盟南昌市委会被市政协评为“2005—2006 提案工作先进单位”。全年主要负责人在参与市委、市政府、市政协、市委统战部召开的协商会、征求意见会等各种会议之前，征求意见和建议，做到发言有内容，建言有根据，献策有力度。

2006 年，服务农村、社区和盟员取得良好成绩。组织小学教师到新建县樵舍镇中心小学，开展“送教下乡”，为乡（镇）小学教师送去先进的教育理念和教学方法；组织医生专家，到万埠镇卫生院为百余名患者进行义诊，为当地农民免费提供 6000 余元的治疗药品，并向安义县各乡（镇）赠《农村实用技术百科全书》16 箱，受到当地干部群众欢迎。1 月，与民盟江西省委会联合举办“2006 年省市盟员迎新春联欢会”，省、市盟员欢聚一堂，辞旧迎新，共叙友情，共话未来。“三八”国际劳动妇女节，全市女盟员游览赣江市民公园，参观红谷滩新貌，亲身感受南昌市发生的变化。教师节期间，机关全体同志到基层分别走访 80 岁以上盟员老教师，给他们送上纪念品，祝他们节日快乐、健康幸福，使老盟员感受到组织的温暖。重阳节前夕，与江西省红十字志愿护理服务中心联合在东湖区上营坊社区开展“共建和谐社区，义务服务群众”大型敬老服务活动，义务为社区居民测血压、传授健康护理知识等，并给孤寡老人送蛋糕，用轮椅送他们到公园游园，使他们深受感动。

2006 年，服务全民创业。全年在成立“盟员创业者联谊会”的基础上，走访部分创业盟员，了解意见和建议，解决困难和问题，为“建言献策”收集资料。9 月，在南昌百特公司召开省、市盟员创业者中秋座谈会，组织大家交流创业经验，助力企业家再创辉煌。国际南丁格尔奖章获得者章金媛被评为“全国各民主党派、工商联、无党派人士为全面建设小康社会做贡献先进个人”；南昌县总支主委、莲塘镇副镇长谢华被评为“2006 年度全国安全生产监管煤矿安全监察先进个人”；南昌师范附小副校长郭爱香被评为“南昌市2006年宣传文教系统‘四个一批’拔尖人才”和“2006年省（市）特级教师”，获得省政府特殊津贴；南昌市一医院内分泌科主任胡玲获得“2006年江西省江铃青年科技奖”，获得南昌市政府特殊津贴；联立学校校长闵思卫被评为“2006年江西省中小学优秀校长”；江西科技师范学院副院长熊玛琍荣获“江西省骨干教师”称号。

2007年，根据《民盟中央关于开展政治交接主题学习实施活动的意见》精神，结合纪念民盟南昌市委会成立60周年和省级党派进行换届等内容，以开展系列主题学习活动为主线，在盟员中开展“忆传统、创佳绩、铸辉煌”“我为南昌发展做贡献”和“坚持走中国特色社会主义政治发展道路”等系列主题教育活动。活动中，机关干部走访老同志，请老盟员谈盟史、写回忆录；组织盟员学习民盟中央领导谈多党合作的文章，编撰南昌盟史《不平凡的历程》；召开政治交接主题教育动员会，制定开展政治交接教育活动的“十项目标和任务要求”，教育大家要自觉主动地承担责任和义务，识大局、参大政、养大气，热心盟务工作，多做好事、实事，展现盟的风采。全年为推动统战知识学习的开展，组织盟员参加市委统战部开展的统战知识竞赛活动。在市委统战部召开的“学习贯彻第二十次全国统战工作会议精神研讨会”上，提交论文7篇。其中，5篇被评为优秀论文，两篇论文在会上进行交流。连续三年评为“信息宣传工作先进单位”。全年为配合主题教育的开展，在南昌民盟网站、《南昌民盟连线》开设专栏，及时报道各基层组织开展主题教育活动有关情况，收到较好的学习效果。年底，共向有关媒体和部门投稿160余篇。其中，《服务社区居民，倡导健康生活》等7篇文章被《人民日报》等3家国家级媒体采用；有32篇文章被《江西日报》等3家省级媒体采用。同时，在市级媒体和市有关部门等用稿70余篇。

2007年3月，举办市人大代表、政协委员培训班。7月和8月，分别举办新盟员培训班和骨干盟员、新盟员培训班，并组织赴浙江横店和义乌进行实地学习，考察浙江的发展情况。同时，根据市委有关精神向市中级人民法院等5家单位各推荐1名特约人员；向县（区）人民法院等单位推荐

30 余位基层盟员担任特约人员和行风评议员。1 月和 5 月，按照市委组织部、统战部的要求，向市里民主推荐了两批工作实绩突出、大家公认的优秀盟员作为副县后备干部。5 月和 10 月，按照民盟江西省委会和市委统战部精神，先后分别向民盟江西省委会和市委统战部各推荐了一批后备干部，一批想干事、会干事、干好事、不出事、好共事的盟员走上领导岗位。年底，有 4 名盟员担任副科级职务，3 名盟员担了正科级职务，4 名盟员担任副县级职务。全年为加强基层组织班子队伍建设，适时对南昌一中、南昌二中、南昌二十中、南昌一职支部进行换届，并成立西湖区总支，增强基层的活力。按照《基层组织工作考评细则》，对基层盟务工作进行考评。评选出了 10 个先进基层组织，70 名先进个人。同时，认真贯彻落实《中国民主同盟组织发展暂行条例》，制订年度发展计划，并通过表彰先进，推动基层发展工作，通过谈话、考察、审查、主要领导把关，确保发展质量。2007 年年底，共发展盟员 36 名，其中，硕士 3 人。一些多年未发展盟员的基层组织，发展了新盟员。

2007 年，把促进南昌市经济、社会、政治和文化发展，构建社会和谐作为参政议政的着力点，积极参加中共市委、市人大、市政府、市政协和市委统战部召开的通报会、协商会、座谈会以及各种检查、视察、调研等活动，并就全市经济、政治、社会和文化等发展提出意见和建议。如在征求《市政府工作报告》意见中，提出许多意见和建议被市委、市政府采纳。全市两会期间，民盟南昌市委会鼓励市、县（区）盟员人大代表、政协委员共提交建议、提案 83 件，其中，集体提案 14 件。集体提案中，有 6 件提案被有关部门推荐，参加“市优秀提案公开评选”，评得优秀集体提案 1 件、优秀个人提案 5 件，还有两条建议获市人大表彰。提交的建议、提案围绕全市难点问题，分析原因，提出对策，有较强的针对性和操作性，受到市委、市政协领导的重视。如《关于打造南昌文化软实力“城市精神”的建议》得到时任省委常委、市委书记的重视和赞许，并批示市政协组织委员重点进行调研；《关于加强社区卫生服务建设的建议》作为市政协重点督办提案，得到时任市政协主席督办。同时，各县（区）盟员人大代表、政协委员参政议政热情空前高涨。2007 年年底，共提交建议、提案 200 余件。

其中，民盟进贤总支关于《加快学校标准化建设，促进教育均衡发展》的集体提案被县政协评为优秀提案；南昌县总支《关于澄湖中路十二号楼夏季用电问题》的建议被县政协评为优秀提案；西湖区总支关于《整治校园周边三无摊点、营造青少年健康成长的良好氛围》的建议被西湖区政协列为重点督办提案；青山湖区支部关于《做大做强我区制造业应重视和壮大本土企业和加快人才资源建设的建议》的集体提案被评为区政协优秀提案；民盟新建县支部《关于送教下村的建议》获县政协优秀提案奖；民盟青云谱区支部集体提案《关于加大公共场所周边巡逻力度的建议》获区政协优秀提案奖。2007 年，围绕南昌市“十一五”规划内容，着重就文化和教育问题制订课题并开展调研。调研组深入企业学校，走访专家学者。前后历时 5 个多月，先后形成《南昌文化创意产业现状与发展的调研报告》和《关注薄弱农村教育，促进城乡协调发展》两篇调研报告。其中，《南昌文化创意产业现状与发展的调研报告》作为“2007 年市委统战系统调研成果汇报会”的专题发言，受到有关领导和部门的高度重视。《关注薄弱农村教育，促进城乡协调发展》的调研报告作为民盟江西省委会的重点调研课题，作为省政协大会发言并提交给了有关部门。同时，各基层支部（总支）积极开展调研，完成调研报告 13 篇。其中，西湖区总支完成《关于在朝阳洲地区开发中加大学校网点布局调整力度，合理配置教育资源》的调查报告得到时任副市长等领导的批示；青山湖区支部完成《关于我区职业教育的现状分析与发展对策》的调研报告被区委统战部评为优秀调研报告。全年立足了解社情、反映民意，向有关部门共提交信息 100 余条，共被国家级媒体采用 2 条、省级媒体采用 13 条、市级媒体采用 25 条。民盟西湖区总支、青山湖区支部、青云谱区支部、外国语学校支部等共提交反映社情民意信息 50 余条。其中，民盟南昌市委会的《地下水污染危及村民饮水安全》和西湖总支的《关于妥善解决朝阳洲地区失地农民出路问题的几点建议》，得到时任省委常委、市委书记批示，并得到有效落实。《关于实施新型农村医疗制度的建议》等共 9 篇信息，被省委宣传部刊载在《问计于民，共商发展》建言献策汇编上。民盟青云谱区支部组织区盟员政协委员深入洪都街办洪西社区，面对面听取社区群众意见的活动信息被《人民日报》等国家级媒体报道。

2007 年，为响应民盟中央旨在提高农村教师综合素质的“烛光行动”，与新建县民盟支部联合开展送教活动，邀请南师附小郭爱香等教师到新建县联圩乡中心小学上示范课。同时，新建县支部、南昌外国语学校支部组织盟员教师分别到石岗中学、安义县开展“送教”活动。盟员教师们精心准备的示范课及精彩的点评给乡村教师们带来新的教育理念，促进了农村教学质量的提高。全年全市各级民盟组织采取多种方式，服务社会。1 月 13 日，与民盟江西省委会、青云谱区支部在青云谱区洪西社区联合开展主题为“倡导文明生活，构建和谐社区”的大型社区服务活动。7 月 24 日，再次组织医疗队到洪西社区开展以“服务社区居民，倡导健康生活”为主题的保健知识讲座和义诊活动，受到社区居民的欢迎。2 月 9 日，民盟西湖区支部在松柏巷社区服务基地举行第 4 个社区服务基地揭牌仪式，推进构建和谐社区服务工作深入开展。青云谱区支部组织盟员参加区政协、区委统战部举办的为南昌 SOS 儿童村捐款活动。湾里区支部开展“送医下乡”活动。南昌市医卫支部组织学生深入社区进行医护咨询服务，受到社区居民的欢迎。进贤县总支组织盟员到民和镇开展送医下乡和送科技下乡活动，并在池溪村建立首个农村服务基地。南昌县总支参加县政协开展的“三下乡”活动，送去科技书籍 1000 册，并与富山乡三山村结成“帮扶对子”。

2007 年，鼓励盟员创业。11 月 6 日，南昌市副市长、民盟南昌市委会主委罗慧芬到江西三和策划营销有限责任公司，就民盟盟员创业情况进行调研，并邀请盟员为民盟南昌市委会印制成立 60 周年画册做设计策划，为民盟南昌市委会 60 周年华诞献礼。11 月 23 日，罗慧芬视察人民公园园中园改造工程，鼓励盟员为开辟南昌红色旅游新景点、丰富南昌红色旅游内涵，做出民盟盟员应有的贡献。

2007 年，王永南当选为南昌市人大第十三届常委会委员，万伟成、罗慧芬、曾昭萍、胡彬、方卫红、王鑫英、谢华、张国印当选为南昌市第十三届人大代表。

2007 年，杜晓晖、程英、邬海明、胡玲当选为南昌市政协第十二届常委会委员；杨松林、龚晓新、李南娜、陈至英、练新庭、陈建新、熊淑兰、徐小荣、杨霞林、胡荣、罗小玲、熊玛琍、陈光英、陈钢、李建芳、谢弘、罗建华、陈志强、毛盛杰、邓志平、李植、郭爱香、施惠媛、胡细和、温志平、熊飞、何啸鸣、张澜、郭翀、毛华撑担任第十二届南昌市政协委员。

2008 年，民盟南昌市委会深入开展政治交接学习教育活动，自身建设得到加强，履职能力不断提高。在中共南昌市委和民盟江西省委的领导下，全市盟员继承民盟的优良传统，以更加昂扬的精神面貌，积极履行政治协商、民主监督、参政议政职能，充分发挥协调关系、汇聚力量、建言献策、服务社会的作用，为南昌实现“六个走在全省前列”做出贡献。被市政协评为“参政议政工作先进单位”“优秀提案先进集体”“信息宣传先进单位”。

2008 年，按照民盟中央的工作要求，在全市盟员中继续开展以“坚持走中国特色政治发展道路”为主题的政治交接学习教育活动。为推动全市盟员学习、领会和贯彻好中共十七届三中全会精神，开展“学习贯彻中共十七届三中全会精神”为主题的学习活动。活动中，各基层组织突出重点，学习、座谈、讨论，及时报道学习动态、交谈学习体会，取得良好的学习效果。4 月 27 日，联合市其他党派共同举办“纪念中共中央发布‘五一口号’60 周年图片展”，开展纪念活动，300 多名盟员参加、观看图片展。民盟南昌市委会十分重视统战理论研究工作，通过健全理论研究工作队伍和制度，开展“坚持走中国特色政治发展道路”为主题的理论研究活动，撰写大量的关于新形势下如何为发展第一要务服务，为促进民盟履职服务的稿件。其中，《发挥统战作用，服务和谐创业》被选入《探索——中国改革发展三十年理论特辑》，《履新岁月的几点思考》被刊登在《中国统一战线》上，有 9 篇文章被民盟中央和省委统战部心桥网采用。

为强化领导班子和骨干盟员对坚持走中国特色政治发展道路的认识，提高其政治把握能力、参政议政能力、合作共事能力和组织协调能力，增强自觉担负参政党历史使命的责任感。7 月 28 日—8 月 5 日，民盟南昌市委会首次与市社院联合举办“骨干盟员培训班”，有 56 位骨干盟员参加培训。为使基层组织班子更加得力，民盟南昌市委会根据基层组织情况，对西湖区总支、十中支部、青云谱区支部、青山湖区支部等进行换届，一批德才兼备，热心盟务，有奉献精神，能团结盟员的年轻同志进入领导班子，基层活力明显增强。民盟南昌市委会高度重视组织发展工作，始终把质量标准放在第一位，严把盟员入口关，一年来，共发展 42 名盟员。为激励基层组织加强自身建设，民盟南昌市委会对 2007 年基层盟务工作进行考核，评选、表彰 10 个先进基层组织和 74 名先进个人。民盟南昌市委会的 6 个基层组织和 64 名个人获民盟江西省委会表彰。民盟南昌市委会机关被民盟江西省委会评为“先进支部”。民盟南昌市委会按照《民盟中央关于加强后备干部队伍建设的意见》精神，从“为盟聚才”的高度，认真做好后备干部推荐工作。向民盟江西省委会推荐一批 45 岁以下后备干部。动员符合条件的盟员报考公选领导和副厅后备干部。通过盟员的自身努力，民盟南昌市委会兼职副主委杜晓晖考取副厅后备干部，3 人走上单位中层岗位。根据民盟江西省委会开展“基层组织建设年”的活动要求，组织专职干部分头走访市属学校支部进行调研，了解情况，收集和总结基层组织建设方面的材料。11 月 14 日，民盟南昌市委会及西湖区总支、青云谱区支部、新建县支部总结基层组织建设方面的经验，在抚州市召开的“全省基层组织建设经验交流会”上进行交流。

民盟南昌市委会领导积极参加市委统战部召开的通报会，积极参加市里组织的各种检查、视察、调研活动，积极发言，撰写调研报告，提交合理化意见和建议。民盟南昌市委主委罗慧芬撰写的《落实“五个紧扣”在新起点上实现南昌教育又好又快发展》获得市委、市政府综合调研工作评比一等奖。市两会前，民盟南昌市委会召开常委（扩大）会，研究布置提案议案工作。市两会上，盟员人大代表、政协委员提交建议、提案 55 件。集体提案《关于普及农村网络教育，促进城乡义务教育均衡发展的建议》被列为市政协主席督办提案。提案内容涉及教育、民生、“三农”、生态文明、城市建设等方面，被大量刊登在《南昌日报》《南昌晚报》《江南都市报》上。盟员监督员认真履行职责，积极参加省市有关部门组织的各种执法检查，他们认真负责的态度和敢于讲真话的精神，得到有关单位、部门的好评。根据市委、市政府出题，党派调研的工作要求，加强与省民盟、重点高校、盟内外专家的联系，借助省盟优势，精心选定课题，形成《加强创业文化建设，促进南昌生产力发展》和《南昌市城区中学贫困生心理健康状况调研》两篇调研报告。《加强创业文化建设，促进南昌生产力发展》在全市“创业创新文化建设——各民主党派工商联无党派知识分子联谊会专题调研成果报告会”上得到时任省委常委、市委书记高度评价，市纪委书记在调研报告做批示。十分重视反映社情民意工作，注重调动盟员积极性，凝聚智慧，形成合力，信息渠道畅通，调研成果得到转化，取得可喜成绩。民盟南昌市委主委罗慧芬撰写的《南昌教科文体卫的改革三十年变化》被刊登在《江南都市报》头版。盟员人大代表、政协委员，各基层支部（总支）共向有关媒体和部门投稿 108 件，被采用的建议信息 62 件（国家级 17 件、省级 18 件）。与往年相比，稿件数量、质量明显提高。民盟南昌市委会高度重视发挥新闻宣传在思想政治工作和扩大民盟影响力的重要作用，采取各种措施，切实提高宣传工作水平。据不完全统计，一年来，向有关媒体和部门共投稿 390 余篇，采用 280 余篇，其中，国家级 63 篇、省级 112 篇，大量稿件刊登在主流媒体。

“农村教育烛光行动”是民盟中央对社会服务工作的重要部署，重点是提高农村中小学教师素质和教育教学水平的师资培训。6 月 4 日，民盟南昌市委会“烛光行动”基地挂牌仪式在莲二小隆重举行。“烛光行动”盟员教师志愿者为南昌县 200 多名中小学教师进行新课程改革培训。11 月 18 日，民盟南昌市委会邀请南昌二中、南昌十中、南师附小等重点学校盟员教师到进贤县开展“农村教育烛光行动”。民盟南昌市委会以社区服务基地为平台，以送温暖、开展法律宣传和义诊活动为主要内容，为社区群众服务。1 月 18 日，在盟员企业家温志平的赞助下，民盟南昌市委会走访了 10 户上营坊社区贫困居民，送去大米、食用油和年货。6 月 21 日，民盟南昌市委会与民盟江西省委会联合在洪西社区开展送医送药和宣讲《中华人民共和国物权法》活动。12 月 4 日，民盟南昌市委会帮助西湖总支在恒茂华城社区开展共建和谐社区签约和文艺演出活动。1 月 29 日，民盟南昌市委会在西湖区礼堂举办“南昌市民盟成立 60 周年暨 2008 年迎新春联欢会”。3 月 8 日上午，民盟南昌市委会在南大医学院南院联合举办大型妇女健康咨询活动。“五一”劳动节、中秋节都有各具特色的活动。

广大盟员立足本职，勤奋工作，在各自岗位取得新成绩。全市有 100 余位盟员获得各级各类荣誉。罗慧芬副市长分管的奥运火炬传递工作成为全国的样板，在北京介绍经验。章金媛被评为中国红十字会先进志愿者、省城乡社区先进志愿者。胡玲获得省科技进步奖三等奖、省百千万人才奖。练新庭被评为全盟抗震救灾先进个人。熊伯均被评为国家级骨干教师培训班优秀学员。雷喜平被评为全省优秀化学老师。张鸿文获全国“十一五”重点课题研究一等奖、全国校报校刊评比最佳编辑奖。饶华宝获全国“博爱杯”“最佳创作精品奖”。康玉婷、舒琦获全国中小学信息技术创新和实践活动决赛二等奖。成玲获全国教学设计一等奖，熊建霞、全玲获二等奖。周玲、黄静丽、余红教学论文获全国一等奖。涂传斌、杨林青、黄静丽、刘浠亮获全国中学生学科竞赛优秀指导奖。吴芸获全省说课二等奖。宋心鑫获全省机械创新设计二等奖。根据《公务员法》的要求，民盟南昌市委会通过完善制度，强化机关干部大局意识和服务意识，培育务实、勤奋、高效和廉洁的工作作风，机关作风明显转变，机关工作更加高效、更加务实，呈现团结合作、勤勉和谐的新局面。

2008 年，王永南当选为第十一届江西省人大代表。罗慧芬当选为江西省政协第十届常委会委员，陈建新担任第十届江西省政协委员。

在 2008 年新年伊始的“雨雪冰冻”中，全市盟员积极落实市委、市政府“五保三救助”的工作要求，踊跃捐款、捐物。进贤总支捐款 3550 元，南昌县总支到塘南镇扶盛村开展送医、捐款活动，共捐款 1000 元，西湖区总支向市慈善会捐款 1860 元，新建县支部组织盟员上街铲雪，捐款 1850 元和 20 套衣服支助农村贫困生，湾里支部赴湾里区招贤镇红星乡马口村进行义诊。华夏医院董事长、盟员陈建新为进贤衙前镇灾民免费发放千元药品。5 月 12 日，四川汶川发生大地震。民盟南昌市委会响应党和政府号召，迅速组织全市盟员捐款、捐物，缴纳特殊盟费。盟员企业家更是不忘回报社会，踊跃捐款。陈建新捐款 3 万元，陈志强、曹三院等人捐款 2 万元，温志平捐款 1 万元，毛华撑捐赠电缆价值 20 万元、练新庭捐赠医疗器材价值 57. 4 万元。练新庭被民盟中央评为“抗震救灾先进个人”。全市盟员共缴纳特殊盟费16万多元，捐款、捐物109万余元。熊飞、张国印等盟员企业家通过其他部门捐赠大量款物。

2009年，在民盟江西省委会、中共南昌市委的领导下，切实加强自身建设，着力提升履职能力，坚持在继承中发展，在求实中创新，取得良好的工作进展，展现出新的精神风貌，发挥党派作用，服务南昌经济、社会发展。围绕市委、市政府的中心工作，为促进南昌又好又快发展，积极建言献策。积极实施“人才兴盟、人才强盟”战略，努力探索基层组织的新思路和新途径。健全社会服务工作新机制，在“农村教育烛光行动”、新农村建设和社区服务等方面做实事，发挥应有作用。民盟南昌市委会被民盟中央评为“2006—2009年度盟务工作先进集体”和“全省盟务工作先进单位”，获“南昌市综合目标管理考核一等奖”和“市政协提案工作和宣传信息工作先进单位”。

不断完善思想工作制度，创新加强思想工作的有效途径，思想教育工作取得成效。建立长效机制，补充和完善开展主题学习，对内、外宣传和开展统战理论研究等相关的工作制度，制定《民盟市委会信息宣传工作考核与奖励办法》。定期召开支部主委、盟员骨干和新盟员学习会，总结表彰会和各具特色的主题培训活动，与市社会主义学院联合举办骨干盟员和新盟员培训班；邀请省政协和省盟专家对参政议政骨干盟员和信息员进行《调研报告、提案、议案写作知识》的培训。采取生动活泼的教育方式，组织盟员参观新农村建设，到延安学习考察。切实加强参政党自身建设，把形势、政策和爱国主义教育作为主题学习的重要内容，把继承民盟的优良传统，坚持正确的政治方向作为主题学习的主要任务。在“坚持走中国特色社会主义道路”主题学习活动中，按照“不能轰轰烈烈走过场，一定扎扎实实做些事”的目标要求，通过学习增强自觉接受中国共产党的领导、坚定走中国特色政治发展道路的信念。发动盟员开展统战理论的学习与研究，保持理论上的清醒。《构建和谐社会，用好党派话语权》《发挥统战作用，服务和谐社会》等多篇文章被民盟中央和省委统战部等采用，多篇统战理论文章在统战系统交流并获奖。搭建网络沟通渠道，《南昌民盟连线》及时报道盟内动态。126篇文章在有关媒体上发表，其中，28篇刊登在

《人民日报》等国家级媒体上。在市政协举办的纪念中华人民共和国和人民政协成立 60 周年征文和演讲比赛中，民盟南昌市委会获征文一等奖，演讲比赛三等奖。盟员张澜的论文《改善高校运行的制度环境是当务之急》在全国民盟高教论坛上宣讲，并在《群言》杂志上刊登。

注重发展有影响代表性人物，坚守文化、科技、教育老阵地，拓宽新领域，吸收一批经济、金融、管理、法律、新阶层人士入盟。积极争取基层党组织支持，建立和谐党盟关系，市委统战部及各县区统战部、市卫生学校、南昌十六中党支部等给予大力支持，推荐大量优秀人才。共发展 43 名盟员，其中，博士 2 人，硕士 2 人。选拔热爱民盟事业、有参政议政潜能和务实奉献精神的中青年骨干充实后备队伍。尽量给盟员提供各种调研、社会服务及盟务工作的机会，让他们出席各类座谈会、报告会，推荐担任各类监督员及参加各种社会活动，让他们在实践中锻炼成长。鼓励盟员参加公选干部招考。2009 年，3 人提升为副处级领导职务。7 名盟员参加全市公选笔试入围，有 2 人提升为科级领导职务。对基层组织进行调整，从科技总支分出经济支部。南昌二十一中支部、市直机关支部调整充实支部委员。分期分批对南昌三中、八一中学、江氨中学、南昌高专、江西科技师院、湾里区等支部进行换届，一批热心盟务，充满朝气的盟员进入领导班子。沟通基层组织相互学习的渠道。举办基层组织建设经验交流会。此外，与海口和保定民盟市委会、广州荔湾区盟组织进行盟务交流。

据不完全统计，2009 年度全市盟员获得市级以上各类荣誉 25 余人次。南昌市副市长、民盟南昌市委主委罗慧芬获得全国科技工作先进个人称号；胡玲获江西省科技进步奖三等奖；陈瑛获得全市先进个人；黄静丽、吴小红、倪高飞、付晓华、赵宇洁等被评为江西省骨干教师、南昌市骨干教师、南昌市优秀班主任、南昌市师德标兵；梅承旺获得《林中家园》《梅林山下我的家》优秀奖；张澜的课题《美国威尔逊政府内政改革的经验与教训》实现南昌市和江西科技师范学院在国家社会科学基金立项上零的突破。毛盛杰、方卫红参加企业改制，为维护社会稳定做出贡献，受到有关部门好评。龚晓新用专业技术帮助贫困的扬子洲村建起“沙洲虫草鸡”养殖基地。81 岁老盟员章金媛，南丁格尔奖获得者，作为全国护士的代表光荣登上国庆游行彩车，接受党和国家领导人检阅。

制定《民盟市委会关于加强参政议政工作的实施细则》以及《民盟市委会关于参政议政工作成果奖励暂行办法》。为适应新世纪建设参政党要求，提高参政议政水平，建立参政议政“三支”队伍，注重发挥盟内专家、两会代表、委员和基层骨干作用，注重发现、培养和使用新人。形成主要领导亲力亲为、盟员参与、基层配合、上下联动、横向交流的参政议政工作新局面。围绕市委中心工作，开展调研，撰写报告。民盟南昌市委会的调研报告《积极推进重点文化项目的实施，推动文化事业和文化产业跨越式创新发展》被作为民盟江西省委会的重点调研课题，在省政协会上被列为大会发言材料。各县区支部（总支）《关于妥善解决失地农民出路问题的调研报告》等不少调研报告得到县（区）领导的批示，被评为优秀调研报告。民盟进贤总支、南昌县总支等配合省政协、民盟江西省委会开展多项调研。盟员人大代表、政协委员认真履行职责，在各级人大、政协两会上，共提交提案、建议106件，其中，市优秀建议、提案、重点督办提案6件，集体提案4件。民盟南昌市委会的集体提案《关于普及农村网络教育，促进我市城乡义务教育协调发展的建议》和盟员李南娜、程英的个人提案获市政协2008—2009年度优秀提案。郭翀2006年提出的《科学建设南昌地铁》于2009年被列为省市重大重点项目。《光华时报》《南昌日报》《南昌晚报》《江南都市报》刊登盟员政协委员两会上的大量建议。南昌县总支、进贤县总支、西湖区总支、新建县支部、青山湖区支部、湾里区支部、青云谱区支部等有多件提案被县政协评为优秀提案或重点督办提案。盟员张国印被评为“市人大先进代表”，杨霞林、杨松林等5位盟员获“2009年度市优秀政协委员”。组织开展“议政周”活动，共提交社情民意信息90余件。《关于取缔八一广场新大地二手机销售及路边收购市场的建议》得到时任市委常委、市公安局局长的高度重视和批示。《建立和畅通民意诉求渠道的新探索》《进一步发挥各民主党派在国家政治生活中的作用》被中共中央办公厅、民盟中央《群言》杂志采用。《税收执法环境面临的问题与思考》等18条建议、信息刊登在《新华时报》《光华时报》等国家级、省级媒体。

2009年4月17日，民盟江西省委会、民盟南昌市委会、民盟西湖区总支在安义县联合开展“送教下乡”活动。南昌市外国语学校中学高级教师、中国化学学会会员、高中教师培训中心指导老师张秀球为安义县 200 余名校长、教导主任和骨干教师做题为《构成多元世界的多种方式——关于杜郎口现象思考》报告。5 月 5 日，民盟江西省委会、民盟南昌市委会、民盟新建支部与南师附小联合组织赴新建县望城镇中心小学开展“送教下乡”活动。10 月 16 日，民盟江西省委会、民盟南昌市委会、民盟西湖总支联合在安义县龙津学校举行隆重的“烛光活动揭牌仪式”并做题为《如何提高英语教学质量》的讲座。1 月 13 日，民盟江西省委会和民盟南昌市委会到南昌市青云谱区洪都街道洪西社区向困难群众表示春节慰问，送去棉被、油、食品等节日用品（合计 5000 余元）。1 月 19 日，民盟江西省委会、民盟南昌市委会、民盟西湖区总支在恒茂华城社区联合举行“迎新春送春联进社区”活动。王伶儿、刘铭容等 6 位省市著名书法家现场为社区居民书写春联。2 月 17 日，民盟江西省委会、民盟南昌市委会、民盟西湖区总支在恒茂华城社区联合开展中考、高考考前咨询活动。3 月 6 日，民盟江西省委会与民盟南昌市委会联合举办“三八”国际劳动妇女节“怎样轻松渡过更年期”保健讲座活动。6 月 24 日，民盟江西省委会、民盟南昌市委会、民盟西湖区总支在恒茂华城社区为社区居民举办物权法知识讲座。10 月 26 日，民盟江西省委会和民盟南昌市委会联合举行重阳节中老年保健知识讲座。

第三节　助推南昌市“三大工程”（2009 年 12 月—2015 年 12 月）

第十二次代表大会，于 2009 年 12 月 30 日至 31 日在南昌民航花园酒店举行，历时 2 天。出席代表 128 人，其中选举代表 108 人，提名代表 20 人，代表全市 875 名盟员。大会以中国特色社会主义理论为指导，学习了中共十七届四中全会和民盟中央十届八次中常委会精神，认真听取了江西省政协副主席、民盟江西省委会主委刘晓庄和中共南昌市委常委、纪委书记刘东明的讲话，听取和审议通过罗慧芬代表第十一届委员会做的《加强自身建设，立足科学发展，为促进南昌“三大工程”建设作出新贡献》工作报告，研究确定2010—2014年工作任务：高举中国特色社会主义的伟大旗帜，以邓小平理论和“三个代表”重要思想为指导，贯彻落实科学发展观，学习领会中共“十七大”全会精神，动员盟员团结进取、求真务实，坚定不移地走中国特色社会主义道路，以建设“理论上清醒、政治上坚定、组织上巩固、制度上健全和充满活力的参政党”为目标，为实现我市经济大提速、城乡大变样、文明大提升“三大工程”做出新贡献。大会选举产生民盟南昌市第十二届委员会，有委员36人，常委会由12人组成。主任委员为罗慧芬（女），副主任委员为杜晓晖、胡彬（女）、张澜、谢华，秘书长为温雪华。常务委员：王永南、毛盛杰、李琴（女）、杜晓晖、张伟、张澜、罗慧芬（女）、胡玲（女）、胡彬（女）、席海、郭爱香（女）、谢华。委员：万炳辉、方卫红（女）、王永南、毛盛杰、李琴（女）、李植、李佐奇、李毅敏、刘金平、邬海明、杜晓晖、张伟、张澜、陈志强、陈瑛（女）、肖美幸、何啸鸣、罗强、罗建华、罗慧芬（女）、周漩、郑春华、林艳华（女）、胡荣（女）、胡玲（女）、胡彬（女）、胡巧蓉（女）、席海、郭翀（女）、郭爱香（女）、黄灵芝（女）、谢华、谢长春、焦筱兰（女）、温雪华、熊玛琍（女）。

▲2009年12月30日，中国民主同盟南昌市第十二次代表大会全体代表合影

2010年，民盟南昌市委会积极履行参政党职能，扎实推进自身建设，汇聚智力助推全市“科学发展、进位赶超、绿色崛起”，各项工作取得新的成绩。

民盟南昌市委领导参加市委、市政府、市委统战部等单位召开的意见征求会、推进会、联席会等活动，提出许多建设性意见和建议被市领导和有关部门采纳。副市长罗慧芬多次参加党委、政府协调会，参加“十二五”规划意见征求会。人大代表、政协委员、特约监督员充分发挥监督作用，提出具有针对性、操作性、前瞻性和预见性的意见建议。2010 年，人大代表向市人大提交议案 4 件，民盟南昌市委向市政协十二届五次会议提交提案 33 件，其中，个人提案 24 件，集体提案 9 件，平时提案、社情民意 3 件。杨松林《关于红谷滩新区增设城市配套公共设施的建议》被列为市政协主席督办提案。民盟南昌市委会被市政协评为“优秀提案集体”，6 位盟员获市政协“优秀政协委员”称号。民盟南昌市委会围绕“推进新型城镇化”承接课题，以副市长罗慧芬为组长的课题组会同有关部门，深入调研，形成《南昌市基于服务外包产业的现代服务业发展与布局研究》调研报告。该调研报告在南昌市各民主党派工商联无党派知识分子联谊会专题调研成果报告会上宣读，并获市政府主要领导批示：民盟的专家们凝聚了智慧、卓越的工作，做了大量的调查研究，用翔实的数据、大量的实例剖析了服务外包产业的现状与问题，并就南昌发展服务外包产业的比较优势、科学定位提出了独到的见解，这是一份优秀的调研报告，请各相关部门认真阅研，为更好地发展南昌的服务外包产业制定更好更优的政策。罗慧芬撰写的《加快村镇建设，实现城乡统筹发展》发表在《江西盟讯》，谢华撰写的《南昌城市发展的芯片：文化创意产业》、张澜撰写的《现代宜居城市建设需要文化政治意识作为支撑》两篇论文被民盟中央 2010 中国城市文化（南宁）论坛采用。张澜撰写的《整合万寿宫文化资源、深化西山旅游开发》与何啸鸣撰写的《公选在阳光下运行》被心桥网采用；费从鑫撰写的《关于在朝阳新城开发建设中妥善保留宝林书画藏品博物馆的建议》被市人大、市政协采纳，并召集相关部门落实。民盟南昌市委有 12 篇社情民意信息被民盟江西省委采用，10 篇被市政协采用，通过论坛参政议政。9 月 5 日，民盟江西省委和民盟南昌市委共同举办“民盟庆祝教师节暨基础教育研讨会”。2010 年 11 月 4 日，民盟中央中国城市文化（南宁）论坛举行，南昌市 2 篇论文被采用。

组织 122 位盟员代表参加民盟江西省委与民盟南昌市委联合召开的树立和践行社会主义核心价值体系动员大会；在南昌市六个民主党派中率先召

开社会主义核心价值体系学与行报告会，南丁格尔奖获得者章金媛、西湖总支分别做个人先进事迹和基层组织先进事迹报告。编印《社会主义核心价值体系学与行报告集》800余册下发给各基层，确保人手一册。组织全市盟员参加民盟江西省委以树立和践行社会主义核心价值体系为主题举行重阳诗会。开展“坚定信念、学习典型、争做贡献”主题教育系列活动。组织观看电影《袁隆平》，收看电视剧《民主之澜》和《黄炎培》，加强民盟历史教育；组织主题教育征文，副市长罗慧芬率先垂范，亲自投稿。共选送优秀征文5篇，其中，徐静撰写的《追梦》、喻玲撰写的《我和我选择的路》获市委统战部“党派优秀征文奖”。选派盟员参加全市民主党派主题教育演讲比赛，陶海武、徐静分别获得一等奖、三等奖。制定《民盟南昌市委员会参政议政、宣传工作制度》；恢复南昌民盟网站。网站自2010年下半年恢复以来，发布各类信息近300条。注意加强与新闻媒体的联系，加大对外宣传力度，2010年有关南昌民盟的信息被《光华时报》、心桥网、省政协新闻网、南昌电视台、《南昌日报》等报刊网络媒体刊登录用133条。

结合民盟南昌市委会实际情况，制定谈心会制度、制定述职和民主评议制度。组织6位盟员参加中央社会主义学院培训学习，挑选5名骨干盟员参加省社会主义学院学习，组织9位盟员参加党外副县级后备干部政治理论学习培训，调派3位盟员参加省社院参政议政培训班；组织新任市委会委员（常委）参加省社院政治理论培训班学习。选派22位盟员参加市民主党派成员共识教育培训。民盟南昌市委推荐1名民盟南昌市委常委担任市政协委员；2位盟员列入正县级后备干部名单；及时调整有关部室负责人。结合县区配备干部，积极主动向有关县区和市直单位推荐优秀盟员。把组织发展与后备干部队伍建设和参政议政工作有机结合，发展一批政治素质好、有代表性且符合民盟特点的优秀人才入盟。一年来，共发展新盟员59人，大部分年龄在35岁以下，具有大学本科以上学历或中高级以上职称，其中，博士2人，硕士5人。2010年6月，组织全市30名盟务骨干到中共一大地址和上海世博园学习考察，重温中共光荣历史，亲身感受世博会举世瞩目的成就。做好基层组织换届工作，根据年初制订的工作安排，对进贤县总支等9个基层组织进行换届，新当选基层组织领导班子在年龄结构、知识结构、参政议政等方面更加科学合理。为民盟的形象增光添彩。全市盟员在各自岗位不断提高业务素质，各项工作成绩显著，涌现了一大批本系统先进工作者，共有 109 名盟员获得市级以上各类表彰；心系国家，胸怀天下，通过民盟南昌市委分别为玉树地震灾区捐款 34010 元、为我省洪涝灾害地区捐款 12000 余元，塑造了良好形象，得到社会广泛好评。

▲2010 年 11 月 17 日，民盟中央副主席李重庵一行在南昌市考察调研社区和谐共建工作

民盟南昌市委采取有效措施，打造“三个平台”，建立社会服务长效机制，服务社会，服务民生。2010 年 11 月，民盟中央副主席李重庵一行在南昌市考察调研社会服务工作，并给予了充分肯定。打造基地服务平台，成立“甘家山安抚帮教”服务基地；建立“盟员创业基地”和“怡兰苑社区服务基地”；在梅岭学校建立“农村教育烛光行动”服务基地。共建立社会服务基地 11 个，率先在六个民主党派中实现全市“四县五区”社会服务网络全覆盖，还建立了自上而下的“三级联动的社会服务模式”，开创了社会服务工作新局面。打造资源共享平台，开展“多对一基地共建活动”，组织基层各支部分别与各基地结对。动员各服务基地积极与各县（区）科协开展结对，参与科普示范基地建设。通过摸底、登记，建立社会服务专业人才库，为基地开展培训、咨询等服务提供智力支撑。打造为民服务平台，民盟南昌市委和各基层组织以“六进社区，六下乡”为抓手，全面开展医疗、法律、科技、扶贫、帮教等活动，维护了社会稳定，推动了社会和谐，树立了民盟良好社会形象。开展“农村教育烛光行动”。联合民盟江西省委、西湖总

支在安义县、进贤县相继开展图书捐赠活动，捐赠图书价值25000余元；开展“烛光行动——梦想之旅”“烛光行动——优质课下乡”等活动，分别对市区、进贤、安义等区县师生进行英语培训，共有老师1200人次、学生3500人次受益；在全市开展“共建和谐，爱心助学”活动，对贫困家庭孩子和务工子女进行免费英语培训。民盟南昌市委开展的“农村教育烛光行动”，由传统的扶贫支教活动逐步向纵深开展，是南昌市社会服务模式的有益探索，已在江西省产生广泛社会影响。江西教育电视台、心桥网等媒体对民盟南昌市委“烛光行动”系列活动进行了报道。开展和谐社区服务活动，启动“千名党外专家下基层科技（科普）服务活动”，为社区居民进行健康知识讲座、义务咨询；联合西湖总支举行“2010年迎新春送福·送春联进万家”活动；开展两次中考、高考考前咨询活动，举办“中小学生安全防范与自救的方法与技能”知识讲座，举办“英语学习之道”知识讲座。各基层组织也分别开展送科技、教育下乡、义务咨询、为社区居民义诊、为群众发放教育方法资料等活动；盟员章金媛，带领中国南丁格尔志愿护理服务南昌支队成员，为企业员工进行卫生健康知识和急救常识培训。民盟各类社区服务活动获得江西心桥网、中国江西网等媒体报道。

2011年，民盟南昌市委会紧紧围绕南昌市经济社会文化发展的热点、难点问题，履行参政党职能，积极参政议政；以建设高素质参政党为目标，努力加强自身建设。2011年11月30日，在中共中央统战部、人力资源和社会保障部、各民主党派中央及全国工商联联合召开的表彰大会上，民盟南昌市委会获得“各民主党派工商联无党派人士为全面建设小康社会作贡献先进集体”荣誉称号，是江西省唯一获此殊荣的单位。

“七城会”期间，民盟南昌市委会主委罗慧芬作为运动员村村长、南昌代表团团长、“七城会”组委会副秘书长、执委会副秘书长，为全国人民呈现一届“精彩难忘、绿色生态、欢乐祥和、节俭高效”的城运盛会，得到中共中央、国务院和省委、省政府以及参赛人员和社会各界的充分肯定。在市政协十二届六次会议上和市政协十三届一次会议上，共提交集体提案16件、个人提案49件。民盟南昌市委会副主委张澜做《关于打造万寿宫宗教文化品牌的建议》专题发言；集体提案《关于尽快制定公益事业社会志

▲2011 年 11 月，民盟南昌市委会荣获中共中央统战部、人力资源和社会保障部、各民主党派中央和全国工商联联合表彰“各民主党派工商联无党派人士为全面建设小康社会作贡献先进集体”

愿者有关政策的建议》由市政协主席亲自督办；形成《基于产业结构梯度转移的南昌服务外包业发展研究》调研报告获市政府主要领导批示肯定；民盟南昌市委会副主委谢华《关于生态环境法制建设的几点思考》参加民盟中央北方论坛大会交流，并作为民盟江西省委集体提案和省政协大会发言材料；费从鑫、涂珺和董玉荣撰写的《关于加强社区治安综合治理工作的调查报告》、肖贤撰写的《关于南昌市义务教育阶段学生压力的调查和思考》被民盟江西省委采用为集体提案提交省政协大会。民盟南昌市委共向民盟江西省委报送信息 36 件，其中《实行教师定期轮换流动制以促进基础教育均衡发展》《公益性社区文化建设亟待加强》《畜禽肉食品质量安全出问题根子在监管不力、执法不严》被民盟中央采用并报送全国政协。向市政协报送各类信息和社情民意共 42 件，其中，龚晓新撰写的《关于维护我市畜禽肉食品质量安全的建议》获得市政府主要领导批示。郭翀、杨玉来、胡巧蓉、郭爱香、何啸鸣、陈志强、罗建华、胡荣、肖淑萍等委员的建议被编入《南昌政协献策牵线活动成果汇编》。

2011 年，民盟南昌市委深入开展树立和践行社会主义核心价值体系活动，大力推进“坚定信念、学习典型、争做贡献”主题教育活动。组织盟员参加民盟江西省委召开的中国民主同盟成立 70 周年纪念大会；学习中共十七届五中、六中全会精神以及胡锦涛同志在庆祝中国共产党成立 90 周年大会上的重要讲话；组织盟员书画家、摄影家参加“纪念建党 90 周年与辛亥革命 100 周年书画、摄影作品展”；组织 120 名盟员参加“红歌献给党——纪念中国共产党成立 90 周年”大合唱；组织新盟员赴韶山、瑞金等地参观学习；承办“坚定信念、学习典型、争做贡献”主题教育表彰大会；

承办全国首届“小平小道”书画展，邀请中国著名书法家、中国书法家协会副会长曹德余等专家参加画展；组织盟员开展统战理论研究，撰写学习体会文章，如程承权撰写的《团结奋斗，光耀未来》刊登于《江西盟讯》，胡香兰撰写的《孙中山坚信共和》刊登于《光华时报》。截至2011年年底，南昌民盟网站发布各类信息200余条，被《光华时报》、省委统战部心桥网、江西省政协信息网、江西民盟网站录用107条，南昌电视台、《南昌日报》等报刊媒体刊登南昌民盟信息30余条，及时对民盟组织活动、参政议政、社会服务、统战理论研究成果和盟员先进事迹进行报道。

民盟南昌市委坚持实施“人才强盟”战略，2011年，共发展50名素质比较高的盟员，其中，正科2人，副科1人，高级职称13人，中级职称23人，硕士4人，本科38人。分别选派36位盟员参加江西省新盟员培训班、南昌市第十四期党外中青年干部政治理论班、南昌市民主党派无党派骨干成员培训班、南昌市党外新政协委员统战理论班等各类干部培训学习；举荐优秀盟员进入领导岗位，新任正县处级2位，副县处级2位，正科级5位，副科级2位；推举优秀人才进入议政岗位，12位盟员当选为市人大代表，32位盟员担任市政协委员，18位盟员当选为县（区）人大代表，90位盟员担任县（区）政协委员；对市第十二中学、市第十六中学、市第二十六中学、市外国语学校、市第一医院以及文艺、体育类等基层组织进行换届改选。

2011年，全市民盟组织共建各类基地15个，其中，“帮教基地”1个、“创业基地”1个、“烛光基地”6个、“社区服务基地”7个。与民盟江西省委、西湖区总支、进贤县总支“三级联动”，邀请南昌新东方学校优秀骨干教师，分别到安义县一中开展“英语知识专题讲座”、到永修县外国语学校开展百名教师培训；邀请上海盟员徐方瞿教授到进贤民和一小和西湖区桃花学校开展教师培训。截至2011年年底，共培训农村教师800余人次，资助农村贫困学生120余人次，为提高农村的教育水平和教学质量，促进城乡教育均衡发展做出新贡献。先后与民盟江西省委、西湖区总支、青山湖区支部、青云谱区支部联合开展“送春联进万家”“义诊和健康咨询”等活动，并资助物资价值1.2万元；与东湖区支部在上营坊社区服务基地创建辅导社区学生的“绿色网站”。各基层盟组织、盟员个人积极投身于社会服务行动中，如老盟员章金媛为“七城会”义务培训志愿者近千名并深入社区开展医疗保健等活动，取得良好社会影响。

2011 年，谢华、肖贤、艾建华、费从鑫、涂珺、张国印、陈建新、方卫红、李植、胡彬、王鑫英当选为南昌市第十四届人大代表。

2011 年，张澜、程英、胡巧蓉、李琴当选为南昌市政协第十三届常委会委员；万玉保、方燕红、王永南、毛盛杰、何啸鸣、张伟、李颖春、来敏健、陈志强、周远平、罗建华、姜珍一、胡荣、郭翀、龚晓新、舒文锋、熊淑兰、邓志平、毛华撑、李佐奇、陈煜、杨玉来、肖淑萍、李金星、郭爱香、许慧担任第十三届南昌市政协委员。

▲2012 年，全国人大常委会副委员长、民盟中央主席蒋树声接见在民盟中央机关挂职的郭翀并亲笔赠词

2012 年，民盟南昌市委与中共中央“思想上同心同德、目标上同心同向、行动上同心同行”，紧紧围绕南昌市打造核心增长极这个目标，积极参政议政，切实履行参政党职能。

参政议政：民盟南昌市委会领导多次出席市委、市政府各类协商会，就《政府工作报告》、打造核心增长极规划纲要等重大事问题提出意见和建议。市政协十三届二次会议，提交集体提案 10 件，涉及南昌市打造核心增长极过程中的热点、难点问题。市政协专题点评会上做题为《发展楼宇经济支撑核心增长极》的发言，获得市委书记高度点评；《关于成立医患纠纷调解机构的建议》得到市委副书记、市长重视；《关于打造文化旅游链，吸引中外游客留宿南昌的建议》被市政协评为2012年度优秀提案。《成立民间拆迁工作促进会》等6件政协提案刊登于《江南都市报》等媒体；对现代物流及电子商务产业、文化产业深入调查研究，并参与民盟江西省委城镇化道路课题联合调研。形成《江西省发展“电子商务+物流配送”新型商业模式的对策研究》调研报告提交民盟江西省委，形成《南昌市发展“电子商务+物流配送”新型商业模式的对策研究》提交中共市委、市政府决策参考，获市政府主要领导批示。共向民盟中央、民盟江西省委、市政协及报刊媒体报送社情民意信息60余篇，其中，《妥善解决农村“撤点并校”的遗留问题已迫在眉睫》等4篇上报民盟中央；《医院食堂泔水要加强管理》等5篇刊登于《江南都市报》等省级媒体；《发展梅岭宗教文化旅游》等25篇被《南昌晚报》等市级刊物采用。有9篇文章或者信息获得市委常委以上领导批示，《我市被征地农民社保情况调查与建议》《南昌市民办教育现状分析与发展战略》等获得市政府主要领导批示。2013年3月，获市政协授予“2012年度信息报送工作先进单位”荣誉称号。

宣传教育：组织专题学习人民日报三篇评论员文章和重要会议精神；专题学习中共十八大、民盟十一大有关会议精神；转发江西省人民政府《关于开展向章金媛爱心奉献团学习的决定》；举行向“最美女教师张丽莉”、向优秀盟员胡德华老师学习座谈会；承办全市各民主党派“坚定信念、学习典型、争做贡献”主题教育总结表彰大会；举办全市各民主党派“同心讲坛”第三次读书活动。结合江西省南昌市实际情况和中心工作，开展统战理论研究。专职副主委谢华在全省民盟思想宣传工作经验交流会上，做题为《与时俱进、勇于创新，全力推进思想宣传工作》交流发言；被《人民政协报》等各类报刊杂志采用的稿件有79篇。国家级报刊采用7篇，《赣沪两地民盟结对开展“同心培训共建”活动》被《人民政协报》和《团结报》采用；省级媒体采用19篇，《一声叹息，高考刚结束，班主任竟撒手人寰》等7篇被《江西日报》《信息日报》等报刊采用，《西湖民盟与上海杨浦区民盟结对结硕果》等6篇被《光华时报》采用；有53篇信息刊登于《南昌日报》等市级媒体。民盟江西省委、民盟南昌市委网站发布各类文章和报道 300 余条。2012 年 11 月，民盟南昌市委获“全省民盟思想宣传（2008—2012 年度）先进集体”荣誉称号。

自身建设：2012 年，共发展 47 名高素质盟员，其中，硕士 5 人，学士 24 人，中级职称 27 人，高级职称 2 人。民盟南昌市委将参政议政人才的选拔培养与后备干部的培养使用有机地结合起来，选派 7 位盟员参加中央社院、2 位盟员参加省社院、5 位盟员参加全市民主党派、无党派骨干成员培训班的学习；通过盟员自身努力和组织推荐，民盟南昌市委主委罗慧芬光荣当选民盟第十一届中央委员，7 人担任市青联委员，15 人担任市特约工作人员，2 人提拔为副科级干部。先后对南昌县总支、八中支部、中教二支部、城市学院支部、一中支部、江西科技师大一支部、南昌教育学院支部、十六中支部班子进行了改选调整。对基层组织进行全面综合考评。西湖区总支、进贤县总支、青山湖区支部、青云谱区支部、十九中支部、外国语支部、二中支部、机关支部等基层组织资料收集齐全，装订规范。

社会服务：2012 年 4 月 23 日，与民盟上海杨浦区委签订合作共建协议。7 月 1 日，组织抚生路学校教师到上海进行 7 天免费培训；8 月 1 日，邀请北京青少年创新教育考察组来南昌考察交流。邀请外教对湾里、联合南昌新东方对进贤县和新建县农村中学英语老师进行培训；组织教师赴南师附小参加培训；在南昌县幽兰镇三所最偏远小学、进贤县温圳中学开展送课下乡活动。为进贤县罗溪镇莲塘村“民盟帮扶点”改厕、送健身器材，共帮扶 20 余万元。一年来，共开展“烛光行动”、文化进社区、健康咨询服务、扶贫济困等活动 22 次，义务培训农村地区教师 800 余人，义诊服务群众 1000 余人，帮助孤寡老人、贫困学生 500 余人。西湖区总支、进贤县总支、青山湖区支部、新建县支部、青云谱支部、南昌县总支、东湖区支部、湾里区支部、外国语学校支部、医卫支部、

▲2012 年 4 月 23 日，民盟上海市杨浦区委、民盟南昌市委合作共建签约仪式

一医院支部等各基层组织也通过各种形式，开展多种多样的社会服务活动。章金媛爱心奉献团事迹更是被中央电视台新闻联播等媒体广泛报道。

▲全国人大常委会副委员长、民盟中央主席蒋树声与新当选民盟中央委员的罗慧芬合影

2012 年 12 月 13 日，中国民主同盟第十一次全国代表大会在北京闭幕。罗慧芬当选为民盟中央委员。

2013 年 1 月，罗慧芬当选为江西省十二届人大常委会委员，胡彬当选为江西省第十二届人大代表。

2013 年 1 月，胡玲、谢华、舒文锋、陈建新担任第十一届江西省政协委员。

2013 年，民盟南昌市委深入贯彻落实科学发展观，认真学习中共十八大、十八届三中全会精神，团结带领全市各级民盟组织和广大盟员奋发向上、开拓进取，切实加强自身建设，积极履行参政党职能，各项工作取得了新进展。在 2013 年全省盟务工作会议上，荣获“2010—2012 年度盟务工作综合先进单位”称号。

参政议政：在市政协十三届三次会议上，民盟南昌市委提交集体提案 6 件，涉及南昌市打造核心增长极过程中经济、教育、交通、城市管理等热点、难点问题。其中，《关于推进南昌银行上市为打造核心增长极提供支持的建议》获得市政协副主席督办。完成了《简化民事案件立案程序，服务江西经济发展》等多项调研课题，其中《江西食品安全现状问题及对策研究》作为民盟江西省委提交省政协十一届二次大会上的书面发言材料；开展“我为南昌建成小康社会献一策”活动，充分调动机关干部和广大盟员的积极性，广泛采集社情民意信息。一年来共向民盟中央、民盟江西省委、市政协及报刊媒体报送社情民意信息约 70 篇，共有 27 篇建言献策和社情民意刊登于省级以上媒体。其中，《民盟南昌市委建议人才培养应以市场为导向》《推进学生心理健康教育常态化》等建议刊登在《人民政协报》，《加强民生专项资金监督，确保民生工程落到实处》等 5 篇建言献策和社情民意上报民盟中央。民盟南昌市委关于电子商务的调研报告转化成民盟江西省委集体提案《关于我省发展“电子商务 + 物流配送”新型商业模式的建议》提交省政协，获得省政协副主席督办，为江西省研究出台《江西省人民政府关于加快电子商务产业发展的若干意见》提供了重要参考。谢华同志提交省政协的提案《关于解决融资难，促进小微企业发展的建议》获时任省委常委、常务副省长会中办理。

宣传教育：坚持将学习贯彻中共十八大、十八届三中全会精神作为重要政治任务，多次召开常委会进行专题学习，认真学习民盟十一大、民盟全国工作会议和省委强卫书记在全省党外人士座谈会上的讲话精神，并及时将会议精神传达到全市各级民盟组织，切实将思想和行动统一到中共中央的科学决策和部署中来。参加全市各民主党派纪念“五一口号”发布 65 周年读书活动并获二等奖。参加全市各民主党派学习十八届三中全会精神“同心讲坛”读书活动，分别获一等奖、三等奖。举办“学习十八届三中全会精神、盟史盟章知识竞赛”。积极开展“同心”实践，组织民盟南昌市委机关干部到省社会主义学院学习并赴瑞金学习教育基地考察。利用各种新闻媒体和宣传阵地加强舆论引导，全面展现民盟南昌市委履职尽责的突出成果。以新闻媒体为依托，积极外发宣传稿件，扩大社会影响。2013 年，在《人民政协报》《中国统一战线》《光华时报》等各级媒体发表稿件 36 篇。国家级媒体采用 6 篇，创换届以来新高，其中，《蒋树声同志对我的嘱咐——修德尚志》《做一辈子护士很幸福——记盟员、南丁格尔奖获得者章金媛》刊登于《中国统一战线》杂志，《赣沪两地民盟联手开展教师培训》《带着深厚的感情做好群众工作》被《人民政协报》采用，《民盟江西省委 4% 教育经费使用效率与配置课题组赴南昌调研》刊登于民盟中央网站。江西卫视都市频道、南昌电视台新闻频道多次报道民盟南昌市委有关活动。2013 年 11 月，民盟中央张平副主席在南昌调研期间，对民盟南昌市委思想宣传工作给予充分肯定。

自身建设：先后对西湖区总支、新建县支部等6个支部改选调整。坚持“人才强盟”战略，全年共发展43名高素质盟员，其中，处级领导1人，博士1人，硕士7人，学士17人，中级职称21人，副高职称1人，正高职称1人。目前，盟员人数首次突破千人达到了1030人。将参政议政人才的选拔培养与后备干部的培养使用有机地结合起来，组织民盟南昌市委全体机关干部参加全省民盟专职干部培训班；与市社院共同举办培训班培训56位新盟员；抽调4位基层新任主委参加全省中青年盟员培训班学习；选派2位骨干盟员赴上海财经大学参加南昌市党外知识分子培训班学习。通过盟员组织推荐和自身努力，有2位盟员当选省人大代表，其中，1位任常委，4位盟员担任省政协委员，2位盟员担任副县级职务，3位盟员担任正科级职务。对外加强与广州、上海、广西贺州等民盟组织交流。2013年11月，民盟南昌市委承办了民盟全省组织工作会议并做经验交流发言。民盟南昌市委挂牌成立了面积约120平方米的“盟员之家”，使没有活动场所的支部有了活动基地。进贤县总支在中共进贤县委、县政府的30万元资金扶持下，也成立了“盟员之家”。

社会服务：积极开展为农村偏远地区义务培训教师和送教下乡活动，继续打造“农村教育烛光行动”品牌。在青山湖京东学校开展教师培训；在南昌县幽兰中心小学、育林小学送优质英语课；赴奉新县上富中心小学开展帮扶支教活动；联合民盟上海市杨浦区委，在西湖区广南学校和站前路小学举行教育共建活动，为南昌市教育系统90名中小学教师提供免费一周的“菜单式培训”。一年来，烛光行动共捐款捐物价值3万余元，培训老师约500人次，直接受益学生4000余人次。在青山湖区、西湖区、东湖区开展“迎新春，送祝福”千副春联进万家等文化进社区活动；在井冈山大道社区、进贤县人民医院门诊一楼大厅、湾里区翠园文化广场、南昌县向塘镇敬老院等地开展“同心共建”医疗健康咨询服务；在新建三中为师生们举办法制知识讲座，送法律进校园；开展“关爱自然、保护梅岭”志愿者活动；为进贤县“民盟新农村建设帮扶点”捐款捐物20余万元。联合民盟江西省委、青云谱区支部走访洪西社区，慰问贫困户，为困难群众送去油、米等生活用品和慰问金共计5000余元。一年来，医疗健康服务活动

3600余人次受益，法律进校园500余师生受益。盟员也通过各种形式自发奉献社会，比如，老盟员章金媛春节期间发起在南昌火车站“为旅客志愿者服务活动”。认真落实盟中央“黄丝带帮教计划”，7月9日，民盟南昌市委成立“民盟心理帮扶义务咨询服务基地”，这是民盟南昌市委打造“同心共建，心理帮扶”品牌的又一新举措。基地成立以来，赴都昌县太阳村、抚州市资溪留守儿童中心开展爱心支教和心理疏导活动。在江西女子监狱举行了“关注女性罪犯，营造积极心态”心理健康活动；携手江西五套在青峰社区关注儿童心理；为北京路学校同学们带去生动活泼的心理讲座。截至2013年年底，共有3000人次接受心理帮扶，为建设和谐社会做出了民盟的贡献。

▲2014年，全国人大常委会副委员长、民盟中央主席张宝文接见郭翀

2014，民盟南昌市委会深入贯彻落实科学发展观，认真学习中共十八大、十八届三中全会、十八届四中全会精神，紧紧围绕中共市委、市政府的中心工作，继承和发扬民盟的优良传统，切实加强了自身建设，较好地履行了参政党职能，各项工作都取得了新的进展。进贤县总支获民盟中央

授予的“先进基层组织”荣誉称号，青云谱区支部被民盟中央授予“民盟社会服务工作先进集体”荣誉称号。

参政议政：民盟南昌市委紧扣全面深化改革大局和全市的中心工作，加强与民盟江西省委、各地民盟组织的联系，围绕经济社会发展中的重大问题以及人民群众普遍关心的热点、难点问题，扎实调研，深入研讨，积极建言，参政议政成果丰硕、效果显著。在市政协十三届四次会议上，民盟南昌市委提交集体提案 8 件，其中，《关于改革中小学教师准入机制，完善教师队伍建设的建议》获得市政协主席、常务副市长等领导召开协调会督办。盟员撰写的提案《关于规范人行道管理的建议》获市政府市长批示，《关于鼓励引导新型农业经营体引领微生物生态农业技术的建议》被列为市政协副主席督办。《走出“井喷式”旅游窘境》刊登在《人民政协报》和《群言》杂志上。民盟南昌市委课题组分赴九江、抚州就“抓住昌九抚旅游一体化发展机遇，促进我市旅游业发展，助推核心增长极打造”开展调研，形成调研报告提交给中共南昌市委决策参考。调研成果《进一步做好我省食品安全监管工作的建议》《大力发展和推广江西省富硒产业的建议》作为省政协大会发言。受市委政研室的委托开展“建立南昌交通秩序治乱体系路径研究”调研。据统计，2013 年，民盟南昌市委共收到调研报告 27 件，其中，民盟江西省委重点课题 3 件，市委统战部课题 1 件，市委政研室课题 1 件，民盟界别课题 1 件，转化成社情民意信息被省政协采用 3 件。一年来，民盟南昌市委共提交社情民意信息 70 余条，其中，民盟中央采用 2 条，省领导批示 1 条，省政协采用 8 条。

宣传教育：认真学习中共十八届三中全会、十八届四中全会、习近平总书记系列重要讲话和民盟中央工作会议精神，通过形式多样的学习，使广大盟员思想政治基础更加坚定。制定《关于开展坚持和发展中国特色社会主义学习实践活动方案》，通过知识竞赛、撰写纪念文章、参观教育基地等多种形式开展系列活动。特别邀请了省政协副主席、民盟江西省委主委刘晓庄传达全国两会精神；邀请刘晓庄主委深入南昌县为盟员讲述民盟历史；邀请民盟江西省委副主委王东林教授为盟员做传统文化专题报告；组织近 60 名盟员参加学习党的十八届三中全会、盟史盟章知识竞赛；举办省市盟员学习章金媛先进事迹报告会、与市社院共同举办了参政议政骨干培训班；组织盟员参观革命烈士纪念堂、新四军军部旧址，参加在八一广场开展的首个革命烈士纪念日活动；组织基层盟员参与全市各民主党派同心讲坛每期读书演讲比赛，充分展现了基层盟员风采。根据市委统战部要求与民盟南昌市委工作安排，在各县区成立读书活动分会。进贤总支、青云谱区支部、西湖总支等基层组织都举行了形式多样、内容丰富的读书活动。注重发现和挖掘广大盟员中先进人物、鲜活事例，加强宣传报道力度，努力扩大南昌民盟社会影响力。全年在各级媒体发表稿件 60 余篇，其中，国家级媒体采用 8 篇，江西卫视、南昌电视台新闻频道多次报道民盟南昌市委有关活动。

▲2014 年 5 月 29 日，盟市委会举行先进盟员事迹报告会

自身建设：全年共发展新盟员 31 人，其中，硕士 4 人，学士 15 人，副高职称 6 人，中级职称 10 人，截至 2014 年年底，全市盟员总数为 1046 人。一大批基层组织和盟员获得各级荣誉，其中，1 个基层获民盟中央授予的“先进基层组织”荣誉称号，6 个基层组织被评为“全省先进基层组织”。盟员中获国家级奖项 4 人次，省部级奖项 45 人次。联合民盟江西省委举行纪念“三八”国际劳动妇女节活动；联合民盟江西省委教育、老龄专委会召开工作会议，召开特邀人员及对口联系工作座谈会，积极探索民主党派与政府部门对口联系工作。组织全市盟员各类培训共计 200 余人次。副主委胡彬、谢华等 6 位民盟南昌市委领导和盟员赴上海财经大学举办的南昌市党外中青年领导干部高级研修班学习，6 位副县级干部赴省社会主义学院培训。推荐“同心 · 德绩双优十佳党外代表人士”2 名，推荐江西省中国和平统一促进会理事候选人 1 名。有 1 位盟员担任正科级职务，3 位盟员担任副科级职务。罗慧芬主委一行就党外教师培训工作赴上海杨浦区委统战部、民盟上海杨浦区委进行工作交流；谢华副主委带队赴民盟九江、抚州市委进行工作交流。

社会服务：一年来，民盟南昌市委共开展活动10次，县区组织开展27次，平均每月开展活动3次。有效服务了民众，同时提升了民盟的社会形象，扩大了民盟的影响。1个基层支部被民盟中央授予“民盟社会服务工作先进集体”荣誉称号。积极开展为农村偏远地区、农民工子弟学校义务培训教师和送教下乡活动，继续做强“农村教育烛光行动”品牌。分两批次组织西湖区、东湖区部分骨干教师共70余人赴上海杨浦区教师进修学院培训；邀请上海杨浦区盟员专家分别在西湖区抚生路学校教育共建基地、青山湖区支部教育共建基地、市民主党派帮扶点——安义县长均乡开展“烛光行动”培训农村学校和农民工子弟学校的英语、化学、数学老师；在东湖区开展“关爱孩子成长送书进社区活动”；在青山湖区开展“送教下乡”暨爱心捐赠活动；联合南昌市委统战部在南昌县冈上镇开展送科技、卫生、法律“三下乡”活动；联合民盟江西省委、南昌县总支在幽兰镇中心小学举行送教下乡活动；民盟二十中支部为留守儿童、外来务工人员子女开展支教活动；民盟湾里支部开展为山区留守儿童送书活动；江西科技师范大学支部为广昌县赤水镇回辛村农家书屋捐书；民盟南昌县总支在幽兰一小开展为农村留守儿童送关爱活动。一年来，烛光行动共捐款捐物2万余元，培训老师300余人次，直接受益学生5000余人次。响应民盟中央实施“黄丝带”帮教计划的号召，联合民盟江西省委和新建县支部在甘家山刑释解教就业安置基地举行“黄丝带”帮教活动；联合西湖总支走进江西省未成年犯管教所上心理辅导课；为社区孩子举办了主题为“快乐成长”心理讲座；走进青云谱区开展“家有儿女”主题活动；多次走进南昌SOS儿童村开展心理辅导，为江西省孤独症康复中心进行送教暨捐赠活动。截至2014年年底，共有近万人次接受心理帮扶，为建设和谐社会做出了民盟的贡献。开展科技、卫生、法律下乡进基层系列活动。为幽兰一小200余名适龄留守小学生开展了免费的口腔卫生普查；西湖区总支举行“迎新年，送健康”大型义诊咨询活动，“三八”国际劳动妇女节期间举办“关爱女性，呵护健康”大型义诊咨询活动；南昌县总支向幽兰中心小学贫困学生捐赠了价值5000余元的体育用品；进贤总支通过各种渠道为罗溪镇莲塘村帮扶点筹集资金达12万余元，用于村委会建设农家书屋、校园危房改造工程等项目。

2015年1月30日，民盟南昌市第十二届委员会届中调整，罗慧芬辞去主任委员职务，胡彬增补为民盟南昌市第十二届委员会主任委员。

2015年6月，民盟江西科技师范大学一支部、二支部划出，转隶民盟江西省委会。

▲2015年3月，南昌盟员章金媛获全国十大“三八红旗手标兵”荣誉称号。盟市委会领导接机

2015年，民盟南昌市委会深入贯彻落实科学发展观，认真学习中共十八大届五中全会、习近平总书记系列重要讲话、中央统战工作会议、中共江西省委十三届十二次全会精神以及民盟中央等有关会议精神，紧紧围绕中共市委、市政府的中心工作，立足科学发展、促进社会和谐，积极履行职能，自身建设、参政议政、社会服务等工作取得可喜成绩，圆满完成了各项任务。

参政议政：在市政协十三届五次会议上，民盟南昌市委提交集体提案8件，涉及南昌市打造核心增长极过程中经济、教育、交通、旅游、电子商务等热点、难点问题。在专题协商会上做了题为《关于城镇化进程中县乡义务教育资源整合的建议》的发言，获时任省委常委、市委书记精彩点评，该建议还被多家媒体转载。紧紧围绕市委、市政府的中心工作开展调查研究，共中标课题5件，其中，民盟江西省委课题3件，市委统战部课题1件，市委政研室课题1件。调研报告《江西省富硒特色农业发展调查》转化成民盟江西省委的集体提案提交省政协，并被列为省政协副主席重点督办提案；《关于我省“空心村”背景下教育网点重新布局的建议》被选为省政协大会发言。一年来，向民盟中央、省政协、民盟江西省委、市政协等报送社情民意信息100余条。其中，《城镇化进程中整合县乡义务教育资源的建议》获时任副省长批示；《针对“网络涉毒”立法已迫在眉睫》等信息被民盟中央采用并报送全国政协；《PPP模式存在的几个隐忧》被民盟中央采用；《关于静态交通秩序治理的建议》获省委常委、市委主要领导批示。

宣传教育：民盟南昌市委认真学习贯彻中共十八届五中全会、中央统

▲2015 年 9 月 2 日，联合盟省委会举行抗战胜利 70 周年讲座

战工作会议和中共江西省委十三届十二次全会精神以及民盟中央等有关会议精神，积极加强广大盟员的思想教育，提升盟员的政治素养。邀请省政协副主席、民盟江西省委主委刘晓庄为全市统战系统传达全国两会精神，120 多位民主党派成员参加了此次学习；向全市盟员发出倡议书，号召全市各级民盟组织和广大盟员向全国十大“三八红旗手标兵”章金媛同志学习；印发了《民盟南昌市委开展“兴家风、淳民风、正社风”活动方案》，要求全市各基层民盟组织组织好活动，要求各基层上报家风小故事，共收集 30 余篇报送市政协，从中选送的《家风如兰》获得市政协二等奖。组织抗战胜利 70 周年演讲，来自全市各基层组织共 21 位选手参加。联合民盟江西省委举办抗战胜利 70 周年专题讲座，讲座联系民盟历史，演绎民盟在抗战岁月中做出的积极贡献。举行庆祝第 31 个教师节暨“师德师风”座谈会。民盟南昌市第十三次代表大会期间，分组学习中共十八届五中全会精神及中央统战工作会议精神。下发通知要求全市各基层组织学习十八届五中全会精神及中央统战会议精神。加强对内对外宣传，扩大民盟的影响。一年来，民盟南昌市委网站上传各类盟务信息 150 余条；共向民盟江西省委报道盟务工作动态 70 余条。建立宣传队伍，举办全市盟员宣传信息培训会，培训基层宣传委员及宣传骨干 50 余人。南昌电视台等省内媒体多次报道盟务活动，特别是民盟南昌市十三次代表大会期间，更是重点报道。扩大了南昌民盟的社会影响。

自身建设：全年发展了 53 名素质比较高的盟员，截至 2015 年年底，全市盟员总数为 1032 人。选派盟员参加了市各民主党派新任基层组织负责人培训班、市党外知识分子第二期骨干培训班、非公经济人士培训班、盟务骨干培训班、各民主党派中青年干部培训班、民盟全省思想宣传骨干培训班等。邀请省政协副主席、民盟江西省委主委刘晓庄为新盟员做题为《民盟的苦难辉煌》盟史专题讲座。做好基层组织建设工作。完善《民盟南昌市委会关于机关干部联系基层工作的意见》，胡彬主委带头下基层就基层组织换届、盟员干部培养等方面，密切党盟关系，与有关党组织积极进行沟通、协商，争取为盟员搭建成长平台。对青山湖区支部、盟市委机关支部、南昌二十中支部、南昌豫章中学支部、南昌采茶剧团支部、南昌十七中支部、东湖区支部、医卫综合支部、市科技总支等支部班子进行了改选调整。做好了江西科技师范大学一支部、二支部盟员整体划归省属管理的各项材料移交工作。做好盟员的干部推荐工作，通过盟员自身努力和组织推荐，一年来，3 位盟员担任副科级职务，2 位盟员担任市属学校副校级领导。圆满完成民盟南昌市委换届工作。

社会服务：民盟南昌市委积极发挥教育文化科技界别优势，切实开展“农村教育烛光行动”，扩大社会服务工作品牌效应。联合民盟江西省委、市教育局邀请北京四中前任校长邱济隆教授到南昌向全市中小学校长等 500 余人做“如何做一名好校长”的专题报告会；邀请上海盟员徐方瞿教授对东湖区、青山湖区等基层教师进行教学培训，捐赠了教学软件；联合民盟江西省委赴广昌县开展“同心・烛光行动——送教助学”活动，为该校贫困学生送上书包、文具及现金。民盟进贤总支、南昌县总支、湾里支部等支部也积极发挥优势，开展了“烛光行动”。一年来，烛光行动共捐资捐物价值 2 万余元，培训教师 500 余人次，资助农村贫困学生 60 余人次，为提高农村的教育水平和教学质量，促进城乡教育均衡发展做出了新的贡献。响应民盟中央实施“黄丝带帮教计划”的号召，成立“民盟心理帮扶基地”，打造“心理帮扶”品牌。帮教行动走进省未成年犯管教所，在管教所建立了“黄丝带帮教基地”，举办了法律、健康和心理咨询等活动；依托司法行政帮教工作平台，开展了“心理帮扶进社区”活动；盟员陈虹与她的爱心团队多次走进江西省女子监狱，为服刑人员进行心理矫正服务。探索出了一套民主党派参与社会管理的新模式，取得了显著的社会成效。截至 2015 年年底，共有 500 人次接受心理帮扶，为建设和谐社会做出了民盟的贡献。以服务“进社区、下乡村”为抓手，积极开展各种社会服务活动。联合民盟江西省委分别与西湖区总支、青云谱区支部、东湖区支部等基层组织开展了送春联、节日慰问送温暖等活动；联合南昌市委统战部在安义县观察村和南昌县冈上镇开展送科技、卫生、法律“三下乡”活动；联合盟员陈建新创办的华夏医院、南昌正骨医院开展了健康咨询和义诊活动；联合章金媛爱心奉献团在市妇女儿童中心举办了妇幼儿护理知识讲座等活动；积极与安义县长均乡对接联系，开展结对帮扶、心理帮扶、物力帮扶和项目帮扶活动，竭心尽力做好对口帮扶工作。各基层民盟组织也通过各种形式，开展多种多样的社会服务活动，得到了社会各界的一致好评，树立了民盟良好的社会形象。

第四节　助力南昌市实现“四个强起来”（2015 年 12 月—2020 年 12 月）

民盟南昌市第十三次代表大会，于 2015 年 12 月 2 日至 3 日在南昌鑫峰假日酒店举行，历时 2 天。出席代表 134 人，其中选举代表 112 人，提名代表 22 人，代表全市 1006 名盟员。大会以中国特色社会主义理论为指导，认真学习了中共中央十八届五中全会、中央统战工作会议、《中国共产党统一战线工作条例（试行）》以及民盟中央有关会议精神；认真听取了江西省政协副主席、民盟江西省委会主委刘晓庄同志和中共南昌市委常委、组织部部长陈德寿同志的讲话；听取和审议通过了胡彬同志代表民盟南昌市第十二届委员会所做的《适应新形势，明确新任务，为南昌实现“四个强起来”作出新贡献》工作报告，研究部署了今后的工作。大会选举产生民盟南昌市第十三届委员会，有委员 38 人，常委会由 13 人组成。主任委员为胡彬（女），副主任委员为毛盛杰、谢华、郭翀（女）。常务委员：方燕红（女）、毛盛杰、何啸鸣、张伟、李琴（女）、罗建华、胡彬（女）、涂珺（女）、郭翀（女）、郭爱香（女）、谢华、彭为福等 13 人。委员：万德嵘、方燕红（女）、毛盛杰、邓乐、刘勇、何啸鸣、张伟、李华荣、李琴（女）、来敏健（女）、汪芳（女）、肖贤（女）、陈志强、陈虹（女）、周思全、易小芳（女）、林艳华（女）、罗建华、郑春华、胡巧蓉（女）、胡彬（女）、徐方清、涂珺（女）、郭翀（女）、郭爱香（女）、康玉婷（女）、梁睿、黄旭、黄灵芝（女）、龚文革、喻玲（女）、彭小玲（女）、彭为福、舒琦

（女）、谢华、谢长春、雷伍华等 38 人。

▲2015 年 12 月 2 日，中国民主同盟南昌市第十三次代表大会全体代表合影

2016 年，民盟南昌市委会围绕市委、市政府中心工作，继承和发扬民盟优良传统，带领全市盟员坚定不移地走中国特色社会主义道路，认真履行参政党职能，切实加强自身建设，各项工作都取得新成绩。民盟南昌市委荣获民盟中央授予的“坚持和发展中国特色社会主义学习实践活动先进集体”称号。

参政议政：为提高参政议政工作水平，民盟南昌市委成立参政议政工作委员会，并不断完善参政议政工作机制。围绕改革发展大局和全市中心工作，充分调动全体盟员的积极性，发挥优势，深入调研，反映实情，认真履行参政党职能，取得良好的履职成效。在市政协十三届六次、十四届一次会议上，共提交集体提案 12 件，涉及打造核心增长极过程中经济、教育、交通、旅游等热点、难点问题。在专题协商会上做题为《南昌如何承接“一带一路”发展机遇》《加强引导、支持中小企业快速走向资本市场》的发言，发言内容被多家媒体转载。围绕全市“十三五”规划编制建言献策，认真研讨《“十三五”规划建议稿》，并提出修改意见。围绕省、市中心工作开展调查研究，积极申报课题，共中标课题 7

▲2016 年 11 月，民盟南昌市委员会荣获民盟中央表彰“坚持和发展中国特色社会主义学习实践活动先进集体”

▲2016 年 7 月 12 日，全国人大常委会副委员长、民盟中央主席张宝文接见民盟市委会领导班子

件，其中，民盟江西省委重点课题 6 件、市委统战部课题 1 件。调研报告《南昌市县区农村水利基础设施情况》获市委副书记、市长批示；《江西省老字号重焕新生对策研究》转化成社情民意信息被省政协采用；《提升我省社区网格化管理水平的调研报告》上报至民盟中央。共向民盟中央、省政协、民盟江西省委、市政协报送社情民意信息 100 余条。其中，《建议完善吸毒人员肇事肇祸问题社会帮教体系》等信息被民盟中央采用并报送全国政协，《关于加强文交所邮币卡电子盘交易监管的建议》等信息被省政协采用，《小区防雷装置经年不检隐患大》获时任省委常委、市委书记批示。

宣传教育：民盟南昌市委采取形式多样的方式，认真学习中共十八届六中全会、中央统战工作会议精神和习近平总书记春节期间在江西视察重要讲话、纪念中共成立 95 周年重要讲话、纪念红军长征胜利 80 周年重要讲话精神，学习省十四次党代会和市十一次党代会精神，使广大盟员思想政治基础更加坚定。制定《开展“学讲话、强责任、做优秀盟员”主题教育活动实施方案》，通过集中学习、自主学习、撰写纪念文章等多种形式开展系列学习实践活动。召开民盟南昌市第十三届二次全委扩大会，组织学习

▲2016 年 10 月 28 日，民盟南昌市委会举办市人大代表、市政协委员履职培训班

传达习近平总书记视察江西重要讲话精神；邀请省政协副主席、民盟江西省委会主委刘晓庄为广大盟员传达全国两会精神，进行纪念中共成立 95 周年暨民盟成立 75 周年专题讲座；组织民盟南昌市委机关干部赴井冈山接受革命传统教育；组织盟员参观教育基地、观看图片展等系列活动。开展“兴家风、淳民风、正社风”系列活动，组织盟员积极参与全市统战系统同心讲坛、政协大讲堂等有关学习活动。对盟员中涌现出来的先进人物、鲜活事例，加强宣传报道，努力扩大南昌民盟社会影响力。持续跟踪报道老盟员章金媛、民盟南昌市委委员陈虹在社会服务工作中的突出表现；陈虹的先进事迹在《团结报》《江西统一战线》等报刊杂志上刊登报道。更新南昌民盟网站，上传盟务信息近 200 条；向民盟江西省委报道盟务信息近 100 条。全年在各级媒体发表稿件 50 余篇，其中，被国家级媒体采用 2 篇。江西卫视二套、南昌电视台新闻频道、《南昌日报》等省内主流媒体多次报道南昌民盟盟务工作。

▲2016 年 11 月 2 日，盟员南昌市第十五届人大代表、第十四届政协委员合影

▲2016 年 12 月 16 日，民盟南昌市代表会议

自身建设：民盟南昌市委坚持贯彻实施“人才强盟”战略，通过加强组织发展、后备干部队伍建设和基层组织建设等途径使南昌民盟组织更加具有活力。始终坚持数量与质量并重的原则，努力发展热爱民盟事业、符合民盟特点、民盟工作亟须的代表性人士和新社会阶层的优秀人才入盟，共发展 54 名盟员。其中，担任副科级职务 2 人，硕士 5 人，中级职称 19 人，高级职称 4 人。选派 11 名科级盟员参加全市党外科级干部培训班学习；选派 6 名盟员参加全省盟务骨干培训班学习。民盟南昌市委主要领导参加中央社院第 36 期民主党派干部进修班、市统战系统领导班子高级研修班等各类培训班学习；民盟南昌市委会全体机关干部在中央社院参加全省盟务工作专职干部培训班学习。同时，还成功举办新盟员培训班和新任市人大代表、政协委员培训班等各类培训班。抓住市、县（区）两级换届主动向有关县区、有关单位举荐优秀盟员。其中，1 名盟员由区政协副主席调任区政府副区长，1 名盟员由副处非领导职务转任副处领导职务，2 名盟员转任政府部门正科实职，3 名盟员提拔为正科职务，3 名盟员转任政府副科实职；11 名盟员当选市人大代表，30 名盟员任市政协委员，19 名盟员当选县区人大代表，87 名盟员任县区政协委员。对市科技总支、湾里区支部、十二中支部等基层组织领导班子进行改选调整。启动成立南昌民盟监督委员会工作，通过监督委员会工作条例草案。成立 5 个专门委员会，由民盟南昌市委会主委、副主委亲自分管，民盟南昌市委会常委担任各工作委员会主任。

社会服务：始终把社会服务工作作为履行参政党职能的重要内容，努力整合优质资源，发挥优势、突出特色，不断拓宽服务领域，社会服务工作扎实开展。联合民盟上海杨浦区委在南昌县、西湖区、新建区开展“烛光行动”，10 余个学校共 500 余名教师参加培训活动。在安义县长均乡举办的“同心共建促和谐，携手连心奔小康”集中帮扶活动中，民盟南昌市委为

▲2016 年 10 月 19 日，民盟南昌市委会赴安义县长均乡同心共建活动

▲2016 年 11 月 9 日，民盟南昌市委会赴省女监开展“黄丝带在行动”大型帮教活动

把口村小学捐赠篮球、趣味体育课拼图，为长均乡体育教师进行培训，受到当地群众和广大师生的好评。在省女子监狱举办的“黄丝带在行动”大型帮教活动，为 40 名困难服刑人员发放生活用品 5000 余元，为 5 名特困服刑人员子女捐赠爱心助学款 1 万元；盟员企业家还对即将出狱服刑人员进行现场招聘，盟员律师、心理咨询师为服刑人员提供免费的司法援助和心理帮扶等，为社区矫正和服刑人员提供更多的关爱和帮助；联合市委统战部在东湖区永叔路社区举办以“携手帮扶矫正，创建平安社区”为主题的社区矫正人员健康心理讲座，帮助社区矫正人员树立正确的人生观和价值观。采用三级联动模式，联合民盟江西省委及县区基层组织开展文化进社区、扶贫进社区、义诊进社区等活动。在西湖区、新建区等地开展“迎新春送祝福”名家写春联活动；在青云谱区洪都街办开展“暖心在社区”走访慰问活动；在西湖区南站街办井冈山大道社区开展老年康复进社区大型义诊咨询及“送温暖、献爱心”学雷锋志愿服务活动。各基层民盟组织也通过各种形式，开展多种多样的社会服务活动，得到社会各界的一致好评，树立民盟良好的社会形象。

2016 年 8 月 30 日，民盟南昌市第十三届委员会第四次常委会议通过了接受谢华同志因工作调整辞去专职副主任委员的决定。11 月，毛盛杰当选为南昌市第十五届人大常委会委员。郭翀、方卫红、李植、彭小玲、罗建华、曹三院、艾建华、肖贤、汪芳、易晓红当选为南昌市第十五届人大代表。胡彬、李琴、涂珺当选为南昌市政协第十四届常委会委员。谢华、张伟、方燕红、何啸鸣、彭为福、杜晓晖、许慧、李佐奇、胡巧蓉、雷伍华、来敏健、刘薇、刘庭忠、舒文锋、毛华撑、黄旭、邵洁、陈虹、周思全、张鹏、杜璇、徐方清、吴登云、党百远、杨玉来、陶海武担任第十四届南昌市政协委员。

2017 年 3 月，成立民盟南昌市监督委员会。罗慧芬被聘请为省政府参事。

▲2017 年 11 月 26 日，民盟南昌市委会举办“学习中共十九大精神专题讲座暨南昌民盟组织成立 70 周年庆祝大会”

2017 年，为纪念南昌民盟组织成立 70 周年，举行“五个一”系列纪念活动。围绕中共南昌市委、市政府中心工作，继承和发扬民盟优良传统，带领全市盟员坚定不移地走中国特色社会主义道路，认真履行参政党职能，切实加强自身建设，各项工作都取得新成绩。

思想宣传：始终坚持把思想建设作为自身建设的核心。通过主委办公会、常委会和有关专题教育活动，组织学习和传达中共十八届七中全会、中共十九大、全国两会、民盟十二大、全省两会、民盟省代会等重要会议以及习近平总书记系列重要讲话精神。中共十九大召开当天组织民盟南昌市委会常委和机关干部集中收看中共十九大开幕式。召开基层组织负责人会议，部署学习贯彻中共十九大精神。在南昌民盟成立 70 周年庆祝大会上，邀请省政协副主席、民盟江西省委会主委刘晓庄为全市 500 余名盟员做学习中共十九大精神专题讲座。组织机关干部赴成都市、南充市学习交流盟务工作，参观中国民主同盟历史陈列馆、张澜故居等民盟传统教育基地。拓展宣传阵地，强化宣传效果。全年在各级媒体发表稿件 20 余篇，盟务工作被南昌电视台、《南昌日报》等多家媒体多次报道；民盟南昌市委会主要领导在《南昌日报》发表署名文章《不忘党盟合作初心，继续携手前进》。全年南昌民盟网站上传盟务信息近百条，向民盟江西省委会报道盟务信息 120 余条，图文并茂，积极宣传盟内先进，树立南昌民盟良好社会形象。民盟南昌市委会主要领导在民盟中央网站发表署名文章《认真学习中共十九大精神，为打造富裕美丽幸福江西“南昌样板”贡献民盟力量》，民盟中央十二大代表人物通讯《不忘初心，做新时代优秀的民主党派基层领头人》在民盟中央网站代表专栏全文刊发。2017年年初，民盟南昌市委会微信公众号正式开通，为盟务工作、优秀盟员和先进事迹的宣传开辟新渠道。

▲2017年7月19日，民盟南昌市委会举行纪念南昌民盟成立70周年“不忘合作初心，争做优秀盟员”主题演讲比赛

围绕纪念南昌民盟组织成立70周年，办好“五个一”活动。组织全市盟员观看一部电视剧《民主之澜》。举办一次体育友谊赛，参赛人数200余人。举办一次“不忘合作初心，争做优秀盟员”的主题演讲比赛，并在全市统战系统的演讲比赛、征文比赛中取得优异成绩。编好一套《南昌民盟七十年》和《南昌民盟参政议政文集》，制作宣传片，多角度、多层次展现70年光辉历程。举办南昌民盟组织成立70周年庆祝大会。

▲2017年5月9日，民盟市委会赴新建区开展脱贫攻坚民主监督工作

参政议政：聚焦全市“八大”重点工作，为南昌深化改革建言，为南昌科学发展献策，取得丰硕成果。在市政协十四届二次会议上，民盟南昌市委会共提交集体提案8件，盟员政协委员提交个人提案20余件；在市人大十五届二次会议上，盟员人大代表提交个人建议10余件，受到媒体广泛关注。民盟南昌市委会主要领导在政协大会上做题为《依托“双向”大开放战略，构建南昌大旅游格局》发言，全文被多家媒体转载。盟员政协委员在界别联组会上做协商发言《如何使南昌干部作风更加务实》，得到与会领导和委

员的肯定与共鸣。围绕南昌市中心工作开展调研，全年共中标课题9件，其中，民盟江西省委会重点课题4件、市委统战部课题1件。调研报告《以地铁应用为突破口占领VR行业应用的制高点》获时任省委常委、市委书记批示，受到高度评价；《整合本地餐饮特色，创建饮食集团品牌》《统筹规划、建设、管理三大环节，提高城市工作的系统性》被民盟江西省委会选做省政协大会书面发言；《加快我省融资租赁业发展的对策建议》《江西矿山尾矿生态现状调查》转化成民盟江西省委会集体提案提交省政协。向民盟中央、省政协、民盟江西省委会、市政协等报送社情民意信息40余条。其中，《建议严控拆迁粉尘污染》《稳妥推进行政审批局设立工作》等信息被市政协《建言献策》采用，并获时任省委常委、市委书记批示；《文化创意产业帮扶要"大众服，扶大众"》被省政协采用。严格贯彻落实南昌市《关于支持各民主党派开展脱贫攻坚专项民主监督工作的实施方案》精神，赴新建区开展脱贫攻坚民主监督工作，开展专题会议5次、专题调研3次，采取多种形式了解情况，倾听诉求。对督导过程中发现的问题，认真梳理，及时反馈，得到有关部门采纳。

自身建设：认真贯彻落实"人才强盟"战略，严把入口关，加强培训教育，激发基层组织活力，为履行参政党职能提供坚实的人才保障。2017年，共发展盟员58名。其中，正高级职称1人、副高级职称8人，硕士学位8人，担任副科职务1人。南昌市民盟科技总支、西湖区总支、新建区支部获"全省先进基层组织"称号，15名盟员获"全省先进盟员"称号。选派27名盟员参加党外知识分子骨干培训班、民盟全省中青年骨干培训班等各类培训班，组织8名基层组织负责人参加市委统战部中共十九大精神宣讲活动等。与有关党组织积极沟通、协商，为盟员搭建成长平台。推荐2名机关干部赴基层挂职锻炼。4名盟员提拔为副科级领导干部，4名盟员提拔为正科级（其中3名为正科级领导干部），34名盟员成为副县级后备干部、省人大代表、省政协委员推荐人选。完成青山湖区支部、南昌教育学院支部、南昌一专支部、南昌一中支部、南昌八中支部、市文艺支部、进贤县总支、南昌县总支等南昌市民盟基层组织班子的改选调整增补工作。完善各项管理制度，成立监督委员会。专委会工作推陈出新。文化工作委员会在新建区南矶乡开展生态湿地调研活动，妇女工作委员会组织女盟员在溪霞怪石岭开展生态调研活动，教育工作委员会举行盟员教师座谈会，老龄工作委员会组织退休老盟员开展喜庆中共十九大健步行活动，经济科技工作委员会组织盟员企业家开展联谊活动及专门活动。36名盟员代表参加民盟江西省委会第十四次代表大会，组织盟员500余名参加庆祝南昌民盟组织成立70周年活动，进一步增强组织凝聚力和活力。

社会服务：坚持“发挥优势、突出重点、量力而行、讲求实效、持之以恒”工作方针，巩固加强品牌，务实高效工作，取得良好成效。严格贯彻落实市委统战部关于开展乡村、社区“同心双共建”活动精神，积极开展文化进社区、下乡村活动。在新建区石埠镇开展送春联下乡活动，送出春联400余副。邀请民盟上海杨浦区委赴南昌市西湖区、湾里区、青山湖区开展异地教育共建活动，参加培训教师300余名。在安义县把口村小学开展“烛光·送教下乡”教师培训活动，两年来共捐助学校5万元，有效地改善其办学条件。民盟南昌市委会主要领导到省未成年犯管教所进行深入调研，开展大型帮教活动，捐赠爱心慰问金2万元、书籍200余册；组织开展心理健康讲座和咨询活动，并为干警合唱指挥进行集训。在省未成年犯管教所建立“黄丝带”帮教基地，并在西湖区铁路三村社区挂牌成立“南昌民盟‘黄丝带’社区帮教基地”。西湖区民盟总支组建“黄丝带”志愿者团队，组织社区居民开展多次活动，丰富和完善帮教活动内容。发动进贤县总支、南昌县总支、西湖区总支、新建区支部、湾里区支部、南师支部等南昌市民盟基层组织，开展慰问贫困户、爱心助学、点亮微心愿、重阳节送祝福、敬老院义诊、“三八”义诊、中医养生、部队送书、送课下乡等社会服务活动。

2018年1月9日，民盟南昌市委会主委胡彬当选为南昌市政协副主席。1月30日，在民盟南昌市第十三届第四次会议上，方燕红当选为专职副主委。

2018年，民盟南昌市委会紧紧围绕市委、市政府中心工作，聚焦十个“继续大抓”，团结带领全市盟员前行，切实加强自身建设，积极履行参政职能，各项工作取得长足发展，获得民盟中央授予的“民盟社会服务工作先进集体”“优秀盟员之家”等国家级荣誉称号。民盟新建区支部荣获民盟中央授予的“思想宣传工作先进集体”称号。

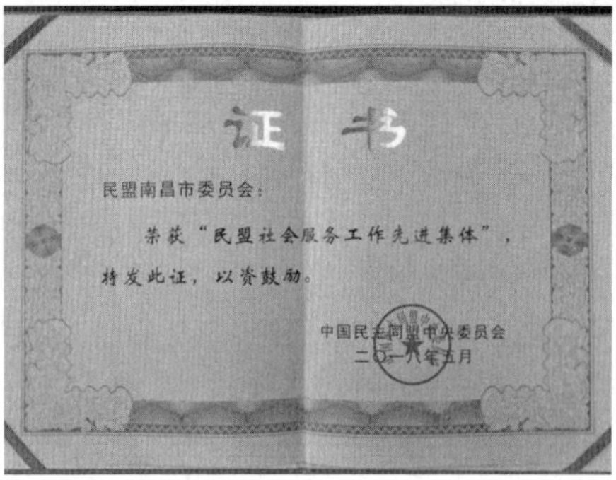

▲2018 年 5 月，民盟南昌市委会荣获民盟中央表彰“民盟社会服务工作先进集体”

▲2018 年 11 月，民盟南昌市委会荣获民盟中央表彰“优秀盟员之家”

思想宣传：2018 年，旗帜鲜明讲政治，思想宣传工作取得新进展。用新精神新思想武装头脑、指导实践、推动工作，树牢“四个意识”，坚定“四个自信”，坚决做到“两个维护”，进一步夯实多党合作的共同思想政治基础。举办专题学习、精神传达会 12 次，组织近 600 人次学习全国“两会”、习近平总书记关于加强和改进人民政协工作的重要思想、党外人士座谈会讲话、民营企业座谈会讲话、民盟中央组织工作会议、省市有关会议等精神。纪念中共中央发布“五一口号”70 周年暨庆祝改革开放 40 周年，举办“不忘合作初心，继续携手前进——纪念中共中央发布‘五一口号’70 周年暨庆祝改革开放 40 周年”文艺会演。演出由盟员自编自导自演，200 余名盟员参加演出，400 余名盟员观看演出，江西卫视、南昌电视台、《南昌日报》等媒体对此进行报道。联合民盟江西省委会举办纪念“五一口号”发布 70 周年专题讲座，联合市各民主党派举办纪念改革开放 40 周年图片展，承办市各民主党派纪念改革开放 40 周年主题征文。组织盟员参加省市各类主题征文、朗诵、书画展等活动。在各类征文比赛中获省级奖项 18 人次。组织基层组织主委代表及机关干部，赴南京开展主题学习交流活动。

加强宣传，扩大南昌民盟影响。对盟务工作动态、涌现的典型事迹和先进人物，全方位跟踪报道，充分展示良好形象，扩大社会影响。向江西卫视、民盟江西省委会等媒体报送盟务动态 215 条，获国家、省级采用超过 200 次，其中，国家级媒体平台采用 21 次、《江西日报》等省级媒体采用 160 余次。重新建设民盟南昌市委会官方网站，加强维护，进一步提升美观性、实用性和安全性。持续运营微信公众号，全年共发布信息 160 余条，阅读量、点赞量和影响力在市各民主党派机关微信公众号中位居前列。

参政议政：优化选题，深入调研，助力南昌经济社会发展。2018 年，共中标各级调研课题 14 件。在"党委出题、党派调研"框架下，申报并承接《政企合作建设信息化城市》课题。民盟南昌市委会主要领导率课题调研组，召开座谈会，并赴鹰潭、杭州、贵阳实地调研，同时联合市政协召开专题协商会。调研报告获省委常委、市委书记和市委副书记、市长高度重视和批示，并促成南昌市大数据发展管理局落地。立足改革，服务大局，两会平台积极建言。在市政协十四届三次会议上，民盟南昌市委会共提交集体提案 7 件，盟员政协委员提交个人提案 42 件，其中，4 件获评优秀提案。在市人大十五届三次会议上，盟员人大代表提交个人建议 10 件，其中，1 件入选 12 条"年度好建议"。盟员人大代表和政协委员积极履职建言，受到媒体广泛关注，受省市媒体采访报道 26 次。民盟南昌市委会主要领导在政协大会上做题为《以地铁为突破口，占领 VR 行业应用的制高点》发言，全文被多家省级媒体转载。盟员政协委员在界别联组会上做协商发言《筑牢平台，助力我市人才云集》《改善经济发展环境，贵在开放市场和权为责用》，得到与会领导肯定。关注民生，讲求质量，社情民意信息工作成效明显。建立专委会委员履职档案，收效良好。全年共向民盟中央、省政协、

▲2018 年 11 月 3 日，南昌民盟纪念中共中央发布"五一口号"70 周年暨庆祝改革开放 40 周年文艺会演

民盟江西省委会等报送社情民意信息 135 篇，同比上年大幅增长。《城市轨道交通国家立法应尽快提上议事日程》等 5 篇被《人民政协报》《团结报》等国家级媒体刊登，《厕所革命中的功能完善及长效管理问题值得重视》等 3 篇被民盟中央采用，《多措并举缓解黄金周“人在堵途”现象》等 7 篇被省政协采用，《优化政务，礼遇人才》等 30 余篇被《光华时报》等省级媒体刊登报道。

自身建设：2018 年，共发展 54 名盟员。其中，正高级职称 1 人，副高级职称 4 人，中级职称 20 人，硕士 8 人。组织 50 余名新盟员参加全市新盟员培训班。选派 53 名骨干盟员参加民盟江西省委会、市委统战部有关培训。全市 6 名盟员获提拔重用。其中，1 名晋升副厅级，2 名提拔为副处实职，2 名提拔为正科实职，1 名提拔为市属中学副校长，完成民盟南昌市委会专职副主委补选工作。推荐多名盟员担任省政协专委会委员、民盟江西省委会专委会委员、市特约人员等。调整各专委会，扩充参政议政工作委员会，增设青年工作委员会和社会法制工作委员会。民盟南昌市委会主要领导就基层组织建设、盟员干部培养与有关党组织积极沟通、协商，进一步密切党盟关系，提升民盟组织影响力，为盟员搭建成长平台。通过单独谈话、集中座谈等形式对全市基层民盟组织负责人开展谈心。走访慰问离退休盟员 13 人次。其中，困难老盟员 3 名，异地安置的抗日离休老干部 1 名。完成民盟西湖区总支、民盟江西应用科技学院支部、民盟十六中支部换届改选。完善《基层盟组织工作目标考核管理办法》，做好基层组织年终考核工作。民盟南昌市委会各专委会活动精彩纷呈，文体专委会组织文艺会演，妇女专委会组织 40 余名女盟员开展“学家庭美德，树良好家风”活动，青年委、经科委联合在 SOS 儿童村开展“夏日送清凉，关爱儿童暖人心”活动，教育专委会联合民盟江西省委会开展教师节庆祝活动，老龄委组织 50 余名离退休老盟员开展重阳节“三风伴老行”，社法委举办多次社区义务法律咨询。召开监委会二次全会，制定《民盟南昌市监督委员会 2018 年工作要点》，做好监督工作。

社会服务：助力脱贫攻坚。全年召开脱贫攻坚专项民主监督调度会 2 次，开展民主监督 6 次，深入新建区各贫困村、安义县长均乡把口村开展民主监督、问卷调查。对 393 户贫困户共 789 人进行走访，考察 2 个扶贫产业基地，提出整改意见、建议 36 条。巩固“烛光行动”品牌。为新建区 200 余名乡村教师提供义务培训，为新建区贫困大学生送去粮、油等生活物资及助学金，助其成才。民盟南昌县总支将优质课送到“烛光基地”幽兰镇学校，并捐赠篮球和助学金，为学生开展口腔卫生讲座和检查。民盟东湖区支部到扬子洲中心幼儿园关爱乡村儿童，并捐赠书籍和文具。民盟十九中支部联合民盟新建区支部在樵舍中学开展送课下乡活动。拓宽“黄丝带”帮教。2018 年年初，“南昌民盟‘黄丝带’社区帮教基地”在西湖区南站街道铁三东社区正式揭牌。该社区多次开展活动，关爱社区矫正人员和特殊儿童。走进省未成年犯管教所开展“黄丝带”爱心帮教活动，为 110 余名服刑人员及家属提供法律、心理咨询。社区“同心共建”持续深入，走访慰问铁三东社区 10 户贫困户，送去生活用品和慰问金。与民盟江西省委会联动，在洪西社区开展，“送春联送温暖送义诊”“九九重阳・民盟有爱”微心愿敬老等一系列活动，为 20 余户困难居民送去温暖。

2018 年 1 月，郭翀、方燕红当选为江西省第十三届人大代表；胡彬当选为江西省政协第十二届常委会委员，舒文锋担任第十二届江西省政协委员。

2019 年，民盟南昌市委会坚持以习近平新时代中国特色社会主义思想为指导，在民盟江西省委和中共南昌市委的坚强领导下，在市委统战部的精心指导下，深入开展“不忘合作初心，继续携手前进”主题教育活动，切实加强自身建设，积极履行参政职能，各项工作呈现新气象，获民盟中央授予“民盟思想政治建设和宣传工作先进集体”等荣誉称号。

思想宣传：深化理论学习与研究。民盟南昌市委会深入学习贯彻习近平新时代中国特色社会主义思想，举办各类专题学习、精神传达会十余次，进一步夯实多党合作的共同思想政治基础。第一时间做出部署，在全市基层组织中掀起了学习习近平总书记视察江西时重要讲话精神的热潮。深入开展理论研究，民盟南昌市委会领导带头撰写理论研究文章《不忘合作初心，共襄改革伟业》，并发表于《团结网》等报刊媒体。推进主题教育活

▲2019 年 11 月，荣获民盟中央表彰“思想政治建设和宣传工作先进集体”

动。制定《民盟市委会开展“不忘合作初心，继续携手前进”主题教育实施方案》，圆满完成十项重点工作。召开主题教育活动动员部署会；赴西安、咸阳和九江修水县开展主题教育活动，接受盟史及革命传统教育；赴方志敏烈士纪念馆、南昌红色记忆展示馆接受爱国主义教育；举行主题教育活动座谈会，收集基层意见建议；召开了领导班子主题教育活动专题民主生活会，主动剖析，自觉查摆问题，部署整改；对主题教育活动进行了阶段性总结。开展系列活动庆祝中华人民共和国成立 70 周年。举办了体育友谊赛，全市 330 余名盟员参与，获《团结报》、南昌电视台、《南昌日报》等媒体关注报道。整理南昌民盟历史图文资料，提供图片超 200 张，圆满协办全市各民主党派发展历程展。国庆节前夕，民盟南昌市委会主要领导走访慰问了 6 位荣获“庆祝中华人民共和国成立 70 周年”纪念章的南昌盟员。国庆节当天，开展“壮丽 70 年，向祖国献礼——南昌民盟‘千面国旗飘扬英雄城’”公益活动，百余名盟员在景区、机场等地发放国旗近 5000 面。组织盟员积极参加各类征文演讲比赛活动，在省委统战部诵读、征文活动及民盟全省主题演讲比赛均获得好成绩。加强宣传扩大南昌民盟影响。全年在官方网站及微信公众号上推送报道信息近 400 条，获国家、省、市各级媒体采用近百次，其中，《人民政协报》《团结报》等国家级媒体平台采用十余次。

参政议政：积极参与政治协商。民盟南昌市委会领导积极参加专题协商会、情况通报会和重要座谈会。在市政协十四届四次会议上，民盟南昌市委会提交提案 89 件，其中，集体提案 10 件，《关于将游泳健身馆纳入健康规范的发展轨道的建议》等 5 件获评优秀提案，《关于调整地铁 2 号线运营时间的建议》等被列为重点督办提案。民盟南昌市委会主要领导做了题为《做好“幼有所育”民生大文章》的大会发言。市人大十五届五次会议上，盟员人大代表提交建议 12 件。扎实开展调查研究。参政议政综合评分列民盟江西省委会考核全省第一。全年组织申报调研课题 48 件，省级中标 18 件，其中，省级重点推进课题 6 件，“党委出题、党派调研、政府采纳、部门落实”专题调研课题和全市重点委托调研课题各 1 件。《统筹 5G 生态资源共享，推动我市数字经济发展》等 5 篇调研报告获市主要领导批示，6 篇调研报告被民盟江西省委会采用为省政协大会集体提案，3 篇调研报告转化为省政协大会书面发言。参与民盟中央调研并完成子课题《推进南昌市先进制造业发展》。联合市政协开展《统筹推进大南昌都市圈产业合作与资源共享》课题调研，调研成果受与会市领导高度评价。积极参加民盟中央论坛，提交多篇论文。强化社情民意信息工作。全年报送社情民意信息 199 篇，其中，《建立系统性抗洪机制》被全国政协采用，5 篇被民盟中央采用，5 篇刊登在《人民政协报》等国家级报刊媒体平台；《尽快将进贤电力公司归属南昌电网管理》获刘奇书记批示，现已落实；12 篇被省政协采用，多篇社情民意信息被吸纳入江西省出台的相关政策性文件。79 篇被民盟江西省委会采用，12 篇被市政协采用。

自身建设：稳步推进组织和人才队伍建设。全年发展盟员 68 名，其中，硕士学位 15 人，中级职称 27 人，副高职称 3 人，正科级实职 1 人，平均年龄 35 岁。一年来，全市 7 名盟员获提拔重用，其中，1 名盟员提拔为正处级，3 名盟员提拔为正科级，3 名盟员提拔为副科级。组织选派盟员近 200 人次参加各类学习培训十余场。夯实基层组织建设。主要领导深入基层组织走访，与民盟组织所在单位的党组织积极沟通、协商。完成了青云谱区支部等 6 个基层组织换届改选。圆满完成基层组织年终考核工作。积极开展组织活动。主要领导通过深入基层、单独谈话、集中座谈等形式对全市基层组织负责人开展谈心，对薄弱基层组织负责人进行约谈。积极推进“盟员之家”建设，先后在文艺支部和经济支部成立“盟员之家”，省政协副主席、民盟江西省委会主委刘晓庄揭牌。积极开展盟内监督。对民盟南昌市委会干部提拔等事项进行了专项监督，同时督导各基层组织继续深入开展主题教育活动。激发专委会履职活力。制定了《民盟市委会参政履职考核评分细则（试行)》，并按照年初计划对 7 个专委会和参政议政工作委员会的委员一年来履职情况进行统计和通报，专委会履职的积极性和能力水平显著提升。教育专委会开展了教师节活动，并组织委员及盟员骨干教师送教下乡；经济科技专委会组织调研了盟员企业，并积极参加助学帮困活动；文化体育专委会承办了体育友谊赛；老龄专委会组织了重阳健步行；妇女专委会举办了三风专题妇女节讲座；社会法制专委会开展了法律咨询和心理帮扶进社区；青年专委会召开专门会议研讨参政议政经验技巧，并开展了主题教育读书月和读书分享座谈会活动；参政议政工作委员会举办了建言资政沙龙。盟员立足本职建功立业。老盟员章金媛登上央视《守护夕阳——为老服务志愿者荣耀盛典》的舞台，章金媛爱心奉献团作为首批 11 家先进模范工作室入驻中国文明网。全市 6 位老盟员荣获中共中央、国务院、中央军委颁发的“庆祝中华人民共和国成立 70 周年”纪念章，4 名盟员分别获全国妇联、民盟中央等国家级表彰，1 名盟员获省“三八红旗手”称号，1 名获省五一劳动奖章，3 名盟员入选全市“三风榜样人物”。

社会服务：开展脱贫攻坚专项民主监督。深入新建区实地开展脱贫攻坚专项民主监督。针对扶贫工作汇总上报多项意见建议，并得到有关部门的采纳，为南昌市夺取脱贫攻坚的全面胜利发挥了积极的作用。巩固“烛光行动”品牌。在安义县长均乡把口村小学开展了捐赠图书、“微心愿”等活动，捐助了一批学习用品及篮球、滑板等体育用品，为留守儿童举办“心理辅导”讲座和爱国主义主题班会。开展了“名师送教送课下乡”“六一关爱留守儿童”“与贫困学子心连心”“金秋扶贫助学”“资助贫困生”等活动。拓宽“黄丝带”帮教。立足省未成年犯管教所和铁三东社区“黄丝带”帮教基地，开展了“禁毒在线”和关爱帮扶困难群众的活动，助力平安和谐社区建设。赴省未成年犯管教所开展了“黄丝带”帮教之读书分享会活动，捐赠各类图书 450 余册。深化社区“同心共建”。民盟省、市、区三级联动，走访慰问了青云谱区洪西社区贫困户，在西湖区丁公路街道举办了“2019 年民盟迎新春送祝福——知名书法家送春联进社区”活动。开展了文化惠民送戏下乡进校园、送中医保健、民生咨询、“百人康复”、义诊、送法律进社区等活动。

2020 年，民盟南昌市委会坚持以习近平新时代中国特色社会主义思想为指导，在民盟江西省委会和中共南昌市委的正确领导下，在市委统战部的指导下，切实加强自身建设，积极参政履职尽责，做到了思想认识到位，工作措施到位，组织领导到位，确保各项工作取得了实效。

思想宣传：带领南昌市广大盟员深入学习习近平新时代中国特色社会主义思想，中共十九届五中全会精神，民盟中央以及中共省委、市委有关会议精神。成立江西民盟传统教育（进贤）基地。积极响应中共南昌市委号召，及时印发《民盟南昌市委会“彰显省会担当，我们怎么干”解放思想大讨论实施方案》，并组织了形式多样的活动。积极组织参加中共江西省委统战部征文、演讲比赛活动，统一报送 16 篇征文，在全市民主党派中排名第一。组织盟员代表南昌市统战系统参加全省统战系统主题演讲比赛。在《人民政协报》《团结报》等中央媒体，报道南昌民盟各盟务工作或先进事迹近 20 次，《江西日报》、《南昌日报》、南昌电视台等主流媒体报道盟务活动超 10 次。民盟南昌市委会主要领导在南昌日报等主流媒体发表学习中共十九届五中全会精神等文章 4 篇。全年在盟中央微信公众号、网站报道南昌民盟超 20 次。民盟江西省委会微信公众号、网站报道南昌民盟超 200 篇。开展专题系列报道，加大了对抗击新冠肺炎疫情、抗洪防灾中涌现出来的典型事迹和先进人物报道力度。民盟南昌市委会微信公众号推出抗击新冠肺炎疫情报道 37 期，抗洪防灾报道 9 期，生动展示了全市盟员上下同心，团结抗疫、抗洪的风采。报道“彰显省会担当，我们怎么干”解放思想大讨论 16 期，报道学习中共十九届五中全会 10 期。报道其他会议学习若干期。报道章金媛、“省三八红旗手”、“省劳动模范”、“三风榜样人物”、本职工作先进个人和参政议政成果 20 余期。

▲2020 年 7 月 3 日，省委常委、市委书记吴晓军走访市各民主党派并在民盟市委会机关座谈

参政议政：民盟南昌市委会领导积极参加由市委、市政府、市政协召开的专题协商会、情况通报会、座谈会，就南昌市经济社会发展、“十四五”规

划编制等问题建言献策。在南昌市政协十四届五次会议上，民盟南昌市委会提交集体提案 9 件，盟员市政协委员提交个人提案 55 件。民盟南昌市委会领导做了题为《统筹 5G 生态资源共享，推动我市数字经济快速发展》的书面发言。在南昌市十五届人大六次会议上，盟员市人大代表提交建议 6 条。《关于创新营商环境，着力提高政务服务效能的建议》等 5 件提案被评选为政协南昌市第十四届委员会 2019 年度优秀提案。2020 年，共申报调研课题 53 件，其中，民盟江西省委中标立项 13 件，中标 2020 年度“党委出题、党派调研、政府采纳、部门落实”专项课题 1 件，全市重点委托调研课题 1 件。调研报告《加快推进互联网医院建设调研》《构筑我市会展经济新蓝海》《加快推进非法集资存量案件处理对策研究》获市政府、市政协主要领导肯定和批示。调研报告《织密织牢地方公共卫生应急管理网络》《区块链技术应用于政府数据公开共享的建议》获市政府主要领导肯定和批示。荣获 2019 年度“民盟全省反映社情民意信息工作先进集体”。全年向民盟江西省委、市委办、市政协报送社情民意信息 198 篇，其中，民盟中央采用 1 篇，省委办采用 5 篇，省政协采用 13 篇，《人民政协报》采用 2 篇。在市委办信息工作统计中总得分在 B 类市直单位中排名第一。

自身建设：选派 15 位新盟员参加民盟江西省委会举办的 2020 年全省新盟员培训班，选派 10 位参政议政骨干盟员参加全省参政议政骨干培训班。选派 1 名同志参加在市委党校举办的全市青年干部培训班。17 位盟员参加市委统战部组织的“统一战线的百年历史和价值”专题报告会。民盟南昌市委会领导深入基层组织看望并慰问盟员，赴有民盟组织的各市属学校、卫生系统拜访主要领导，与有关党组织积极进行沟通、协商，争取为盟员搭建成长平台，为发展新盟员取得中共党组织支持，进一步密切了党盟关系，提升了民盟组织影响力。完成了民盟南昌市第二中学支部、南昌市医药卫生综合支部、民盟南昌市委机关支部、市科技总支等基层组织换届或改选。民盟南昌市委会主要领导以深入基层、单独谈话，集中座谈等形式对全市基层盟组织主要负责人进行谈心谈话，与新任市委会班子成员、市委会常委、委员以及市委会机关全体干部谈心谈话。走访慰问机关离退休干部老同志，看望德高望重离休老盟员、有突出贡献老盟员、百岁老盟员、困难盟员以及有代表性的盟员企业家。民盟南昌市委会监督委员会积极做好相关监督工作，积极参加脱贫攻坚民主监督。2020 年，有 2 名盟员提拔为正科级，5 名盟员提拔为副科级。共发展了 23 名盟员（女性 17 名），其中博士学位 1 人。截至 2020 年 12 月底，全市盟员 1230 人。

社会服务：在抗“疫”抗洪、“脱贫攻坚”民主监督、“烛光行动”“黄丝带”帮教、社区共建等方面开展了一系列工作。2020 年，新冠肺炎疫情期间，民盟南昌市委会第一时间下发通知，发出倡议，部署工作。主要领导率先垂范，深入隔离点督导疫情防控工作。通过各种渠道捐集善款及各类抗疫物资共 277 万余元，报送抗疫复工相关社情民意信息 50 余篇。市经济支部荣获“中国民主同盟抗击新冠肺炎疫情先进集体”称号。全市民盟组织和广大盟员投身救灾一线，在抗洪防汛工作中彰显责任和担当。脱贫攻坚民主监督工作小组先后到大塘坪乡献忠村、金桥乡大观村就村委班子和驻村第一书记继续强化“两不愁三保障”工作措施，抓好脱贫攻坚成效宣传、经验提炼等提出合理建议。在六溪村小学举办“关爱留守儿童，烛光点亮梦想”活动，为留守儿童圆“微心愿”，开展心理辅导。在湾里区太平狮峰学校举办“爱心守护成长‘烛光’点亮梦想”送去培训课。开展名师“传帮带”活动，提高农村教师的教学能力和水平。举办“民法典”普法知识讲座。在民盟“黄丝带”帮教基地——南站街道铁三东社区，开展走访贫困儿童活动。举办了“我们的中国梦，文化进万家”江西省民盟百名书法家写春联送祝福进社区活动。民盟省市区三级联动，在南昌市青云谱区洪西社区举行了“爱在民盟”公益行活动及新春送温暖等系列特色活动。举办“关爱职工健康，彰显民盟担当——健康义诊活动”和中秋佳节送月饼活动。开展送文艺下乡村慰问演出、“爱心义诊进家庭、送医送药送温暖”、重阳爱老敬老、捡拾垃圾等活动。

第五章　展现新气象（2020年12月至今）

2020年12月13日至15日，民盟南昌市第十四次代表大会胜利召开。省政协副主席、民盟江西省委会主委刘晓庄应邀出席并讲话。省政协副秘书长、民盟江西省委会专职副主委兼秘书长刘新农，民盟江西省委会副主委、江西师大附中校长张国新应邀出席开幕式。

12月15日，选举郭翀为主任委员，方燕红、胡巧蓉、万菁、雷伍华为副主任委员，常委13名，委员38名。常务委员：万菁（女）、方燕红（女）、刘薇（女）、汪芳（女）、张鹏、郑春华、胡巧蓉（女）、郭翀（女）、涂珺（女）、梁睿、彭小玲（女）、彭为福、雷伍华。委员：万菁（女）、方燕红（女）、邓莎莎（女）、刘勇、刘敏、刘薇（女）、杜璇（女）、李华荣、李佐奇、杨琴（女）、肖洪钰（女）、汪芳（女）、张春燕（女）、张鹏、陈虹（女）、林艳华（女）、易小芳（女）、易晓红（女）、周思全、郑春华、胡巧蓉（女）、胡琳（女）、郦丽（女）、徐恩仙（女）、郭亮珠（女）、郭翀（女）、涂珺（女）、龚文革、章艳静（女）、阎慧（女）、梁睿、彭小玲（女）、彭为福、喻玲（女）、舒琦（女）、雷伍华、雷胜、蔡舸（女）。

完成监督委员会新一届组成人员改选，监督委员会主任1名、副主任2名。在大会闭幕式上，通过了民盟南昌市第十四次代表大会决议。

换届以来，在民盟江西省委会和中共南昌市委的坚强领导下，在中共南昌市委统战部的精心指导及各基层民盟组织的共同努力下，民盟南昌市委会精心创建了“党盟同心 +”体系品牌，思想政治建设、组织建设、履职能力建设、作风建设和制度建设实现历史性突破，荣获民盟中央“民盟思想政治建设与宣传工作先进集体”“脱贫攻坚先进集体”“中共党史学习教育先进集体”“民盟 80 周年微视频宣传工作优秀集体”等中央、省市先进集体和个人荣誉 520 余项。

第一节 思想政治建设与宣传工作取得历史性突破

2021 年是中国共产党成立 100 周年，是中国民主同盟成立 80 周年；2022 年是中共二十大、民盟十三大召开之年。民盟南昌市委会积极开展“学史忆传承　携手跟党走”“喜迎二十大，同心强省会”活动，开展“矢志不渝跟党走　携手奋进新时代”政治交接主题教育，团结带领全市广大盟员在学思悟践中深刻认识“两个确立”的决定性意义，增强“四个意识”、坚定“四个自信”、做到“两个维护”，不断提高政治判断力、政治领悟力、政治执行力，不断增进对中国共产党领导和中国特色社会主义的政治认同、思想认同、理论认同、情感认同，始终保持同中国共产党同心同德，团结奋斗的政治本色，为迎接中共二十大和民盟十三大的胜利召开筑牢共同思想基础。

▲2020 年 12 月，民盟南昌市委员会再次荣获民盟中央表彰“民盟思想政治建设和宣传工作先进集体”称号

一、如火如荼开展党史盟史学习、政治交接主题教育

坚决贯彻落实中共中央党史学习教育动员大会精神和政治交接主题教育要求，深入研究和全面部署各项主题教育。引导全市盟员自觉以习近平

新时代中国特色社会主义思想为指导，增强“四个意识”，坚定“四个自信”，做到“两个维护”。成立学史教育领导小组，成立“矢志不渝跟党走　携手奋进新时代”政治交接主题教育领导小组，下发了实施方案，召开了主题教育动员部署会。举办“学史忆传承　携手跟党走”主题教育活动48场；开展“民盟讲坛”21期，在新四军军部旧址陈列馆、八一起义纪念馆举办多党合作史专题培训班，组织参观小平小道陈列馆、方志敏烈士图片展，专题学习《民盟的苦难辉煌（1941—1949）》等内容重温党史盟史；各级民盟组织开展政治交接主题教育19次，在南昌民盟微信公众号转发主题教育学习专栏——民盟先贤关于多党合作的论述20余期。

▲2021年2月20日，组织民盟南昌市委会委员及基层主委观看方志敏烈士图片展

▲2021年12月，荣获民盟中央表彰“中共党史学习教育先进集体”

二、多形多式同步开展庆祝中国共产党成立100周年、纪念中国民主同盟成立80周年活动

录制庆祝中国共产党成立100周年祝福视频15个，制作全市盟史展板48块，编制《南昌民盟简史》等史料22本，创作南昌民盟之歌《盟心永驻》及MV，制作纪录片《英雄城　民盟人》等；举办中国民主同

▲2021年7月12日，民盟市委会组织市委会委员、基层主委学习习近平总书记在庆祝中共成立100周年大会上的重要讲话

盟成立 80 周年纪念大会、文艺会演和盟史成果展，开展 347 名盟员参加的“永远跟党走 · 盟心向党”歌咏比赛，开展“庆民盟 80 华诞 80 名文艺人才为 80 名老领导老盟员送祝福”活动，开展“我与民盟的故事”主题征文活动，举办“新时代　新使命　争做优秀盟员”演讲比赛。丰富多彩的学史教育活动有效地激活了基层组织活力，凝聚了全市广大盟员共识。

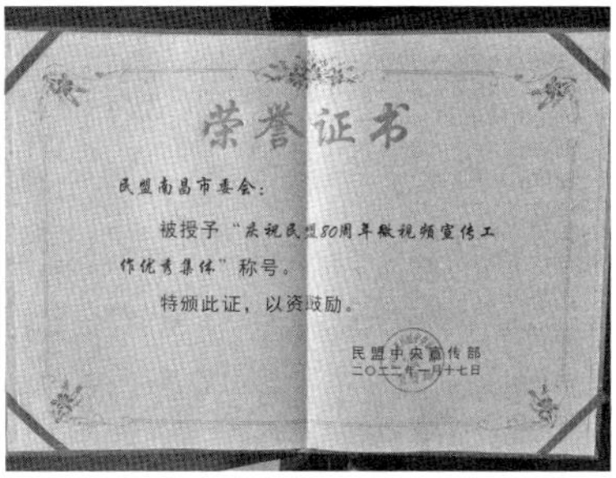

▲2022 年 1 月，荣获民盟中央表彰“庆祝民盟 80 周年微视频宣传工作优秀集体”称号

三、线上线下大力推进政治理论学习培训

开展 19 期中心组学习（扩大）会，60 余批次学习中共十九大和十九届历次全会精神，习近平总书记系列重要讲话精神，全国、省市两会以及中共省市委全会精神的学习，学习了《中国共产党统一战线工作条例》《中国共产党政治协商工作条例》、民盟江西省第十五次代表大会精神等。截至 2022 年 6 月 30 日，开展 16 期民盟讲坛，5 期统一战线同心大讲堂民盟分讲堂活动。

▲2022 年 2 月 17 日，邀请省政协原副主席、民盟江西省委会主委刘晓庄做《岁月铭记“窑洞对”》专题讲座

▲2021 年 1 月 31 日，民盟南昌市委会专题学习《中国共产党统一战线工作条例》

▲2021 年 5 月 20 日，民盟南昌市委会赴小平小道陈列馆开展“学史忆传承　携手跟党走”主题教育活动暨中心组学习第五期

四、“喜迎二十大，同心强省会”系列活动

引导全市民盟组织和广大盟员进一步增强感党恩、听党话、跟党走、与党同心奋斗的政治自觉，为凝心聚力促发展贡献民盟力量。牵头制订各民主党派“喜迎二十大，同心强省会”活动方案；积极组织盟员做好参加多党合作故事会；组织南昌民盟艺术团、书画院名家积极参与云端展活动。截至 2022 年 6 月 30 日，收集各类书画作品 60 余幅，盟员书画家 16 人参与活动，目前民盟南昌市委会微信公众号展播 7 期 20 余幅作品；推荐优秀作品在市委统战部微信公众号展播。

五、加强宣传工作树立南昌民盟正面形象

一是内宣工作展正面风采。换届以来，盟务报道获民盟中央微信公众号、网站采用 30 余篇次，获民盟江西省委会微信公众号、网站采用超千篇。民盟南昌市委会微信公众号以系列形式，报道政治交接主题教育近 30 期，展播云端展作品 18 期，“党盟同心”系列活动 34 期，报道各类先进典型人物事迹 13 篇，“同心抗疫·南昌民盟在行动”系列 57 期。创新盟务宣传方式，开播了《南昌民盟半月印象》栏目，已开播 12 期。系列报道讲好了民盟故事，发出了民盟好声音，展示了南昌民盟正面风采。二是外宣工作树良好形象。换届以来，在《中国统一战线》《人民政协报》等中央媒体报道南昌民盟各项盟务工作、先进经验、典型事迹 30 余次，其中，《提升“党盟同心 +”品牌工作成效》刊登于《中国统一战线》2022 年第 6 期，“盟

员七师”下基层活动获得人民政协报 2022 年 2 月 16 日第三版报道。多次进入《团结报》微信公众号全国各民主党派热文展播前三名。《江西日报》《南昌日报》、南昌电视台等主流媒体报道盟务活动 77 篇次。各类先进经验、盟务活动报道有效扩大了南昌民盟的社会影响力。

第二节 组织建设实现创新性发展

换届以来，民盟南昌市委会创建“党盟同心 · 协商共建”机制，推进“人才强盟，人才兴盟”战略，注重思想引领，组织凝聚力、向心力得到进一步增强，组织建设实现创新性发展。

一、注重领导班子和代表人士建设

严格落实民主集中制，大事要事都在主委会、主委办公会或常委会上集体讨论决定。开展领导班子政治谈话、家访等监督工作，签订了《民盟领导干部廉洁自律承诺书》《民盟干部家属守廉助廉承诺书》；举办新任委员集体谈话暨廉政教育谈心谈话会，完成民盟南昌市委会领导班子“深化作风建设、强化履职担当，不忘初心跟党走”专题民主生活会和述职评议会。开展覆盖 300 余人次的主委“谈心谈话”活动，启动代表人士人才库建设，发现并储备了教育、文艺、经济、科技等 6 大类 200 余名代表人士。收集副科级以上、人大代表、政协委员、基层组织主委等盟员任免审批表；及时更新盟员信息系统，完善五类骨干盟员信息。

▲2021 年 5 月 8 日，民盟中央组织部副部长张雨斌调研南昌民盟盟务工作，并赴新建区调研民盟基层组织建设工作

2021 年 10 月，郭翀、方燕红、万生鹏、王翔、龙晓柏、蒋建新当选市政协第十五届常务委员会委员。胡彬、刘小娟、刘庭忠、肖贤、肖洪钰、张鹏、张春燕、陈虹、罗丽萍、胡巧蓉、郦丽、涂珺、章艳静、彭小玲、彭为福、雷伍华、毛汉星、杨丽萍、吴立尚、黎循航、刘军、刘薇、李琼媚、巫怡玲、郑海平、徐海峰担任市政协第十五届委员会委员。

2021 年 10 月，万菁当选为南昌市第十六届人大常委会委员，汪芳、郭亮珠、梁睿、胡琳、曹三院、管玉华、周颖、易晓红、杨平、杜璇、艾建华当选为市人大代表。

2022 年 6 月，郭翀当选为民盟江西省第十五届委员会常务委员会委员，当选为出席民盟第十三次全国代表大会的代表。万菁、雷伍华当选为民盟江西省第十五届委员会委员。

二、优化干部“选育管用”机制

▲2021 年 1 月 11 日，民盟南昌市委会新任委员集体谈话暨廉政教育谈话会

一是高标准选优干部。严格把好入口关，组织发展上重点从高学历、高职称、高水平且政治坚定、业务精通、作风优良的先进知识分子中，选择一批优秀青年加入民盟组织，共发展 57 名新盟员。二是高配置培育干部。选送主要领导及班子成员参加全省各民主党派、工商联、知联会市级组织新任主委、主席、会长培训班和全市各民主党派、市工商联、市知联会新一届领导班子成员培训班；选送主要领导参加省委党校第 92 期县处级公务员任职培训班；选调 14 名骨干盟员、17 名新盟员到省社会主义学院培训；选送 2 名民盟南昌市委会副主委、7 名科级干部到市委党校学习；举办 31 名新盟员培训班、180 余名骨干盟员参政履职培训班；选送 1 名民盟南昌市委会副主委到省发改委挂职，选送 8 名骨干盟员参加省社院第 45 期民盟全省中青年盟员骨干培训班。三是高要求管理干部。召开专题会议集中学习贯彻“三个文件”精神。做好民盟南昌市委会监督委员会工作，按照市委统战部要求，牵头制订了南昌市各民主党派内部监督工作制度，召开了 5 次监督委员会全体会议，调整了民盟南昌市委会监督委员会组成人员。监督委员会在春节、端午节等节假日召开廉洁提醒会。四是高频率使用干部。3 名盟员被提拔为副处级干部，2 名盟员副处级干部被重用到县区政府、政协工作，1 名盟员提拔为四级调研员，5 名盟员提拔为正科级干部或转岗重用；19 名盟员或被提拔为副科级干部（副校级领导）或转岗重用，4 名盟员被推荐为市营商环境监督员，177 人次优秀盟员被推荐为市、县区人大代表、政协委员。推荐 11 名盟员为益心为公检察云平台志愿者。推荐 37 名民盟江西省第十五次代表大会代表。

三、激活基层组织活力

成立民盟红谷滩区支部，完成市体育支部、市文艺支部、市机关支部、青山湖区支部、市机关企业支部等基层组织换届改选工作。首次向 26 个市直基层组织拨付活动经费 3. 3 万元，为软弱涣散基层组织“输血”；启动“以强带弱”组团援建机制，通过“1 个县区联系 3—5 个市直”结对的帮扶方式，推进软弱涣散基层组织参加盟内各项活动；将处于睡眠状态的薄弱组织“清零”，实现全市民盟组织活动的全覆盖；开展笑脸墙、“归雁工程”等。考核评比工作，开展“巾帼之花”选树活动，评选了 10 名“巾帼之花”和 7 名“巾帼之花”提名奖；做好 2021 年度基层组织考核工作，评选出 17 个先进基层组织，96 名先进盟员。

四、创新开展“党盟同心”座谈会

▲2021 年 1 月 18 日，民盟南昌市委会举行“党盟同心”第八场座谈会（南昌县专场）

▲2021 年 3 月 9 日，民盟市委会举行“党盟同心”座谈会教育系统专场

先后与南昌县、进贤县、青山湖区、新建区、红谷滩区、湾里管理局等 9 个县区党委，与市工商联、市教育局等 11 个市直党委党组，与豫章师范学院党委、江西应用科技学院等学校党委、市直属学校党组织等，共开展了 42 场“党盟同心”座谈会，与近 120 个盟员所在单位党组织进行座谈，“一揽子”推进基层民盟组织各项工作。

五、着力推进“盟员之家”建设

召开全市“盟员之家”建设工作现场推进会，完成了民盟南昌市委会“盟员之家”提升改造，共完成了南昌县、西湖区、青山湖区、红谷滩区、市科技总支、中教二支部 6 个“盟员之家”建设，截至 2022 年 6 月底，新建区、东湖区、市医卫综合支部、市外国语学校支部的“盟员之家”和章金媛事迹陈列室即将竣工，市一中、十中、十七中、二十中支部完成建设选址，市二中、三中、八中、十九中、江西应用科技学院支部积极筹划“盟员之家”建设工作。

六、矩阵式推动特色工作发展

▲2021 年 4 月 28 日，举办“学史忆传承 携手跟党走”首届青年论坛

以论坛促专委会工作，创新开展了青年工作委员会的“青年论坛”、教育工作委员会的“教育论坛”、参政议政工作委员会的“参政议政论坛”等 8 场专题论坛；举办了 6 场代表人士系列座谈会，举办了组织发展论坛和优秀盟员先进事迹报告会。成立南昌民盟书画院、南昌民盟艺术团，举办了“礼赞新时代，共祝祖国好”活动向中华人民共和国成立 72 周年献礼。做好民盟中央领导、市纪委主要领导调研民盟工作。民盟南昌市委会领导班子及基层组织开展重阳节、教师节走访慰问活动。

七、实践创新工作

启动了 6 期“政治生日”主题活动，700 余名盟员参加活动；拓展与合肥、长沙、鹰潭、上饶、赣州、吉安等地民盟组织的盟务交流，开启与江西财经大学、东华理工大学、江西师范大学、南昌大学、南昌航空大学等省内高校民盟委员会的盟务交流。

▲2022 年 9 月，全国人大常委会副委员长、民盟中央主席丁仲礼为民盟地市级新任主委培训班（北京）授课，并与郭翀等全体学员合影

▲2022 年 9 月，全国政协常委、副秘书长，民盟中央专职副主席、教授、博士生导师张道宏接见赴京学习的郭翀等江西学员

第三节　履职能力建设实现根本性提升

民盟南昌市委会积极践行“立盟为公，参政为民，奔走国是，关注民生”的民盟宗旨，创新“党盟同心 · 盟眼聚焦”“党盟同心 · 三老三新”机制，履职能力建设实现根本性提升。

一、用“一重点，一基础，四平台，三抓手”全面加强参政议政能力建设

（一）做好调查研究这“一重点”

换届以来，共申报调研课题 94 件，民盟江西省委会中标立项 34 件，中标率 36.2%；中标专项课题 2 件，市委重点委托调研课题 1 件。调研成果《加快推进互联网医院建设，打通群众便捷就医“最后一公里”》被民盟江西省委会列为省政协大会书面发言，《织密织牢地方公共卫生应急管理网络》《构筑我市会展经济新蓝海》等 5 篇获时任市政府、市政协主要领导肯定和批示。积极参与民盟中央多个主题论坛征文，6 篇论文入选民盟中央论文集，其中，《老工业基地振兴：国际借鉴与中国实践》获民盟中央第七届经济论坛优秀论文，打破了南昌民盟论文入选民盟中央优秀论文“零记录”。围绕《“一枢纽四中心”框架下南昌市打造区域性金融中心》等 13 个课题深入开展实地调研。《“一枢纽四中心”框架下，南昌市打造区域性金融中心的思考与探索》课题，中标市委“党委出题、党派调研、政府采纳、部门落实”专题调研课题 1 篇；《深入推进数字经济做优做强，打造全省数字经济引领区》课题中标市委办“深调研、强落实”活动调研课题 1 篇。就《我市林地合法使用审批服务及后期监管工作》《加快县域创新驱动发展》《我市民宿产业发展情况》《脱贫攻坚与乡村振兴战略衔接研究》《知识产权保护工作》等课题开展专题调研。

（二）抓好反映社情民意信息这“一基础”

在社区成立首个社情民意收集中心，换届以来截至 2022 年 6 月底，共报送社情民意信息 490 篇，获各级采用 194 篇，获全国政协采用 3 篇，民盟中央采用 6 篇，省政协采用 13 篇，省委会采用 69 篇，《“双减”政策下，多渠道增加体育老师》等 6 篇信息刊登在《人民

▲2021 年 4 月 29 日，民盟南昌市委会首个“社情民意信息收集中心”揭牌

政协报》《经济日报》《江西政协报》上，《南昌西客站出租车乱象亟待整治》等2篇信息获中共南昌市委主要领导批示。市委办采用4篇（2篇获中共南昌市委主要领导批示）。民盟南昌市委会荣获民盟江西省委会2020—2021年度反映社情民意信息工作先进集体，荣获全市党委信息工作、全市政协社情民意信息工作先进单位。

（三）依托政党协商、“两会”、盟眼聚焦、民盟面对面这“四平台”

政党协商平台：市委统战部主要领导与民盟南昌市委会主要领导进行“面对面”政治谈心谈话。积极参加由市委、市政府、市政协、市委统战部召开的专题协商会、情况通报会、座谈会，就南昌市经济社会发展、“十四五”规划编制、农贸市场立法、优化营商环境等问题建言献策，其中，《关于我省“十四五”规划的三点建议》获江西省“十四五”规划建言献策二等奖。民盟南昌市委会主要领导以书面的形式反馈了市委常委班子及其成员的意见建议。就《“一枢纽四中心”框架下，南昌市打造区域性金融中心的思考与探索》《深入推进数字经济做优做强，打造全省数字经济引领区》课题，以调研报告等形式直接向中共南昌市委提出意见建议。

▲盟内南昌市第十五届政协委员合影

▲盟内市人大第十六届代表合影

两会平台：在2021年、2022年市两会上，民盟南昌市委会共提交集体提案28件，盟员市人大代表、市政协委员共提交建议、提案179件，18件提案被列为重点提案，其中，《关于打造南昌区域性金融中心的建议》获中共南昌市委主要领导督办。民盟南昌市委会主要领导在市政协大会做题为《完善会展产业体系　构建“双循环”新发展格局》大会发言，12位委员在市政协联组会议上围绕“五个新突破”“八个聚焦”“一枢纽四中心”做发言；6 位委员做题为《推进新型研发机构成果转化落实创新驱动发展战略》《推进 VR 关键技术和产业链发展，助推 VR 产业升级》《南昌城市更新要延续城市文脉》大会发言。《关于统筹 5G 生态资源共享，推动我市数字经济快速发展的建议》等被评为 2020 年度优秀提案。盟员代表在市人大十六届二次会议小组讨论发言 11 人次，接受南昌广播电视台、《南昌晚报》《南昌日报》等媒体采访 10 人次，市政协公众号报道 3 人次；省十三届人大六次会议上，围绕《推动科技创新向基层延伸　加快县域创新驱动发展》做专题发言，被《江西日报》全文刊登，受到参加代表团审议领导高度肯定。其中，建议《推进 20 个创新型县（市、区）建设试点》纳入《政府工作报告》。省两会期间，盟员代表认真审议人大常委会工作报告和两院报告、高质量建言，多次受省广播电视台等媒体关注报道，《建议出台独生子女家庭的针对性养老政策》等被评为省政协 2021 年度优秀提案。

创建“盟眼聚焦”平台：聚焦乡村振兴、区域经济发展、数字经济、优化营商环境、金融中心创建等举办了 7 场“盟眼聚焦”专题论坛，50 余名盟员在论坛上做精彩发言。

创建“民盟面对面”平台：举办了 5 场“民盟面对面”沙龙，扎实推进参政议政工作。

（四）用好制度、队伍、培训这“三抓手”

抓制度：出台了《“六个一”参政议政工作制度》《参政议政工作量化考核方案》《民盟南昌市委会参政议政工作奖励办法（试行）》，对基层组织、专委会、盟员市人大代表、市政协委员、机关干部参政履职情况进行统计、通报。

抓队伍：成立课题攻关专家小组，开展了 7 场课题攻关研讨会议；成立参政议政工作专班，开展了参政议政工作计划研讨会、调研选题评审会、参政议政工作推进会。编辑

▲2021 年 4 月 28 日，参政议政工作委员会启动仪式

▲2021 年 10 月 7 日，南昌民盟骨干盟员参政履职培训班开班

出版了 2017—2020 年《议政建言》《调查研究》《社情民意》三本参政议政文集。

抓培训：举办了提案议案撰写培训、参政议政工作培训、骨干盟员参政履职培训 3 场专题培训班，参训人员近 300 名；组织召开 2 次盟员人大代表、政协委员两会前建议、提案撰写碰头会。

二、提升南昌民盟“盟员七师”进基层社会服务工作

在“同心双共建”“烛光行动”“黄丝带”“同心善行”“同心治理”“同心振兴”，这些“三老三新”品牌基础上，着力提升南昌民盟“盟员七师”进基层社会服务工作。截至 2022 年 6 月，开展 90 余场各类社会服务活动，3000 余人次参与社会服务，受益群众 2 万余人，累计捐款捐物价值近 20 万元。

（一）深化“三老”品牌

关注弱势群体，持之以恒开展社区乡村“同心双共建”、民盟“黄丝带”帮教、农村教育“烛光行动”，“三老”社会服务工作。组织盟员教师、律师和心理咨询师等在江西省未成年犯管教所和西湖区铁三东社区建立民盟“黄丝带”帮教基地，在“三县六区”建立农村教育“烛光行动”基地，在青云谱区何坊社区、洪西社区，安义县长均乡等地建立社区、乡村“同心双共建”基地，开展“黄丝带”帮教、“烛光行动”、社区乡村共建和普法宣传活动。春节期间，在主城区社区开展“五个一”“十个送”，走进 110 余名 80 岁以上老领导、老盟员、代表性盟员家庭等活动；教师节期间，在安义县长均乡等地举办了“烛光行动”“黄丝带”帮教活动等 20 场，4000 余名群众受益。

▲2021 年 1 月 12 日，民盟省市区三级联动“同心共建”在洪都生活区开展“送服务进企业”活动。民盟江西省委会社会服务部部长谢斌，民盟南昌市委会主委、市社会主义学院院长郭翀出席

（二）创新“三新”品牌

创新开展“同心善行”“同心治理”“同心振兴”“三新”社会服务品牌活动。启动“同心善行 · 日行一善”行动，全市 13 个分会场同时开展“学雷锋”活动，3000 余名群众受益；开展“同心治理 · 环保卫士”行动，在全市部分县区、高校开展环保卫士行动、服务乡村活动等 20 场，5000 余名群众受益；开展“同心振兴 · 乡村振兴”行动，举办“同心振兴”行动揭牌和全省民盟首个乡村振兴实验基地成立活动，围绕法制乡村建设和关爱留守老人儿童等开展活动 5 场，捐赠了价值 6000 元的红色书籍和 4000 元的帮扶善款。

（三）开启“搭建组团划片与节日为民服务”新模式

采取“以强带弱”组团划片方式，开展了春节、“3. 19”建盟日、七一建党节、重阳节等重大节日系列走访慰问与送温暖活动 30 场，其中，开展全市民盟组织“金秋九九 · 情满重阳”服务周活动 10 场，5000 余名群众受益。组织各基层组织及组团划片服务小组举办“三八”国际劳动妇女节、“暖心暖爱”“仁爱之家”“春风润物”“植得美好”“清洁小天使”“喜迎二十大　同心强省会”等社会服务活动 20 场。其中，开展“与雷锋同行　让善行永续”“怀仁爱之心　启明心之智”“学习雷锋　日行一善”等学雷锋活动 8 场。

（四）以“盟员七师”进基层提升社会服务工作

启动“我为群众办实事‘盟员七师’进基层”活动，组织教师、医师、律师、画师、艺师、技师、心理咨询师深入社区、乡村、学校、企业、家庭开展送教、送医、送法律、送心理、送文艺、送书画、理发、修理家电等活动15场。

▲2022年2月13日，南昌民盟“盟员七师”下基层在西湖区授旗

三、推动民主监督工作

▲2022年5月24日，民盟南昌市委会启动对青山湖开展优化营商环境专项民主监督工作

▲2021年6月，荣获民盟中央表彰“民盟脱贫攻坚先进集体”称号

一是开展优化营商环境专项民主监督。制定了关于开展优化营商环境专项民主监督工作方案，成立了工作领导小组，召开了开展优化营商环境专项民主监督工作启动会。二是持续开展系列监督活动。持续开展脱贫攻坚专项民主监督工作；专门召集经科委及盟员企业家召开南昌民盟优化营商环境座谈会，就做优“六种环境”“五大专项行动”等方面征求大家意见建议；同时，赴青山湖区、进贤县开展优化营商环境专项民主监督工作，召开启动见面会和特邀人员座谈会，赴政府部门、企业、市场等实地走访调研，发放优化营商环境调查电子问卷，建立问题清单台账和工作推进表，

听取各方面的意见建议。

四、推进招商引资工作

一是动员部署。制订招商引资工作方案，成立招商引资工作领导小组，召开动员部署会，召开优化营商环境暨招商引资工作座谈会和项目对接会。二是开展系列招商活动。已与大唐集团等两家央企联系，就氢能源产业项目进行了前期跟进沟通，并与进贤县进行对接；报送项目线索两条。加强对外联系，先后分三个层次赴合肥市、长沙市，鹰潭、上饶、赣州、吉安，新建区、进贤县、南昌县等县区实地考察项目，积极收集意向信息，拜访湖南省江西商会，主动开展招商引资工作。

▲2022 年 6 月 13 日，民盟南昌市委会召开第二次招商引资专项行动工作推进会

第四节　制度与作风建设实现全面性深化

民盟南昌市委会以建设一支盟务工作铁军为抓手，开展“党盟同心 · 五型机关”创建，制度与作风建设实现全面性深化。

一、全方位推动机关建设

坚持按照“制度治盟”要求，创建和修订 25 项制度，开展政治型、学习型、创新型、效能型、和谐型“五型机关”建设；重视机关礼仪工作，从考勤日常和工作效能入手，转变干部作风，提高工作效能；修订完善了机关考勤制度、财务管理办法、走访慰问实施办法等试行制度，制订了议事决策制度和全市各基层民盟组织接待调研等活动报告

▲2021 年 4 月 26 日，盟市委会制度建设工作会议

制度。

二、多举措加强作风建设

开展领导班子家访监督工作，开展机关干部谈心谈话活动，召开“转作风　树形象　优环境”动员部署会暨廉政工作会议，召开“五一”廉政建设与安全生产提醒约谈会，开展中秋、国庆双节提醒和廉政警示教育，举办廉政建设工作会议。

全面推动并实现主委政治谈话活动全覆盖。

▲2021 年 4 月 29 日，开展“五一”廉政建设和安全生产提醒会

▲2022 年 8 月 16 日，开展机关干部集体谈心谈话会

第六章　基层民盟组织的发展

第一节　县区基层组织

1. 民盟南昌县总支

民盟南昌县总支前期于1983年6月成立支部，1997年9月升格为总支。2014年10月总支下设三个支部。民盟南昌县总支走过了近40年的发展历程，截至2022年6月，总支共有盟员75人，其中退休盟员12人，在职盟员60人，非公经济人士3人。盟员中市人大代表2人，市政协委员1人，县政府副县长1人，县人大代表1人，县政协委员22人，县特约人员7人，党外监督员1人。

历任总支主委：史维新、汪耿生、罗慧芬、谢华、宋凤艳、方燕红。

现任总支主委：彭小玲。

2. 民盟进贤县总支

民盟进贤县总支是由1949年3月成立的民盟进贤地下工作小组逐步发展起来的基层民盟组织。1949年，民盟进贤组织建立时是民盟江西省委的直属小组、支部。1984年，划归民盟南昌市委会管辖。1987年6月，经民盟南昌市委批准、盟员大会选举，正式成立民盟进贤县总支。2011年获得民盟中央"先进集体"荣誉称号，2014年荣获民盟中央"先进基层组织"荣誉称号，2021年1月荣获民盟中央"民盟思想政治建设和宣传工作先进集体"荣誉称号。

民盟进贤县总支成立时，下设三个支部（县城机关支部、进贤一中支部、进贤二中支部）和两个小组（县医院小组、二塘乡小组）。1991年，民盟进贤县总支换届选举后，将下辖盟组织调整为四个支部（进贤一中支部、进贤二中支部、科技文化总部和离休支部）。1998 年，为适应基层支部的活动和发展，将科技文化支部分成为科技文化支部和医药卫生支部。总支现设有进贤一中支部、进贤二中支部、科技文化支部、医药卫生支部、离休支部。

截至 2022 年 6 月，总支共有盟员 103 人。担任过副处级及以上职务 5 人，现有在职副处级及以上干部 1 人、正科级干部 6 人，副科级干部 3 人，副院长 1 人，副校长 3 人；市人大代表 4 人，市政协委员 1 人，县人大代表 3 人（其中常委 3 人），县政协委员 23 人（其中常委 4 人）；教授 1 人、主任医师 3 人。

历任总支主委：朱啸秋、文继贤、雷鸣天、傅桂茂、罗建华。

现任总支主委：梁睿。

3. 民盟东湖区支部

民盟东湖区支部由“文化大革命”前胜利区初教支部组建而成，成立于 1980 年 3 月，时任主委万良堃。截至 2022 年 6 月，支部共有盟员 44 人。

历任支部主委：孙芳华、姜志义、黄理安、徐声森、张慧珍。

现任支部主委：肖贤。

4. 民盟西湖区总支

民盟西湖区总支成立于 2007 年 11 月 22 日，其前身为西湖区（小组）支部。西湖区支部始建于“文化大革命”前，最初为西湖区初教小组、抚河区初教小组，1980 年 3 月，随着县区划分调整，原西湖区和抚河区两区统称为西湖区，西湖区初教小组和抚河区初教小组改名为西湖区第一支部、西湖区第二支部。1982 年 5 月，正式合并为西湖区支部。2007 年 11 月 22 日，民盟南昌市委会按照属地划分，将西湖区支部、南昌一中支部、南昌八中支部、南昌十二中支部、南昌二十中支部、南昌二十一中支部、南昌一职支部、南昌外国语学校支部 8 个支部合并，成立西湖区总支。该 8 个下设支部既归市委会管理，又归西湖区总支管理。2013 年 2 月，为理顺多头管理问题，将南昌一中支部、南昌八中支部、南昌十二中支部、南昌二十中支部、南昌二十一中支部，南昌一职支部、南昌外国语学校支部 7 个支部重新划归市委会管理，西湖区支部归入西湖区第二届总支管理。西湖区总支下设综合支部、教育支部、医卫支部、企业支部 4 个支部，截至 2022 年 6 月，总支共有盟员 62 人。

历任总支主委：程祥菊、熊丹如、熊丹如、赵义公、赵小强、费从鑫。

现任总支主委：涂珺。

5. 民盟青云谱区支部

1983 年，民盟青云谱区支部成立。多年来，民盟青云谱区支部充分发挥界别优势，积极开展和谐共建、公益课堂、社区帮扶等社会服务活动，各项工作均取得了显著成绩。2006 年，支部获得了盟中央授予的“先进基层组织”，获得民盟江西省委会授予的“社会和谐共建先进单位”“先进基层组织”“先进基层组织”等多项民盟省、市荣誉称号，获得市委统战部授予的“我为南昌发展作贡献”活动先进基层组织，获得区政协的“参政议政工作先进单位”等多项荣誉称号。

截至 2022 年 6 月，支部共有盟员 68 人，其中，副县级干部 3 人，副科级干部 7 人；硕士研究生以上学历 4 人，中高级职称 10 人，特殊专业人才 10 人，市政协委员 2 人，区政协委员 14 人。

历任支部主委：蒋中道、刘克钦、郭翀。

现任支部主委：张鹏。

6. 民盟青山湖区支部

2001 年，民盟青山湖区支部成立。截至 2022 年 6 月，支部共有盟员 47 人。其中，副县级干部 1 人，正科级干部 1 人，副科级干部 2 人（其中，事业编副科级干部 1 名），市人大代表 2 名，区政协委员 12 名。盟员平均年龄为 47 岁，盟员中拥有本科以上学历（含本科）的为 37 人，占 78%。支部 2 名盟员曾担任过副县级职务，现均已退休。

历任支部主委：谢云根、程英、易晓红。

现任支部主委：周思全。

7. 民盟新建区支部

1982 年，民盟新建区支部（原为民盟新建县支部）成立。民盟新建区支部曾荣获民盟中央颁发的“2018 年度思想宣传工作先进集体”称号，支部盟员获得民盟中央表彰 3 人次，支部连续多年被民盟江西省委会、民盟南昌市委会评为“先进集体”，承担的调研课题多次入选省级课题，3 篇调研报告入选省政协大会交流发言，多篇调研报告获得时任省、市领导批示。

截至 2022 年 6 月，支部共有盟员 79 人，其中市人大代表 1 人、市政协委员 1 人、区政协委员 14 人（常务委员 2 人），区人大代表 1 人（常委会委员 1 人）；盟员中正科级实职干部 1 人，副科级干部 4 人。

历任支部主委：郭鲁民、袁茂华、赵尔和、毛盛杰。

现任支部主委：彭为福。

8. 民盟红谷滩区支部

2021 年 8 月，民盟红谷滩区支部委员会成立。民盟红谷滩区支部秉持“奔走国是、关注民生”的传统，围绕红谷滩区委、区政府的中心工作和决策部署，立足自身建设，切实履行政治协商、参政议政、民主监督职能，团结和带领全区广大民盟盟员，以同心同德精神，强化思想组织建设，增进政治共识，积极建言献策，紧密围绕中心，服务大局。截至 2022 年 6 月，支部共有盟员 21 人，其中副科级干部 1 人、区政协委员 8 人。

现任支部主委：肖洪钰。

9. 民盟湾里管理局支部

1984 年 4 月，民盟湾里管理局支部（原为民盟湾里区支部）成立，创始盟员为熊成和唐严。成立之初，熊成和唐严两同志克服经费不足等种种困难，自己印制有关宣传资料，向进步群众宣传民盟这个组织，不断扩大支部的影响力。2020 年，南昌市进行城区行政区划调整，撤湾里区成立湾里管理局。民盟湾里区支部更名为民盟湾里管理局支部。

经过支部九届委员会 30 余年的努力，支部由最初的 8 名盟员发展壮大为 2022 年 6 月的 33 名盟员，盟员主体结构为教育、卫生工作者。其中，女盟员 18 人，占 54. 55%。副处级 2 人，副科级 5 人。高级职称 8 人，中级职称 19 人。教育行业 20 人，医疗卫生行业 4 人，其他行政事业单位 9 人。35 岁以下 7 人，占 21. 21%；60 岁以上 8 人，占 24. 24%。支部现有市政协委员 1 人，原区政协委员 11 人（含政协常委 1 人）。

历届支部主委：李锦椿、熊成、唐严、龚晓新、方卫红。

现任支部主委：雷伍华。

第二节　市直基层组织

1. 民盟市委会机关支部

民盟南昌市委会机关支部在“文化大革命”前成立，“文化大革命”期间盟组织活动中断，1979 年，市盟恢复组织活动后，1980 年 5 月成立了盟小组，1982 年 4 月成立新的支部。截至 2022 年 6 月底，支部共有盟员 18 人。

历任支部主委：张修镐、辜捷成、何远娴、徐奔、徐慕秦、杨松林、温雪华、万菁。

现任支部主委：雷胜。

2. 民盟南昌市文化艺术支部

1981 年 12 月，民盟南昌市文化艺术支部成立，迄今走过 40 个春秋。2016 年起，支部荣获“全市先进基层组织”“全市表现突出基层组织”等荣誉称号。2019 年 3 月 12 日，成立南昌市首个市直基层组织“盟员之家”。截至 2022 年 6 月，支部现有盟员 52 人，盟员职业涉及教育、文化、艺术、科技、创意设计等领域。目前，5 名盟员担任了市县级的人大代表和政协委员。

历任支部主委：朱起凤、郝士达、程庞、李南娜、肖淑萍。

现任支部主委：刘薇。

3. 民盟南昌市科技总支

1989 年 9 月，民盟南昌市科学技术支部委员会成立，邹行健任支部主委。1994 年 3 月，支部换届，汪坚任支部主委。1999 年 11 月，升格为民盟南昌市科学技术总支委员会，下辖卫生教育支部、法律经济支部及综合支部 3 个支部，截至 2022 年 6 月底，总支共有盟员 87 人。

历任总支主委：汪坚、罗序明、陈瑶等。

现任总支主委：阎慧。

4. 民盟豫章师范学院一支部

民盟豫章师范学院一支部成立于“文化大革命”前，齐宪模任支部主委，当时称为民盟南昌师范支部。1982 年至今共有十届支部，2004 年，随南昌师范学校升格，支部改称为南昌师专支部。2017 年 5 月，南昌师范高等专科学校升格为豫章师范学院，支部改称民盟豫章师范学院支部。2017 年年底，合并原南昌教育学院后，改称民盟豫章师范学院一支部。截至 2022 年 6 月底，支部现有盟员 23 人，在职盟员 15 人。

历任支部主委：夏宗欧、贾箴、黄家彬、林瑞华、来敏健。

现任支部主委：林艳华。

5. 民盟豫章师范学院二支部

1986 年，民盟豫章师范学院二支部成立，原民盟南昌教育学院支部。2017 年年底，根据南昌市委有关文件精神，南昌教育学院整体并入豫章师范学院，支部改称民盟豫章师范学院二支部。截至 2022 年 6 月底，支部共有盟员 10 人，其中在职盟员 4 人。

历任支部主委：黎彬文、颜学恕、万里凤、陈至英。

现任支部主委：邓乐。

6. 民盟江西应用科技学院支部

2002 年 4 月，民盟江西应用科技学院支部成立，初建名为民盟新亚职业技术学院支部，后随着学院名称的改变，支部名称也随之改为民盟江西城市学院支部。2014 年，正式更名为民盟江西应用科技学院支部。自成立以来，支部在民盟市委会和学校统战部的带领下，更新观念，抓住机遇，紧紧围绕工作中心，认真贯彻落实全国全省统战工作会议精神，积极发挥支部的优势和作用。截至 2022 年 6 月，支部共有盟员 16 人。

历任支部主委：熊欣、衷仁保、周九华。

现任支部主委：房小珍。

7. 民盟南昌市第一中等专业学校支部

1983 年，南昌市第一中等专业学校民盟小组成立。成立之初仅有 4 名盟员。1987 年 9 月，民盟南昌市第一中等专业学校支部第一届委员会成立。支部多次荣获民盟市委会“先进基层盟组织”荣誉称号。截至 2022 年 6 月底，支部共有盟员 21 人，其中有高级职称 12 人，占比 63%，在职盟员 12 人，占比 58%。2020 年 12 月，徐恩仙当选为民盟南昌市第十四届委员会委员。

历任支部主委：月光琪、陶柱梁、周玲、康玉婷。

现任支部主委：徐恩仙。

8. 民盟南昌市中学教育第二支部

1980 年 4 月，民盟南昌市中学教育第二支部成立。支部紧紧围绕服务经济建设，围绕市政府的中心工作，多次组织盟员深入乡镇、深入农村、深入学校进行调研，突出关注民生，围绕教育、医疗、就业、社会保障、社会公平等与人民群众息息相关的问题，及时反映社情民意，积极出主意、想办法，提出了许多中肯的意见。截至 2022 年 6 月底，支部现有盟员 15 人。

历任支部主委：夏湘霖、王香清、刘钟圣。

现任支部主委：周娟。

9. 民盟南昌市第一中学支部

民盟南昌市第一中学支部“文化大革命”前就已成立。支部立足本职，教书育人，为发展基础教育，培养“四有”新人而敬业奉献。盟员积极响应学校号召，送教下乡，与手拉手学校共建共联。支部大多数成员是一中一线教育教学骨干教师，担任繁重的教育教学任务，他们在各自工作岗位上任劳任怨、尽职尽责，并在教育教学、教科研方面取得了优异的成绩。截至 2022 年 6 月底，支部共有盟员 24 人。

历任支部主委：吴子彦（“文化大革命”前）、王玉瑞、胡荣、陶泳、喻玲。

现任支部主委：尚洁。

10. 民盟南昌市第二中学支部

1981 年 12 月，民盟南昌市第二中学支部成立，前身为民盟南昌市第二中学组织，始建于“文化大革命”前，时任组长为刘耀邦。支部多次荣获盟省委和盟市委“盟务工作先进基础组织”荣誉称号。截至 2022 年 6 月底，支部有盟员 30 人，其中高级职称 24 人，占比 80%，在职盟员 22 人，占比 73%。历任主委均当选为民盟南昌市委会委员。

历任支部主委：燕方万、周梦元、李胜、黄灵芝。

现任支部主委：李佐奇。

11. 民盟南昌市第三中学支部

民盟南昌市第三中学小组成立于“文化大革命”前，负责人为熊戈，1983年6月，民盟南昌市第三中学支部成立。截至2022年6月底，支部共有盟员17人。

历任支部主委：熊大桢、王卫、武金柱。

现任支部主委：李华荣。

12. 民盟南昌市豫章中学支部

民盟南昌市豫章中学支部委员会组织成立于“文化大革命”前，原名为民盟南昌七中小组，1986年成立支部。截至2022年6月底，支部共有盟员23人。其中退休盟员13人，在职盟员10人；副高以上职称盟员18人；“70后”盟员6人，“80后”盟员1人；省级骨干教师1人；研究生2人。

历任支部主委：李希贤（“文化大革命”前任组长）、涂健生、魏晓莺、吴筱洪。

现任支部主委：易小芳。

13. 民盟南昌市第八中学支部

民盟南昌市第八中学支部最早是从1950年建立的民盟南昌市一中支部（一中、八中、二十二中）分离而成的。最早的盟员为石婉容。1987年10月，民盟南昌市第八中学支部正式成立。2008年，民盟南昌市一中、八中、十二中、外国语学校等支部组建民盟西湖区总支，吴艳玲任总支宣传委员。2012年5月，各市直学校支部重新设立，八中支部第六届委员会成立，吴艳玲任支部主委。2017年，支部换届，杨琴担任主委。2020年12月，杨琴当选民盟南昌市第十四届委员会委员。截至2022年6月底，支部共有盟员17人。

历任支部主委：单人慧、石婉容、刘浠亮、王仁立、吴艳玲。

现任支部主委：杨琴。

14. 民盟南昌市第十中学支部

民盟南昌十中小组成立于“文化大革命”前，组长为樊运更，副组长为黄佩珍。1981年11月，民盟南昌市第十中学支部成立。截至2022年6月底，支部共有盟员30人，其中在职盟员13人，离退休盟员17人。

历任支部主委：方灼华、张起鹏、朱亚芒、李毅敏、万德嵘。

现任支部主委：王敏。

15. 民盟南昌市第十二中学支部

1982 年 4 月，民盟南昌第十二中学支部成立，夏湘霖任支部主委。截至 2022 年 6 月底，支部共有盟员 4 人。

历任支部主委：夏湘霖、胡建成、王永南、刘斌。

现任支部主委：周欢。

16. 民盟南昌市第十六中学支部

1981 年 10 月，民盟南昌市第十六中学支部成立。截至 2022 年 6 月底，支部共有盟员 11 人，在职 5 人，退休 6 人。

历任支部主委：刘文荏、潘弥生、陈文玉、万晓卫、詹祥玫、吴卫民、罗燕琴、谢晖。

现任支部主委：姜玲。

17. 民盟南昌市第十七中学支部

20 世纪 80 年代，南昌市第十七中学成立了早期民盟小组。1987 年 5 月，民盟南昌市第十七中学支部正式成立。支部努力为教育事业及全社会的进步做出贡献，支部盟员始终立足本职，教书育人。盟员多数成员为校骨干教师，在各自岗位上尽职尽责，通过加强师德修养、恪守本职工作，树立盟员良好的教师形象，在教育、教学、教研方面均取得优异成绩，受到学校和上级的充分肯定。截至 2022 年 6 月底，支部共有盟员 13 人。

历任支部主委：张继尧、邹敬民、闵睿、谭林华。

现任支部主委：刘祥龙。

18. 民盟南昌市第十九中学支部

民盟南昌市第十九中学盟组织成立于“文化大革命”前，张耀德任组长。1984 年 9 月，民盟南昌市第十九中学支部成立。截至 2022 年 6 月底，支部共有盟员 22 人。

历任支部主委：李宝婵、熊凤珍、刘金平。

现任支部主委：刘勇。

19. 民盟南昌市第二十中学支部

1983 年 6 月，民盟南昌市第二十中学支部委员会成立。截至 2022 年 6 月底，支部共有盟员 20 人，其中在职盟员 10 人。

历任支部主委：陈煜南、万丈、涂传斌。

现任支部主委：龚文革。

20. 民盟南昌市第二十一中学支部

1983 年 6 月，民盟南昌市第二十一中学支部成立。截至 2022 年 6 月底，支部共有盟员 8 人。

历任支部主委：徐忭初、肖和泰、杨光宠、涂金弟。

现任支部主委：孙富荣。

21. 民盟南昌市第二十六中学支部

1993 年 11 月，民盟南昌市第二十六中支部成立。截至 2022 年 6 月底，支部共有盟员 10 人。

历任支部主委：曹良封、唐水秀、于建民。

现任支部主委：熊淑明。

22. 民盟南昌市八一中学支部

2003 年 12 月，民盟南昌市八一中学支部由原南昌市第十一中学和原南昌市八一学校两支部合并而成。支部盟员中有民盟南昌市第十四届委员会委员 1 人，特级教师全国优秀教师 1 人，省级学科带头人 1 人，市级骨干教师 2 人，省市先进盟员 3 人。截至 2022 年 6 月底，支部共有盟员 15 名，其中退休盟员 10 人，在职盟员 5 人，在职女盟员 4 人，都具有中小学高级教师职称。

历任支部主委：涂健生、桂文波、黎传祖、林国斌、肖美幸。

现任支部主委：舒琦。

23. 民盟南昌市外国语学校支部

民盟南昌外国语学校支部前身为民盟南昌二十二中支部（1985—1987 年），1987 年，并入民盟南昌市中教一支部。2004 年 9 月，民盟南昌市中教一支部分解成南昌外国语学校支部和体育支部。2004 年，支部共有盟员 18

人，分别来自南昌外国语学校、南昌市十四中、十八中、二十四中、市现代教育技术中心、市教科所。2007 年 11 月 22 日，民盟南昌市西湖区总支委员会成立，外国语学校支部等市属学校支部既归市委会管理，又归西湖区总支管理。2013 年 2 月，外国语学校支部等市属学校支部归市委会管理。截至 2022 年 6 月底，有盟员 20 人。

历任支部主委：何啸鸣。

现任支部主委：凌惜墨。

24. 民盟南昌市江安学校支部

1989 年 9 月，江氨支部以盟小组的形式工作、学习、生活。彭英亮同志为当时的民盟小组组长。1989 年 12 月，江氨支部正式成立。彭英亮同志为支部组长，后增设辜承汉同志为副组长。2009 年 3 月，民盟南昌市江氨支部更名为民盟南昌市江安学校支部。截至 2022 年 6 月底，支部共有盟员 15 人。

历任支部主委：许桃生、邹发顺。

现任支部主委：管新财。

25. 民盟南昌市机关支部

1980 年 4 月，民盟南昌市机关支部成立。据不完全统计，近 3 年来，市机关支部获得民盟市委会优秀支部荣誉。有 20 多位盟员连年获得中央省市各级单位和组织的表彰。截至 2022 年 6 月底，支部共有盟员 55 人。

历任支部主委：贾祥骅、胡巧蓉。

现任支部主委：张琳。

26. 民盟南昌市经济支部

2009 年 3 月，民盟南昌市经济支部成立。截至 2022 年 6 月底，支部共有盟员 29 人。

历任支部主委：陈志强。

现任支部主委：刘敏。

27. 民盟南昌市机关企业支部

1980 年 3 月，民盟南昌市机关企业支部成立。截至 2022 年 6 月底，支部共有盟员 6 人。

历任支部主委：陈在庚、徐嘉谋、吴铁俊。

现任支部主委：肖伟平。

28. 民盟南昌市医卫综合支部

1980 年 3 月，民盟南昌市医卫综合支部成立。截至 2022 年 6 月底，支部共有盟员 27 人。

历任支部主委：鲍文德、王文芳、袁淑群、李国生、熊淑兰、黄旭。

现任支部主委：张春燕。

29. 民盟南昌市第一医院支部

民盟南昌市第一医院支部建立成立于“文化大革命”前，“文化大革命”期间中断盟组织活动。1980 年 1 月，恢复盟组织成立小组。1985 年 5 月成立支部。截至 2022 年 6 月底，支部共有盟员 22 人，其中，具有副高以上职称 14 人。

历任支部主委：鲍文德、肖文霞、张旭、范惠珠、胡玲。

现任支部主委：郑春华。

▲支部盟员章金媛是江西省第一位南丁格尔奖获得者，荣获“全国三八红旗手标兵”，全国各民主党派、工商联、无党派人士“为全面建成小康社会作贡献先进个人”，曾受到习近平、胡锦涛、李克强等党和国家领导人接见

30. 民盟南昌市体育支部

2004 年 9 月，民盟南昌市体育支部成立。支部紧紧围绕全市中心工作以及人民群众普遍关注的难点、热点问题，以高度的政治责任感和使命感，以反映社情民意的形式参政议政。截至 2022 年 6 月底，支部有盟员 11 人。

历任支部主委：陈钢。

现任支部主委：许慧。

31. 民盟南昌市采茶剧团支部

1983 年，民盟南昌市采茶剧团支部恢复成立。2020 年，邓莎莎当选为民盟南昌市第十四届委员会委员。截至 2022 年 6 月底，支部共有盟员 19 人。

历任支部主委：朱莲芳、汤声杨、胡茂信、朱志义、邵洁。

现任支部主委：邓莎莎。

32. 民盟南昌市京剧团支部

1983 年 7 月，民盟南昌市京剧团支部成立，“文化大革命”前为小组，朱起凤为组长。截至 2022 年 6 月底，支部有盟员 6 人。

历任支部主委：刘振声。

现任支部主委：戴伟民。

33. 民盟南昌市求实业余学校小组

1983 年 3 月，民盟南昌市求实业余学校小组成立。截至 2021 年 3 月，小组已没有盟员。

历任组长：易忠霁、丁士濂、沈业恭。

附　　录

一、中国民主同盟南昌市委员会历届工作报告

中国民主同盟江西省南昌市临工会三年来工作报告

——一九五二年七月二日在市盟第一届盟员大会上的报告

一、本盟中华人民共和国成立前后的活动情况

南昌市盟的组织成立于一九四六年冬，它是在和谈与旧政协破裂后产生的。也就是说，它是本盟在全国范围内转入地下活动的时期才开始建立组织的；因此，它一产生便不能不采取秘密的组织形式和地下斗争的方式。它活动的范围主要是文教界——如中正大学、工专、农专、体专、天健中学、振德中学、高商、心远中学及二郎庙小学、东坛巷小学等。其中，二郎庙小学、天健中学及振德中学曾作为本盟当时活动的基地，而其组织成员（盟员）亦绝大部分在文教界。最初盟员只有五十余人，其中文教工作者占百分之七十；学生占百分之二十；印刷工人占百分之五；其他百分之五。我们的组织和斗争力量，是随着革命形势的发展日益增长和壮大起来的。

南昌市盟在极具艰苦的环境中，曾去香港争取盟总的联系和领导。第一，根据上级给我们的任务，我们发动了本市一系列的斗争：如中学教师的索薪罢教运动，并立即通过东坛巷小学开始发动了全面的小学罢课运动；发动学生罢课声援“四一”血案、反饥饿、反迫害运动；反美扶日运动等。

中华人民共和国成立前夕，发动“应变”运动，组织“应变会”以便团结青年学生，“争取不迁校”。第二，“安定人心”工作——向工商界宣传工商政策和约法八章，消除工商业者逃迁意图，安定了本市人心。第三，“保护物资、防止破坏”工作——做得较有成绩的，是飞机修理厂、电信局、广播电台、水电厂四个重要部门。第四，“社会调查”工作——如军事、敌情、经济、物资、公有财产、官僚资本、反动派系，各级学校的各类报表。中华人民共和国成立后送军管会文件四十次计一百九十五页，又各种调查表一百零一份，这些参考文件起了一定的作用。

一九四九年四月大军渡江以后，革命形势迅速发展，市盟工作为适应客观形势的需要，即将原有组织改为工运、商运、学运、妇运、文教、军运（策反）六个小组，直接由省支部指挥。以上各项工作，以学运、军运（策反）做得较有成绩。南昌解放后，六月十八日，省市第一次联席会议决定：本市工作中心，以“巩固组织”“加强教育”“协助人民政府推动工作”为主。这一个时期的工作，即本此方针进行。

二、整理组织到准备发展阶段

一九四九年八月间接到总部关于整理江西组织的通知。九月二十日成立江西省支部临时工作委员会，即根据总部颁发“盟员登记暂行办法”开始进行整理组织工作，以南昌市为整理重点。中华人民共和国成立后，盟员流动性很大，经十二月十五日在《江西日报》刊登紧急通知，截至十二月底止，曾办理申请登记者（省市负责同志在外）共计七十八人，其中包括工人同志十四人；学生同志十七人。遵照总部指示，分别转移领导。尚余四十七人，经提名审查委员会审查结果，准予登记者二十九人（计文学教授讲师六人、中学教师五人、小学教师六人、科技人员六人、其他六人）。不予登记者十八人，连同省市负责同志共有盟员五十二人。

在整理组织过程中，我们清洗了一部分政治面貌不清、历史复杂和乘机混入组织的坏分子，同时因部分同志参加大西南的进军，而终止了联系。另外，也有少数同志放弃了对盟的登记。

整理工作的完成，提高了组织的纯洁性，但也由于当时盟内领导上存在有不团结的现象，盟员对统一战线及盟的认识相当混乱；加上我们在执行整理办法时比较生硬，争取教育的工作，做得不多，使组织力量受到了损失。

完成整理工作之后，就是注意健全小组生活，加强盟员教育，并准备有重点地发展组织工作。本市在一九五〇年一月间基本上已完成整理组织任务，因为发展组织的条件还未十分成熟，接着就是抗美援朝、土地改革和镇压反革命三大运动，我全市盟员投身于这三大运动中，大多数起了积极带领作用。如配合抗美援朝运动的开展、在盟内我们举行控诉会、座谈会、和平签名，鼓励子女参军参战、爱国捐献等活动，在盟外进行了居民宣传、戏剧公演、发动老人参加“五一”示威游行和举办群众控诉会等工作。在土地改革运动中，我们发动盟员积极参加土改，参加一九五〇年秋和一九五一年秋本省二次土改工作的计有盟员十六人，占全体盟员的百分之二十二，参观土改的计十五人，占全体盟员的百分之二十。在土改中，一般说来都站稳了立场，推动了工作。在镇反运动中，首先我们在盟内进行了反动党团登记和历史总检查，随后发动全盟同志进行检举。由于我们提供了一些材料，政府破获较重大的反革命案件有数起。上面一些情况，说明我们是做了一些工作，尽了一些责任的，我们的组织是运动中逐渐得到锻炼、得到提高的，但由于盟员人数不多，领导机构不健全，组织力量还是比较薄弱的。在这一段时期，本市个别地吸取了一些盟员，没有进行大量的发展。截至一九五一年十月底，本市共有盟员七十三人。

三、发展组织和目前工作情况

经过三大运动，特别是经过镇反学习，使一般的知识分子的历史面貌和政治面貌较为清楚，社会人士的政治认识有了进步，同时领导党也表示要大力帮助各民主党派进行发展。这样就给我们的发展提供了有利的条件。南昌市为发展重点，省支部的一九五一年第四季度发展组织计划总数约为三百名，规定南昌市要发展两倍——原有盟员七十三人，我们即定出发展一百五十名的数目。这次发展面比较广，量比较大，同时更注意吸取骨干分子；因此，市分部的发展计划中，又规定了争取党、团员百分之十、妇女百分之二十入盟，并注意吸收青年盟员，这也就是“质量并重”的发展方针。

所谓第四季度，实际上是在十一月以后才开始进行发展工作。在这短促的期间，要发展那么多的新盟员，就当时我们主观的力量来说是有相当困难的；因为取得了党、团、行政和省支部的领导与帮助，同时依靠了省市工作同志和各组同志的努力，到一九五一年年底共吸收了新盟员一百六十人，胜利地超额完成了发展组织的任务。

组织发展了，扩大了，跟着就是如何“加强教育”和“巩固组织”的问题。

首先是健全基层组织：原有十一个小组，发展以后，扩充到二十五个小组，并筹设了南大、文教厅、初教三个区分部，以便加强对该属小组的领导和密切对市分部的联系。一般同志的组织生活过得还好，能每周开小组会，按月缴纳盟费，并关心盟的工作。经过伟大的“三反”“五反”运动，同志们受到了考验，绝大多数没有问题，如参加“三反”“五反”的战斗的，据初步统计，就有一百二十六人，并涌现了不少积极分子和模范人物；但也有少数同志发生了问题，到思想建设阶段为止，问题严重受到刑事处分的计三人，问题不大，受到记过或撤职处分的计九人，尚未结案的计三人，经过这次斗争的考验与锻炼，盟员的政治品质提高了，盟的组织也更显得纯洁了，基层组织由于有积极分子做骨干，也更加巩固了。有了这些有利条件，南大、文教厅、初教三个区分部均在六月上旬先后正式成立，这就给市分部的成立打下了良好的基础。

其次是政治思想教育：配合发展组织，曾发出盟章“民盟历史、性质与任务”，有关统战问题（学习资料第二辑）及指定共同纲领为基本学习文件。去年十二月中旬，又由曾出席本盟全国组宣工作会议的省市代表做了传达报告（这次报告会除全体盟员外，并邀请了当时准备吸收的新盟员参加）。本年一月间印发了学习资料第三辑；总部盟讯（全国组宣工作会议专刊）寄到，即规定为每个盟员必读之书，并建议所有盟员应以胡乔木副部长“关于思想改造问题的讲话”为思想改造学习的主要参考文件之一。五月十一日召集了文教工作的盟员同志开了一次座谈会，中心内容也是座谈关于本盟的历史、性质和任务等问题。

增产节约和“三反”运动的学习，除由本盟印发学习资料第一辑（去年十一月）和学习资料第四辑（一九五一年三月）外，并曾转发省委宣传部编印之学习文选第一、第四、第五各一册（这只是一部分同志有的）。这方面的学习，主要是配合各个工作岗位所布置的来进行，我们没有而且不必要另搞一套，如果有另外做法的话，那就是通过盟的小组或同志的帮助，使同志们去认识问题和交代问题。

批评与自我批评已开始在盟内普遍地被运用着，对于盟员的提高和组织生活的改进是起了一定的作用。

四、主要的工作缺点

两年多来，市临工会的工作缺点是很多的，现在只就几个主要方面把它指出来，以便于及时改正。

（一）领导机构不够健全：首先，人事不健全，市分部有相当长的时间对工作人员没有足够的配备，领导能力较差，加上人员常常调动；并有时省市人员交叉，以致在具体工作的推动上，松散、拖沓。其次，机构不健全，组织委员会、宣传委员会（成立以后很少开会）有其名无其实。市分部委员会议很难定期召开，开会很少认真讨论问题。最后，制度不健全，工作制度和会议制度都有些规定，但不注意贯彻执行，成为空文。特别是缺乏检查制度，有时工作计划定好了，某种任务布置下去了，却很少去检查，或全不过问，形成放任自流。

（二）政治思想领导不强：首先，表现在领导思想上，无论专任或兼任的委员对盟的工作都重视不够，兼任的，存着“业余思想”，专任的也无专业精神，无论在运动中，在日常工作中，常常是以事务主义和任务观点去对付工作；缺乏有重点、有计划、有步骤去推动工作，或者只有一般号召，缺乏具体指导。其次，工作告一段落时，我们又不善于总结经验，以便作深层的推进。尤其是对盟员的思想情况掌握得不够，因而我们就很少可能从思想上来及时帮助盟员解决问题，特别是在“三反”运动初期，组织与运动脱节也放弃了领导。这难怪会有盟员说是“入盟与不入盟没有两样”。最后，多数盟员对于盟的性质和任务及统战问题，基本上是有了一些认识，但还有不少盟员对这些问题的认识仍是很模糊，没有及时得到解决。这些表现，说明在领导思想上还没有贯彻工人阶级的思想领导；在领导作风上，犯有严重的官僚主义。

（三）组织生活不够巩固：盟员同志的组织生活一般过得很好，但由于我们对统一战线和本盟的性质任务的宣传教育工作做得不够，还有个别小组不能经常开会，少数盟员随便不到会，或借故逃避到会；长期不缴盟费。对组织没有建立一定的思想感情，因而有的同志“到开会时才记起自己是一个盟员”，这是一方面。另一方面，则在领导上没有具体布置，没有全面计划，以致一般的小组生活是平淡枯燥，同时上下级间的联系也少，小组生活不能成为一个政治空气浓厚的战斗单位。

五、今后我们努力的方向

（一）争取党的全面领导：因为“党在政治上、思想上、组织上都是盟的领导者。政治领导（以共同纲领为依据的领导）、思想领导（毛泽东思想的领导）和组织领导是不可分割的。党对盟的组织领导，是为了贯彻政治领导和思想领导所必要的”（全国组宣工作会议总结）。事实证明：我们越靠拢党，遇事多和党商量，我们的工作就会做得更多更好些。当然我们并不是说，一切都依赖党而自己无须积极负责，无须发挥我们的主观能动性，只让党来推一推，我们就动一动；或者接受党的领导，只是“坐以待之”，不做主动争取。目前盟内尚有部分同志，对于党盟关系的认识不够明确，因而就不可能正确了解统战关系，和民主党派在统一战线中所应尽的责任与应起的作用，必须迅速加以端正。

（二）运用批评与自我批评，开展思想改造运动：思想改造是当前三大中心任务之一，也是我们今后的中心工作，“思想改造运动之所以必要，是由于国家和人民进步与社会经济发展的新情况所决定的。所以不是主观的自动改造，就是客观地被改造。作为一个新民主主义的革命党派，在思想改造运动中盟应当带领盟所联系的广大群众，盟的领导同志应当带领盟员群众，盟内进步分子应当带领比较后进分子，一同前进”（全国组宣工作会议总结）。最后的目的，就是使他们转变为工人阶级的知识分子。因此，作为盟的领导上来说，应加强对本身的改造，从机构、人事到领导的方式方法，必须加以健全，以适合客观形势的要求，完成它所能担负的任务。对每个同志个人来说，必须展开思想斗争，来肃清一切封建、买办和帝国主义的反动思想，批判资产阶级和小资产阶级的错误思想。树立全心全意为人民服务的思想，并贯彻到我们的行动中去。

（三）发展与巩固组织，加强群众的联系：我们的组织是发展了，我们的队伍是扩大了，可是我们的主观力量远落在客观形势之后，这就需要我们的继续发展，我们的队伍继续扩大，同时把我们的组织加以巩固。通过“三反”“五反”运动，各阶层涌现了大批积极分子和进步分子，给予了我们的发展以有利的条件。我们的发展对象，原以进步分子为骨干，以中下层为发展重点，经历了三大运动和“三反”“五反”运动，盟的内外条件均有变化，一般盟员政治水平均已提高，盟的组织也有了骨干；盟外则上层知识分子思想上已有了很大的转变，抱着不纯洁动机想混入盟来的人减少了。我们应该考虑到，向那些有代表性的中上层知识分子中去发展。关于发展对象的政治标准，无疑应是共同纲领。“凡真诚赞同共同纲领，特别在行动上拥护共同纲领，能积极奋斗以求贯彻的，都可以认为新民主主义政党的进步分子，他们应当成为我盟的骨干”。同时，我们还要吸收中间分子，而且还可以较多地吸收他们加以团结、教育和改造。当然我们的发展，不必追求数字，应实事求是，争取志愿入盟。发展应与巩固相结合，吸收入盟以后必须使之自觉地参加适当的组织生活，加强其政治思想性的领导，借以提高盟员的组织性和纪律性。发展了我们的组织，就是扩大了统一战线，也就是加强了盟群关系。只有把广大的知识分子团结起来，并进行教育改造，才能够完成我们的历史任务。

中国民主同盟江西省南昌市分部

一九五二年七月六日，经南昌市分部第一届盟员大会通过

中国民主同盟江西省南昌市分部一年半来工作总结报告

1954年1月31日

一、工作情况

一年半以来，我们在中共南昌市委及本盟上级的正确领导和全体同志们的共同努力，随着祖国由恢复转入建设的飞跃发展，我们在工作中取得了一定的成绩和收获。

在文教界的思想改造学习运动中，我们组织了工作组，在学习会建立了临时区分部，以组织力量帮助盟员进行学习。由于组织上的帮助，同志们在学习中向前走了一步，进而推动了运动的发展。如雷世懋、李国华等同志在检查阶段的典型报告，群众反映："这样现身说法，比什么启发都大。"同志们也一致认为："这一次组织上对我们的帮助不小。"

在高等学校院系调整、中学的教学改革、小学的整顿巩固等文教建设工作中，盟通过基层组织，推动盟员及盟所联系的群众，在党政统一领导下发挥了一定的积极作用。南大区分部在学期结束，院系调整之前，全体盟员做了一次鉴定，通过这一次严肃认真深入细致的思想工作，为院系调整做了很好的思想准备，因而，在院系调整中，都能服从组织调配。如原来教电机的胡寿秋同志要调至华中工学院南昌分部任总务处领导工作，行政上征求他的意见，他说："就个人来说，确实不合，但我是一个盟员，为了整体，我要努力去做。"工农速成中学一位教历史的盟员，带头举行公开教学，但对评议会的某些意见不能接受，而其他同志一直存在着对公开教学不大正确的看法和顾虑。盟小组针对这些思想情况在组织生活中进行分析批判，使这位同志更加明确地认识了自己教学上的毛病，以及这种毛病的思想根源。错误的根源找出了，对公开教学、教学改革的意见也明确了，其他同志也都说出顾虑，端正看法，对几位单干老师的盟员，组织互相听课，并推动了该校教学改革工作的开展。初教区分部在政府对小学进行整顿巩固的时候，为了端正认识，交流经验，举行了全体盟员克服忙乱座谈会，并邀请了有关盟外老师参加，刘文茌同志艰苦深入，耐心说服的工作作风，同志都认为得到他的帮助很大。二中小组刘佩芳、陶声恂同志帮助群众扫除思想障碍，使一个原来对克服忙乱无信心的老师后来转变到成为积极分子，并在全市小学克服忙乱大会上做典型报告，推广他的经验。

积极参加和鼓励盟员与所联系的群众在教学工作中学习苏联先进经验，原南大区分部在这方面做得较好。如在盟群教学座谈会上通过典型发言，用具体事例说明改进和提高教学的主要关键是正确的教学思想，特别是方辰同志在会上介绍了自己学习苏联，从抗拒、勉强到认真学习一系列的思想斗争过程，鼓舞了盟内外学习苏联先进教学经验的情绪和信心。学习苏联先进经验有突出成绩的是农学院施珍同志，他从苏联先进的农业科学的学习中发现了棉桃霉烂的规律性并使棉桃霉烂率由 30% 降低到 10%，又改进了棉花培土盖草方法，使棉产量提高 28%，他还把苏联棉花整治的先进经验介绍和推广到我们的棉作区去，使棉产增产了 39%。为了掌握向苏联学习的工具，更好地改进教学工作，高教界盟员一般都重视了俄文学习。如医学院暑期在庐山俄文学习期间，组织了临时小组以保证和推进这一学习，结果，成绩都很好。如赵天睿同志在编写生化讲义方面，内容尽量吸收苏联的先进理念，在蛋白质的结构和组织化学等方面材料，都是运用苏联的先进理论编写的，讲课的方法也吸取苏联的先进经验，取得很好的教学效果。初教区分部更针对全市小学老师在学习凯洛夫教育学中普遍存在着“啃不烂、钻不入”的情况，特请南师小组潘衡同志对全体盟员做有关教育学的报告，并邀请了一部分盟外老师参加。这次报告一致认为对业务学习大有帮助，我们把这个情况反映到文教局，由文教局请潘衡老师向全市小学教师作了有关教育学的报告，大大鼓舞了大家学习苏联先进教育经验的热情和信心。

一年多来组织生活一般是正常化了，组织生活内容也更充实，对成员的教育和工作的推动起了一定的作用。如南师小组，在过去政治空气较为稀薄，但由于小组长和全体同志能主动争取党和政府的领导，组织生活有了显著的提高。该组的马希贤同志业务水平高，但不太重视政治学习，经过小组的帮助和他虚心接受意见，他变得积极学习政治，从而积极学习苏联进行动物无性杂交试验获得了成功，并带动和鼓舞自然科学组老师们学习政治的情绪。农林厅区分部不仅坚持和过好了小组生活，并经常与出差同志取得联系。如杨芳华同志长期公出搞林野调查工作，区分部指定了同志定期联系，使他感到组织的温暖和帮助。该区分部自成立起来确定了向党政按月汇报制度，因此，更取得了党政的领导和重视。市税务局区分部盟员在民主检查及“新三反”斗争中，检查和批判了个人在工作中的错误观点，在工作中，同志们能主动地想办法克服困难，胜利地按期完成了党政布置的工作任务。水利局小组杨兆群同志负责主持某国营农场抽水机站工程，在争产节约号召下，由于他的努力和许多同志共同钻研，找窍门、挖潜力，在不减低工程效益、确保工程质量和技术标准的原则下改善工程设计，初步订出节约指标数字 2.5 亿元，并争取达到增产节约 4 亿元的目标。

一年半以来，全体盟员，在各单位的统一布置和领导下进行了一系列的政治理论和时事政策的学习，在盟内进行了盟的性质和任务与七中全会文件的学习，特别是在七中全会文件学习中，一般结合了思想和工作实际。在这之前，盟内思想情况较为混乱，主要表现在接受党政统一领导缺乏正确认识。如有的盟员认为接受党政统一领导是“外行领导内行”；有的同志讥讽靠拢党的人是“走上级路线”；还有的说：“盟既属专政政党之一，应有它一定的独立性，不能说谁领导谁。”这些分庭抗礼的错误思想，通过学习，都得到了纠正。如有的同志体会到：过去在工作中虽接受了党和行政的领导，那也是“习焉不察”，经过这一次学习，才从思想上明确认识了为什么必须诚心诚意地接受党政的统一领导。

一年多以来，全体盟员参加了抗美援朝、普选、贯彻婚姻法、增产节约等一系列的政治运动。在运动中，改造和提高了自己。2 次年终评模，盟员在各个工作岗位上选出了 79 位劳模，有 12 位盟员光荣地参加了中国共产党，有 2 位盟员入了团。在“巩固与发展相结合，以巩固为主”的组织工作方针下，吸取了 64 个文教界中上层知识分子入盟。

过去，我们的专职干部认为自己的政治水平不高，解决问题的能力有限，不敢下到基层组织中去，特别是不敢下到高等教育的区分部和小组去。

经过一年多以来下组的事实证明，只要深入下去，善于向群众学习是有成效的。如工农速成中学在总结中提到“盟上级在本学期经常有负责同志来和我们过组织生活，非常关切同志的工作和思想情况，对组织生活内容和工作方法步骤多有指示，适当的表扬，也鼓励了同志。对盟上级这样直接而具体的领导，是感到满意的”。这对我们下组的每一个干部都是很好的鼓励。事实上，通过下组不仅紧密了上下联系，加强了具体领导，还锻炼和提高了干部。此外，我们还派了专职干部参加了省教育厅和南昌市文教局的试点和调查研究工作。我们也列席了每一次教育厅和文教局召开的重大的教育行政和各种专业研究的会议。在这些工作中丰富了我们的业务知识，密切了我们与文教部门的联系。

二、主要缺点

领导方面的主要缺点是集体领导和分层负责制度贯彻不够。市分部没有发挥大家的积极性，吸取多数人的智慧来共同进行工作，主要表现在没有贯彻执行会议制度。如市分部委员会、组委会、宣委会都有过很长的时间没有开过会，就是开了会也没有认真深入研究计划工作的现象。集体领导之所以没有很好建立起来，主要是因为我们不善于运用集体领导的工作方法，今后我们必须做到会前有充分准备，对一切重大问题，必须进行充分酝酿和协商。另外，为了加强工作效率，贯彻分层负责，我们要按工作需要，调整机构，减少层次，如组、宣委会应改设为部。

在领导上的另一个缺点是深入调查研究，进行具体领导的工作做得不够。首先，表现在对盟员的思想工作情况的了解和掌握还只是一般的，缺乏深入细致的了解和分析，并帮助解决。如初教区分部有一同志对组织有意见，较长时期不参加组织生活，而我们没有掌握其真实思想情况，进行帮助和解决。其次，在对干部的教育和具体指导上也做得很差，平常我们对干部只交代任务，很少交代办法，如干部下组是随干部各自摸索，缺乏具体领导，和帮助其总结提高。有的干部在工作上表现急躁和放任自流现象；也有的干部不安心盟的工作，都没有及时教育纠正。最后，在布置工作和交代任务方面也做得不够具体，有些工作布置不及时或不切实际，有的已经创造出来的工作经验，我们也没有随着形势的发展加以改进和提高。

如过去的区、组联席会议本来是一种总结和交流经验的很好形式，过去我们的基层组织较少，而主要任务又是各种社会改革运动，可以集合起来开。后来我们的基层组织扩大了，而主要的任务则是结合业务，进行建设工作，区、组联席会议应随着形势发展，按大、中小学和机关分别召开，而我们没有这样做。这些缺点，是由于我们的主观主义，还没有树立起艰苦深入的工作作风，还有些避难就易。今后，在工作中应着重调查研究，进行具体领导，并及时总结和推广经验。

基层组织的缺点，在接受党政统一领导方面有的还停留于被动的甚至等待的地步，少有主动积极去争取；还有个别区、组领导同志自己不去汇报情况，请示工作反而埋怨党不重视盟。组织生活，一般是政治空气较稀薄，批评与自我批评没有普遍地开展起来。如有一个小组内部同志间闹不团结，一直拖延没有彻底解决。联系群众的工作也做得不够，一般还没有经常地、主动地、正确地向群众传达党的政策，贯彻领导意图，反映群众意见，并适当地帮助群众解决问题，以发挥党的助手作用和桥梁作用。有个别同志在某些问题没有分辨是非，附和落后群众的意见，以致造成不良影响。应该指出：团结教育群众的工作是有团结有斗争的，我们决不能降低政治原则而庸俗地去迁就部分落后群众。

三、为贯彻国家过渡时期总路线而奋斗

国家过渡时期总路线是照耀各项工作的灯塔。我们要遵循着总路线所指示的方向前进并在实际工作中加以贯彻：

第一，学习总路线，继续深入思想改造。只有认真地、系统地、全面地、深入地学好国家过渡时期总路线，正确地掌握了总路线的精神实质，才能在实际工作中加以贯彻，才能正确地向我们所联系的群众进行总路线的宣传和教育工作。同时，国家过渡时期的社会主义改造，不仅是经济改造，也包含着思想改造。思想改造的内容就是以社会主义思想逐步改造资产阶级、小资产阶级思想，就是逐步扩大社会主义思想的阵地，逐步缩小资产阶级、小资产阶级思想的阵地。这是一个具有深刻阶级利益的斗争。我们必须在总路线的学习和实践中，彻底检查和批判与总路线相违背的资产阶级思想、小资产阶级思想，并逐步地争取向工人阶级思想过渡。我们一般是出身于小资产阶级的知识分子，较普遍地存在个人主义的观点，在生活和工作中习惯于自由散漫。我们应在这次改造中克服个人主义，发扬集体性、计划性。用整体思想，全面观念来改造分散主义，用一切计划的思想来改造自由散漫的生活和工作作风。与此同时，我们需运用我们的组织力量推动这一学习的向前发展，并向我们所联系的群众广泛、深入、反复地进行路线的宣传教育工作，协助党和人民群众服务，争取人民中的大部分，对盟讲，就是争取知识分子的大多数成为贯彻总路线总任务的积极分子。在宣传和贯彻总路线过程中，我们一面进行正面的思想教育工作，同时，我们必须与和总路线相反的思想、言论、行为做斗争，特别是要提高警惕，与隐藏的敌人和一切破坏建设的坏分子做坚决斗争。我们不仅要做一个贯彻总路线的积极分子和宣传鼓动家，也要做一个捍卫总路线的战士。

第二，积极参加人民政治运动，继续深入抗美援朝斗争。我们要积极参加普选工作，为开好各级人民代表大会及进一步加强人民民主建设、巩固人民民主专政而斗争。我们必须继续向群众宣传普选的意义和人民民主制度的优越性，并在各自工作岗位上通过这一次人民代表的普选运动来达到改进工作和提高干部的目的。在继续深入抗美援朝的运动中，我们应坚决维护中朝经济及文化合作协定，大力援助朝鲜人民医治战争创伤，恢复被破坏的战争经济，以巩固和加强这个世界人民反侵略斗争最前线的战斗堡垒，巩固并加强中朝两国人民用鲜血结成的友谊，并通过这一运动，来深入爱国主义和国际主义的教育。同时，我们必须提高战斗警惕，以防止帝国主义及其走狗再度发动侵略。第一个五年计划的基本任务已明确规定出来了。为实现第一个五年计划的基本任务而奋斗，就是为过渡时期总路线的进一步实现而奋斗。我们必须在党政统一领导下，发挥工作积极性，提高工作计划性，胜利地完成工作任务。同时，我们要在国家社会主义建设和社会主义改造过程中积极响应并以实际行动拥护党和人民政府每一个号召和重大措施。如 1954 年建设公债的发行和对粮食的计划收购与计划供应，我们必须首先体会它的严重政治意义，并以模范行动积极贯彻。

第三，进一步地学习苏联先进经验。学习苏联是国家进行社会主义建设的决定性条件。毛主席指出：我们要进行伟大的国家建设，我们面前的工作是艰苦的，我们的经验是不够的。因此，要学习苏联的先进经验。现在学苏联的热潮逐渐展开了，知识分子在学习苏联先进经验中，一般由被动到自觉，由消极到积极。盟的基层组织和不少同志在学习苏联中也取得了一定的成绩，并起到了推动作用。根据现有学习苏联先进经验的情况，仍有不同程度的形式主义的偏向。必须指出：学习苏联是一个复杂深入细致的思想斗争，在这里反映着社会主义和资本主义两种思想体系的严重斗争。为此我们在学习苏联先进经验的同时，应加强马列主义——毛泽东思想的学习。端正我们的立场、观点、方法，这就是把马克思列宁主义的普遍真理与每一项具体的专门科学紧密地结合起来，把苏联的先进经验与中国的实际情况结合起来。盟的基层组织应继续鼓励帮助成员和所联系的群众学习苏联先进经验，造成学习苏联的热潮，并帮助他们逐步克服形式主义的偏向。这是一个更为深入细致的政治思想教育工作，也是我们一个伟大的光荣的政治任务。

第四，抓紧三个关键，巩固和提高我们的组织。通过七中全会扩大会议文件学习和一年多来的工作实践，绝大多数同志已深刻体会到接受党政统一领导、充实组织生活、密切联系群众是做好盟的工作的三个互相关联的主要关键。今后我们须由被动接受或等待党政领导到通过汇报情况请示工作去积极主动地争取领导。党的统一领导是国家过渡到社会主义的重要保证。行政就是党的领导的体现。只有在党政统一领导下，才能使我们的工作与国家建设事业做有机的配合，才能使我们更有效地为国家建设服务，才能使我们的组织力量得到更大的发挥，也只有在党政统一领导下才能进一步巩固和提高我们的组织。我们今后必须进一步加强和充实组织生活，只有健全的组织生活才能教育盟员、帮助盟员进步，提高盟的组织性纪律性，发挥盟的战斗力量。我们必须进一步体会政治与业务相结合的意义。盟的组织主要是做政治思想教育工作，这就是在各项具体业务中和各个具体问题上了解盟员和盟所联系群众的重要思想情况，帮助他们扫除思想障碍提高其思想认识和工作积极性，这是以组织生活推动业务，以政治指导业务，以业务体现政治的主要精神所在。如学校中的教学改革，盟的组织就应该首先通过组织生活教育成员，提高认识、端正看法，克服困难，取得胜利，并进而带动群众完成教学改革。一般说来，我们的基层组织生活，政治空气还较稀薄，今后我们应大力提倡思想见面，互爱互助，开展批评与自我批评。在联系群众的工作中，适当地举行小型的盟群座谈会交流工作经验，听取群众意见，这种经验可以推广。但我们不必拘泥于形式，主要是通过工作，通过业务，通过各种政治运动，虚心向群众学习，并帮助群众解决问题，以模范行动带动群众共同前进。在联系群众的工作中我们反对局限于进步分子的狭小圈子，我们应该注重团结、教育中间和后进分子的工作，但我们也坚决反对庸俗的迁就或做群众的尾巴。

至于今后的组织工作方针，仍遵照1953年全省二次干部扩大会议的规定：以巩固为主，按工作需要在，在文教界中上层做个别的发展。

盟的历史任务已随着国家过渡时期总路线的明确化而进一步明确起来了。让我们更紧密团结在中共南昌市委、各级党委和市人民政府、各级行政领导的周围，尽一切努力为逐步过渡到社会主义社会而奋斗。

中国民主同盟南昌市第二届委员会工作报告

（1956年8月10日）

李柱

同志们：

我代表南昌市第二届委员会做工作报告，请予审查。

一

南昌市第二届委员会是1954年1月第二次盟员大会选举产生的。两年半以来，我们在党和上级组织的正确领导下，根据本盟七中全会的决议精神，以参加国家文教建设为中心工作；同时，遵循着“盟务与业务相结合、巩固与发展相结合”的方针，抓紧了搞好盟务的三个关键，全力进行了盟的巩固工作。随着国家社会主义建设和改造事业的突飞猛进，盟的组织和全体成员，思想上、组织上和工作上都有了很大的变化和提高，在参加国家社会主义建设事业和协助党团结教育改造知识分子方面，发挥了作用，取得了一定的成绩。

从思想上看，通过党在过渡时期总路线和七届四中全会文件的学习，同志们较为集中地检查和批判了与总路线相违背的各种非社会主义思想，认识了社会主义思想与资本主义思想谁战胜谁的问题，全盟逐步树立了一切为了总路线，盟的工作必须服从总路线、服务总路线的思想；通过对中华人民共和国宪法、首届全国人大会第一次会议文件和二届政协全委会第一次会议文件的学习，更加明确了中国共产党是领导我们一切事业的核心力量，党领导下的人民民主统一战线是实现国家过渡时期总路线的重要条件，从而愈加坚定了接受党政统一领导的思想，不少同志并以政协规定的七项准则来加强自己的学习和工作，全力为贯彻宪法的实施而奋斗；通过粉碎胡风反革命集团文件的学习和肃反斗争，全体成员又普遍受到了一次较为深入的阶级斗争的现实教育，认识到个人主义、自由主义、分散主义的危害性，从而提高了政治警惕性，提高了对好人坏人的识别能力，增强了基层组织的战斗性。在发展国民经济的第一个五年计划、毛主席的《关于农业合作化问题的报告》和《1956 年到 1967 年全国农业发展纲要（草案)》提出和公布后，由于右倾保守思想在各个方面、各个部门受到了批判，全盟同志的社会主义觉悟和社会主义热情普遍高涨，增进了工作信心和自我改造的积极性。最近半年，在社会主义革命高潮的影响和教育下，我们又学习了周总理《关于知识分子问题的报告》，大家更感到振奋鼓舞，决心把自己的前途和国家的前途联系在一起，巩固工人、农民和知识分子的兄弟联盟，为伟大的社会主义建设事业贡献自己的一切力量。两年半以来，我们就是这样，在党和政府不断的关怀、鼓励和教育下，思想上得到不断进步和提高，盟员的政治面貌发生了重大变化。根据本会的初步调查统计，全市盟员从 1954 年到现在光荣参加中国共产党的共 15 人，目前，申请入党的同志愈来愈多，截至 1956 年 6 月底止，已申请入党的同志占全体盟员 19.4%。两年半来，全市盟员政治面貌的重大变化还可从以下的比例看出：1954年12月，全体成员政治情况的分类比例是进步的26%，中间的59%，后进的15%；1956年6月的分类比例是进步的55%，中间的37%，后进的8%。这个比例，还在迅速地向着进步的方向发展。

从组织上看，两年半来，我们遵循着“面向基层”和“从实际工作中着重教育、以求巩固”的指示，贯彻了政治与业务相结合的三个互相关联的关键，进行了许多工作。盟的组织，已日趋健全。目前，全市盟员共323人，基层单位计有支部11个，小组19个。91.95%的同志都在基层单位中过着较为正常的组织生活，8.05%的同志因情况不同则由组织部个别联系。全体基层单位和全体成员，通过工作实践和组织的教育，普遍树立了接受党政统一领导的思想，各支部、小组一般均与单位党政建立了正规的请示汇报制度。在单位党政的亲切关怀和指导下，都能结合党政中心工作，开展盟的活动，不少基层并能根据各时期的党政意图，在盟员讨论的基础上，制订了学期计划或年度、月度计划，规定了各项工作的目的要求，按计划按要求进行工作，过去少数盟员“另搞一套”的想法已不存在。某些基层松散自流的现象已基本消除。在健全组织生活方面，各基层组织由于能认真接受单位党政领导，因而也能较为正确地掌握盟务结合业务的原则，使盟员的思想改造，能经常而具体的结合盟员的本身业务来进行。政治思想工作由此也成了全盟组织生活的中心内容。组织生活的内容充实，盟员对组织生活也更加热爱。政治思想工作做得较好的单位，盟员普遍反映，组织生活对他们完成工作任务有很大的启发和帮助。与此同时，基层领导机构也逐步健全了，有了较为坚强的骨干和定期的会议制度，通过他们的努力，对盟的组织应如何结合业务进行政治思想工作，如何改善关系，加强团结，如何发挥执委会集体领导的作用等，有了一定的经验，为今后进一步开展工作打下了基础。此外，通过肃反斗争，我们清洗了混进盟里来的反革命分子，进一步纯洁了盟的队伍，提高了全体盟员的政治警惕性。在联系群众方面，自七中全会以来，我们对于联系群众的重要意义在理论上虽然有了一些认识，但在我们的日常工作中，除个别基层外，一般不是很关心盟外群众，未很好地进行联系群众工作。自1955年12月起，这种情况开始有了一些改变，各基层组织在单位党政的领导下，展开了全盟内外中上层知识分子的串联访问工作，相当广泛地反映了中上层教师和科技人员的思想情况、存在问题和意见要求，并初步取得了联系群众的一些经验。但是，这只是我们密切联系群众，向群众学习的一个良好的开端，如何进一步开展群众工作，还有待于我们在今后做进一步的努力。

以上三个关键的贯彻情况说明我们的工作有了很大的改进，盟的组织已日趋巩固，并且为今后继续巩固和发展组织创造了有利的条件。

随着盟员思想逐步提高，组织日趋巩固，盟的工作，在推动盟员积极参加人民政治活动和国家社会主义建设主要是参加文教建设工作发挥了作用，对国家对人民做了有益的贡献。

两年半来，各个时期的重大政治运动，如抗美援朝运动、总路线、宪法的学习和宣传，全国各级人民代表大会的选举和召开，反对美蒋侵略条约，坚决解放台湾及肃反斗争，各项社会活动如屡次省、市人民代表、政协委员的参观访问，各种纪念节日及春耕生产，对农业、手工业的改造和对私营工商业的改造，盟都动员和推动了盟员积极参加，并调出了专职干部参加实际工作，直接支持了多项党政中心任务的胜利进行。另外，配合各项政治运动和社会活动，盟进行了一系列的宣教工作，扩大了党政各项政策方针的宣传和影响。如组织座谈会、报告会、编印学习资料、开展妇女活动和盟员家属工作、组织写稿、交流心得体会等。这些工作，又在不同程度上帮助盟员结合理论政策学习及生活的观察和实践，逐步提高了社会主义思想觉悟，提高了工作积极性。

在参加国家社会主义建设方面，盟的组织通过政治思想教育，督促和帮助盟员搞好岗位工作，保证行政任务的完成，作用是更加明显的。两年半来，我们盟的日常工作和组织生活主要是贯彻党政中心工作，反映和批判盟内外各种抵触错误思想，动员和组织盟员在工作中起积极带头作用。有时是重点帮助个别同志纠正不良的思想作风，解决团结上存在的一些问题。有时是交流经验体会，推动学习和工作逐步深入。这些工作，都直接间接地帮助了盟员搞好岗位工作，推动了盟员在参加国家社会主义建设中起积极作用。各学校基层组织在这方面发挥的作用更为明显，高等学校各个基层，在推动盟员积极学习苏联，进行教学改革，提高教学质量，开展科学研究，贯彻统一教学计划，培养新生力量等方面，通过不断了解和分析思想，不同程度地端正了盟员的思想认识，批判了表现在教学中的自满、保守、形式主义和脱离实际等偏向，在一定程度上推动了学校教学和研究工作的进行。中小学各个基层，在单位党政的统一布置和领导下，对于贯彻全面发展教育方针，进行教学质量检查，加强学习苏联，贯彻劳动教育和整顿巩固等工作，盟的组织都做了有效的配合，有时是在单位党政领导下，采取了盟内先走一步的做法，推动工作的开展，有时是抽调盟内干部参加单位工作组，共同进行工作，并动员盟员保证各项工作的顺利完成。许多同志认真学习，刻苦钻研，业务水平得到不断的提高，在教学改革、科学研究等工作中，做出了较为显著的成绩，出现了不少光辉的事例。1954年度和1955年度本市盟员当选为省模、市模、单位模范、优秀教师和优秀工作者共43人次。成绩较显著的为师范学院林英同志和南昌师范马希贤同志，并荣获了全国先进生产者的称号。

综上所述，我们南昌市盟的工作是有成绩的，在一定程度上起到了党的助手作用。同时，我们也不应该忽视另一方面的事实，即我们的工作还远远落后于客观形势急速发展的后面；我们的工作缺点很多，有些缺点还是相当严重的。

在执行党对知识分子的政策方面。我们主要的缺点是对于知识分子解放几年来在党的培养、教育，在社会主义建设新形势的鼓舞下，所获得的进步缺乏足够的认识。工作上存在“左”右摇摆的现象，有时是急躁冒进，更主要的是放任迁就。例如，对待某些同志不够团结的现象和工作上主观主义的作风，我们往往不善于针对不同的对象和特点，耐心帮助他深入分析问题，促成他自觉地进行检查批判，而是从主观愿望出发，不适当地提出过高过急的要求，使对方一时接受不了，或勉强接受。没有解决思想问题，就不能达到团结改造的预期目的。对待思想较为落后或者因思想作风受过批评的同志，往往用静止的眼光看待他们，强调他们的缺点，认为毛病大、别扭多，不易改造，对他们采取放任自流的态度。特别是对待中上层同志，更是顾虑多端，怕损害他们的自尊心，怕搞坏关系，影响团结，因而因循迁就，不积极对他们进行帮助和教育。这些摇摆不定的现象，是我们在进行政治思想工作中缺乏积极负责的精神，实质上是我们右倾保守思想的反映。它放松了盟组织对成员应有的努力，妨碍了我们更好地发挥盟对知识分子进行团结教育作用。

在联系群众工作方面。自 1955 年 12 月我们进行了知识分子问题的串联访问后，虽然有些基层继续进行了一些工作，取得了一定的成绩，但大部分基层组织对这一工作仍不够重视，各种思想顾虑仍然存在。有的同志认为没有力量去联系群众，反映说："盟内同志互相联系不够，哪能联系盟外群众。"有的同志认为没有时间去联系群众，反映说："我们的工作已经忙不过来，没有空闲去联系群众。"已经进行了一些联系群众工作的支部、小组，工作也不够经常，特别是对于中间和落后群众，还很少联系或不愿联系。所有这些反映，说明我们还有许多同志对盟必须加强群众工作，团结一切可以团结的人共同前进的重要意义认识不足，忽视了对中间和后进群众的团结教育工作，存在着脱离群众这种偏向，是与社会主义原则不相符合的，也是我们头脑中右倾保守思想的表现，必须予以严正的批判并迅速克服。

在贯彻巩固与发展相结合的组织工作方针方面，我们的主要缺点是思想上缺乏全面观点，偏重于巩固，忽视了发展。七中全会以后，我们由于主观力量薄弱，工作内容不够充实，采取了巩固为主的方针，这是正确的，但我们在实际工作中，却错误地认为："要先巩固，然后发展。"这是因为，我们在理解巩固与发展的相互关系上，未能透彻了解"巩固组织的过程，同时也就是为发展创造条件的过程"。对于"巩固与发展组织，在任何时候任何地方都应是为了工作，从工作出发"这一指示（七中全会盟务报告），也未充分考虑。两年多来，有些基层组织如几个高等学校支部为了工作，都有发展需要，但我们未积极创造条件进行发展，这种消极、关门的态度，是这次盟二次全国代表大会召开后才得到纠正。然而，这已经在一定程度上影响了盟对知识分子的团结教育工作。

在领导工作方面，两年半来，我们在加强集体领导和具体领导的原则下，工作有了很大的进展，但存在的缺点还不少，在集体领导上，隔周一次的集体办公虽能如期进行，但每月一次的委员会议，经常不能如期召开。

有些兼职委员忙于本身业务，对盟的工作不够重视的现象仍不同程度地存在，开会有时流于形式，对于政治思想和政策方针的讨论和检查做得很少，对于基层组织和盟员的工作、学习、思想问题了解不够不深，也缺乏经常的分析研究。因此，在具体领导上就存在“领导一般化”的缺点，不善于针对各基层组织的不同情况和要求，来充实和改进工作。下组工作仍未完全扭转平均使用力量的偏向，高教、中初教、机关三个下组工作组，还不能很好地掌握“深入一点，推动全面”的工作方法，不能充分协助各基层研究问题、总结和推广工作经验，由于下组干部的政治水平有限，下组工作又往往出现代替基层领导或迁就放任的现象。这些缺点存在，是不能适应今天工作发展的要求的。

产生上述缺点的主要原因是：我们对于协助党贯彻党对知识分子政策是盟在过渡时期的政治任务认识不足，对于盟在知识分子思想改造中所起的作用缺乏足够的估计，还有许多同志他们不从实际出发来衡量民主党派存在的意义和必要性，存在着“阶级不存在，民主党派就不存在”的模糊观念，对民主党派到社会主义建成还存在怀疑，这种模糊观念使我们的工作首先是领导工作上滋生着一种消极情绪，事务主义和形式主义的工作作风较为严重，不能深入工作实际，适应盟员的思想变化和特点，全心全意搞好盟的工作。今后我们必须努力学习和宣传共产党与各民主党派长期共存、互相监督的方针，钻研党对知识分子的政策和盟中央的指示文件，批判教条主义的错误认识，经常检查右倾保守思想，加强依靠党、依靠群众的观念，树立高度的为社会主义服务的精神，提高政治责任感和工作信心，艰苦钻研，克服一切困难，踏踏实实、勤勤恳恳地改进和开展盟的工作。

二

同志们，我们现在正处在社会主义革命高潮之中，向消灭阶级和剥削、消灭落后和贫困的根源进军。如何更充分动员和发挥知识分子的力量为伟大的社会主义建设服务，已经提在更重要的地位上。就在这个新形势下面，全国第二次盟员代表大会召开了。大会明确指示我们“一切为了社会主义”就是当前我们的总方针、总任务；而今后一个时期内的主要工作任务就是发挥潜力，提高觉悟，加强团结，联系群众。根据上述方针和任务结合我市具体情况，我们认为盟市委会今后应着重从以下几个方面加强和改进工作。

（一）加强政治思想教育工作

周总理指示了知识分子的思想改造要通过社会生活的观察和实践、业务的实践和马克思、列宁主义理论的学习这三个互相关联的途径。我们应当更全面更系统地遵循这个指示加强盟的政治思想教育，帮助盟员深入地进行思想改造。

首先，盟的组织应推动和帮助盟员在自愿的原则下积极参加他们所在单位所布置的理论学习。市委员会和各基层组织要经常深入了解盟员的学习情况，着重做好启发自觉和帮助联系实际的工作。在工作中，应根据不同的对象，采取不同的方式，帮助盟员自觉地拟订个人学习计划。注意在各个学习单元，督促盟员明确各学习单元的目的要求，端正学习思想和学习态度，注意发现并协助同志总结学习上联系实际的点滴经验和体会，组织报告座谈，互相启发帮助，提高盟员的学习质量，达到学习理论、改造思想、改进工作的目的。

其次，应继续帮助盟员深入业务实践，主要是通过学习苏联、科学研究、学术讨论、教学改革和培养新生力量的工作，不断地提高政治水平和业务水平。在向科学进军中，盟组织要结合学校或机关所制订的科学研究规划和科学研究活动，帮助盟员扫除各种思想障碍，拟订专题研究或专业进修的具体规划。根据需要与可能，市委员会和基层组织应组织有关科学研究的座谈会或报告会，采取思想教育与经验介绍相结合的方式，推动盟及所联系的群众，搞好进修和科学研究工作。在这里，我们还要着重提出的是盟的组织应大力推动盟员首先是高等学校的盟员积极响应党中央“百家争鸣”的号召，参加学术思想讨论。盟应注意了解盟内外知识分子对这一问题关心程度和不同的意见和要求。帮助盟员深刻体会“百家争鸣”的政策精神，去除一些不必要的顾虑和误解，带头参加“争鸣”，在工作中，应注意支持盟员有勇于坚持真理追求真理的精神，以科学的态度对待学术讨论。根据需要和可能，盟的组织可举办小型座谈会，以培养自由讨论的风气，推动工作的开展。

再次，结合理论学习和业务实践，盟应鼓励和适当组织盟员参加社会生活的观察和实践。市委会今后应在政协、省、市委员会和盟上级的统一筹划、协商下，对以往参加社会活动较少的同志，将根据情况给予参加各项政治活动和社会活动的机会，对目前参加社会活动过多，兼职过多的同志，经协商同意后可进行适当调整，以免影响他们的业务。同时，我们也应与有关方面协商，尽量组织盟员和所联系的群众参观工农业生产、社会主义改造及其他形象化教育，借以丰富感性知识，激发工作热情。各基层组织也可自行组织这些活动。参观访问的费用，可在盟费项下开支或津贴一部分。参观访问后，要及时座谈心得体会或组织写稿，以巩固收获，帮助思想认识的提高。

最后，认真发挥盟的组织教育作用，使用说服教育的方法，帮助每个同志在现有基础上迅速提高。为了有效地帮助盟的成员通过三个互相关联的途径加强自我改造，帮助中间的、后进的同志迅速摆脱中间、落后状态，同时帮助进步的同志继续进步，使他们成为完全的社会主义知识分子。盟组织对盟员的团结教育改造，应根据不同的对象、不同的情况，提出不同的要求，采取说服教育的方法。这种方法就是讲道理的方法，竞赛的方法，批评自我批评和又鼓励又批评的方法。开展批评应该诚恳耐心、实事求是。对同志进行帮助时，应始终抱着与人为善的态度，从正面多做启发教育工作，耐心细致地促成本人自觉，提出意见要言之有理，言之有物，注意分寸，讲求效果。我们必须吸取以往的经验教训，既要反对那种对错误缺点的迁就放任态度，也要纠正那种急躁、生硬，把思想工作简单化的做法。另外，我们也要求盟的成员能经常主动地向单位党政和盟组织汇报自己的工作、学习和思想情况，只要汇报情况真实具体，必然能得到组织的有效帮助。目前，盟内有不少同志自觉地定制了长期的进修规划和奋斗目标，不少同志向党投递了入党申请书，也有同志正在准备申请，他们都希望能得到组织和同志的帮助。我们应该及时对这些同志给予鼓励和支持，帮助他们端正认识，提高信心，加强改造，向着社会主义知识分子的目标前进。

（二）密切联系群众做好团结工作

我们盟是统一战线性质的组织。在社会主义革命高潮中，它的作用就是要在中国共产党的领导下加强群众工作，团结一切可以团结的力量，共同提高，共同进步。我们的联系团结面越广泛，动员的力量能充分发挥，社会主义事业就一定能进行得更加顺利。为此，我们要首先要在盟内进行加强群众观点、密切联系群众的思想教育，使大家认识到联系群众，和群众商量办事，多向群众学习，多倾听群众意见也是加强自我教育的很好方法，从而批判那些“洁身自好”“孤芳自赏”的错误思想，克服脱离群众和排挤中间或后进的偏向，也反对为完成某项任务突击地联系的做法。

联系群众既然是我们的经常工作任务，盟的各级组织就必须把这项工作具体的制订在工作规划中贯彻执行，各级领导同志，必须积极带头，亲自动手，动员全体盟员积极行动起来，在盟内形成一种联系群众的风气，形成广泛的联系。每个盟员也应在组织的领导下，选择最宜于自己联系的几个人，以“交朋友”、访问谈心或通过业务联系的各种方式，用诚恳的态度接近他们，和他们交换意见。盟的活动如组织生活、座谈会、联谊会、参观访问、郊游活动等根据情况可邀请群众参加，盟员家属也可参加。对散居在社会上的老文教界人士，市委员会应成立联系机构，做出计划，进行工作。各基层组织也应协调这一工作的进行。

盟做群众工作的主要任务，就是结合执行党在各个时期的方针政策，中心工作与经常任务，做到了解情况，交代政策，沟通思想，解除顾虑，消除隔阂，改进关系，起到党员群众之间的桥梁作用。在工作中，要切实注意做好增强团结，改善关系的工作。对盟内或盟群之间存在的一些或大或小的思想隔阂和不够团结的现象，学校中存在的新老教师之间或老年教师之间不够融洽的现象，盟必须主动协调党政，搞好这些关系。在进行工作中，对盟员和群众反映的情况和提出的问题，要加以分析研究，分清是非，对其中合理的、正确的意见，盟应代表他们的正当利益及时地向党政反映，并协助党政适当处理。对其中不正确的意见要求，要协助党政做好宣传解释与说服工作，从而消除顾虑，增进团结。

（三）适当地发展组织和进一步加强基层工作

盟在今天的形势下，适当地发展组织不仅有必要，而且有这个可能。这是因为目前盟所联系的文教界中上层知识分子一般提高了政治觉悟，他们有参加政治组织的要求，同时盟组织也有了一定数量的骨干，有了一定的工作经验，可以有条件地、健康地发展新盟员。今后，市委员会及各级组织应继续正确地贯彻“以文教界为主，以中上层为主，以大中城市为主”和“巩固与发展相结合”的组织方针，进行全面规划采取积极的步骤，在做好群众工作的基础上，适当地发展组织。在规划发展对象时，不只要注意觉悟较高，在群众中有好影响的进步分子，而且要更多地注意培养和吸收中间分子和有代表性的某些后进分子。同时，还必须明确，发展组织是为了工作，应根据客观工作需要、主观力量可能与本人自愿来进行发展，切实防止为发展而发展的偏向。发展对象的一般标准是政治历史问题交代清楚，群众观感还好和本人要求进步自愿参加组织。

为使发展组织能健康地进行，各基层组织的发展规划应经盟员讨论并经本单位单位和盟市委会同意后实行分工负责，进行培养工作。盟市委会除经常协助各基层进行工作外，根据需要，对发展对象应进行盟史和盟的性质和任务的教育。

在发展组织同时，必须进一步加强基层工作。加强基层工作，在今后一个时期内，主要应从改进组织生活和培养基层干部入手。

改进组织生活仍然要在充实组织生活内容和活泼组织生活形式这两方面下功夫。充实组织生活内容，也该使组织生活能紧密结合业务中心工作和盟员在每一时期所迫切要求解决的问题。高教和中教基层的组织生活要求能深入教学思想和学术思想实际中去。某些基层组织生活长期不能结合业务或在结合业务上存在着形式主义和不从实际出发的偏向，应立即纠正。组织生活形式应灵活多样化，今后小组会仍然是组织生活的基本形式，但可根据具体情况开展小型活动，如小型座谈、访问谈心、互助会、郊游等辅助性活动，也可联系本单位各社团或本盟兄弟组织举行专题报告会、座谈会、联欢会和参观访问等活动。

在培养基层干部方面，随着盟的队伍日益扩大，工作日益深入，必须相应的在盟员中，尤其在中上层的盟员中培养一定数量的积极分子。培养基层干部最重要的工作是提高他们的政治责任感和工作积极性，在工作中要充分信任他们，尊重他们的意见，充分依靠他们，开展盟的工作，同时要帮助他们熟悉党和盟的各项政策方针和统战业务，经常采取工作汇报会、分析研究问题的座谈会、经验交流会等，提高他们的工作能力和信心。另外，市委员会和各基层组织还要从成员中培养一批能以自己的模范行动善于通过政治思想工作影响和带动群众前进的骨干分子，通过他们，更好地发挥盟在群众中的作用。

在巩固组织与发展组织工作中，必须提高警惕，消除麻痹，为贯彻肃清暗藏在知识界中的反革命分子和坏分子而斗争，为进一步纯洁盟的队伍而斗争。

（四）改进和加强领导工作

为了胜利地实现上述任务，做好盟的工作，盟的领导机构应坚决认真地贯彻集体领导的原则，在工作中要加强具体领导。今后，市委员会和各支部委员会、小组必须按照盟章规定，定期做好改造工作。通过总结工作进行选举，进一步健全盟内民主生活。为适应新形势发展的要求，下属市委员会委员名额应适当增加，各支部委员会在改选时，应考虑适当增加委员名额。委员会人选应根据盟的性质和任务安排，在以进步为骨干的原则下，应多吸收各方面尤其是文教界有代表性的同志参加。进步骨干必须能正确地贯彻领导意图，能真正团结各方面进行工作。在加强具体领导方面，必须切实做好两项工作：一是着重政治思想和政策方针的领导和检查，注意重点的总结基层工作经验，及时推广全面；二是经常分析研究各基层组织及成员的工作、思想情况，具体帮助基层对盟内外中上层分子做好团结教育工作，要做好这两项工作还必须加强对专职干部的思想教育，提高干部下组工作能力。市委员会现有的三个下组工作组，在工作中除应坚持分工负责，协助各基层组织开展工作外，各工作组还必须学习“深入一点，推动全面”的工作方法，选择条件较好、有代表性的支部或小组，作为工作重点，集中力量，深入帮助一个时期，着重总结一项工作或一段工作的经验，推广全面。各支部也可同样深入一个小组，创造经验，开展工作。

三

中国共产党是领导我们一切事业的核心力量，我们盟一直是在党的领导下发展起来的。七中全会以来的工作实践也完全证明“接受党的领导”“发挥党的助手作用”是我们全盟行动的根本原则。我们必须深入学习和实现这一方针，认清党与党外人士实行民主合作是“坚定不移”和“永远不变”的原则；“长期共存、互相监督”的基础是共同建设社会主义，实现这一方针的核心力量，是中国共产党的领导。由此，我们盟的组织和全体成员应当进一步发展“接受党的领导”“发挥党的助手作用”的根本原则。在盟的工作中，要进一步争取党的领导和监督，充分发挥工作上的积极性和创造性，清除在工作中缩手缩脚、消极被动的现象，更加主动和信心充沛地进行工作。在盟的工作中，一方面要更加重视盟员的教育和学习，更加深入体会党政各项工作的政策精神和领导意图，结合盟的具体情况，使用说服教育的方法，积极推动盟员和所联系的群众认真完成工作任务，加强自我改造。另一方面，还应按照社会主义的目标和原则，主动地向党反映盟员和群众的意见和正当要求，代表他们的正当利益，提出建议，协助党政解决问题。只有这样，才能更好地协助党贯彻团结教育改造知识分子的政策，使广大知识分子首先是盟员和盟所联系的群众在政治上和思想上的社会主义的悟性更加扩大和增强。

同志们，随着知识分子在社会主义革命事业中责任的加重，随着共产党和各民主党派长期共存互相监督这一重大方针的提出，我们盟的任务和工作也愈加重要和艰巨。让我们更加紧密地团结起来，在中共南昌市委会和盟上级的正确领导下，更加主动地创造性地进行工作，努力贯彻本盟第二次全国代表大会和我省第三次代表大会的各项决议，进一步巩固和扩大人民民主统一战线，团结一切可以团结的力量，为胜利和早日完成伟大的社会主义事业而奋斗。

1956 年 8 月 10 日

巩固和发展整风成果，加速组织和成员的根本改造，为贯彻社会主义建设总路线而奋斗

——中国民主同盟南昌市第三届委员会工作报告

（1959年1月20日）

吴英偕

各位代表：

我代表民盟南昌市第三届委员会向大会做工作报告，请大会审查批准。

一

南昌市第三届委员会从1956年8月第三次代表大会选出到现在，已经两年零四个月了。两年多来，全国人民在中国共产党的领导下，在取得了生产资料所有制的社会主义革命胜利以后，接着又进行了政治战线上和思想战线上的社会主义革命，取得了决定性的胜利。这个胜利，深刻地改变了我国阶级力量的对比，大大地解放了广大群众的思想，在工农业生产和各项建设事业方面掀起了一个史无前例的震动世界的全面大跃进的高潮。在这个伟大的历史时期，我们南昌市盟的组织和全体盟员和全国各地一样，经历了一场社会主义道路和资本主义道路的剧烈斗争，受到了一次深刻的社会主义教育和政治锻炼。从前年六月开始，我们在中共南昌市委和盟省委的领导下，在全市人民的支持下，展开了盟内反击资产阶级右派的斗争。去年1—9月，又在反右派斗争中取得决定性胜利的基础上，开展了以改造政治立场为中心的一般整风运动。经过反右派斗争和一般整风，南昌市盟的组织和成员已经开始了脱胎换骨的大转变，多数成员都在不同程度上向左跨进了一步，盟的政治面貌和组织面貌也发生了显著的变化。在这里，我们回顾这一深刻的变化和斗争的过程，总结反右斗争和一般整风的主要收获和经验教训是十分必要的。

自一九四九年中华人民共和国成立开始到一九五六年三大改造高潮以

前，盟市委会在中共南昌市委和盟省委的领导下，在参加社会主义革命和社会主义建设中，在团结盟的成员和所联系的群众进行自我改造的工作中，有了一定的成绩和贡献，基本上贯彻了接受共产党的领导、走社会主义道路的政治路线，但由于盟还是资产阶级性质的政党，盟员大多数是资产阶级知识分子，对接受共产党的领导、走社会主义道路还不是没有抵触的。长期以来，盟内总有一些人不接受党的领导，不愿走社会主义道路，或者表面上接受，实际上不接受，梦想建立资产阶级领导的民主共和国，这些人中间有的后来成为反动的右派分子。大部分盟员也没有放弃资本主义立场，对于社会主义有不同程度的怀疑和顾虑，对于接受党的领导有不同程度的动摇，全心全意接受党的领导、走社会主义道路的进步分子是少数。因而，盟内长时存在着两条道路的斗争。由于盟市委坚持接受了中共南昌市委的正确领导和盟省委进步力量的领导，右派分子才不敢在南昌盟内轻举妄动。盟的工作基本上是符合于党的政策的要求的。

三大改造高潮以后，资产阶级及其知识分子失去了资本主义的经济基础，对于党领导全国人民走社会主义道路，在政治上、思想上产生了不同程度的抵触和抗拒。资产阶级右派分子更不甘心资本主义制度在中国的灭亡，坚决抗拒社会主义改造。同时，美帝国主义及国际反动派在国际间掀起了一股反苏、反共、反社会主义的逆流，右派分子以为有机可乘，积极进行反共、反人民、反社会主义的阴谋活动。

右派分子是客观存在的，右派分子反党、反社会主义是由他们反动的阶级本质决定的。也必须指出，右派路线能在盟内得逞一时，这首先是与市委会对右派的阴谋活动，缺乏警惕，对右派的斗争软弱无力是分不开的。应当承认：在一九五六年三大改造高潮以后，我们开始滋长了右倾麻痹思想，对盟内存在两条道路的斗争认识不足，错误地认为盟的组织和成员对于接受党的领导不存在什么大的问题，因而在工作中，严重地存在着“重团结、轻改造”“重业务、轻政治”的倾向，放松了对盟员接受党的领导的教育，对右派分子反党、反社会主义的思想行为更加轻放松了警惕。在发展组织工作中，也存在着“强调发展，忽略巩固”的偏向。特别是一九五七年春季当盟中央被章罗联盟所操纵的四月工作会议主张以“鸣放”为盟的中心工作的决议下达后，我们在工作中迷失了方向。其次是由于盟内大多数成员在政治立场上还具有两面性，没有摆脱中间状态，当右派分子兴风作浪的时候，盟员中除一些人清醒外，大多数人是被蒙蔽的，他们在不同程度上，自觉地或不自觉地助长了右派的声势，这样才使右派分子有“呼风唤雨、推波作浪”的神通。最后是由于盟内有些左派不太关心盟务，有的还骄傲自满，脱离群众。因而使右派分子能在盟内肆无忌惮地贯彻他们的反动路线。由此可见，不从根本上改造盟的组织、改造盟员的政治立场，对革命事业造成的损失多么严重？积极巩固、扩大和提高左派队伍，对于保证盟的正确的政治方向又是何等重要！

二

一九五七年六月，当右派分子猖狂向党进攻的时候，工农群众首先对右派分子的反党言行开展了反击，市委会和各基层组织相继建立了整风领导机构。在党的领导和盟省、市委整风领导小组的领导下，依靠了进步力量，用认真严肃的态度投入了反右派斗争。市委会随盟省委一道，集中全部力量，开展了对右派分子的斗争。经过半年多艰苦曲折的斗争过程，南昌市盟内右派分子一个个被挖出来了，并把他们打垮了。全市共揭发和斗垮右派分子 58 人，占全市盟员总数 11.1%，其中，担任市委委员的 3 人，占委员总数 12.5%；担任基层干部的 9 人，占基层干部总数的 8.1%。对于这些右派分子，根据民主党派中央关于处理党派内部右派分子若干规则的规定，依据严肃与宽大相结合的方针，分别情况，作出了组织处理：

开除盟籍的 33 人（其中，反革命分子 10 人，坏分子 1 人），占右派分子总数 56.8%；留盟察看的 15 人，占总数 25.9%；撤销盟内全部职务或部分职务的有 7 人，占总数 12.1%；严重警告的 3 人，占总数 5.2%。

一九五七年十二月，在盟内对右派斗争取得决定性胜利的基础上，为了进一步端正政治方向，改造政治立场，盟省委召开了全省整风工作会议。我市各基层组织在听取会议精神的传达后，从去年一月开始，先后开展了以改造政治立场为中心的一般整风运动。一般整风共经历了：（1）整风学习；（2）大鸣大放；（3）订立自我改造公约；（4）向党交心；（5）分析批判、制订个人改造计划等五个阶段，到九月底基本结束。各个阶段的工作，许多基层都是结合本机关、学校整风的三、四阶段（着重整改——双反阶段和反省提高阶段）进行的。在整风过程中，大家充分运用了大鸣、大放、大字报、大辩论这一社会主义的形式，推动了运动的深入进行。在大鸣、大放阶段，揭露和检查了市委会在政治路线和组织路线上所犯的错误和专职干部政治立场上的错误。在双反和向党交心阶段，大部分同志都勇于暴露自己的问题和揭发别人的问题。在分析批判阶段，一般都自觉地在小组、大组中进行检查、采取“个人求医，集体会诊”的方式，开展了批评和自我批评。最后又在自觉的基础上写好个人总结，制订出改造规划。无论在自我暴露、互相揭发和分析批判的问题中，最主要的是政治立场的改造问题。如去年各基层组织和省、市委员检查省市委会的工作错误，共贴出大字报 912 张，其中，属于政治立场的占 73. 66%，这是符合我们一般整风的要求的。

通过反右派斗争和一般整风，我们所取得的收获是巨大的，主要表现在以下几个方面。

（一）辨明了大是大非，分清了敌我界限，明确了政治方向

随着反右派斗争的逐步深入，通过摆事实、讲道理，彻底揭露了右派分子反党、反社会主义的阴谋诡计，严厉驳斥了右派分子的反动谬论。大多数盟员在一些根本问题上有了明确的认识。明确了社会主义国家必须要有无产阶级专政，而无产阶级专政又必须通过无产阶级的先进部队——共产党的领导来实现的普遍真理。也深刻地体会到社会主义制度的优越性，走社会主义道路是全国人民的唯一前途，也是盟的唯一前途。认识到“长期共存、互相监督”的基础是为社会主义服务，而不是其他。当右派分子的丑恶面貌和右派路线的反动本质揭露后，激起了大家的义愤，大部分同志克服了各式各样的温情、麻痹思想，站过来和右派进行了斗争，划清了敌我界限。在一般整风中，通过大鸣、大放、大字报、大辩论、向党交心和分析批判，着重批判了一些同志在鸣放时期与右派共鸣的错误言论，辨明了大是大非，从政治上、思想上划清了敌我界限，进一步孤立、分化和打击了右派，清算了右派路线在盟内的影响。争取、团结、

教育了中间群众，使一部分受右派蒙蔽、煽惑的同志清醒过来，得到了挽救，同时锻炼、提高、扩大了左派和积极分子队伍。反右整风结束后，有的同志深深感谢党的反右、整风运动及时挽救了自己。许多同志说：“反右、整风对自己的教育比过去任何一次运动大得多，深刻得多。”事实正是这样。

（二）认识了资产阶级和知识分子的阶级属性和本质，必须加速自我改造

在反右派斗争中，许多同志已认识到自己的立场有问题，必须加强自我改造；但有不少同志不承认自己是资产阶级知识分子，更不愿承认自己属于剥削阶级。在整风学习中，许多基层通过“解放几年来知识分子为谁服务”的专题辩论，联系到个人在鸣放时期的立场摇摆、家庭出身、所受教育、人生观、宇宙观、教学思想、工作方法来看，认识到资产阶级知识分子在中华人民共和国成立后虽然在学校和政权机关工作，但仍然传播着许多资本主义、唯心主义、形而上学、修正主义的东西，以资产阶级的思想方法和工作作风在进行工作。认识到资产阶级立场、观点和学术思想，未经改造，对新社会总会有许多不习惯、有抵触，甚至格格不入的地方，这些都是资产阶级知识分子阶级属性和本质的反映。在向党交心中，大多数同志暴露了许多对党的关系、对国家基本制度、对党和国家各项方针政策、对历次社会改革运动、对国际重大事件的错误看法和个人主义名利思想，更加深刻地认识到自己基本上没有抛弃资本主义立场，自己的灵魂深处十分肮脏，应该诚诚恳恳地接受社会主义改造。通过分析批判和制订个人改造计划，一般都明确了自己过去对党对社会主义的主要矛盾，明确了今后努力方向。各人的具体情况虽然不同，但共同的愿望和目标是必须坚决接受党的指导，决心加速自我改造，把两面性改造成为一面性，力争成为又红又专的工人阶级知识分子。

（三）开展了批评与自我批评，增进了同志们之间的团结

过去盟内思想不见面，思想盖子揭不开，思想上的斗争和原则上的争论很少，掌握批评武器很勉强。反右整风时，开始运用大鸣、大放、大辩论、大字报的形式，揭露一切坏的丑的东西。在开头很不习惯，有的对揭

发自己的大字报绕道而行，不敢正视，有的到深夜偷偷地给自己贴上一张大字报，缺乏自我批评的勇气。以后大字报百张千张贴出来，许多同志在不断地进行思想斗争，不断地打破顾虑，克服“面子”、放下“架子”以后，都能正视自己的问题，认真检查。这样，同志们开始习惯了运用批评武器，盟内开始形成了批评与自我批评的风气。大家敞开思想，加强了同志间的互相了解和关怀，同志间的关系也有了新的转变，产生了“互相督促、共同进步”的愿望。盟内同志能够开展批评和自我批评，这是政治上团结起来的标志，也是自觉地投身到革命熔炉中来的表现，为我们今后进一步进行根本改造创造了有利条件。

（四）认识到知识分子必须虚心向工农学习，与工农结合

当右派分子兴风作浪的时候，工农群众首先对右派分子反党言行予以反击，推动了我们反右派斗争的开展和深入。同样，反右以来工农业生产大跃进的高潮，有如万马奔腾的社会主义建设的新形势，推动了我们的一般整风运动进入向党交心的新的更为完整的阶段。整风以来，工农业生产大跃进，高产卫星纷纷上了天，许多生动的事例，深深地教育了我们：迷信书本、迷信洋人、自高自大、轻视工农群众、轻视生产实践的资产阶级思想必须给予彻底的批判。近一年来大部分盟员曾经下乡下厂，参加体力劳动，已初步认识到科学和理论知识是从工农群众的生产实践中得来的，是劳动人民的集体创造。知识分子不虚心向工农学习，与工农结合，必将一事无成。

在取得上述收获的同时，我们还有以下几点重要的经验教训。

（一）坚决地、全面地、绝对地接受党的领导，是做好盟务工作和一切工作的根本保证

中国共产党是我们国家一切事业的领导核心，任何部门和任何事业都不能脱离党的领导。坚决地、全面地、绝对地接受党的领导，对我们民盟来说，更有特殊的、重大的意义。盟是资产阶级性质的政党，盟是以资产阶级知识分子为主要成分。中华人民共和国成立几年来，由于接受了党的领导，盟组织才具有倾向于转化为社会主义政治力量的某些过渡特征，才能谈得上进行社会主义改造，并适应历史的发展，对革命起积极作用。如

果离开了党的领导，单搞一套，盟就会迷失方向，甚至成为阻碍社会前进的反动力量。事实证明：一九五六年下半年到一九五七年反右斗争前一段期间，市委会一度被右派分子篡改了政治方向，脱离了党的领导，给社会主义事业带来了很大的损失，在群众中造成了极其恶劣的影响。这是一次严重的教训，反右整风以来，大多数盟员虽然基本上树立了接受党的领导、走社会主义道路的思想，还有一些同志对于接受党的领导还存在一些问题：有些人口头上接受党的领导，思想上不接受党的领导；抽象地去接受党的领导，遇到具体问题不接受党的领导；接受上级党的领导，不接受同级党组织的领导；在这一运动中接受领导，在另一运动中又不接受领导。对于这些接受党的领导所存在的错误思想和行为，每一个盟员都必须加强警惕并与之进行坚决斗争。

（二）政治挂帅永远是盟务工作的指导原则

在反右整风的前一段时间，市委会和一部分基层的工作会一度表现出“重业务、轻政治”的偏向，片面强调钻业务、向科学文化进军，这是一种“先专后红”和“只专不红”思想在盟内反映。也有一些同志强调通过业务是知识分子改造的唯一途径，甚至以为搞好了业务就已经是为社会主义服务，就能达到改造的目的。这也是一种“先专后红”和“只专不红”思想，是资产阶级知识分子为科学而科学和脱离政治的产物。它必然导致大家走上资产阶级专家的路线，不能达到又红又专的目的。事实证明：过去一段时间，由于“重业务、轻政治”，盟的政治思想工作软弱了，组织生活松懈下来，有的基层把组织生活降低为“大众俱乐部”的性质。“红专”问题实质上是一个政治立场问题亦即为谁服务的问题。我们不否认资产阶级知识分子可以通过业务实践，进行自己的根本改造，但必须以政治挂帅为前提。具有一定科学、技术和文化水平的知识分子，如果他们没有坚定的工人阶级立场，没有为社会主义服务的决心，是不可能搞好业务的。

盟的工作是要推动和帮助全体成员加速思想改造，解决两条路、两种人生观、两种思想方法的问题。政治挂帅永远是我们工作的指导原则，脱离这个原则的思想和做法，就会使我们迷失方向。过去“重业务、轻政治”的偏向必须纠正。“先专后红”和“只专不红”思想必须改造。今后盟工作必须注意抓政治、抓思想，随时了解盟员在业务实践和社会实践中的思想问题，加强政治思想教育，贯彻政治挂帅、思想先行的指导原则，只有这样，才能提高盟务工作的质量，更好地发挥盟组织对成员的团结教育作用。

（三）加速盟组织和成员的根本改造，必须正视组织和成员的阶级属性，学会运用阶级分析方法

过去我们对盟组织和成员的阶级属性认识模糊，甚至误认为盟组织已基本是社会主义性质的政治集团，成员是工人阶级的一部分，因而看不清盟内两条道路的斗争。对盟员在政治立场上的错误往往姑息迁就，不及时分析批判，致使盟工作受到一定的损失，给右派分子有可能利用资产阶级知识分子的阴暗、消极的一面来进行蒙蔽和笼络。这是我们应当接受和记住的一个严重教训。通过整风，大多数盟员有了不同程度的进步和提高，但民盟仍是资产阶级性质的政党，大多数成员仍是资产阶级知识分子，组织和成员都仍然具有政治上的两面性，它与工人阶级的矛盾，在一般情况下，虽然属于人民内部矛盾，如果不正视两类不同性质的矛盾及其互相转化的可能，不及时揭发矛盾和正确处理矛盾，矛盾是会转化的。因此，在今后的工作中，应正视盟的组织和成员的阶级本质，坚持又团结又斗争的原则。当问题属于人民内部矛盾范畴时，适用团结—批评—团结的公式；当其转化为敌我矛盾时，必须坚持对敌斗争的方式。任何强调团结、忽视斗争，或强调斗争、忽视团结的想法和做法都是错误的。任何掩饰、回避矛盾或企图调和矛盾，放松自我改造、放松对组织的监督也是错误的。

（四）盟的工作必须坚持群众路线的工作方法

反右斗争和一般整风生动地教育了我们：任何工作都必须相信群众、依靠群众、走群众路线。在反右派斗争中，我们运用了大鸣、大放、大字报、大辩论和摆事实、讲道理的方法，充分发动了群众，从而彻底打垮了右派，清算了右派路线在盟内的影响，广大盟员分清了大是大非。在一般整风中，我们进一步运用了大鸣、大放、大字报、大辩论、向党交心、分析批判等群众性的批评和自我批评的方法，揭露了矛盾，提高了认识，改进了工作，从而掀起了自我教育、自我改造的高潮。这就证明：民主党派

要加速成员和组织的根本改造，要有贡献于社会主义事业，就必须建立群众观点，走群众路线，并经常运用这个社会主义民主的方式来处理工作，解决问题。

三

我们正处在历史上一个伟大的飞跃时代，国际上是东风压倒西风并且进一步压倒西风，资本主义一天天烂下去，社会主义一天天好起来。全世界人民正面临着结束帝国主义，主要是结束美帝国主义的侵略和压迫的庄严任务。在国内，中国共产党第八届全国代表大会第二次会议确定了鼓足干劲，力争上游，多、快、好、省地建设社会主义的总路线。全国人民在党的领导下，在总路线的光辉照耀下，掀起了一个共产主义思想大解放、工农生产大跃进、技术革命和文化革命的高潮。具有共产主义萌芽的人民公社的出现，将成为我国人民加速社会主义建设并在将来过渡到共产主义的最好组织形式。共产主义的实现在我国不是什么遥远的事情了。国内外这一飞跃发展的形势，给了我们极大的鼓舞和鞭策，对盟的组织和成员加速进行社会主义改造，提供了极为有利的条件。

民盟第三次全国代表大会指出："总路线是指导全国各项工作的灯塔，贯彻执行总路线是全国人民的总任务，也是我们盟的总任务。"同时指出，在新的历史形势下，为了贯彻执行总路线，我们盟必须在党的领导下担负起下列 3 个具体的政治任务，那就是：

积极参加反对帝国主义、保卫和平和解放台湾的斗争；积极参加社会主义建设和社会主义革命，特别是技术革命和文化革命；加速进行盟组织和盟员的社会主义改造。

积极参加反帝斗争，参加社会主义建设和进行社会主义改造。这 3 项任务是密切结合、互相推动的，其中主要的关键在于组织和成员的社会主义改造。

目前，我们盟仍然是一个资产阶级性质的政党，盟的大多数成员还是资产阶级知识分子。经过反右派斗争和一般整风，盟的组织进一步纯洁了，广大成员在自我改造的道路上有了不同程度的进步，但大多数成员在政治上还未摆脱中间状态，还存在不少问题。例如，有些同志对于当前我国社会主义大跃进和不断革命的新形势，缺乏工农群众那样高歌前进的冲天干劲，有松劲和甘居中游思想，他们认为："上游太紧张，下游太难堪，中游最稳当。"要求"政治上及格就够了"。因此，他们踱着方步走路，按着常规办事，不在人前，不在人后，不求有功，但求无过，缺乏敢想、敢说、敢作、敢为的共产主义风格。在当前全市开展的教育大革命中，有的同志对教育为政治服务、教育与劳动生产相结合方针的贯彻，抱着怀疑、消极的态度；有的同志对教学走群众路线有抵触情绪。这一切都说明了资产阶级知识分子自我改造的长期性、艰巨性和反复性，也说明了我们政治思想还远远落后形势的发展。当前新的形势对我们提出了极为迫切的改造要求，我们必须把一个资产阶级性质的政党改造成为真正接受共产党领导的为社会主义服务的党派，把资产阶级知识分子改造成为工人阶级知识分子。这是我们改造的总的要求。

为了保证达到上述政治任务和改造的要求，我们必须在中国共产党的领导下，以思想政治为统帅，以工作岗位为基地，以参加劳动和实践为基础，认真学习马克思列宁主义，学习毛主席著作，依靠工农群众的影响和推动，并采取定期整风，批评和自我批评的方法，群众运动同经常的社会教育相结合的方式，自觉地进行自我改造。具体地说，必须做到以下几个方面。

（一）真正接受党的领导、坚决走社会主义的道路

盟的组织和全体盟员应该在思想上、组织上、工作上全面地绝对地接受党的领导，严格遵循毛主席所提出的六项政治标准，认真进行立场改造和思想改造，加强盟的政治思想工作。在实际工作中，应认真贯彻党的方针政策，把政治上接受党的领导和在业务工作中接受党的领导统一起来。盟的组织应定期向党汇报工作情况，反映盟员和所联系群众的思想情况，组织活动要在单位党组织的统一领导下，结合单位中心工作和政治活动进行，彻底清除单搞一套的作风。盟员应经常向党交心，争取党的教育和帮助，在自我改造中，人人插红旗，个个争上游，经常以六项政治标准要求自己检查自己，对违反六项政治标准的思想和行为，应及时进行严肃的批评和斗争。

（二）在自己的工作岗位上，贡献智慧和力量，结合业务实践，进行自我改造

工作岗位是每个成员同社会主义事业经常发生关系的所在。在业务实践中能具体反映每个人的立场、观点和方法，便于开展两条道路、两种人生观和两种方法的斗争，有利于兴无灭资的改造。每个成员都应当服从所在工作单位党的领导，在政治挂帅的前提下，积极做好岗位工作，为社会主义贡献智慧和力量，同时必须争取群众的监督和推动，加速自我改造。目前广泛进行着的文化革命和技术革命以及对资产阶级学术思想的批评，在文教界、科学界的成员，都积极主动参加，依靠党的领导，争取群众的帮助，使自己在根本改造上大大跨进一步。盟市委和基层组织必须及时对盟员做好政治思想工作。

（三）积极参加体力劳动，老老实实向工农群众学习

参加体力劳动，和工人农民同吃、同住、同劳动，向工人农民学习，是资产阶级知识分子自我改造的一条重要途径。盟的成员应坚决贯彻中共中央和国务院关于参加体力劳动的决定，在所在工作岗位党的领导和统一安排下，下乡下厂，参加体力劳动。在劳动实践中建立劳动观点、生产观点、阶级观点和群众观点，培养劳动人民的思想感情，逐步做到体力劳动和脑力劳动的结合，消灭资产阶级的法权观念，纠正理论脱离实际的偏向，彻底克服个人主义思想和自由主义作风。年老体弱的同志，也应当根据自己的条件，参加力所能及的体力劳动，或通过参观访问，和工人农民多交知心朋友，逐步在思想感情上和工人农民打成一片。

（四）加强马克思列宁主义的理论和时事政策学习，精心钻研毛主席著作

盟员的自我改造以改造政治立场为主，但同时要进行世界观和思想方法的改造，培养共产主义的精神和风格。为此盟的成员应在所在的工作岗位党的统一布置下，认真学习马克思列宁主义和时事政策，精心钻研毛主席的著作，改变资产阶级世界观，树立无产阶级的世界观。学习方法主要是联系自己的思想实际和工作实际，批判不符合社会主义、共产主义的思想，提高政治觉悟和政治思想水平。盟的组织应根据需要与可能，组织一

些有关时事政策和社会主义、共产主义思想教育的座谈会或报告会，帮助大家深入学习，促进成员的根本改造。

（五）积极参加各项政治活动和社会实践

我们要在党的领导下，坚决反对帝国主义，特别是反对美帝国主义干涉我们内政，以实际行动积极参加解放台湾、澎湖、金门、马祖的斗争，拉紧绞索，粉碎帝国主义，特别是美帝国主义的一切侵略阴谋，保卫远东和世界和平。每个盟员都要认真学习和积极宣传“毛泽东同志论帝国主义和一切反动派都是纸老虎”这一重要文献，彻底清除亲美、崇美、恐美、害怕帝国主义的思想。目前，我们还要以积极热情的态度，参加人民公社化运动，清除资产阶级法权观念，克服个人主义思想，改变资产阶级生活方式。盟的组织必须对盟员及所联系的群众通过参观、访问和座谈等方式，解除对人民公社化运动的错误思想和抵触情绪，推动人民公社化运动。

（六）经常开展批评和自我批评，定期进行整风，认真督促、检查规划的执行，开展社会主义竞赛

经常开展批评和自我批评，定期进行整风，是处理资产阶级知识分子同工人阶级矛盾的主要方式。在一般整风中证明，运动后期出现的交心运动，制订改造规则、开展社会主义竞赛，或在一定时间内，在党的领导和协助下，定期进行整风，根据盟员在接受党的领导、贯彻执行党的方针政策、对社会主义的态度及自我改造等方面存在的主要问题，用大鸣、大放、大字报、大辩论的方式，开展批评与自我批评，把整风的原则和精神贯彻到经常的改造工作中去。

基层组织是对盟员进行思想教育的基地。要能有效地帮助盟员在大跃进中加速自我改造，必须根据盟中央所提出的“五好”和市委会提出的“十好”要求，紧紧依靠各单位党组织的领导，抓盟员的思想、抓盟员的自我改造规划、抓组织生活、积极开展盟的组织活动，做好政治思想工作。

市委会应积极克服缺点，改进工作。首先是要政治挂帅，明确盟的政治思想工作的重要意义，我们必须以严肃认真的态度对待盟工作。切实加强集体领导，健全会议制度，贯彻群众路线的工作方法。兼职委员应积极参加委员会议，认真讨论和研究盟务工作中的重大问题，并向委员会反映

所在支部、小组的工作情况和成员的思想情况。专职委员应采用种“试验田”、抓两头带中间的工作方法，深入基层了解情况，并定期总结工作，推动全面。兼职委员应在所在支部、小组深入掌握情况，及时分析研究，协助基层做好工作。为了在组织上保证正确的政治路线的贯彻，彻底清除右派路线在组织上的残余影响，市委会和各基层组织都应建立接受共产党领导的，走社会主义道路的领导力量，贯彻以进步为骨干，团结中间，帮助落后的组织方针。今后的一段时间内，盟组织应着重巩固，一般不做发展。

同志们，我们十分珍视反右派斗争和一般整风中所取得的成绩和进步，虽然这些成绩和进步只是初步的，然而是可贵的。我们应该巩固它，并进一步发展它，我们一定要鼓足干劲，加速盟组织和成员的根本改造！一定要竭尽我们所有的智慧和力量，在参加反帝斗争和为社会主义服务方面，做出最大的努力！让我们共同携起手来，紧密的团结在中国共产党和毛主席的光辉旗帜下，和全国人民一道，沿着社会主义、共产主义的光明大道奋勇前进！

中国民主同盟南昌市第四届委员会工作报告

吴英倩

各位代表：

我接受中国民主同盟南昌市第四届委员会常委会委托向第四届委员会做工作报告，请大会审查。

一

民盟南昌市第四届委员会从 1959 年 1 月第四次代表大会选出到现在已经三年多了。三年多来，国际国内都是一派大好形势。国际上东风压倒西风，社会主义阵营的力量不断增长，亚洲、非洲、拉丁美洲的民族民主运动继续高涨，全世界人民反对帝国主义、争取世界和平、民主和社会主义的斗争不断取得胜利，世界资本主义体系处在进一步衰落和瓦解过程中，帝国主义体系矛盾重重，正在加速走向四分五裂，他们的日子也越来越不好了。在国内，1958 年以来，全国人民在党中央和毛主席的英明领导下，在总路线、大跃进、人民公社三面红旗的光辉照耀下，大大发挥了积极性和创造性，在社会主义建设的各个战线上取得了一系列的伟大成就。在这期间，虽然连续三年遇到了严重的自然灾害，使国民经济发生了很大的困难，但我国各族人民在党的领导下，为战胜自然灾害和经济困难，进行了巨大的努力，取得了显著的成效。目前，全国人民正紧密地团结在党和政府的周围，继续高举总路线、大跃进、人民公社的光辉旗帜，遵循着以调整为中心的调整、巩固、充实、提高的方针，为克服困难、争取社会主义事业的新胜利而奋斗。

在国内外大好形势下，三年多来，我会在中共南昌市委和盟省委的领导下，坚持“以政治思想为统帅，以工作岗位为基地，以业务和劳动实践为基础”的方针和“服务与改造相结合”的方针，根据“和风细雨、自我教育”的精神，运用了“神仙会”的方法，对盟员进行了一系列的政治思想工作，取得了良好的成绩。三年多来的工作主要有以下几项。

（一）组织和推动盟员学习党政方针政策和毛主席著作，进行国内外形势教育

1959 年下半年至 1960 年上半年，我们着重推动全市盟员深入学习党的八届八中全会文件，进行三面红旗的教育。1960 年下半年，推动盟员学习“列宁主义万岁”等三篇文章，进行反对现代修正主义的教育。1961 年 1 月，我们又及时推动盟员学习党的八届九中全会文件，认真领会与贯彻执行“以农业为基础，全党全民大办农业、大办粮食”的方针。在学习过程中，根据有关单位党组织的统一布置，进行了学习辅助活动，帮助盟员端正和澄清对国内外形势、对三面红旗的认识，明辨大是大非，提高思想觉悟。

1960 年 10 月中旬我会召开了四届三次全体委员（扩大）会议，传达、贯彻了盟中央三届二次全会全体（扩大）会议的精神；1961 年 3 月下旬，

召开了四届四次全体委员（扩大）会议，传达、贯彻了盟省委的工作。两次会议都采用了“神仙会”的方式，对与会盟员进行国内外形势教育。这两次会议结束后，推动全市各基层组织进行了传达学习，结合各单位的中心任务，对全体盟员和部分所联系的群众进行了形势教育。特别是 1961 年 4 月间各基层组织开展的历时两个多月的传达学习活动，更广泛和更深入地运用了“神仙会”的方法，自我教育的效果较为显著。

在进行思想工作中，我们经常推动盟员积极学习毛主席著作，以毛主席的思想来指导自己的思想行动。特别在贯彻盟中央三届二次全体（扩大）会议精神以来，我们对推动盟员学习毛主席著作、逐步改造世界进一步提出了明确的要求。要求把学习形势、学习党的方针政策和学习毛主席的著作结合起来，贯彻“理论联系实际”“学习联系改造”的原则，学习运用毛主席观察事物、处理问题的立场、观点、方法来指导自己的实践。许多盟员利用业余时间认真地、比较系统地学习了毛主席著作，有的同志较好地联系自己的思想、工作实际，把学习收获运用到自我改造与工作实践中去。

为了配合学习，我们曾多次利用假期先后分别组织和协助有关单位组织盟员参观访问工厂、垦殖场、农村人民公社和水利建设工程等，以丰富感性知识，提高对三面红旗和大好形势的认识。

（二）推动盟员积极参加社会主义革命和社会主义建设

三年多来，我们在党的领导下，密切结合了党的各项政治运动和中心任务，对盟员进行政治思想教育，推动盟员积极投入各项运动，认真贯彻党的方针政策，做好岗位工作。在技术革命、文化革命、教育革命运动中，在以粮纲为中心的增产节约运动和大办农业、大办粮食、加强农业生产战线的运动中，一开始，我们就召开了常委扩大会议，做出决定，动员全市盟员响应党的号召，积极参加教学改革、技术革新和科学技术研究，树立“以农业为基础”的思想，贯彻“为农业生产服务”的方针，积极支援农业生产。在运动中，我们针对盟员的思想情况，有的放矢进行思想教育，帮助盟员提高认识，解决思想问题。由于思想认识的提高，不少盟员把理论和实际结合起来，大胆革新，积极参加教学改革和科学技术研究，以实际行动投入了技术革命和教育革命运动，在科学技术上和提高教学质量方面做出了贡献。

为了推动盟员更好地服务和改造，我们于 1959 年、1960 年先后两次在全市盟员中开展了红专规划的检查和修订工作，各基层组织在单位党组织的领导下，推动盟员自觉地检查在服务与改造方面所取得的进步和存在的问题，肯定成绩，鼓励进步，解决问题，明确方向，并在检查的基础上，认真修订自己的红专规划，进一步发挥改造与服务的自觉性和积极性。

1959 年 10 月间，我们召开了全市性的盟员思想改造收获和工作经验汇报会。1960 年 2 月间，曾重点帮助了一些同志总结服务与改造方面的收获，重点帮助了部分基层总结进行政治思想工作的经验，外加在上海召开的四省二市经验交流会。通过这些活动，对盟员的服务与改造和基层工作的改进与提高起到了一定的推动作用。

1961 年以来，我们组织盟员学习了党提出的“调整、巩固、充实、提高”的方针和各项有关工作条例（草案）以及党中央首长所做的有关红专问题的报告，推动盟员深入领会八字方针、高教六十条、红专问题和“双百”方针的基本精神，认真加以贯彻，正确处理红专关系，搞好与党员同志的合作共事关系，搞好青老关系、师生关系，积极参加学术争鸣，努力提高教学质量和工作质量。

（三）继续进行健全与巩固组织的工作，推动基层组织发挥组织作用

反右派斗争的胜利使盟的政治方向基本上得到扭转，但为了确保政治路线的正确贯彻，我们在组织工作上继续执行了巩固与发展相结合而以巩固为主的方针，不断进行了健全基层领导机构的工作，树立了以进步盟员为骨干的领导力量，清除了混在盟内的反、坏分子，进一步纯洁了盟的队伍。三年多来，根据“面向基层”的方针，我们加强了对基层工作的领导。自 1959 年 1 月第四次代表大会以后，我们提出了基层工作必须以“抓思想、抓规划、抓组织生活”为主，重点深入基层帮助开展工作，总结关于“抓思想、抓规划、抓组织生活”的经验。认真贯彻了“依靠党委，结合中心，深入细致地抓思想，主动积极地做工作”的要求。

为了活跃基层工作，1960 年 10 月和 1961 年 3 月先后两次召开市委扩大

会议，又进一步贯彻了“神仙会”的精神，推动基层把“神仙会”的方法运用到形势教育、组织生活、学术讨论以及盟的各项活动中去。最近一年来，我们注意了改进工作作风和工作方法，深入基层进行调查研究，了解基层组织如何在党的领导下发挥组织作用和盟员在服务与改造方面的情况，做到边调查研究边帮助提高工作；同时着重帮助基层干部认真学习党的方针政策，提高认识，紧密依靠党的领导，坚持群众路线，发挥集体领导作用，积极搞好盟务工作。

我们协助各有关方面加强了对盟内右派分子监督、教育、改造工作，督促和帮助右派分子学习国内外形势、党的方针政策和政治理论，参加生产劳动，帮助他们总结学习改造的经验，认清自己所犯错误的性质，明确改造前途，增强改造信心，从而促使和争取盟内右派分子中的大多数人逐步改造过来。

此外，我们开展了社会联系工作和对盟员家属的思想教育工作。从1961 年 9 月开始，先后联系和访问了部分退职退休的文教界老年知识分子，建立了学习小组，着重进行形式教育和党的方针政策的教育。帮助他们认清形势，了解党的方针政策，继续进行自我改造，提高思想觉悟。1961 年年初，建立了妇女工作组，配合省、市政协妇女工作组织和有关居民组织，对部分未就业的盟员家属进行了访问，开展了一些节日活动，组织了学习小组，进行思想教育，帮助他们提高认识，明确形势，加强改造，积极响应党的“大办农业、大办粮食”“一种三养”“勤俭持家”的号召。

三年多来，我们的工作是有成绩的，但也存在着不少缺点和问题，主要有以下几个方面。

1. 深入学习和贯彻党的方针政策不够。对于把政治思想工作落实到业务中去，透过业务抓思想，往往停留在一般要求上，对基层缺乏具体指导和帮助。

2. 工作作风不深入，工作方法不扎实，深入基层调查研究少，往往满足于一般情况的了解，缺乏细致的分析研究工作，计划性针对性不强。

3. 坚持和贯彻集体领导原则不够，常委会和委员会会议制度订立了，没有很好地坚持，及时研究问题、总结经验、检查工作不够。

这些缺点和问题都影响着我们工作的改进和提高，今后必须努力克服。

二

三年多来，我们做了许多工作，取得了良好的成绩，这表现在盟的组织面貌有了显著的变化，盟的成员有了很大的进步。

（一）大多数盟员提高了对国内外大好形势和三面红旗的认识，进一步靠拢了党，积极参加了社会主义建设

三年多来，我市盟员在党的领导和教育下，通过一系列政治运动、政治学习和国内外形势教育，通过业务实践和社会实践，受到社会主义建设伟大成就的现实影响，在政治思想上有了显著的提高。大多数盟员对东风继续压倒西风的大好形势，帝国主义的本质，现代修正主义的丑恶嘴脸有了进一步的认识，积极参加了反对帝国主义和现代修正主义的斗争；进一步认识到党的英明、伟大，必须全面地绝对地接受党的领导，在实际行动中听党的话，自觉地贯彻党的方针政策，认真地做好工作，完成党交给我们的任务。对社会主义制度的优越性和总路线、大跃进、人民公社三面红旗的认识有了进一步的提高，增加了对社会主义的感情和走社会主义路线的决心；经过对红专问题的学习，对红专问题的认识有了提高，改造的决心和信心比过去更增强了；对学习毛主席著作改造世界观的重要性有了较深的体会，积极地进行了对毛主席著作的学习。最近半年来，同志们都怀着极其兴奋的心情学习了周总理在全国人大二届三次大会上所做的政府工作报告，对总理报告中提到我们绝大多数从旧社会来的知识分子，经过12年的锻炼已经起了根本变化，肯定绝大多数知识分子已经是属于劳动人民的知识分子，大家感到万分的高兴和激动。许多同志表示更要加强自我改造，更要坚定社会主义立场，以主人翁态度为社会主义事业做出更多更大的贡献。

（二）大多数盟员提高了服务的积极性，在工作中取得了不少成绩，为社会主义事业做出了有益的贡献

三年多来，由于党的“团结、教育、改造知识分子”政策的深入贯彻和社会主义建设取得的伟大成就的鼓舞，大多数盟员为社会主义服务的积

极性更加提高了。1961 年以来，由于党的“调整、巩固、充实、提高”方针和有关文教、科技等方面工作条例的贯彻，各方面关系（党与非党人员合作共事关系、青老关系、师生关系等）的调整，以及“神仙会”方法的运用，大家的思想更开朗了，心情更舒畅了，工作劲头更大了。大多数盟员在自己的岗位上认真工作，努力学习，不断提高了自己的政治、业务水平；搞科学技术工作的同志，有的编著了一些科学专著；搞教学工作的同志，有的总结了一些教学经验；不少老年教师在培养提高青年教师的工作中做出了很好的成绩；一些担任行政领导工作的同志，有的在学习和贯彻党的方针政策、搞好工作方面有了很大的进步与提高。

（三）基层组织加强了以进步力量为主的领导核心，紧密依靠党的领导，更好地推动了盟员的服务和改造，进一步发挥了盟的组织作用

三年多来，我市各基层组织都有了进一步的巩固和提高。原有 36 个基层组织（1962 年 7 月，转出 15 个基层组织归盟省委直属领导），主动依靠党的领导，积极学习、宣传和贯彻党的方针政策；组织生活在内容充实，能结合中心开展盟务活动，能开展批评和自我批评；工作活跃，能密切联系大众等方面，做得好的有 13 个基层组织，占 36.1%；做得较好的有 20 个基层组织，占 55.6%；做得较差的只有三个基层组织，占 8.3%。一般说各基层组织都不同程度地健全了组织，加强了工作，能依靠党的领导，结合中心任务开展盟务活动，贯彻了服务与改造相结合的方针，在推动与帮助盟员积极服务、加强改造方面发挥了一定的组织作用。各基层组织工作方法都有一定的改进，许多基层干部的工作做得比较深入比较细致了，在联系群众、向群众学习、争取群众的帮助方面，有了改进。

总之，三年多来，我市盟的工作取得了很大的收获，盟员的社会主义觉悟有了很大的提高，不少同志在社会主义建设中创造了优异成绩，受到了党和人民的尊重和表扬，获得了劳动模范、先进工作者、积极分子的光荣称号，有些同志还光荣地参加了中国共产党。

我们应该珍视以上这些进步，但同时还应该看到存在的问题和缺点。

例如，有些同志对党还有不同程度的距离，对党的某些方针政策不是坚信不疑，有时还摇摆不定。有些同志对党的方针政策认真学习不够，体

会不深。在工作中切实贯彻不够。

在对待三面红旗的态度上，有些同志在遇到具体问题时，有时将信将疑，有的还疑多于信，分不清成绩和缺点、主流和支流。

在服务和改造方面，有些同志干劲忽高忽低，忽冷忽热，在主观愿望上虽也想把工作做好，但一遇到困难，就感到气馁；有的同志服务的积极性还没有很好地发挥出来。有些同志对红与专还缺乏正确认识，全面贯彻不够。

在基层组织方面，有些基层支委会研究问题、分析情况、检查与推动工作做得不够经常、不够深入，集体领导力量没有很好发挥。有些基层的组织生活还不够正常，组织生活内容较贫乏，思想性不强，开展批评和自我批评较差，对推动盟员的服务和改造不够有力。有些基层结合本单位的中心任务开展盟务工作不够主动及时，方式方法一般化。

以上这些问题说明我们盟的成员还必须继续加强改造，盟的组织还必须进一步健全和巩固。

经过三年多来的工作实践，我们有以下几点体会。

（一）紧密依靠党的领导，是搞好盟的工作的根本保证

我们在推动盟员积极服务和加强改造的工作上能取得一定的成绩，主要是由于紧密地依靠了党的领导。我们深深地体会到要做好盟的工作，应该全面地、绝对地、积极主动地接受党的领导，开展各项工作都要及时向党请示汇报，在党的领导下充分发挥主观能动作用；应该认真钻研和深入领会党的方针、政策，积极帮助盟员提高政策思想水平，坚决地在各项工作中贯彻执行；必须认真接受党的教育，听党的话，对党推心置腹，肝胆相照，无话不说，如实向党反映情况，提出意见和建议。实践证明，能全面、主动地接受党的领导，工作就能开展得好，就能发挥积极的作用。有些基层在接受党的领导方面有较深的体会，他们的经验是：（1）从盟的工作计划安排到每项组织活动，都必须围绕党的各项中心工作来进行，争取党的领导；（2）必须发挥工作上的积极性和主动性，向党请示汇报要做到有情况、有分析、有打算；（3）对党的方针、政策和指示，应反复钻研、领会，根据党的指示制订出切实可行的具体措施，认真加以贯彻。这些基

层的工作取得了很好的成绩。

接受党的领导，要求我们在思想上有正确的认识，在行动上有具体的表现。只有真正从思想上靠拢了党，认真贯彻党的方针政策，我们的工作才能做出更大的成绩和贡献，我们的改造才能取得更大的进步和提高。

（二）认真学习形势，学习党的方针政策，学习马克思列宁主义和毛泽东著作，是提高思想认识、改造世界观的重要途径

近几年来，国际国内形势的发展变化是十分迅速的，特别是我国国内的社会变革算是极其深刻的，它是社会主义革命者社会主义建设的具体表现，是党的方针政策在群众中贯彻的结果。许多新的情况、新的事务、新的问题不断提到我们面前。不断发展变化的国内国际形势，同我们的工作和生活息息相关，特别是在某些转折点上，我们往往会产生不一致的看法，产生立场、观点上的矛盾，甚至影响着服务的积极性。形势的学习，对提高我们的思想认识、改造世界观有着极其重要的意义。这两年来，通过广泛深入的形势学习，运用“神仙会”的方式，敞开思想，反复讨论，对提出的某些突出的而又带有普遍性的问题，进行全面的分析研究，学习用马克思列宁主义、毛泽东思想的立场、观点、方法来进行观察分析，受到了深刻的思想教育，提高了对形势的认识，坚定了走社会主义道路的决心和信心。我们体会到，学习形式必须深入学习党的方针政策，必须和学习毛泽东著作紧密地结合起来，必须切实贯彻理论联系实际的原则。要认清形势，就要认真学习党的方针政策，而学习党的方针政策，必须用毛泽东思想作指导，因为党的方针政策就是毛泽东思想的集中体现。我们一方面要认真钻研毛泽东著作，学习运用毛泽东观察、分析、处理问题的立场、观点、方法来分析当前的客观形势，解决自己思想认识上、立场上所存在的问题；另一方面，又要通过分析客观形势和检查自己的思想认识和立场，以加深对毛泽东著作的精神实质的领会。这就是学习中的理论联系实际，也就是用毛泽东著作之“矢”，来射我们的思想认识和立场之“的”。这样不断地和反复地进行下去，就能使思想认识和立场上的问题一个个地解决，就可以逐步提高思想认识和进一步端正立场，不断地得到改造。

（三）进行思想政治工作，必须密切结合党的中心任务，把思想政治工作深入盟员的业务实践中去

党的中心任务和政治运动是党的各项方针政策在不同时期的具体体现，积极投入运动，做好中心工作，就是真诚接受党的领导、积极为社会主义服务、在服务中加强改造的实际行动。盟的工作必须紧密围绕党的中心任务，把思想政治工作深入盟员的业务实践中去。要使思想政治工作更有效地为盟员做好岗位工作服务，力求帮助盟员做出更多的成绩和贡献，把盟员在服务中的实际表现作为检验我们思想政治工作成绩的首要标志。

通过工作实践，我们体会到，密切结合党的中心任务，一方面必须明确党在中心工作中所提出的具体要求，根据盟的实际情况，有计划地开展活动；另一方面必须及时了解盟员在中心工作中的行为表现，抓活的思想，认真进行分析研究，帮助提高认识，解决实际问题。怎么把思想政治工作深入盟员的业务实践中去呢？我们认为，必须帮助盟员结合本门业务，学习有关的方针、政策，统一认识，认真贯彻，表扬服务成绩，肯定思想收获，鼓励大家互相促进，共同进步；了解盟员在服务中遇到的实际问题，适当帮助解决；组织盟员座谈共同关心的行政工作和业务活动中的问题，帮助总结交流在服务中的心得和经验。这些做法在今后的工作中必须注意发展和提高。

（四）采用“神仙会”与“和风细雨、正面教育”的方法，可以更好地启发成员改造的自觉性，提高成员服务的积极性

“神仙会”与“和风细雨、正面教育”方法是推动知识分子自我教育、自我改造的好方法。运用这种方法可以使思想政治工作更深入、更细致、更能有效地解决思想问题。

近两年来，我们广泛采用了“神仙会”的方法进行形势教育。实践证明，“神仙会”的确可以使许多人解决顾虑，敞开思想，提出自己思想深处的问题，通过分析、辩论，使问题得到解决。在提出、分析、解决问题的过程中，把自己置身于大众之中，把批评寓于分析问题、辩论题之中，因而能自觉地接受意见，并感到心情舒畅。许多人认为“在会上大家谈问题无拘无束，既解决问题，又心情舒畅”。但是，领会“神仙会”的精神实

质，做好思想工作，认真贯彻“三要”与“三不”原则。有些基层组织在这方面的工作做得较好，对帮助盟员提高认识，启发改造的自觉性起到了良好的作用。

（五）密切联系大众，开展调查研究工作，是改进工作作风、提高工作质量的有效方法

从实际出发，深入调查研究，是克服领导工作一般化、搞好一切工作的重要关键。要使盟的工作不断提高，就必须深入大众、深入实际、踏踏实实地进行调查研究工作，做到情况明、决心大、方法对，有效地克服领导工作上的主观主义和形式主义。

通过工作实践，我们体会到，调查研究工作必须结合各个时期的中心任务和经常性的工作来进行。在方式方法上，要灵活多样，根据不同的人不同的情况，采取个别访问，工作谈心，分门别类召开小型座谈会，一点一滴地进行工作。

在调查研究工作中，对盟员的思想、工作和生活等方面予以全面的关心，进行了解，经过认真分析研究，向党反映，提出积极性的建议，对盟员正确的意见和正当的要求，应当热情支持，对盟员在学习、工作、生活等方面的一些实际问题应当认真帮助解决。对于一些不完全正确或不正确的意见要求，应加以解释和说服。应该把解决思想问题与解决实际问题很好地结合起来，这样就有利于促进盟员心情舒畅，积极服务，提高改造的自觉性。

三

当前国际国内的形势是大好的形势，对我国社会主义建设事业极为有利。我国以工人阶级为领导，以工农联盟为基础的人民民主统一战线更加巩固和发展了，全国人民更加紧密地团结在党和政府的周围，正在满怀信心地克服三年严重自然灾害所遗留的困难、为实现周总理在《政府工作报告》中提出的进一步调整国民经济的方针和十项任务而英勇奋斗。

我们盟的组织和全体成员，这几年来，在党的领导下，在组织改造和自我改造方面，有了很大的进步。但是还要看到，我们的成员和所联系的

群众，思想面貌还不能说足以适应工作的需要，进步情况也是参差不齐的，同时还必须认识到，阶级仍然存在，阶级矛盾、阶级斗争还是有的，还将是一个长期的、曲折的、复杂的、波浪起伏的过程。我们必须在已有进步的基础上，在党的英明领导下，继续努力进行组织改造，继续努力帮助盟员进行自我改造，在社会主义建设中做出更多更大的贡献，当前要坚决继续贯彻执行党的以调整为中心的调整、巩固、充实、提高的方针，协助党认真做好调整关系、发扬民主、加强团结、加强教育的工作，充分调动一切积极因素，更高地举起总路线、大跃进、人民公社三面红旗，协同一致，争取社会主义建设事业的新胜利。

为此，对今后盟的任务提出以下几点意见：

1. 推动盟员积极参加反对以美国为首的帝国主义的斗争，支持世界被压迫民族和各国人民争取和平、民族解放、民主和社会主义的革命运动，为保卫世界和平、解放我国领土台湾积极贡献力量；坚决反对现代修正主义，进一步划清马克思、列宁主义与现代修正主义的思想界限。

2. 推动盟员在单位党组织的领导下，努力学习国内外形势，学习党的方针政策，学习马克思列宁主义和毛泽东著作，进一步提高自我教育自我改造的自觉性，逐步改造世界观。当前应把学习、贯彻以调整为中心的调整、巩固、充实、提高的方针，同学习毛泽东著作结合起来。在学习中切实贯彻“理论联系实际”“学习联系改造”的原则，学会运用毛泽东的立场、观点、方法来分析问题，明辨是非，提高政策水平和思想水平。

3. 推动盟员深入学习和认真贯彻党的“长期共存、相互监督”方针，在党的领导下，积极参加国家政治生活，认真实施民主集中制，发挥民主，加强团结，密切联系群众，积极搞好合作共事关系。盟的组织应及时地、如实地向党反映盟员和所联系的群众的意见和要求，积极提出建议，协助党调整关系，更好地发挥盟组织的助手作用。

4. 推动盟员积极参加社会主义建设，在国家各项建设事业中做出更多更大的贡献。推动与帮助盟员进一步学习、贯彻“百花齐放、百家争鸣”的方针和有关教育、科技、文艺等方面的各项具体政策，正确认识和处理红与专的关系，认真学习政治，刻苦钻研业务，积极参与学术研究活动，不断提高政治、业务水平和工作质量。

5. 进一步巩固充实基层组织，大力培养、提高干部认真执行“关于加强基层组织工作的几点意见（草案）”。推动与帮助基层组织进一步贯彻和风细雨的自我教育方针，广泛深入地贯彻“神仙会”精神，更加踏实地、细致地做好思想政治工作，经常、全面关心盟员的工作、学习和生活，具体地帮助解决思想问题和实际问题，不断鼓励盟员服务与改造的积极性。

为了贯彻执行以上任务，盟市委会在中共南昌市委的领导下，在盟省委的领导下，应该更好地发挥集体领导的作用。进一步改进工作作风和工作方法，面向基层，深入实际，继续开展调查研究工作，及时总结交流经验，提高业务水平。根据各个时期的中心任务，采取有效措施，推动各基层组织积极发挥组织作用。

同志们，党的领导是一切事业胜利的根本保证，让我们团结一致，在中国共产党和毛主席的英明领导下，更高地举起总路线、大跃进、人民公社三面红旗，奋勇前进！

加强团结，锐意改革，积极进取，开拓前进！

——中国民主同盟南昌市第六届委员会工作报告

（1984 年 12 月 18 日）

雷世懋

各位代表、各位同志：

我受中国民主同盟南昌市第六届委员会的委托，向大会做工作报告，请予审议。

从一九八一年三月民盟南昌市第六次代表大会到现在，已经三年零八个月了。这一时期是中华人民共和国成立以来最好的时期之一，也是我们盟自中华人民共和国成立以来最有活力的新时期。

在中国共产党十一届三中全会以后，党和国家的工作着重点转移到社会主义现代化建设的轨道上来。在实事求是的思想路线指导下，党领导全国各族人民冲破了束缚社会生产力发展的许多条框模式，实行了一系列行之有效的富民政策，我们国家开始走上一条具有中国特色的建设社会主义道路。当前，我国政治局面安定团结，国民经济持续增长，人民生活逐步改善，国际地位空前提高。中英两国政府关于香港问题的联合声明即将签署，标志祖国的统一大业迈出了可喜的一步。党的十二届三中全会通过的《中共中央关于经济体制改革的决定》，反映了我国四化建设和实际工作发展的客观要求，是指导经济体制改革的纲领性文件，对我国经济腾飞，必将产生巨大的推动作用。

在新的历史时期，党领导下的爱国统一战线，在社会主义和爱国主义的基础上得到了巩固和发展，党同民主党派和无党派人士“长期共存，互相监督”“肝胆相照，荣辱与共”的方针及有关政策，逐步得到贯彻，民主党派在国家的政治生活、建设事业中日益发挥出重要作用。知识分子和工人、农民一样，已成为建设社会主义事业的依靠力量。

三年多来，民盟南昌市委会在党的十一届三中全会路线、方针、政策指引下，在中共南昌市委和民盟江西省委会的领导下，围绕着为“四化”建设服务这个中心，积极开展工作，政治上日益活跃，组织得到了较大发展，社会影响在不断扩大。广大盟员精神焕发，在各自的工作岗位上，在面向社会进行智力开发工作中，取得了可喜的成绩，为社会主义现代化建设做出了有益的贡献。

（一）组织和推动盟员加强政治学习，提高政治思想水平

三年多来，我们组织和推动盟员学习政治，学习党的路线、方针、政策，做了一系列工作，取得了一定成效。广大盟员学习《关于建国以来党的若干历史问题的决议》，对很多重大历史问题有了正确认识，从而进一步认识到中国共产党的伟大、光荣、正确，更加坚定了跟党走的信心。学习党的十二大文件和新宪法，看到了祖国光辉灿烂的前景，树立了主人翁的责任感。学习《邓小平文选》和《中共中央关于经济体制改革的决定》，解除了长期禁锢人们头脑的精神枷锁，增强了建设具有中国特色的社会主义

的信心。为了配合学习，我们组织了一些有益的辅导性活动，如举行学习心得交流会，录音报告会，专题讲座，组织成员到工厂、农村参观学习，印发学习参考资料，等等。通过学习，广大盟员拓宽了视野，提高了马列主义、毛泽东思想理论水平。对坚持四项基本原则有了深刻认识，对党的十一届三中全会以来的路线、方针、政策衷心拥护，对当前的大好形势，交口称赞。老年盟员感到喜有余年奔四化，愿学春蚕吐尽丝，表示要发挥自己的余热，在开发智力、办学、咨询、考察、著书立说等方面，为建设社会主义大厦添砖加瓦。中青年盟员朝气蓬勃，充满活力，奋斗在各自工作岗位上，担负着繁重的教学、科研或创作任务。原南昌市卫生防疫站站长贾祥骅同志，年近七旬，从事卫生防疫工作三十余年，经常深入基层、农村，了解疫情，防疫治病，为城乡卫生防疫事业的建设孜孜不倦，连年被授予先进工作者、市劳动模范的光荣称号。市卫生学校原教务科副科长王文方同志，从事卫生教育工作数十年，为培养医卫专业人员，做出了积极的贡献，一九八三年十月，光荣参加了中国共产党，一九八四年，出席了市劳模大会，被授予市劳动模范的光荣称号。干家巷小学退休体育教师王武同志，从事小学体育教学工作三十余年，对雨天室内体育课及小学低年级体育教学做过较深入研究，著有《室内体育游戏》一书，在省内外报刊上发表体育游戏科普文章百余篇，获得了社会的赞誉。西湖区支部丁道周同志，退休后担任居委会调解主任，在宣传党的方针政策，调解民事纠纷方面，做了很多工作，一九八四年，光荣地出席了市“五讲、四美、三热爱”积极分子、先进单位表彰大会。市歌舞剧团郝士达同志，近年创作歌曲、音乐作品150余首，其中，被刊物、电台、电视台及唱片社采用40余首，《竹乡傍晚》等七首获全国、省优秀歌曲奖。总的来说，广大盟员热爱祖国、热爱党、热爱社会主义，对大好形势和知识分子地位的变化感到欢欣鼓舞，为“四化”建设贡献力量的积极性空前高涨，思想主流是好的。

（二）积极参加国家大事的协商和讨论，发挥民主监督的作用

在中国共产党的领导下，实行多党合作，是我国政治制度的特点和优点。三年多来，我市盟员以主人翁的态度，关心国家大事，关心人民生活，反映群众的要求，为党的文教事业献计献策，做了一些有益的工作。

随着我国社会主义民主制度不断健全，爱国统一战线日益壮大，盟内有越来越多的同志参加了人大、政协的工作。现在，全市已有28位盟员被选为各级人民代表，其中，省人大代表8人，市、县、（区）人大代表20人，任市、县（区）、人大常委的9人，任县（区）人大常委会副主任的2人。被安排担任省、市、县（区）政协委员的71人，其中，省政协委员10人，市政协委员34人，县（区）政协委员27人，担任市、县（区）政协副主席4人。这些同志在坚持四项基本原则的基础上，发扬统一战线的优良传统，对市、县（区）的经济建设、政权建设以及文化、教育、科技工作，积极提出意见和建议，发挥了党的助手作用和民主监督作用。

三年多来，我们从实际出发，通过调查研究，对智力开发、教育改革提出了许多有益的意见和建议。一九八二年，我们组织教育工作岗位上的部分盟员遵照民盟中央关于城市中等教育的调查提纲，就教育行政、德育、智育、体育、师资队伍五个方面进行了调查，写出三个专题材料，上报中共南昌市委、盟省委会和有关部门参考。同年，我市部分盟员及所联系的同志，参加了省政协与盟省委会组织的调查组，深入南昌市试办职业班的南昌五中、南昌三十中进行调查，提出了关于加强南昌市中等职业教育，加快中等教育改革步伐的意见和建议。一九八三年，我们会同市政协教育体育工作组，对中、小学教育改革举行过多次座谈会，就减轻学生负担，克服片面追求升学率，提高教师的政治生活待遇，改善办学条件等方面，向有关部门提出了意见和建议。南昌十二中盟支部，在深入调查初中的教学工作后，提出了《对进一步提高初中教学质量的建议》。一九八四年五月，为了深入贯彻邓小平同志提出的“教育要面向现代化，面向世界，面向未来”的指示，盟市委会参加市政协会同市教育局组成的联合调查组到进贤县、安义县做了一次有关农村中等教育工作情况的调查，写出了《关于对改革农村中等教育的几点建议》，上报中共南昌市委并发至有关部门，作为农村教育改革的参考。南昌钢丝床厂助理工程师吴铁俊同志，在读了赵增益省长一九八四年五月四日《政府工作报告》后，向赵省长写信，提出如何结合江西特点发展经济的建议，受到领导的赞许。最近，我们又遵照盟中央的指示，就中等教育存在的问题进行了座谈讨论，着重对中学教师的职称评定问题，提出了意见，上报盟中央。上述调查专题和提出的意见和建议得到了有关领导部门的重视，对经济建设、智力开发、教育改革起了促进作用。

（三）协助党落实统战政策和知识分子政策，调动盟员的社会主义积极性

党的十一届三中全会以来，中共南昌市委坚持实事求是的原则，认真清理历次运动特别是“文化大革命”中的遗留问题，积极落实各项政策。三年多来，我们把协助党落实统战政策和知识分子政策当作重点工作来抓，做了大量的工作。一九八二年四月至六月，遵照盟中央关于协助党落实知识分子政策的决定，对盟员中知识分子政策落实情况进行了一次较全面的调查。在调查中，对存在的问题，多次写了综合材料和专题报告，向中共南昌市委、民盟江西省委会及有关部门汇报，促使不少同志的问题得到了合理解决。一九八三年以来，我会应邀参加了中共南昌市委组织的落实统战政策检查组，分别深入本市各县、区、局及部分基层单位检查落实统战政策情况。在检查过程中，实事求是地反映了盟员和所联系的知识分子对落实政策的要求及存在的问题，有的已得到妥善解决，有的正在解决。到十月底止，在我市盟员中，有 13 人的冤假错案获得平反；11 人的历史问题重新作了处理；有 10 人补发了被扣发的工资；有 7 人被查抄的财物得到合理的处理；有 8 人被挤占的住房得到归还或调整。党的政策的落实，极大地调动了广大盟员和知识分子的社会主义积极性，一些蒙冤受屈多年的同志，在平反改正后，更加热爱党、热爱社会主义，更加精神振奋地工作，为“四化”建设做贡献。如南昌师专副教授吴鸣声同志，平日治学严谨，坚持科学与生产相结合，今年暑假，他与一工厂协作，试制成羧甲基纤维素，可广泛用于织物上浆、石油钻井、软膏基料和造纸中增强纸张强度等。此项产品，我省过去是从外省购进，试制成后，填补了我省一项空白。在湾里区蔬菜科技推广站工作的谭茂础同志，近年来在引进抗病高产蔬菜品种，利用荒山发展“藠头”，自制新型生物灭虫剂，种植黄花菜等方面做出了显著的成绩。他写作的科研论文多次在市、区有关学术讨论会上宣读，受到有关方面的好评。

（四）举办盟员为“四化”服务汇报会，交流经验，表彰先进，推进工作

在大好形势的推动鼓舞下，广大盟员献身“四化”建设的自觉性大大提高，在各自的工作岗位上和社会活动中，做出了自己的贡献。据不完全统计，这几年，全市盟员中评为市劳模、先进工作者、“三八红旗手”、优秀辅导员，“五讲四美三热爱”和“为人师表”积极分子、“五好家庭”成员的，一九八一年有 31 人，一九八二年有 65 人，一九八三年有 88 人；提升为讲师的有 19 人，提升为副教授的有 3 人。

为检阅盟员为“四化”服务成果、交流经验、表彰先进、推进工作。这期间，我们先后举办过两次盟员为“四化”服务汇报会。一九八一年七月，举办的第一次“盟员为‘四化’服务汇报会”和“盟员为‘四化’服务成果小型展览会”，出席汇报会的有 60 余人，有 13 人做了典型发言，35 位盟员展出教材编著、学术论文、临床经验、文艺创作、美术摄影、科技园艺等方面的成果共 378 件。一九八三年八月举行的第二次“盟员为‘四化’服务汇报会”，出席会议的有 80 余人，发言的有 23 人。两次汇报会，参加的代表一次比一次广泛，汇报的内容一次比一次丰富、深刻，事迹一次比一次感人。在举办汇报会和展览会的同时，一九八三年还推选了 10 名代表参加了全省盟员为“四化”服务经验交流会；选送了 5 位同志的美术作品 18 幅，参加盟中央举办的《中国民主同盟盟员美术作品展览会》。一九八四年又推选 9 位代表，参加了“全省各民主党派工商联成员为‘四化’建设服务经验交流会”，选出 37 位同志为“四化”服务取得的成果，参加了《全省各民主党派、工商联成员为四化建设服务成果展览会》，其中有 17 人的材料列为重点展出。参加上述汇报会、经验交流会、成果展览会的每份材料和每项成果，都洋溢着盟员对党对社会主义忠诚热爱的深厚感情，倾注着盟员为“四化”建设服务的辛勤汗水。这些同志的劳动成果和经验，得到党和政府的赞扬，受到社会的好评，全市盟员都从中受到教育和鼓舞。同志们认为参加汇报和展出的材料思想先进，经验丰富，硕果累累，事迹感人。老盟员深感盟内人才辈出，兴旺发达，表示要珍惜余年，发挥余热。新盟员对盟的认识提高了，对盟的感情加深了。中、青年盟员决心继续努

力，振奋革命精神，在做好岗位工作的同时，发挥民盟的特点和优势，面向社会，继续开创盟务工作的新局面，为“四化”建设做出新的贡献。

在“四化”建设中，我市盟内涌现出一些勇于探索，敢于创新的同志。南昌十九中副校长李宝婵同志，从事中专、中学政治教学数十年，她大胆探索改革，因势利导地教育学生，收效显著，多次被评为教育系统先进工作者，数次出席全国政治学科教学经验交流、研究会，有些论文已在全国性刊物上发表。胡康新、罗来秋两位同志是南昌市医科所主治医师，他俩合作设计用心阻抗图检查心肺病人的心脏泵功能，对病人无损害。这种检查方法，在我省是首创，在全国也是少有的。他俩先后在国内外发表有关论文 19 篇，多次获南昌市优秀科技成果奖，优秀学术论文奖。其中两篇分别在日本、南斯拉夫举行的生物电阻抗国际会议上宣读并收入会议论文集。据不完全统计，自党的十一届三中全会以来，全市盟员在地市级以上报刊发表的学术论文、文艺创作、工作经验等有 558 篇（件），出版书刊有 111 种。这些都是盟员辛勤劳动的成果，反映了党的十一届三中全会以来，我市盟员精神面貌发生的深刻的变化。

（五）面向社会，进行智力开发和学术活动

为适应新时期的需要，并从盟的特点和任务出发，我们面向社会组织教育界离休、退休盟员发挥余热。于一九八二年十月举办了“求实业余学校”，帮助社会青年和在职职工提高文化、科学水平和专业水平。学校创办之初，学员为 700 人，开设 25 个班，发展到现在，在校学员达 5145 人（最多时 6800 人），先后在学校学习结业的有 15020 人。两年来，学校本着“求实”精神，在办学形式上，注意从实际出发，广开学路；在行政工作中，注意提倡实干作风；在教学管理上，注意培养讲求实效的学风，不断提高教学质量。在未花国家一分钱，未占国家一个编制的情况下，“拾遗补阙，利用余热，补国家之所需，急国家之所急”，受到党的重视和社会的欢迎。

为了提高成员业务水平，进行智力扩散，我们曾举办中学数学、化学等学科讲座；在基层播放有关教育改革、新的技术革命的录音；请老盟员原南昌二中校长王赓秀同志向教育界盟员和所联系的知识分子，介绍她赴澳大利亚参观教育的见闻；盟中央执行局委员张毕来同志来省视察盟工作时，我们与盟省委联合请他向省、市文化教育界盟员做《红学》报告。今年暑期，推荐市业大讲师刘希武同志，参加了盟省委的老苏区讲学团。这些学术活动，使盟员及所联系的同志受到了教育和启发、对加强学术研究，活跃学术空气，都起了促进作用。

为了发挥余热，很多同志在做好本岗位工作的同时，积极进行开发智力和扩散智力的工作。南昌一中语文教师程光茜同志，除较好地完成了本身的教学和班主任工作任务外，一九八一年，创刊《小猕猴》少儿智力画刊，近年来，还一直担任该刊的社外编辑，为开发少年儿童智力，做了大量的工作，受到广大少年儿童和家长的称赞。原南昌市八大山人纪念馆副馆长李朝瞰同志，应南京艺术学院之聘，为该院“美术史论进修班”讲学，受到师生的好评。还有许多同志，在各自的工作岗位上或退休后，积极协助工厂、机关、学校举办职业业余学校，幼儿教育，进行智力咨询，为开发智力做出贡献。

（六）积极发展和巩固组织，加强基层工作

为了适应形势的需要，我们遵照盟中央指示精神，在发展组织工作中，坚持在工作中发展，发展为了工作的原则，注意了发展中年知识分子入盟。三年多来，共吸收新盟员190人。其中，教育界146人，占76.8%；文化艺术界29人，占15.2%；科技机关15人，占8%。女盟员62人，占32.6%。新盟员平均年龄48岁，绝大多数是各条战线上的业务骨干，政治上要求进步，群众中影响比较好。他们中有市、县、区、局、单位先进工作者64人，占35.4%。新盟员入盟后，积极参加盟的各项活动，不少同志参加了各级盟组织的领导班子，为组织增添了新的活力。一九八三年，我会在中共南昌县委、新建县委的领导和支持下，通过筹备，发展了盟员，正式建立了南昌县支部和新建县支部。同年，随着省、市行政机构的调整，进贤县支部由省属划进我市。到目前为止，全市盟员总数374人，与一九八一年199人（包括进贤县支部23人）比，增长87.9%。平均年龄由62.3岁下降至56.4人。老龄化现象有所改变。总的来看，我市近几年来组织发展工作是健康的、正常的。

为了更好地发挥基层组织的作用，我们对基层组织进行了调整。把原来的15个支部（小组），调整为35个支部（小组），大多数支部（小组）是按县、区或单位建立的。这样，更有利于接受县、区及单位党的领导，结合单位工作，配合党组织的安排开展活动；有利于加强对盟员的培养教育，发挥盟组织的作用，实践证明，只有把盟的基层工作搞好、搞活，更好地发挥盟的组织作用，才能不断地鼓舞广大盟员为“四化”服务的政治热情。

为了巩固组织，我们组织盟员认真学习党的统战理论、政策和盟章、盟史。一九八二年学习了全国统战工作会议精神和胡耀邦同志一九八〇年在出席民盟迎春茶话会上的讲话，学习了关于党同民主党派和无党派人士“长期共存、互相监督”“肝胆相照、荣辱与共”的方针，使全体盟员进一步明确了新时期统一战线工作的重要意义。民盟五大和省盟七大召开后，我们及时组织广大盟员学习了中共中央和中共江西省委《贺词》和会议主要文件，使广大盟员深受教育和鼓舞，增强了盟员的光荣感和责任感。广大盟员表示要加强党的统战方针政策的学习，努力做好工作，决不辜负党对盟员的殷切期望和信赖。

为了贯彻执行《关于民主党派组织发展问题座谈会纪要》，我会认真总结了组织发展工作，放慢了发展的步子，着重抓了新干部与新盟员的教育和培养工作。今年暑期举办了新盟员学习班，集中一段时间学习党的统战理论和方针政策，学习盟史、盟章，明确盟的性质和任务、盟的组织总则和基层组织的基本任务，增强组织观念。在盟务工作中，我们多次组织基层干部参加本盟省、市委召开的各种类型的会议，帮助他们更多地了解情况，加深统战政策的理解，更好地熟悉盟务工作。我们每年都定期召开组织工作会议或基层干部经验交流会，汇报工作情况，交流工作经验。通过这些工作，有效地培养和提高了盟的基层干部的业务能力和领导水平。

《南昌盟务简讯》在一九八三年复刊以后，到现在已发行十六期，对配合党的中心任务，宣传党的路线、方针、政策，交流情况，互通声气，开展盟的工作，起了推动作用。

几年来，我们在参加国家的政治生活和社会生活的同时，积极开展了对台湾同胞、港澳同胞和海外侨胞（以下简称“三胞”）的联络工作。一九八三年六月，盟市委会成立了“三胞”联络工作组，调查了盟员中与“三胞”有联系的基本情况。在一些节日，举行“三胞”亲属中盟员茶话会，畅谈祖国的大好形势，宣传侨务政策和对台政策，鼓励他们与台湾亲人通讯联系。同时，我们还积极协助有关部门落实侨务政策和去台人员家属政策，帮助有关盟员解决一些急需解决的问题。

以上是我们在第六届代表大会以来的主要工作情况。总的来说，我们的工作是有成绩的。成绩的取得，主要是由于有党的十一届三中全会以来路线、方针、政策的指引，有各级党委的关怀和有关方面的支持帮助，同时是与基层干部和全体盟员的共同努力分不开的。

从三年多来的工作实践中，我们体会到：要做好盟的工作，必须坚定不移地接受党的领导，坚持四项基本原则，同时又要独立自主地开展工作。接受党的领导，主要是坚定不移地贯彻执行党的路线、方针、政策，使我们各项工作的指导思想、努力方向，同党中央保持一致。在社会主义现代化建设事业中，与党同荣辱、共命运。在具体工作上必须解放思想，实事求是根据自己的特点和优势，本着“自治、自尊、自强”的精神，独立自主地开展各项活动。凡是有利于“四化”的事，看准了的，就要敢于探索，敢于创新，并在实践中总结经验，探索新的路子。我们也体会到，民盟作为一个政党既要发挥政治协商，民主监督的作用，又要面向社会发挥智力集团的作用。在新的历史时期，实现“四化”是最大的政治，也是民盟的中心任务。盟组织参加政治协商、民主监督和面向社会为“四化”服务，两方面的工作是互相联系互相促进的。开展面向社会的活动，使盟员有更多的机会深入实际、联系群众，这就更加丰富了政治协商和民主监督的内容；而参加政治协商、民主监督，又使我们增进了对党的方针、政策在实践中的理解，不断为面向社会为“四化”服务开辟新的途径。面向社会的活动，必须遵循因地制宜，量力而行，保证质量，讲求实效的原则，才能积极而稳妥地发挥好盟的组织作用。我们还体会到，发展组织与巩固组织要结合进行。盟的组织要在工作中发展，发展的目的是为了工作。巩固、健全组织是为了更好地发挥盟组织的作用。在一段时间着重发展以后，用一段时间着重抓好健全和巩固组织的工作是必要的，也是正常的。我们还体会到，加强盟员的思想工作要和帮助盟员解决实际问题结合起来。组织与推动盟员学习政治和科学技术，提高盟员认识世界和改造世界的能力，激发盟员为“四化”出力，是盟的思想工作的基本任务，但思想工作要落到实处，必须和落实党的知识分子政策、统战政策结合起来。盟的组织要敢于代表盟员和知识分子的合法利益，实事求是地向有关方面反映他们的意见和要求，求得合理解决。对于一些过高过急的要求，也要耐心地宣传党的方针、政策，做好解释工作。事实证明，思想工作做好了，某些可能解决的实际问题解决了，盟员为"四化"服务的积极性就能更加充分地发挥出来。

在看到成绩的同时，还应看到我们的工作中还存在很多不足之处，这主要是长期以来"左"的影响在我们脑子里还没有完全清除。工作作风不够深入；对盟员的思想状况了解不够；对新的情况下出现的矛盾和问题研究不够；对基层组织的工作布置多，具体帮助少；对新盟员考察教育不够普遍深入；对离休、退休老盟员的关怀照应，还存在一些问题。所有这些都有待于在今后工作实践中努力克服和改进。

各位代表、各位同志：

我国已进入中华民族历史的新时期。党的十二届三中全会号召我们，要认真学习贯彻《中共中央关于经济体制改革的决定》，以充分的信心和勇气，切实有效地进行工作，努力夺取改革的全面胜利，为更好地开创社会主义现代化建设的新局面而奋斗！全市盟员同志，要在党的十二届三中全会精神指引下，在民盟五大及省盟七大精神的指导下，发扬成绩，克服缺点，努力开创我市盟的工作新局面。为此，我们建议今后应着重做好以下几个方面的工作。

（一）把盟的思想建设放在重要地位

我们正处在一个经济振兴，迎接新技术革命的新时代。为此，要更加重视政治学习和科学技术的学习，不断提高盟员认识世界和改造世界的能力，激发为"四化"服务的热情，为实现党所确立的总目标和总任务而努力奋斗。

我们要推动盟员认真学习马克思列宁主义、毛泽东思想和党的路线、方针、政策，当前特别要认真学习《中共中央关于经济体制改革的决定》。要深刻认识到：以城市为重点的整个经济体制改革，这是一场全面的改革，一场深刻的革命。这场改革是社会主义制度的自我改进和自我完善，是要大大促进社会生产力的发展，建立起具有中国特色的、充满生机和活力的社会主义经济体制。在学习中要坚持理论联系实际的原则，要通过学习，把我们的认识统一到党的十二届三中全会的《中共中央关于经济体制改革的决定》上来，使《中共中央关于经济体制改革的决定》精神落实到盟的各项工作中去，进一步把盟的工作搞好搞活。作为一个盟员，要振奋起积极的、向上的、进取的精神，充分发挥主动性、积极性和创造性，为改革的顺利进行做出贡献。

为了建立和健全高度的社会主义民主，要大力进行民主和法制的教育。帮助盟员增强民主和法制的观念，树立依照国家宪法和法律办事的思想。

我们要大力加强以共产主义思想为核心的思想教育，搞好思想建设，提高盟员的精神境界。要深入实际调查研究和分析盟员中的思想状况，根据不同对象，采取不同的形式和方法，进行以共产主义思想为核心的包括爱国主义、社会主义、集体主义在内的思想教育。要加强革命传统教育和道德风尚教育，抵制资本主义思想的侵蚀。

实现四个现代化，科学技术是关键，教育是基础。我市盟员要努力学习现代化的科学技术和管理知识，提高业务能力。要结合本身的工作，不断更新知识和技术，发挥特长，全心全意为社会主义物质文明建设和精神文明建设服务。

（二）积极参加政治协商和民主监督，做党的助手和诤友

参加政治协商和民主监督，是民主党派在党的领导下一项严肃的政治任务。我们要通过各级人大、政协和各项政治活动，对国家的大政方针和人民群众共同关心的重大问题，积极、大胆地反映情况，提出意见、建议。参加政府部门、企事业单位领导工作的同志，应紧密依靠党的领导，搞好合作共事关系，守职尽责，做好工作。

要继续协助党落实知识分子政策，敢于代表盟员和所联系的知识分子的合法利益与合理要求，实事求是地向有关方面反映他们的意见、要求，充分调动起广大知识分子献身“四化”的积极性创造性。要十分注意培养和起用中、青年知识分子，按照人尽其才，才尽其用的原则，向有关方面

推荐人才。

（三）推动盟员积极投身改革，为社会主义物质文明和精神文明建设做出新贡献

党的十二届三中全会的《中共中央关于经济体制改革的决定》指出："改革是当前我国形势发展的迫切需要"，为了发展社会生产力，建设具有中国特色的社会主义，必须坚持改革，锐意改革。我们大多数同志是从事文化教育工作的，在建设社会主义精神文明中，肩负着重要的责任。理应挑起培养人才，传播知识的历史重担，以极大的热情投身到改革中去，特别是要以勇于探索，敢于创新的精神，积极参加文化教育、科技医卫方面的改革。为制定改革方案、实行改革的措施献出自己的才智和力量。

我们要在推动盟员投身改革、做好岗位工作的同时，面向社会开展工作。根据需要与可能，探索服务"四化"、开发智力的有效形式和途径。继续按照"积极开创，量力而行，因地制宜，灵活多样，保证质量，讲求实效"的原则，办好求实业余学校，开展智力服务咨询活动。

（四）搞好盟的组织建设

目前盟的领导班子，存在老龄化的情况。大力培养、选拔中青年同志，逐步实现领导班子年轻化，是开创民盟工作新局面的重要条件。我们要把那些坚持四项基本原则、有强烈事业心、德才兼备、热心盟务工作的年轻同志，选拔到盟的各级领导岗位上来，做到新老合作和新老交替。

在组织发展中，坚持执行以大中城市为主，以中上层为主，以文教界为主的发展方针，和在工作中发展，发展是为了工作的原则，讲求代表性，注意发展中青年知识分子入盟。

抓好盟务干部的培训工作，是加强组织建设的重要环节。我们要继续抓好培训骨干的工作。建设好盟的各级领导班子，活跃基层工作。要加强对新盟员的教育，帮助新盟员提高对统一战线理论和盟的历史、性质、任务的认识，增强作为一个盟员的光荣感和责任感。

目前，我市盟员中离休、退休的同志占全市盟员 33.1%。今后，离休、退休盟员将越来越多，他们是我们盟的宝贵财富。我们要对他们多关心，多照顾，配合有关部门，做出妥善安排，使他们能安度晚年。他们之中大

多数人学有专长，经验丰富，不少人身体还比较健康，我们要为他们创造条件，使他们发挥余热，继续为“四化”建设服务。

实现祖国统一大业，是历史赋予我们的光荣任务。盟内有些同志在“三胞”中有广泛联系，我们要利用这一有利条件，配合有关部门，积极开展“三胞”工作，为争取早日实现祖国统一大业，做出自己的积极贡献。

各位代表、各位同志：

我们面临着祖国经济振兴的大好时期，党的十二届三中全会规划了我国经济体制全面改革蓝图，为建设具有中国特色的社会主义指明了方向。胡耀邦同志号召我们，“毋忘团结奋斗，致力振兴中华”，最近又号召我们要“大鼓劲，大团结，大繁荣”。这表达了全国人民一心一意搞“四化”的愿望。今天，我们回顾过去所取得的成绩，感到鼓舞，瞻望今后承担的光荣任务，更感到自豪。让我们紧密地团结在党的周围，高举爱国主义旗帜，坚持四项基本原则，解放思想，振奋精神，加强团结，锐意改革，积极进取，开拓前进，以充分的信心和勇气，为贯彻执行党的十二届三中全会精神和民盟五大、省盟七大提出的方针、任务，为夺取改革的全面胜利，为使南昌市早日跨进全国先进城市的行列，为开创我市盟的工作新局面而努力奋斗！

坚持共产党领导的多党合作
奋力为社会主义事业立新功

——中国民主同盟南昌市第七届委员会工作报告

（1989 年 11 月 25 日）

殷楚经

各位代表，各位同志：

民盟南昌市第七届委员会自一九八四年十二月组建以来，到现在已经五年了。五年来，我们高兴地看到，全国、全省、全市人民，在中国共产党的领导下，坚持四项基本原则，坚持改革开放，出现了政治上安定团结，经济上持续发展、人民生活不断改善的大好形势。社会主义事业蓬勃发展，爱国统一战线形成了新的格局，民主党派在国家政治生活和“四化”建设事业中，日益发挥出重要的作用。这个大好形势，正在激励着我们奋勇前进。

现在，我受中国民主同盟南昌市第七届委员会的委托，向市盟第八次代表大会报告工作。

一

五年来，民盟南昌市第七届委员会，在中共南昌市委和民盟江西省委的直接领导下，在市政协、市委统战部的关心、支持和帮助下，通过全体盟员的积极努力，坚决贯彻中共十一届三中全会以来的路线、方针政策；坚决贯彻民盟六大和省盟八大精神；积极开展了各项工作和活动，在治理整顿中，做了许多工作，取得了可喜的成绩。

（一）加强思想政治教育，坚持正确的政治方向

中共十一届三中全会以来，中国共产党领导的多党合作进入了一段新的历史阶段，中共与民主党派的关系更加密切。这五年，我们一贯坚持对全体盟员进行中共十一届三中全会以来的路线、方针、政策的教育，及时组织盟员开展盟章盟史的学习，教育盟员解放思想，求实创新，发扬盟的光荣革命传统，坚持盟的社会主义方向，在政治上同中共中央保持一致，努力适应新形势新任务的要求，积极为社会主义事业服务。通过思想政治教育，盟员的政治素质不断提高。

一九八七年，中共十三大召开后，我们认真组织了对中共十三大文件的学习和讨论，使全体盟员对社会主义初级阶段理论和坚持“一个中心、两个基本点”的基本路线有了较为深刻的认识。去年，中共十三届三中全会之后，我们在盟内深入开展了形势教育，帮助盟员深刻认识十年改革巨大成就和前进中面临的问题和困难，深刻理解治理整顿、深化改革方针的重要性，坚决做到与中国共产党同舟共济、共渡难关，在各自的工作岗位

上，积极做出贡献。

开展盟史教育，是盟的重要工作，对新盟员和年轻盟员来说，尤为需要。一九八八年民盟六大制定的盟章，规定了民盟现阶段的政治纲领，明确了民盟在现阶段的基本任务、奋斗目标和政治主张，强调了民盟参加国家政治生活、推进民主政治和法制建设、参与国家政权和国家事务管理的重要作用。近两年，我们通过传达贯彻民盟六大和省盟八大的精神，着重对全市盟员进行了盟章盟史教育，每年举办一次新盟员学习班，教育盟员继承和发扬民盟与中国共产党长期以来风雨同舟、患难与共、坚定地接受共产党的领导、坚持社会主义的优良传统，提高盟员的政治责任感。许多同志通过学习，认识到多党合作首先要坚持共产党的领导、坚持四项基本原则是共产党领导的多党合作的政治基础，也就是盟的社会主义方向。大家表示：做一个合格盟员，一定要确立这个正确的政治方向，为贯彻中共提出的基本路线，实现盟的基本任务和奋斗目标，兢兢业业，努力工作，为社会主义事业立新功。

一九八六年是我盟成立四十五周年和盟的领导人李公朴、闻一多烈士殉难四十周年，盟市委组织了纪念活动。一九八七年，省、市民盟成立四十周年时，盟市委邀请了部分中华人民共和国成立前从事过地下斗争的老盟员举行座谈会，并和盟省委一起，举行了盛大的纪念会。这些纪念活动对盟员是极有意义的革命传统教育，也使广大群众增进对盟史的了解。为了弘扬盟的优良传统，一九八六年，盟市委成立了盟史工作组，征集到一批盟史资料，编印了《民盟南昌地下斗争概况》，发给全市盟员。在这个基础上，组织力量编写了《南昌盟志》，几次修改，已经完稿。

为发挥统战理论对盟务实践的指导作用，一九八六年，盟市委成立了统战理论研究小组，组织盟员把统战理论研究和开展盟务活动结合起来，撰写统战理论文章。从一九八六年起，每年举行一次统战理论文章研讨会，并将评选出来的优秀论文，推荐到市统战理论研究会年会上进行交流。统战理论研讨活动的开展，提高了盟员对统战理论和统战政策的认识，增强了搞好盟务工作的积极性。

我们进行和加强了《南昌盟讯》的编印发行工作。增设了新栏目，提高了质量，拓宽了市盟的宣传教育工作阵地。我们加强了《群言》《中央盟讯》和《江西盟讯》的发行工作。这对盟员加强思想政治教育发挥了有益的作用。

今年春夏之交，在制止动乱、平息反革命暴乱期间，我们组织盟员及时学习了《人民日报》的“4·26社论”，学习了李鹏、杨尚昆同志的讲话，特别着重学习了邓小平同志在接见首都戒严部队军以上干部会上的重要讲话，及时向盟员传达了中共南昌市委、市政协的有关会议的精神，帮助大家提高认识，统一思想。随后我们又组织大家深入学习、讨论了中共十三届四中全会文件，使大家进一步认识了发生动乱和反革命暴乱的背景和真相，认清了这场斗争的实质以及极少数顽固坚持资产阶级自由化的人策划动乱和暴乱的罪恶目的。全市盟员在政治上与中共中央坚决保持一致，坚决拥护中共十三届四中全会通过的各项决议，坚决拥护以江泽民同志为核心的新的中共中央领导机构。一致表示将在工作实践中努力协助党和政府做好四中全会提出的“四件大事”。最近，我们又组织大家认真学习了江泽民同志在庆祝中华人民共和国成立四十周年大会上的讲话，大家认识到，江泽民同志的讲话，对统一全国人民的思想，指导今后的工作有着极其深远的历史意义；认识到更为重要的是要深入学习和深刻理解江泽民同志的讲话精神，贯彻理论联系实际的原则，在自己的工作实践中，更好地坚持四项基本原则，坚决反对资产阶级自由化，同全市、全省和全国人民一道，振奋精神，排除万难，努力把我国社会主义建设事业，不断推向前进。

（二）积极参加国家政治生活，发挥参政议政作用

中国共产党领导的多党合作制度，是在长期的中国革命和建设实践中形成的具有中国社会主义特色的新型政治制度，是我国政治制度的一大特点和优点。五年来，盟市委先后多次出席中共南昌市委召开的民主协商会和双月座谈会听取了有关会议精神的传达或通报。有些基层组织，应邀参加了各自单位重大问题的研讨和协商。无论是参与市或各自单位协商讨论的盟员，都以对党和人民负责的精神，针对应兴应革的事项，积极认真地提出了不少建设性的意见和建议。担任各级人大代表、政协委员的同志，在参加视察、考察活动中，都把组织交给的考察、视察任务视为参政议政

的具体实践。几年来，他们在考察、视察中对应兴应革事项共提出了四十八项意见和建议。参加民主协商会和双月座谈会的同志，就加强青少年的政治思想教育、改进市政建设、加强物价管理、搞好“菜篮子工程”、加强廉政建设、旧城改造和绿化等问题，在调查研究的基础上，提出了十四项意见和建议。许多盟员还就民主党派参政议政应有的制度和法律的保证、普通教育的发展、高等教育的改革、办好职业中学和我市经济发展战略等问题，分别在各种会议上或做专题发言，或写出调查报告，受到各有关方面的重视。湾里区支部在参政议政方面积极发挥了群体作用。他们就“如何发展湾里经济问题”提出了十七条建议，其中有的已被政府采纳实施。为了及时反映我市盟员的意见和要求及群众中议论较多的“热点”问题，我们不定期地编印了《情况反映》，为领导部门处理有关问题做出决策，提供了参考和依据。

在职改中，我们十分重视职称评定中盟员和所联系的知识分子反映的意见和问题，指派了专人处理来信来访，将整理好的意见和问题，向有关领导和部门汇报。同时还召开了“职称评定对话会”，邀请我市主管这项工作的沃祖全副市长和盟员代表对话，协助政府贯彻政策，做好职改工作，在这项工作中各盟支部也积极配合单位行政做了大量工作。据统计，全市盟员在这次职称评定中，共有一百四十余人被评为副高级以上职称，占全市盟员总数的28%左右。

我们还继续协助中国共产党和人民政府在落实统一战线方面做了一系列工作，帮助有关同志解决了历次运动中遗留下来的政治结论、私房被占和被查抄财物归还等问题，帮助中华人民共和国成立前入盟的二十三位同志核实材料，出具证明，同有关单位联系，妥善办了离休手续。

（三）着力抓好巩固提高工作，加强盟的自身建设

首先，着意抓了盟市委领导班子的建设。1987 年，召开了代表会议，选拔了年富力强、热心盟务、富有开拓精神的中青年同志进入领导班子，增强领导班子的活力；盟市委定期召开主委会议、常委会议，加强集体领导，贯彻民主集中制，增强了领导班子的团结，改进了民主作风。其次，加强了机关建设，对机关工作实行目标管理，对各部、委、办的工作职责

做出具体规定，定期检查落实，年终总结评比，改进了工作作风，提高了工作效率。最后，加强了基层组织建设。盟市委的专职干部分工联系三十九个盟支部，深入实际，指导工作。对任期届满的支部及时进行了改选，把政治素质好、有干劲、热心盟务的中青年同志，选进支部委员会，担任领导工作。目前全市新盟员，担任基层干部的占干部总数的百分之八十，基层干部逐步实现了新老合作与交替，初步形成了梯队结构。几年来，我们逐步调整了年龄老化的支部，减少了综合性支部。

在组织发展工作上。我们一贯坚持“发展是为了工作，在工作中发展”的原则，坚持巩固与发展相结合的方针。这五年，我们有计划、有步骤地发展了新盟员 163 人。截至现在，全市共有盟员 510 人。新盟员的政治素质和业务素质都比较好，具有一定的代表性，文化程度大多数在大专以上。这批有觉悟、有知识、有技术的中青年同志入盟，进一步改善了市盟组织的群体结构，给我们市盟组织增添了生机和活力。每年开展了评比先进支部和盟务先进工作者活动，如一九八八年，全市选出了十个先进支部，四十三名盟务先进工作者。盟市委召开交流经验的会议，颁发了奖状和荣誉证书，这对推动我市盟务工作的开展，起了积极作用。随着形势的发展与盟组织建设的加强，基层组织面貌有了可喜的变化，组织生活内容比过去更为充实，活动形式更为多样，党盟关系更加密切和融洽。各基层组织在团结教育盟员、推动盟员紧跟形势不断前进方面做了许多工作，保证了盟的各项工作顺利进行。

我们还进一步加强了老年盟员工作委员会和妇女工作委员会的工作，充分发挥了这“两会”的组织作用。

（四）组织推动盟员做好本职工作，为“四化”建设多做贡献

这五年，盟市委和各基层组织紧紧围绕经济建设这个中心和改革开放的主旋律，鼓励和推动盟员发挥智力优势，为“四化”建设贡献力量，做了许多工作，取得了新的成绩。据统计，五年来，全市盟员有 420 余人次被授予劳动模范、优秀教师、先进工作者、“三八红旗手”和积极分子等光荣称号，有 29 人光荣加入了中国共产党，有 28 位同志参加了省、市政协召开的各民主党派和有关人民团体成员为“四化”建设服务经验交流会，有 9

位热心盟务工作、做出了优异成绩的盟员和基层组织的代表，出席了盟省委召开的全省盟务工作经验交流会，其中，有 4 位同志在大会上介绍了工作经验。

许多盟员在创造发明、著书立说、文艺创作等方面做出了优异成绩。其中，如李朝暾、齐宪模，胡康新、桂文波等同志，一九八六年发表的学术论文和作品，获得国外有关学术界好评。一九八七年，曹存昌、胡康新两位同志还分别应邀前往西班牙、奥地利参加国际学术会议，交流了论文。李宝婵同志撰写的《中学政治课教学科学化的探索》一文，经全国政治教员评比获奖，受到《中学政治教学》杂志社的通报表彰。郝士达同志近几年有 40 多首歌曲获国家、省级奖，其中，《竹乡傍晚》获全国新歌征歌优秀歌曲奖，《采掘者之歌》经煤炭部评为向全国矿工推荐的五首歌曲之一，《我们爱中华》获全国中小学校园歌曲一等奖。程光茜同志写的《影响教师队伍合格与稳定的因素是什么》调查报告，经盟省委推荐到盟中央在天津召开的全国普教工作研讨会上交流，引起了有关领导部门的重视。章金媛同志与其他同志合作，发表的十三篇学术论文，分别刊登在全国及省内有关刊物上，受到同行的重视。丁冠雄同志与其他同志合写的《思维等级及其在生物教学中的应用》一文，被全国生物教学研究会评为一九八八年一等论文。颜学恕同志几年来先后组织有关同志编写了《南昌市体育理论教材》《江西省初中体育课本》，现又和盟员王武同志致力于《南昌市体育史》的编写工作。由王文方同志主编，章金媛等十五位同志参加编撰的《实用护理学》一书，今年已由四川人民出版社出版，向全国发行。刘希武同志与其他同志合编的《全国成人高校英语》第一册，今年已由高等教育出版社出版发行。

（五）积极开展咨询服务活动，大力培养“四化”建设人才

五年来，盟市委为适应社会需要，本着遗拾补缺的精神，采取主办、联办和代办等形式，多层次、多学科地开展了办学活动，取得了可喜的成绩。

盟市委创办的南昌求实业余学校，五年来共培养学员 4 万余人。该校在教学上，连年获得好成绩。去年参加成人高考录取的学员有 105 人，电大法

律班毕业合格率达百分之百，汉语言文学班毕业合格率为百分之九十八，今年高考又传捷报。由于该校教育质量比较高，曾被评为省、市电大教学班先进主办单位。该校副校长沈业恭等老同志在办好这所学校中，工作认真负责，付出了艰辛的劳动，受到省、市有关领导的称赞。一九八五年，我们支援石岗镇办的南昌三十七中学，取得了显著的社会效益，群众称赞盟市委办了一件好事，并受到盟中央和省、市有关领导的好评，《光明日报》和《南昌晚报》均做了报道。一九八七年夏天，我们和省军区教导大队共建的“南昌求实业余学校青云分校”，解决了部队干部和老区人民子女高考补习困难，办学两年半来，已取得了较好成绩。据统计：去年高考录取率占参考总人数的54%。今年高考录取率41%。得到了家长和社会上的好评，他们来信赞扬盟市委为国家培养了人才。《解放军报》《信息日报》《南昌晚报》分别做了报道，称赞我们开拓了一条军民共建学校的新路子。我们从社会调查中，了解到老区人民对提高文化素质的渴求，增加了我们支老扶贫，贡献智慧和力量的责任感和紧迫感。一九八六年暑假，我们组织部分执教多年、经验丰富的盟员教师前往进贤县特困乡——二塘乡，培训师资，盟市委还发动盟员和所联系的群众捐赠该校一批图书资料和教学用品。一九八七年，我们组织了南昌一中部分盟员骨干教师奔赴老区弋阳，为该县教师暑期培训班开讲，受到了弋阳县的领导和教育部门的欢迎，扩大了盟的社会影响。一九八八年，南昌十七中支部退休老盟员丁如玉在学校党政领导和盟支部的支持和帮助下，创办了求实幼儿园，由于老师热情负责，因材施教，该校校长和幼儿园家长都感到非常满意。

（六）开展“三胞”联谊工作，为促进祖国统一服务

几年来，我们召开了学习政策座谈会，举办“三胞”亲属联谊会、思亲会等，在“三胞”亲属中广泛宣传了党的对台政策；举办港台风光图片展览，帮助“三胞”亲属了解台情、港情、侨情，以有利于他们知情出力；每年中秋节和春节，慰问回昌定居及来大陆探亲的盟员家属，加强了同“三胞”亲属的感情联系。市盟“三胞”联络委员会主任章金媛同志的侄外孙、台湾世界新闻专科学校教授、著名学者王晓波先生，近几年先后几次来大陆访问，他在南昌期间，盟市委会曾出面热情接待，使他深受感动。

我们开展这些活动，有利于广交海外朋友，开拓联络“三胞”渠道，有利于进行“三胞”第二代、第三代的工作。

据不完全统计，五年来，有“三胞”关系的盟员及其亲属赴香港、广州和在南昌与海外亲友会晤的共60人次。他们通过探亲访友，联谊叙旧，宣传了党和国家的方针、政策，联络了友谊，争取了人心，对于增强“三胞”对祖国的向往和凝聚力，起到了民主党派应起的作用。

我们在开展联谊活动的同时，还及时向有关方面反映了这些同志的意见和要求，帮助排忧解难，帮助落实有关政策，有力地鼓舞和激励了他们从统一祖国的大目标出发，积极做好“三胞”联络工作，为促进祖国和平统一，发挥了良好作用。

二

五年来，我市盟的工作，以求实创新的精神，迈出了新的步伐，取得了新的成绩。在工作实践中，我们有以下几点体会：

（一）适应形势发展的要求，必须加强思想政治工作，坚定正确的政治方向，是盟组织搞好自身建设的关键

我们深深感到，要肩负起自己的历史使命，关键在于抓好盟的自身建设，建立起一支坚决接受中国共产党的领导，政治素质好，前进方向明确的盟员队伍。

抓好盟的自身建设，首先是思想建设。思想建设的核心是坚持四项基本原则，反对资产阶级自由化。要遵循中共十三届四中全会精神，用马克思主义、社会主义思想教育盟员，热爱中国共产党，热爱社会主义，坚决反对资产阶级自由化，以提高盟员政治素质。举办学习班、培训班、组织对话、谈心等活动，这是可以经常运用的、受到盟员欢迎的思想政治工作形式。思想政治工作要做深做细，有的放矢；要深入盟员群众，依靠盟员群众；要在自我教育中，互相切磋，互相勉励，共同提高，达到弄通思想，振奋精神的目的。在进行思想政治工作的同时，要注意帮助盟员解决实际问题，代表盟员及所联系知识分子的合法权益，实事求是地向有关方面反映他们的意见和要求。凡是能够办到的，应争取党委的支持，设法给予解

决；暂时做不到的，要做好说服解释工作，取得谅解。事实证明，思想政治工作做好了，某些可以解决的实际问题能够得到解决，盟员为“四化”建设服务的积极性就能充分地发挥出来。这项工作必须常抓不懈，实际上也是常抓常新。

我市盟的组织正处在新老接替的关键时刻，组织建设要根据新老接替的需要，搞好领导班子建设。盟市委的领导班子，通过1987年召开的代表会议，充实了领导力量，这次代表大会还要继续充实和加强。加强领导班子的建设，要强调集体领导，强调民主办事，举凡重大盟务活动的开展、重要问题的决定、机关规章制度的建立，都要经过集体研究讨论；要切实增强领导班子的团结，保证中共各项方针政策和盟中央、盟省委各项指示精神的贯彻执行，积极开展和做好盟的各项工作。

盟的工作基础在基层，盟市委的日常工作要面向基层，着重抓好基层组织的建设，及时加强对基层组织的具体领导，增强基层活力，活跃组织生活，依靠基层加强思想建设，发挥盟组织的群体作用。

（二）开展面向社会的智力服务活动，必须解放思想，勇于探索，实事求是，力求实效

为社会主义现代化建设服务是盟的中心任务，作为一个智力集中的盟组织，在推动盟员做好本职工作的同时，必须组织盟员面向社会，开展智力服务。做好这项工作，盟市委要加强具体领导，一方面要大力鼓励、支持、引导和帮助盟员积极投身改革开放，站在推动生产力发展的前列，奉献自己的力量。另一方面要加强全市各级组织力量的组合与运用，在全市范围内形成一支智力服务网，搞好与有关方面、有关单位的横向联系工作，或临时相帮，或共同承担任务，提高服务的质量和效益。如我们对市三十七中学的支援，由于充分发挥了盟组织的群体优势和作用，取得了可喜的成绩，扩大了盟的社会影响。要搞好智力服务还必须遵纪守法，维护盟的声誉，把服务社会、为国出力作为自己的宗旨，努力为我市文教科技事业的发展、为工厂企业提高产品质量和经济效益服务。这几年，我们在智力支援和服务工作方面，从微观上考虑得多，从宏观上考虑得少。这里有我们人力、财力单薄的问题，也有我们主观努力不够的问题。我们决不能停

留在现有的工作水平上，必须解放思想，勇于探索，进一步发挥盟员的智力优势，从工作项目、工作方法和力量结构上，都要做新的改进，努力把这项工作逐步由微观向宏观发展，以适应新形势的要求，扩大服务的领域，收取更好的效果。当然，在对待具体问题上，必须审慎从事，量力而行，做到切实有效。

（三）推动社会主义精神文明建设，必须联系实际，把改造主观世界和改造客观世界结合起来

社会主义精神文明建设，说到底，就是要提高全民族的素质，培养有理想、有道德、有文化、有纪律的社会主义新人。全市盟员为建设社会主义精神文明、维护安定团结的政治局面做了大量有益的工作。从吸取动乱和反革命暴乱的教训来看，国际敌对势力同社会主义国家之间的渗透与反渗透，颠覆与反颠覆，和平演变与反和平演变的斗争将长期存在。要把思想政治工作做好，做出更大的成绩，必须鼓励盟员按照邓小平同志提出的“四有”的道德规范身体力行，要遵照江泽民同志最近几次讲话的精神，高举爱国主义社会主义的旗帜，发扬自强不息、艰苦奋斗的民族精神和盟的优良传统，做社会主义精神文明的模范。要结合盟员的思想实际，坚持不懈地在盟内开展爱国主义、社会主义、集体主义和自力更生、艰苦奋斗的思想教育以及革命传统教育，要为盟员提供各种学习条件，深入学习马列主义、毛泽东思想，提高政治思想觉悟，抵制和反对一切封建的、资本主义的文化糟粕和精神垃圾，划清社会主义民主与极端民主化、无政府主义的界限，旗帜鲜明地反对资产阶级自由化。我市全体盟员绝大多数是文化、教育、科技工作者，正人必先正己，只有严于律己，人人都做精神文明的表率，才能有效地致力于精神文明建设，做好青少年的思想政治工作，培养“四有”的社会主义一代新人。当前，我们还要协助中国共产党和人民政府搞好廉政建设，清除各种腐败现象，深入持久地进行“扫黄”工作，取缔“六害”等社会丑恶行为。同时，及时讴歌和赞颂好人好事，以弘扬社会主义正气。

（四）做好盟的工作，必须坚持共产党的领导，正确认识和对待接受共产党的领导与民主党派组织独立自主开展工作的关系

坚持共产党的领导，是搞好多党合作的前提，是做好盟的工作的根本

保证。这是盟组织有史以来的一条极其重要的经验。坚持共产党的领导，就是要坚定不移地贯彻执行中共的路线、方针、政策，遵循国家宪法和法律的规定，使盟的各项工作的指导思想和努力方向，始终同中共中央保持一致。

周恩来总理曾经教导我们："民主党派在共产党领导下，在宪法赋予的权利义务范围内，有政治自由和组织独立性。这种政治自由，是适应社会历史发展规律的必然性的自由（1962年4月18日，在全国政协三届三次会议上的讲话）。"这就是说，民主党派必须在共产党领导下，在宪法范围内开展活动。在这两个前提下，管理自己党派内的事务，做好致力于社会主义事业的各项工作，独立自主地处理自己党派内部的建设和日常工作。最近民盟中央主席费孝通讲过："只有坚持共产党的领导，才能使多党合作与政治协商制度不断完善，不断发展，才能有步骤地、有实效地推动社会主义民主和法制建设。这一基本原则，不但写进我们的盟章和决议，贯彻于实际工作之中，并且经常向我们的广大盟员进行教育，使之成为我们的共同信念和行动准则（见民盟中央1989年第九期工作通讯）。"全体盟员对此必须有明确的认识，在实际工作中，必须身体力行。

总结这五年我市盟的工作，在看到成绩的同时，还要看到我们存在的缺点与不足，这主要是：思想政治教育工作不够深入细致，不够灵活多样；各基层组织的工作也不够平衡；有些盟员和基层干部，对中国共产党的统战政策和盟的性质、任务还存在某些片面认识；在参政议政上，多半局限于对某些微观问题提出意见建议，未能有力地对全市重大问题进行科学论证；盟市委机关干部深入基层，调查研究，指导工作不够经常，不够扎实。这些缺点和不足之处，有待我们今后努力探索，采取有效措施，加以改进和提高。

三

一九八九年即将过去，一九九〇年即将来临。新的一年是我国治理整顿和深化改革的关键一年。进一步稳定我国的政治和经济形势，实现国民经济持续、稳定、协调发展，是我国治国安邦的重大决策。希望市盟第八届委员会，根据中共中央召开的十三届四中全会、五中全会精神和民盟六大，省盟八大会议精神，在中国共产党的领导下，高举爱国主义、社会主义旗帜，坚持以经济建设为中心，坚持四项基本原则，坚持改革开放，坚持社会主义物质文明和精神文明建设一起抓，坚决反对资产阶级自由化，发扬盟的优良传统，不断拓宽工作领域，提高盟务工作水平，努力在以下4个方面做出新的成绩：

1. 在盟的自身建设方面，要组织推动盟员认真学习马列主义、毛泽东思想和邓小平同志、江泽民同志重要讲话，学习上级有关会议文件和时事政策，学习新时期统战理论，学习盟章盟史，学习科学知识，大力进行爱国主义、社会主义、集体主义和自力更生、艰苦奋斗、勤俭节约的思想教育，以及革命传统、法律知识、职业道德教育，不断提高政治素质和业务水平；要加强和改进思想政治工作，坚持正确的政治方向，进一步搞好盟的思想、组织、制度建设，把基层组织的工作，切实抓好，以增强活力，发挥盟组织的整体作用；要注意加强团结，密切党盟关系，新老关系，群众关系；要改进作风，深入实际，总结经验，努力提高工作水平。

2. 在参政议政方面，要组织推动盟员和所联系人士，积极参加我市治理整顿、深化改革的工作，参与重大问题决策过程中协商讨论，大胆提出应兴应革的意见和建议，并在执行中反馈信息，实行民主监督；要协助中共南昌市委和市政府搞好我市的廉政建设，克服腐败现象，共渡难关，战胜困难；要抓住群众议论的“热点”问题，开展调查研究，做出科学论证，写出专题材料，发挥群体参政作用；要动员、支持担任人大代表、政协委员的盟员，积极参加各项活动，认真履行自己的职责；要及时反映盟员和所联系人士的意见、建议和要求，帮助中国共产党和人民政府改进工作。

3. 在服务“四化”建设方面，要组织推动盟员和所联系人士积极投身社会主义建设事业，奋力做好本职工作，在自己的岗位上做出新的成绩；要发挥盟组织的优势，积极参加精神文明建设，继续开展智力服务，搞好科技咨询，为提高民族素质贡献力量；要开拓新的服务领域，创造新的服务形式，扩大社会影响，以便更好地发挥盟组织在“四化”建设中的作用。

4. 在“三胞”联络工作方面，要发挥盟员和所联系人士深入学习宣传海外统战政策，发挥他们社会联系的优势，加强同台湾同胞、港澳同胞和海外侨胞的交往；要大力开展联谊活动，增进互相了解，沟通思想感情，推动祖国和平统一事业的发展；要做好接待工作，鼓励盟员的“三胞”亲友回国观光游览、探亲访友、洽谈生意、投资经营等，以促进经济技术、科学文化的交流；要加强与有关部门的联系，互通情况，通力合作，努力把“三胞”联络工作做得更好。

各位代表，各位同志，我们全市盟员经过今年春夏之交发生的动乱和暴乱的阶级斗争，政治觉悟有了很大提高，我市盟组织经受了考验。当前，政治经济形势向我们提出了艰巨的任务，要求市盟第八届委员会担负起新的历史使命。我们相信，这届委员会，在中国共产党的十一届三中全会的路线方针政策指引下，一定会开拓新的业绩，无愧于伟大的时代。让我们在中共南昌市委和盟省委的领导下，高举爱国主义、社会主义旗帜，紧密团结在以江泽民同志为核心的党中央周围，满怀信心，齐心协力，艰苦奋斗，努力工作，为拓宽搞活盟务工作，坚持和发展共产党领导的多党合作，为克服前进中的困难，实现到20世纪末的战略目标，为建设具有中国特色的社会主义，实现祖国和平统一而努力奋斗。

加强自身建设　积极参政议政
为南昌市经济发展和社会进步做出新贡献

——中国民主同盟南昌市第八届委员会工作报告

（1994年11月18日）

邓启明

各位代表、各位同志：

我受中国民主同盟南昌市第八届委员会的委托，向大会做工作报告，请予审议。

民盟南昌市第八次代表大会召开至今已五年了，五年来，民盟南昌市委会在中共南昌市委和民盟江西省委的领导下，以邓小平同志建设有中国特色社会主义理论和中共十四大精神为指针，坚持“一个中心，两个基本点”的基本路线，解放思想，实事求是，努力开创南昌市民盟工作的新局面。

一、认真履行政治协商、民主监督职责，参政议政有了新的进展

自从中共中央〔1989〕14 号文件公布，到近年全国统战工作会议和民主党派工作座谈会的召开，五年中我国政治、经济形势发生了深刻变化。特别是小平同志南巡重要谈话发表，《邓小平文选》三卷出版发行，中共十四大和十四届三中全会、十四届四中全会先后召开，民盟工作面临前所未有的新形势。民盟南昌市委会不失时机地组织和推动全市盟员认真学习小平同志建设有中国特色社会主义理论和中共十四大精神，学习新时期党的路线、方针、政策，逐步拓宽视野，解放思想，取得共识。盟的组织和广大盟员参政议政有了新的进展。

我市民盟工作总的方向是坚持和完善中国共产党领导的多党合作和政治协商制度。在参政议政、民主监督工作上，紧紧抓住振兴南昌、促进南昌经济建设发展这个中心不放。

五年来，盟市委领导多次参加中共南昌市委、市政府、市政协以及市委统战部举行的各种民主协商会，列席市政府成员会议，积极参与我市有关大政方针的研究协商，并就《南昌市国民经济和社会发展十年规划和八五计划》、历年政府工作报告，提出建设性意见。

对一些社会关心的重大的问题开展调查研究，向党和政府提出建议，也是我们参政议政的重要方面。几年来，盟市委对我市《教师法》的贯彻执行、科教兴农的政策、农村股份合作制企业的发展、全国性服装市场的培育等问题，组织盟员和专家进行调查研究，写出提案或建议报告。有的专题调查研究还得到了市委政研室、市委统战部和市政府发展研究中心、市科委等党政部门的支持、协助，作为“软课题”科研项目，被科委批准立项，与党政有关部门合作完成。

人大、政协是盟员和盟组织发挥参政议政的重要场所。我市盟员担任省人大代表 2 人、省政协委员 4 人，市人大代表 16 人、市政协委员 30 人，县区人大代表14人、县区政协委员36人，他们以高度的政治责任感，围绕党和政府的中心工作，就社会关心的重大问题，调查研究，坦诚直言，反映人民群众的意见和要求。在历次政协全委会上，民盟市委会或盟员政协委员先后作了《对我市落实科教兴农战略的意见和建议》《切实采取措施，严格执行〈教师法〉》《抓住京九铁路通车契机，在我市建立辐射全国的服装批发市场》等大会专题发言。这些意见、建议受到市委、市政府的重视和好评。此外，我们还有一批盟员应有关司法、行政部门聘请，担任特约检察员、特约监督员、特约审计员、教育督导员和治安监督员。盟市委机关也有部分干部抽调参加全市清理整顿公司和财政、税收、物价、党风廉政大检查，他们勤于学习，忠于职守，为我市的改革开放、经济建设、民主法治建设和廉政建设奉献力量。

二、努力发挥自身优势，为两个文明建设服务取得了可喜的成绩

我市盟员大多数在文化教育部门，直接从事精神文明建设工作。近年随着盟的工作的发展，不但文化教育界，而且在科技、新闻、经济界都拥有了一批专业水平高、思想素质好的盟员优秀代表人物。五年来，盟市委紧紧围绕经济建设中心推动基层组织和广大盟员，立足本职，发挥各自特点和优势，为两个文明建设服务。全市涌现出一批荣获全国、全省、全市各级称号的盟员。其中，如职业技术师范学院陈圣谋教授1993年被评为国家级专家，享受国务院政府特殊津贴；该院盟员吴鸣声教授和陈圣谋教授1993年荣获国家级曾宪梓奖励基金会的优秀教师奖；南昌教育学院副院长万里凤副教授1993年荣获江西省果喜教育奖励基金会优秀教师一等奖，该院盟员张志伟副教授1993年被评为全国优秀田径裁判员；南昌三中盟员谢弘1993年被评为全省优秀教师；南昌市艺术研究所国务院政府特殊津贴获得者、二级作曲、市音协主席郝士达和南昌电视台专题部主任、二级编导邹盛森，1994年分别荣获南昌市首届陈香梅文化奖、新闻奖。今年教师节前夕，南昌三中盟员谢弘、新建县一中盟员欧阳以针、南昌八一学校盟员魏依云被授予“南昌市优秀教师”称号。南昌市医学科学研究所盟员胡康新主编的临床医学学术性期刊《现代诊断与医疗》获华东六省一市宣传部及省、市出版局主持的评审委员会授予华东地区优秀期刊二等奖。他们的成就和荣誉，为我市民盟增添了光彩。

在学习邓小平同志南行重要谈话和中共十四大及十四届三中全会精神后，盟市委会的办学工作谱写了新的篇章。为了培养市场经济的实用人才，1992年年底，盟市委创办了我省首家大专层次的民办全日制商务院校——江西新亚商务学院，两年来招收学生六百余人。学院坚持社会主义办学方向，根据市场经济需要设置专业，不断提高教学质量，在全省民办大学检查评比中获得好评。全国《人民政协报》和省、市各新闻单位都相继对该院的办学特色及教学成果进行了报道。盟市委举办的求实业余学校由于管理严谨，教学效果好，培养人才多，连年被评为我市社会力量办学先进单位。民盟进贤总支的办学工作近也跃上新台阶，在办好进贤求实学校的基础上，他们又成功地创办了求实初级中学。还有离退休盟员涂健生、周梦元、杨昌凝、杨彦俐、王瑞典等同志，热心民办教育，办起了南昌女职、向远职高、天行艺术幼儿园等一批在全市有一定知名度的民办学校。我市民盟办学至今，为社会培养各类人才累计已达六万多人。

几年来，盟内不断出现助人为乐、无私奉献的动人事迹。市采茶剧团盟员朱志义家庭因遭火灾面临困境，盟市委和广大盟员知情后，立即行动，多方相助，组织盟员捐款五千余元；1992年，盟市委提出倡议，学习盟员李淑贞临终前将仅有的积蓄交给盟组织办教育的无私奉献精神，全市盟员积极响应，踊跃捐款筹备成立教育奖励基金。十六中熊于刚同学身患绝症，盟员章荣彬得知后捐助一万元帮助他治疗。今年，我市部分地区遭受水灾，盟市委机关干部和许多盟员又纷纷向灾区人民捐款捐物。章荣彬同志再次向灾区群众捐献价值五万元的衣服。三年来，我市民盟组织和盟员个人，筹集教育奖励基金以及救灾、扶危捐款总数近九万元。

总之，五年来盟市委和广大盟员以自己服务社会、贡献社会的实际行动，向社会倡导了精神文明，塑造了民盟良好的社会形象，增强了盟组织的凝聚力。

三、不断完善参政党机制，盟的自身建设得到加强

为了肩负起参政党的历史使命，盟中央把参政议政和加强自身建设并列为盟的双重任务。五年来，盟市委会认真贯彻《中共中央关于坚持和完善中国共产党领导的多党合作和政治协商制度的意见》，落实盟中央、盟省委关于加强自身建设的部署，采取积极措施，大力加强自身建设。

在思想建设方面，盟市委领导在主委会、常委会带头学习邓小平同志建设有中国特色社会主义理论，学习中共十四大和十四届三中全会、十四届四中全会精神，以此指导全市盟的工作。五年中，我们坚持每年举办基层干部学习班和新盟员学习班，选送基层盟组织干部参加省社会主义学院和中共南昌市委党校党外干部培训班学习。每年召开宣传工作会议和统战理论研讨会，运用多种形式对盟员进行党的基本路线教育、爱国主义和社会主义教育、国情教育、形势教育、盟章盟史教育。先后开展了“争做一名好盟员”“学盟史、忆传统、做贡献”等主题活动。使盟组织和全体盟员在政治上与党中央保持高度一致，从而更加坚定了接受中国共产党的领导，走社会主义道路的信念。

在组织建设方面，盟市委遵循注重质量，“稳步发展，实行发展与巩固相结合”方针，认真贯彻盟省委关于组织建设若干规定，五年来，全市共发展盟员 73 人。截至 1994 年 10 月底止，全市盟员总数达 545 人。在组织发展工作中，我们重视对新盟员的考察教育，特别注意吸收德才兼备、有一定影响和代表性的优秀中青年同志入盟。近年来，我们在发展盟员继续坚持“三个为主”的同时，为了适应新时期盟的工作的需要，注意了适当吸收科技、经济等其他界别的有代表性的人士入盟，增强了盟组织围绕经济建设中心参政议政的能力。

根据当前形势发展的要求和盟组织的现状，盟市委会十分重视加强领导班子建设和基层盟组织建设。五年中，盟市委领导班子逐步实现了新老合作交替，逐步健全了主委会、常委会、全委会会议制度，形成了一个专、兼职主委分工协作、团结民主、开拓进取的领导集体。盟市委在基层盟组织工作方面健全和完善了《基层组织工作条例》和《盟市委机关干部与基层盟组织联系制度》，加强了对基层干部的培训，积极稳妥地做好了基层盟组织换届改选工作。通过换届，使一批德才兼备、有影响、与中共亲密合作的新一代代表人士进入领导班子，从而提高了基层组织的整体素质，增强了盟组织的活力。五年来，全市先后有 5 个基层组织被评为全省盟务工作先进集体，21 个基层盟组织被评为全市盟务工作先进集体。

四、各专门委员会积极开展活动，加大了盟务活动的深度和广度

盟市委各专门工作委员会是盟组织参政议政，联络和组织盟员参与盟务活动的职能机构。它的活动开展如何，直接影响到盟市委参政议政以及开展盟务活动的深度和广度。盟市委每年都把各专门委员会的工作列入工作安排和目标考核管理。规定各专门委员会按计划开展活动，组织盟员调查研究，撰写调查报告，向市委、市政府反映意见和建议。1993 年，《中国教育改革和发展纲要》及《教师法》颁布后，盟市委教育工作委员会立即组织成员学习贯彻，同时组织盟内教育界人大代表、政协委员深入县、区学校开展研究，向市委、市政府写出了专题报告，提出了建设性的意见。盟市委经济科技工作委员会积极开展服从于、服务于经济建设中心的活动，为我市经济建设献计出力。1993 年至 1994 年先后组织开展了对农村股份制企业和全国服装市场的调查研究活动，并撰写调查报告送市政府有关部门。盟市委妇女工作委员会在加强对女盟员思想政治教育，发挥女盟员的特点与优势，推动广大女盟员积极参政议政和为两个文明建设服务等方面做了大量的工作。盟市委“三胞”联络工作委员会和老年盟员工作委员会也分别开展了海外联谊工作和适合老同志特点及要求的活动，受到“三胞”和离退休老盟员的欢迎。

同志们，五年来盟市委的工作取得了一定的成绩。五年的实践使我们深刻体会到：坚持党的领导，坚持社会主义方向，坚定不移地走建设有中国特色的社会主义道路，是我们盟在新时期得以顺利完成参政议政和自身建设双重任务的根本保证。五年的实践也使我们认识：只有坚定不移地贯彻“一个中心，两个基本点”的基本路线，服从于、服务于经济建设这个中心，努力为南昌的经济建设“出主意、想办法；做实事、做好事”，才能不断充实和丰富盟的参政议政内容，才能使我们各级盟组织和广大盟员有所作为，有所贡献。

五年的实践也使我们看到存在着的问题和不足。总的来说，我们的思想认识和各项工作与改革开放和现代化建设新形势的要求存在差距；盟组织参政议政水平尚待进一步提高；对基层盟组织的指导尚需改进；盟市委机关运行机制也需要调整和完善。所有这些，都有待于盟市委在今后的工作中切实加以研究解决。

各位代表，20 世纪最后五年是我国深化改革、扩大开放，建设具有中国特色社会主义极其重要的五年。新一届盟市委将肩负新的使命，进一步调动全市盟员的积极性和创造性，努力使盟的工作迈出新步伐，登上新台阶，为振兴南昌竭尽自己的全部力量。为此，我们对新一届盟市委的工作提出以下几点建议。

一、深入开展学习活动，提高盟的整体素质

学习邓小平同志建设有中国特色社会主义理论，学习中共十四大以来中央重要文件。当前特别要学好十四届四中全会《中共中央关于加强党的建设几个重大问题的决定》和《邓小平文选》第一、第二、第三卷，贯彻十四届四中全会精神，提高盟的整体素质。

中共十四大以邓小平同志建设有中国特色社会主义的理论为指导，确立了社会主义市场经济体制的改革目标，突出了坚持党的基本路线一百年不动摇的战略决策，规划了 20 世纪 90 年代的宏伟蓝图。组织推动盟员学好中共十四大精神，学好邓小平同志建设有中国特色社会主义理论，用这一理论统一全市盟员的思想，仍然是新一届盟市委今后五年的重要任务。民盟七大对全盟学习贯彻中共十四大精神，完善参政党职能具有重要的指导意义。因此，学习十四大文件要与组织盟员学习贯彻民盟七大精神结合起来。同时，还要注意引导盟员学习中国共产党领导的多党合作和政治协商制度的有关文件及论述；学习民盟与中国共产党长期合作、风雨同舟、共同战斗的历史。通过学习，使全市盟员更加坚定接受中国共产党领导，走社会主义道路的信念。

前不久，中国共产党召开十四届四中全会，做出了《中共中央关于加强党的建设几个重大问题的决定》（以下简称《决定》），这是全国各族人民政治生活中的一件大事，我们坚决拥护全会的精神和决定。中国共产党是全国人民的领导核心。在当代世界风云变幻的形势下，在我国改革开放和现代化建设的伟大变革中，中国共产党肩负着历史重任，加强和改善党的领导，是时代的要求，历史的必然。中国共产党在改革开放和现代化建设发展的关键时刻，及时做出加强党的建设的决定，对于保证国家的长治久安，意义十分重大。《决定》要求把中国共产党建设成为用建设有中国特色社会主义理论武装起来、全心全意为人民服务、思想上政治上组织上完全巩固、能够经受各种风险、始终走在时代前列的马克思主义政党。这对提高中国共产党的领导水平和执政水平，推进改革开放和现代化的建设，必将产生重大而深远的影响，也是建设有中国特色社会主义的伟大事业最根本的保证。

中共十四届四中全会精神，对于民主党派加强自身建设，有着十分重大的指导意义。盟市委和各基层组织要不失时机地抓好十四届四中全会《决定》的学习，要在“落实”二字上下功夫，要原原本本、逐字逐句地学。从现在起，要把学习贯彻《决定》作为重要任务来抓，抓出成效来。学习《决定》要结合邓小平建设有中国特色社会主义理论，结合盟章和盟中央、盟省委有关加强组织建设的规定，结合盟的工作实际来学。要以学习、贯彻落实十四届四中全会《决定》的精神为新的起点，提高盟的整体素质，使盟的工作形成新气势，开创新局面，为坚持和完善中国共产党领导的多党合作和政治协商制度做出新的贡献。

二、围绕经济建设中心，进一步提高参政议政和为两个文明建设服务的水平

积极为党的各个时期的中心工作服务，为党的基本路线服务，是民盟的光荣传统和主要任务。在今后五年中，新一届盟市委要进一步做好为经济建设服务的工作。我们盟的工作开展得活跃与否，做出的贡献大小如何，以经济建设为中心，搞好参政议政是很重要的方面。新一届盟市委要进一步完善参政党机制，强化各专门委员会的工作。专门委员会工作要逐步纳入围绕经济建设中心，调查研究参政议政的轨道，要在开拓参政议政领域，提高参政议政水平上下功夫。要继续动员全市盟员立足本职建功立业，把为两个文明建设服务的工作提高到一个新水平。

《中国教育改革和发展纲要》（以下简称《纲要》）提出了20世纪90年代乃至21世纪初我国教育发展的目标、战略、指导方针和政策措施。新一届盟市委要继续组织盟员开展学习、贯彻《纲要》的活动，并根据《纲要》

精神，就南昌市的教育工作在新形势下加快改革和发展的规划及措施，开展调查研究，向市委、市政府提出意见和建议，为教育强市，实现我市教育现代化发挥应有作用。要继续开展办学工作，在办好新亚商务学院和求实业余学校的基础上，拓宽民办教育的路子，为经济建设培育更多的人才。

要探索在建立社会主义市场经济体制形势下加强社会主义精神文明建设的新思路、新形式，协助党和政府把“两手抓”“两手都要硬”落在实处。担任各级人大代表和政协委员的盟员，要在加快改革开放和现代化建设步伐的新形势下，进一步提高参政议政水平，深入实际，认真调查研究，通过人大、政协活动向党和政府提出意见和建议。要协助党和政府做好协调关系，化解矛盾，增强团结的工作，巩固和发展安定团结的政治局面。

三、加强“三胞”联谊工作，为实现和平统一祖国大业做出贡献

实现祖国和平统一大业，是我国人民20世纪90年代的重大历史任务，1997年，香港将回归祖国，1999年，澳门也将回归祖国，“一国两制”将从构想变成现实，海峡两岸的“三通”随着形势的发展也将会有新进展。因此，进一步做好“三胞”联谊工作，就具有特别的意义。新一届盟市委要继续鼓励盟员利用多种渠道和海外亲友联系交往，为引进资金和人才穿针引线，积极协助有关部门做好“三胞”的接待工作。在海外联谊活动中，要积极宣传党和政府改革开放，发展经济和其他有关的方针政策，宣传我国现代化建设成就，宣传“一国两制”、和平统一祖国的战略构想，坚决反对任何形式的“两个中国”“一中一台”“一国两府”和旨在制造台湾“独立”的企图和行动。

四、继续加强盟的自身建设，改进组宣工作

组宣工作是盟的自身建设的重要内容。新一届盟市委要把盟的思想宣传工作和组织建设工作列入重要议事日程。思想宣传工作必须克服无所作为的倾向，积极、主动加强对盟员学习和思想认识的引导。要大力开展爱国主义、社会主义教育，增强盟的凝聚力。中共中央1994年7号文件印发了《爱国主义教育实施纲要》，这是当前我国加强社会主义精神文明建设和提高全民族整体素质的一件大事。爱国主义历来是动员和鼓舞中国人民团结奋斗的一面旗帜，是推动我国社会历史前进的巨大力量，是全国各族人民共同的精神支柱。在新的历史条件下，加强爱国主义教育，继承和发扬爱国主义传统，对于振奋民族精神，增强民族凝聚力，团结全国各族人民自力更生，艰苦创业，为建设有中国特色社会主义的宏伟事业而奋斗，具有重要的现实意义和深远的历史意义。贯彻落实《爱国主义教育实施纲要》，是全社会一项十分重要的工作。新一届盟市委要予以高度重视，把贯彻《爱国主义教育实施纲要》作为一项重要的政治任务，并且将爱国主义教育的实施工作和盟的参政议政、自身建设的任务结合起来。

要加强对盟内外的宣传工作。大力宣传盟的参政议政、社会服务和办学工作，宣传民盟与中共长期亲密合作、共同战斗的革命传统，宣传表彰盟内先进典型和盟员优秀代表人物。

盟的组织建设工作要以党的十四届四中全会精神为指导。新一届盟市委要继续贯彻“稳步发展，实行发展与巩固相结合”的方针，在注重质量的前提下，吸收有代表性的中青年同志参加盟组织，力求改变我市盟组织的年龄结构，使之趋向年轻化。当前着重抓好三个环节：一是坚持和完善民主集中制，既要在盟内充分发扬民主、畅所欲言，又要注意克服不顾纪律、各行其是的不良倾向；二是加强基层组织建设，盟市委要指导和帮助提高基层工作的水平，把优秀中青年盟员充实到基层班子中去，要积极探索新形势下基层组织开展活动的特点，使盟的基层组织在党委领导下成为本单位、本地区开展工作的一支重要力量；三是抓紧后备干部队伍的建设，这是一项具有战略意义的任务，我们要解放思想，放宽视野，发现、培养和推荐人才，为培养一批跨世纪的代表人士打下基础。

要进一步加强盟市委机关建设，强化机关的服务意识，建立和健全各项制度，不断提高机关工作效率，以确保民盟市委各项工作的胜利完成。

各位代表、各位同志，当我们在一起回顾五年来所走过的道路，迎接新一届委员会的光荣任务时，我们的心中充满激情。在这历史发展的关键时期，我们要在中共十四大和民盟七大精神指引下，在中共南昌市委和民盟江西省委的领导下，坚持党的基本路线，积极发挥参政党作用，解放思想，振奋精神，开拓进取，真抓实干，开创南昌市民盟工作的新局面，为加快南昌市改革开放和现代化建设步伐，为南昌市经济发展和社会进步做出新贡献！

以上报告，请予审议。

高举伟大旗帜，迎接新的世纪

——在中国民主同盟南昌市第十次代表大会上的报告

（1999 年 12 月 13 日）

邓启明

各位代表，各位同志：

正当举国上下欢庆共和国五十华诞，炎黄子孙翘首期盼澳门回归，新世纪曙光即将出现之际，中国民主同盟南昌市第十次代表大会胜利召开了。我受民盟南昌市第九届委员会的委托，向民盟南昌市第十次代表大会做工作报告，请各位代表予以审议。

自从 1994 年召开市盟第九次代表大会以来，已经五年了，五年中，我们在中共南昌市委和民盟江西省委的领导下，始终坚持高举邓小平理论伟大旗帜，坚持共产党领导的多党合作和政治协商制度，坚持党的“一个中心、两个基本点”的基本路线，认真学习、贯彻中共十四届五中全会、中共十五大及民盟八大会议的精神，认清形势，明确任务，履行职能，开拓进取，为我市改革开放和两个文明建设尽心尽责，为我市盟的事业谱写了新的篇章。

一、围绕中心和大局，大兴调查研究，参政议政有新开拓

市盟第九次代表大会以来，目前，我市盟员担任省、市、县区各级人大代表、政协委员 109 人，他们从各个不同方面和角度努力反映社情民意，积极为党和政府的中心工作，为两个文明建设坦诚进言。据统计，五年来先后向各级人大、政协提交议案、提案或建议 200 余件，表现了盟员人大代表和政协委员的高度政治责任感和历史使命感。在历次市人大、政协会上，民盟市委会及盟员人大代表、政协委员先后提出的《关于制定南昌市社会

力量办学条例的意见》《对我市落实科教兴农战略的意见和建议》《切实采取措施，严格执行〈教师法〉》《杜绝泥沙流失，切实维护南昌市环境的建议》等议案、提案均被政府有关部门采纳。其中，《关于制定南昌市社会力量办学条例的意见》，在全省统战系统开展的“兴赣杯”双百竞赛活动中被评为“良策类二等奖”。在市委，市政府制定南昌市国民经济、社会发展九五计划和2010年远景目标，以及市政府历年向人大做政府工作报告之前，盟市委领导均积极参与协商座谈，提出意见，受到党和政府的重视。

特别值得提出的是，过去五年中，盟市委十分注重发挥盟组织的群体作用，加强了各工作委员会与政府有关部门的对口联系，做好政府拟题，党派选题，各级组织和广大盟员参与，扎扎实实开展联合调研活动，使参政议政工作的内容和形式有了进一步的充实和提高。

盟市委教育工作委员会为了促进我市实施“科教兴国”战略，在各级教育部门支持配合下，组织专家，紧紧抓住带有宏观性、前瞻性的重要课题。有层次地进行调查研究。写出了《推行教育投入多元化，增加我市教育有效投入的建议》《积极支持，加强管理，促进我市社会力量办学健康发展》《关于加强法制职业教育的调查》等调研报告。盟市委文化工作委员会在调研撰写《关于我市精神文明建设的调查报告》并被省委统战部评为二等奖之后，为了响应“国家八七扶贫攻坚计划”和我市“科教兴农”政策，把调研、参政议政的着力点放在加强农村两个文明建设上。在民盟进贤县总支、南昌县总支、新建县支部配合下，通过各种途径和形式深入调研，写出了《加强农村文化设施建设，建立农村精神文明建设阵地》《继续大力推行农业产业化经营，着力创新体制环境》等几个有一定分量的调研报告。盟市委经济科技工作委员会为了摸索出改制后的企业适应市场竞争的经验，采取重点突破，以点带面的做法，围绕开拓服装产品市场与轻纺工业这一课题调查研究，写出了《我市纺织行业股份制改造、企业参与市场竞争、实施营销策略的现状和思考》《抓住京九铁路通车契机，为我市建设辐射全国服装批发市场》等调查报告。各工作委员会的调查报告由于选题准，针对性强，内容切实，提供党政领导决策，参考性强，受到市委政研室市政府发展研究室等方面的关注。有的则作为“软课题”科研项目被市科委批准立项。此外，各基层盟组织与广大盟员还就有关城市文明建设管理、招商引资、社区服务、居委会建设、社会公益事业、重大社情民意等方面积极调查研究，建言献策，不少调研报告和建议被新闻媒体刊载报道。据统计，仅民盟湾里区支部1998年全年就向区委、区政府提出合理化建议30余条。今年6月由盟员龚晓新、万炳辉撰写《湾里的出路主要依靠旅游业》调查报告已引起区委、区政府的高度重视。

总之，几年来在群策群力大兴调查研究之风的基础上，我们的参政议政工作不断开拓新领域，参政议政水平上了新台阶。

二、讲学习、讲政治、讲正气，自身建设有新面貌

五年来，盟市委把切实加强自身建设始终摆在重要议事日程上。强调盟的自身建设要以邓小平理论和中共十四届四中全会精神、十五大精神为指导，以搞好政治交接为主线，以思想建设为核心，以组织建设为基础，以制度建设为保证，讲学习、讲政治、讲正气，努力把盟建设成为高素质的参政党。

思想建设方面：盟市委为了把学习邓小平理论不断引向深入，组织实施了“三项工程”，即领导班子学习的“重点工程”，基层组织学习的“基础工程”和新盟员学习的“希望工程”，并分别提出了不同要求。盟市委根据盟务工作实际情况，提出“四结合”，即分散学习与集体讨论相结合，坐而论道与调查研究相结合，盟内学习与工作单位学习相结合，理论学习与实践相结合的学习方法；并以《积极组织推动，认真研究方法》为题，在基层盟组织中开展学习讨论，提倡敞开思想，各抒己见。通过学习经验交流会，学习心得座谈会的形式来努力造成认真学习的风气，民主讨论的风气，积极探索的风气，求真务实的风气。民盟南昌教育学院支部、湾里区支部、进贤县总支、南昌县总支等基层盟组织每次集中学习邓小平理论、学习《盟章》时，都采取“三定”方法，即定专题、定内容、定中心发言人，收到了很好的效果。盟市委还十分重视对盟员进行社会主义、爱国主义和盟的传统教育，适时抓住我国恢复对香港行使主权及中共十五大召开等各种契机，先后举办了以“缅怀中华一代伟人，学习小平革命品格”“香港回归普天庆，‘一国两制’奏凯歌”“学习中共十五大精神，高举邓小平理论旗帜”为主题的报告会、座谈会。第九届盟市委常委、民盟南昌教育学院支部主委万里凤深入学习邓小平理论，积极撰写论文，其中，《邓小平为中国知识分子打开枷锁》《论邓小平统一战线的基本观点》《邓小平统一战线理论的核心——大团结》等数篇论文发表，对推动盟员深入学习邓小平理论起到了示范作用。中共十五大胜利召开之后，盟市委及时做出了《关于认真学习宣传贯彻中国共产党第十五次全国代表大会精神活动的安排》。同时，先后输送新盟员、专职干部到省、市社会主义学院学习、培训。盟市委领导多次亲自向新盟员宣讲《盟章》及民盟发展史。盟市委宣传部在办好《南昌盟讯》的同时，多次组织全市盟员参加《盟章》知识竞赛，精心编排反映20年来我市民盟发生巨大变化、取得丰硕成果的宣传板报，使盟员受到生动的盟的传统教育。

盟的思想建设，把各级盟组织和广大盟员的认识和行动统一到了党的十五大精神上来，保证了在今年党中央领导全国人民进行的三场严峻的政治斗争中，各级盟组织以及广大盟员在政治上与党中央的高度一致性。今年5月，盟市委组织部分新老盟员座谈，强烈谴责和抗议以美国为首的北约悍然轰炸我国驻南斯拉夫大使馆的暴行。大家表示坚决拥护我国政府的严正立场和国家副主席胡锦涛同志发表的重要讲话。今年6月，盟市委领导班子以及盟内“三胞”人士对李登辉鼓吹“两国论”进行了批驳。大家一致认为，“两国论”就是“分裂论”，分裂不得人心，统一众望所归。台湾作为中国领土不可分割的一部分，决不允许台湾当局分裂出去。盟市委在组织机关干部和离退休人员深入揭批“法轮功”歪理邪说时，大家一致认为，“法轮功”诋毁、否定现代科学，宣扬神秘主义、唯心主义，是伪科学，目的就是制造社会恐慌，扰乱社会秩序，愚弄欺骗人民，以实现其控制群众对抗政府的野心。大家表示要进一步倡导科学精神，破除封建迷信，提高识别伪科学的能力，努力增强政治敏锐性和政治鉴别能力，以高度的政治责任感自觉维护社会的安定和团结。

组织建设方面，盟市委认真贯彻《中国民主同盟组织发展暂行条例》《民盟中央关于加强后备干部队伍建设的意见》《关于民主组织发展若干问题座谈会的实施意见》，在做好盟组织的发展工作中，明确了民主党派组织发展的指导思想、基本方针、重点分工、地区范围等重大问题，并从“发展组织与巩固组织同时抓，加强基层建设与领导班子建设同时抓，发展注重质量与建立后备干部队伍着力抓”三个方面入手，重点搞好基层盟组织制度建设，后备干部队伍建设，机关作风建设和领导班子建设等。

五年来，基层盟组织建设不断得到加强和完善。基层盟支部（总支）工作逐步规范化、制度化，涌现了一批有自身特色的基层盟组织。如民盟进贤县总支、南昌县总支、新建县支部、湾里区支部、青云谱区支部、科技支部、南昌高专支部、南昌教育学院支部、南昌市第一医院支部等。在新盟员入盟前，基层盟组织和盟市委组织部认真考察，严格入盟审批程序，共同把好政治关。据统计：五年来，共发展盟员 153 名，年平均发展率 5.6%，年平均净增率3.7%。目前，我市共有盟员655 人，女性253 人，离退休盟员 314 人。中上层人士 503 人，占 77.7%；高级职称 216 人，占 32.6%；中级职称 249 人，占 38.6%；平均年龄 55.3 岁。

第九届委员会十分重视后备干部队伍建设，注意把发展骨干与后备干部队伍建设有机结合。严格按照德才兼备的原则，不断发现新人才，培养新骨干，充实后备干部队伍，建立和健全了后备干部的培养机制，把后备干部的选拔培养，跟踪考察，建档立库，动态管理及适时推荐等各项工作制度化、规范化、程序化。盟市委领导与盟市委组织部同志先后多次到有关盟员单位推荐后备干部。盟市委组织部认真对盟员进行各方面考察，整理出后备干部材料，建立后备干部档案库，并及时向盟省委输送名单与材料，为选拔人才提供条件。盟市委根据市委统战部工作安排，下派专职干部到送贤县温圳镇人民政府挂职锻炼，受到当地政府和群众的高度评价。盟市委还创造条件，为盟员骨干提供学习和锻炼机会，帮助他们不断增长知识、才干和经验。

在机关作风建设方面，盟市委机关各部室按年初制订的工作计划和目标管理要求认真完成任务，为了进一步推动机关作风建设，切实把机关工作的着重点聚焦到服务基层、服务盟员上来，努力使机关建设实现“让基层满意，让群众满意”的目标。盟市委还适时制订了机关作风整顿实施方案，有工作项目和具体要求，有时间安排和具体负责人，这不仅建立和完善了相关规章制度，还促进了机关作风建设的经常化、制度化，使机关干部加强作风建设的自觉性，受到了盟员的好评。

三、充分发挥盟的智力优势，为两个文明建设服务有新成效

五年来，我市广大盟员和各级盟组织，在各自岗位上努力探索，运用自身特点和优势，积极为我市社会主义两个文明建设做贡献，取得了明显的成绩。

第九届盟市委常委郝士达以自己的优秀作品荣获省委宣传部“五个一工程奖”。盟员万伟成 1997 年捐资四万元在南昌教育学院设立“明珠教育奖”，用于奖励做出优秀成绩的教师和教育工作者。盟员胡宜琪 1997 年在新建县厚田乡中心小学捐资一万零八百元帮助该乡 20 名特困生，并表示今后连续五年对这些特困生给予资助，以使他们顺利完成学业。市一医院盟支部常年与 SOS 儿童村对接，为该村职工、老人和儿童提供保健服务，他们还对我市四县五区十九单位进行健康普查。民盟湾里区支部通过开展盟务活动来提高盟组织服务社会、办好事办实事的能力。

近几年来，在我市历次抗洪斗争中，盟市委积极组织推动盟员响应市委市政府号召，以最大的热情投入抗洪救灾工作。仅 1995 年我市盟员个人捐赠款灾物资就在七万元以上！

1998 年 6 月中旬—9 月上旬，我国南方、北方均出现历史罕见的特大洪涝灾害。盟市委领导带领机关干部和基层盟组织代表到五星垦殖场慰问抗洪军民，送去了救灾款物一万四千多元。这年，广大盟员还用实际行动谱写了抗洪抢险、抗洪救灾的感人篇章。民盟南昌县总支主委罗慧芬担任南昌县城区防汛指挥部指挥长，民盟新建县支部主委毛盛杰、盟员李晓智和刘瑞彬，参加了抗洪抢险突击队，民盟进贤县总支主委傅桂茂坐镇抚东大堤文港段，担负长达 10 公里堤坝的抗洪抢险指挥任务，民盟进贤县总支副主委刘安海担任县城圩堤指挥部指挥长。他们不怕苦，不怕死，鏖战日夜，圆满完成任务。他们的动人事迹通过《人民政协报》《团结报》《中央盟讯》《心桥》杂志，《光华时报》《江西盟讯》《南昌统一战线》、南昌人民广播电台、南昌电视台等新闻媒体传播，在社会上产生久远的反响，为两个文明建设谱写了新篇章。

在办学方面，为了使江西理工专修学院和南昌求实学校适应当前民办

教育激烈竞争的形势，盟市委社会服务部帮助学校逐步转换机制，使学校在激烈的市场竞争中自强不息。民盟南昌求实学校先后四次被市教委授予“先进业余学校”称号，荣获“南昌市社会力量办学学校管理奖”。该校还被盟省委评为“民盟全省社会服务先进集体”，被江西省广播电视大学及南昌市广播电视大学授予“电大办学先进单位”。江西理工专修学院 1996 年被省教委列为全省首批民办大学学历文凭考试试点学院之一。

各位代表，第九次代表大会以来，盟的工作取得了一定的成绩，但是，我们也清醒地看到，工作中存在着明显的不足和问题。一是围绕经济中心，参政议政的深度、广度和力度不够。因为我们的领导和盟员真正懂得经济的不多，尤其对金融问题、国有企业改制问题、现代市场经济规律性问题乃至有关各种法律问题，缺乏丰富的知识和经验。二是在组织建设方面，发展盟员虽然注意了量与质的关系，但吸纳高层次、代表性人士较少。对后备干部的培养和推荐也显得力不从心。三是盟市委对基层盟组织的联系和指导还不具普遍性、规范性。因此，各基层的组织建设与盟务开展出现不平衡状态。这一切表明，我市盟的工作与当前形势要求，与党的要求还有差距，有待新一届盟市委加以解决和改善。

各位代表，五年工作实践中，九届委员会形成了三点基本共识。

（一）坚持以邓小平理论指导盟的工作，坚持中国共产党领导的多党合作和政治协商制度，坚持民盟组织在政治上与党中央保持完全一致，这是新时期发展参政党作用、发展盟的事业的根本保证

邓小平理论是中国共产党和包括民主党派在内的全国人民实践经验和集体智慧的结晶，也是巩固和发展爱国统一战线、坚持和完善多党合作的理论思想基础。邓小平理论的精髓就是“解放思想，实事求是”，用邓小平理论指导我们工作的终极目标，就是解放生产力，把经济搞上去，把两个文明建设搞上去，让人民群众富裕起来，把祖国建设成文明、伟大、繁荣、昌盛的社会主义国家。离开这一理论思想基础，离开这一思想路线，离开这个终极目标，广大盟员就会迷失方向，盟的工作就从根本上失去了历史意义，盟的事业也就成了一句空话。

中国共产党是领导我们事业的核心力量。民盟是接受中共领导的，与

中共通力合作，致力于社会主义事业的参政党。这既是历史的选择，也是《盟章》所规定。盟的组织带领广大盟员自觉地在政治上与党中央保持完全一致，才能保证在当前复杂的国际、国内政治斗争中，在建设有中国特色社会主义的伟大实践中，经受住考验，并发挥不可替代的作用。

（二）继承和发扬盟的优良传统，才能有所创新，不断前进

中国民主同盟在长达半个多世纪的革命和社会主义建设的实践中，形成了自身的优良传统，包括与中共长期亲密合作的传统，学习马克思主义、坚持自我教育的传统，热爱祖国、热爱社会主义的传统，为现代化建设“出主意、想办法；做实事、做好事”的传统，民主、团结、求实、奋进的传统等。这些传统的核心是自觉接受党的领导，努力为社会主义事业服务。盟的事业要像“长青树”那样永远兴旺发达，就必须把盟的优良传统一代一代传下去，并在新的实践中不断丰富其内容。

（三）服从、服务于党和政府的工作大局，盟的组织就能大有作为

民盟是致力于社会主义事业的参政党，市盟的全部工作都要围绕市委、市政府的中心任务，服从和服务于国家的大局。这是由盟的性质、地位和作用所决定的。当前，改革、发展、稳定就是大局，围绕我市经济建设这个中心，开展调查研究，反映社情民意，出主意，想办法；维护、贯彻市委和市政府有关改革、发展、稳定的各项政策，就是大局观念。胡锦涛同志说：讲多党合作，就要在维护大局上合作；讲政治协商，就要围绕大局来协商；讲参政议政，就要着力在服务大局上参政议政。实践证明，什么时候中心抓得住，大局把握得好，我们盟组织的作用发挥得就充分，凝聚力就强。

各位代表，明年是世纪之交。我市民盟组织即将带领全市盟员迎接新的世纪，去完成历史的新跨越。为此，我们对今后盟的工作提出以下意见。

一、认清形势和任务

盟的工作必须与形势发展相适应。当前政治、经济形势是好的。我国顶住了亚洲金融危机的冲击，国民经济进入稳步发展时期，中华人民共和国成立五十年各条战线上的巨大成就已被举世公认，特别是中共十五大制定了跨世纪发展的蓝图，为我们确定前进的方向。前不久，中共十五届四中全会通过了《中共中央关于国有企业改革和发展若干重大问题的决定》，

进一步深化改革开放已成为全国人民的共识。政治上，在经历了 1989 年那场政治风波之后，今年，党中央领导全国人民开展了抗议以美国为首的国际反华势力，粉碎李登辉鼓吹“两国论”分裂祖国的罪恶图谋及批判“法轮功”歪理邪说这三场严重的政治斗争。斗争中做到了“斗而不破”，有理有节，正确区分两类不同性质的矛盾。我国的国际声望日益提高，李登辉“两国论”不得人心，受到国内外舆论谴责，“法轮功”非法组织也被摧毁。全国人民爱祖国、爱社会主义、爱科学的热情空前高涨。放眼世界，科技革命突飞猛进，知识经济扑面而来。步入 21 世纪，我们既面临发展的有利条件和难得的机遇，又面临挑战。国际上，新的霸权主义正在抬头，反华势力企图对我“以压促变”，斗争依然复杂。在国内，随着改革进入关键时期，经济和社会结构将进一步发生深刻变化，新的矛盾和问题将会大量出现。新的一届盟市委肩负着带领全市盟员顺利跨入 21 世纪的重大任务，需要正确分析形势，保持清醒的头脑，始终为维护政治稳定和社会安定做出努力。我们期待，新一届委员会的工作要在九届的基础上，继续前进，争取登上一个新的台阶。要达到这一要求，工作中必须按照盟中央要求，突出一条主线，抓好两个重点。一条主线，就是政治交接；两个重点，就是参政议政、自身建设。

这次代表大会虽然即将完成 20 世纪最后一次新老交替，但是，新老之间的政治交接还要在相当长的时期内进行下去。江泽民同志曾指出：进一步搞好政治交接，是民主党派、工商联各级组织当前和今后一个时期自身建设的首要任务，政治交接的核心，是把各民主党派、工商联老一辈在长期革命和建设实践中形成的优良传统和高尚风范一代一代传下去，保证中国共产党领导的多党合作和政治协商制度得到坚持和发展。这就要求我们高举邓小平理论伟大旗帜，继承和发扬传统，沿着正确的政治方向前进，把盟的优势发挥得更加鲜明，参政党的作用发挥得更充分，为改革开放和现代化建设做出新贡献。

二、把学习邓小平理论放在一切工作的首位

中共十五大把邓小平理论确立为指导思想，这是一项重大决策。盟的八大也提出要以邓小平理论统一全盟的认识，指导全盟的工作。这是我们盟巩固和发展的思想政治基础，为此，必须把学习邓小平理论放在盟的一切工作的首位。学习得越扎实，盟的工作就越有成效。

学习邓小平理论着重把握五个结合：一是与学习贯彻中共十五大精神结合起来，当前重点是学习十五届四中全会《中共中央关于国有企业改革和发展若干重大问题的决定》，把大家的认识统一到十五届四中全会的精神上来；二是与对基本政治制度的认识结合起来；三是与解决主要思想认识问题结合起来；四是与改造主观世界结合起来；五是与加强盟的自身建设结合起来。

总之，学习要在全面、准确掌握邓小平理论的科学体系和领会其精神实质上下功夫，抓住解放思想、实事求是这个精髓。努力学习邓小平同志分析问题、解决问题的马克思主义立场、观点和方法及其科学创新精神。要坚持理论联系实际原则，有的放矢，学以致用，进一步做好民盟的工作。

三、努力提高以经济建设为中心的参政议政水平

参政议政是盟的主要职能，也是民盟市委会最基本的工作。它的内容和形式除每年参加例行的两会，参加党和政府组织的各次民主协商之外，还包括了选择人民群众关心的问题，组织调查研究，积极主动向党和政府提出意见和建议；通过多种形式，广开言路，广开才路，为改革开放和现代化建设献计献策等。从盟的工作来说就是要抓住这个重点不放松，力争取得新的成绩。

开展参政议政活动，一定要紧紧围绕经济建设这个中心，努力为经济建设“出主意、想办法，做实事、做好事”。放眼 21 世纪，知识经济的到来已成为经济发展的新趋势。为了进一步提高我们的参政议政水平，就必须不断努力学习新的科技知识，加强对经济问题的了解和学习。

提高民盟组织参政议政水平的另一个重要方面，就是要继续抓住“教育大参政”这个传统而又全新的议题不放松。我市盟员大多数从事教育工作，他们中的一批人是我市教育战线的专家和骨干。发挥这个优势，对贯彻、落实“教育立市”战略，推动我市经济发展和社会全面进步，具有重要意义。盟市委文化教育工作委员会和教育系统民盟各基层组织，要组织广大盟员教师认真学习《面向 21 世纪教育振兴行动计划》等有关文件，在全面推进素质教育、优化教育结构、加快教育管理体制改革等方面深入进行调查研究，为我市教育事业跨入 21 世纪，贡献民盟组织的力量。

盟市委各工作委员会是为参政议政服务的工作机构。除了依靠自身的力量外，还要加强与政协有关专门委员会的联系，注意与党政有关部门配合，不断总结经验，不断提高我们的参政议政水平。

四、适应形势的要求，建设面向新世纪的盟组织。

进一步加强我市盟的自身建设，是贯彻党的十五大和民盟八大精神，坚持和完善基本政治制度的需要，也是适应当前形势，搞好政治交接、迎接21世纪的需要。建设面向新世纪的盟组织，是摆在我们面前刻不容缓的重要任务，也是多党合作的一个跨世纪课题。

思想建设是自身建设中带根本性的建设。世纪之交，面临开放性、多样性的社会环境，面临新旧体制交替过程中伴生的各种社会矛盾和观念意识的变化，面临年青一代新成员的不断增加，加强思想建设，日益显得重要。思想建设的根本任务是学习邓小平理论，增强对建设有中国特色社会主义的共识，提高贯彻基本路线和基本纲领的自觉性，深化对参政党地位、性质和历史使命的认识，在重大问题上分清是非，为巩固和发展与中国共产党的团结合作，奠定坚实的思想基础。为此，我们一定要把思想政治工作作为一项长期的政治任务，列入重要日程。

组织建设包括班子建设、组织发展、机关建设等方面。班子建设要以政治交接为主线。班子成员要讲学习、讲政治、讲正气，这是搞好政治交接的关键。班子作为领导集体还要以求真务实、开拓进取的态度，努力提高参政议政水平。组织发展工作则是一项政治性、政策性都很强的工作，它直接关系到盟的整体素质和社会政治形象。组织发展必须认真贯彻《各民主党派中央关于组织发展若干问题座谈会纪要》，要注意政治素质，发展高层次的代表人士。因为我们不是群众性政党，而是由代表性人士组成的政党，保持这一特点，有利于民盟继续保持智力优势，以及对非党知识分子的影响力。今后，盟市委在组织发展工作中将继续贯彻“坚持三个为主，注重政治素质，发展与巩固相结合，有计划地稳步发展”的方针。

后备干部队伍的建设关系到盟的事业的巩固与发展，意义十分重大。目前，选择后备干部的工作还不够深入，论资排辈现象严重。今后，发现选拔人才的工作要与组织发展工作结合起来，坚持标准，做好发现人才、选拔人才的工作，以保证盟的事业后继有人。

各位代表，波澜起伏的20世纪即将过去，在这历史发展的关键时刻，我们要以全新的姿态，创新的思维，去迎接新世纪的到来。让我们高举邓小平理论的伟大旗帜，紧密团结在以江泽民同志为核心的党中央周围，在中共南昌市委和民盟江西省委的领导下，进一步解放思想，振奋精神，开拓进取，真抓实干，积极发挥参政党作用，为加快我市改革开放和现代化建设，为我市经济发展和社会进步，做出新的更大的贡献。

加强自身建设　提升参政水平
为我市经济发展和社会全面进步做出新贡献

——中国民主同盟南昌市第十届委员会工作报告

（2004年12月22日）

罗慧芬

各位代表、各位同志：

我受中国民主同盟南昌市第十届委员会的委托，向大会做工作报告，请予审议。

五年来的工作回顾

五年来，本届委员会在邓小平理论和“三个代表”重要思想指导下，在中共南昌市委和民盟江西省委的领导下，带领全市各级盟组织和全体盟员，围绕南昌在江西率先崛起的宏伟目标，努力加强自身建设，积极履行参政职能，团结协作，扎实工作，为我市经济建设和社会全面进步做出了应有的贡献。

一、与时俱进，思想建设取得新成效

（一）加强政治理论学习，坚持正确的政治方向

五年来，盟市委始终坚持把学习邓小平理论和“三个代表”重要思想

放在首位。高举邓小平理论伟大旗帜，认真实践“三个代表”重要思想，深入贯彻中共十六大和民盟九大精神，围绕中共南昌市委、市政府工作重心，积极自觉增强做好参政议政工作的责任感和紧迫感。盟市委领导做表率，带头讲学习、讲政治、讲正气，树立理论联系实际的良好风气，认真推动基层盟组织开展形式多样的学习活动，取得了良好的学习效果。为发挥统战理论对盟务工作的指导作用，每年盟市委组织各基层盟组织把统战理论研究和开展盟务活动结合起来，撰写统战理论文章，并选出优秀论文，推荐到市统战理论研究会上进行交流。今年，在市委统战部组织的“邓小平多党合作理论研讨会”上，八一中学盟支部与校党支部合写的论文，以及盟员许忠民、何啸鸣、梁睿的文章分别获奖，在会上交流并被收集成册。统战理论研讨活动的开展，提高了盟员对新时期统战理论和统战政策的认识，增强了搞好盟务工作的自觉性。同时，盟市委每年都会根据形势需要，制订几个学习主题，推动机关和基层盟组织开展学习。今年，盟市委组织开展了深入学习和贯彻中共十六大及十六届四中全会精神和“三个代表”重要思想、学习新“宪法”和政协新“章程”及“学劳模、赶先进，争做文明南昌人”的主题学习活动。通过主题学习，帮助盟员深刻理解和掌握中共十六大及十六届四中全会精神和“三个代表”重要思想，领会全面协调可持续发展观及以人为本、构建社会主义和谐社会的深远意义，认清参政党在新形势下的任务和要求，激励盟员与中国共产党同舟共济，在各自的工作岗位上，积极做出贡献。民盟青云谱支部、湾里支部采取知识竞赛等多种形式，增强了学习效果。南昌三中支部请党支部书记给盟员宣讲中共十六大精神，激励盟员党盟同心，勤奋工作。

（二）履行职责，积极参政议政

民盟南昌市委会和基层盟组织充分发挥自身优势，深入开展调研，撰写了大量调查报告，为促进我市民主法制建设，推动经济、教育、科技、文化事业的发展做了大量工作。《以科技创新支撑现代制造业》《南昌市血吸虫病流行及防治现状的调研报告》《提升社区文化建设，增强城市综合实力》《完善机制，开拓“低保”工作的新局面》等调研报告，就市委市政府急需解决、人民群众反映强烈的热点、难点问题，出谋划策，供市委市政府决策参考，表现了盟组织和盟员们关注民生的热忱和参政议政的迫切之心，形成了以深入调研带动参政议政的新局面。民盟进贤总支、南昌县总支、青云谱支部还配合省政协、省民盟开展了多项调研。

据统计，五年来，在各级人大、政协两会上，盟员人大代表、政协委员认真履行职责，共提交议案、提案、建议500余件。这些议案、提案和建议普遍受到有关部门的重视和好评。今年，民盟集体提案《不与农民争利，保障失地农民的切身利益》被市政协列为2004年10个重点督办提案的第一号，引起了市人大和有关部门高度重视，由市人大牵头，起草了《南昌市失地农民保障办法》，并列入了立法调研计划；民盟市委会提出的《进一步加强和完善我市的民主监督机制，更好地发挥“四员”作用》的提案，市委统战部认为建议很好，召开了特约工作人员座谈会，走访了有关聘请单位，强化了宣传、完善、服务、把关四项工作措施；龚晓新、徐小荣的提案《提请保护和修复翠花街等古街古巷，以展示老南昌风貌的建议》被市政协列为重点督办提案，市文化局已建议市政府组成市历史文化名城保护规划修订小组，负责组织修订和完善原规划；杨霞林、邬海明提出的《关于做大南昌市属高校的建议》受到市委、市政府的高度重视，一座现代化的高校已初步建成；邬海明提出的《兴会展经济，创南昌伟业》提案为南昌会展业的发展和规范提出了很好的建议；《在全县中小学全面进行改水改厕》被列为进贤县重点督办提案；《关于兴建青山湖老年服务中心或老年康复中心的建议》列入青山湖区为民办实事之一；南昌县总支的《如何更好地参政议政》被县政协评为优秀提案。今年，民盟提案共有3件获市政协优秀提案奖；盟市委市政协评为2001—2002年度“优秀提案单位”。

二、务实创新，组织建设出现新气象

（一）转变作风，激发基层组织的活力

去年年底，盟市委进行了届中调整，顺利实现政治交接和新老交替。新领导班子十分注重基层组织建设，采取了许多切实措施激发基层组织的活力。一是重调研。盟市委同志努力转变工作作风，建立了联系基层工作制度，经常深入基层，走访盟员和基层组织的中共领导，调查研究，了解情况，总结经验，探索基层组织工作的新途径。组织部撰写的《对我市民盟基层组织工作的调查报告》，总结了经验，分析了得失，受到盟省委的肯定。二是重规范。为推动基层工作，经广泛征求意见，制订了《基层组织工作考评细则》，以评促组建，以评促发展，做到目标明确，心中有数，使盟的工作制度化、规范化、程序化。三是重指导。针对各基层组织的现状，盟市委制订了换届工作时间表，根据轻重缓急，分期分批，确保如期换届。有的及时改选，健全班子力量；有的拆分重组，增加组织的凝聚力，如将原中教一支部一分为二，重新成立外国语学校支部和体育支部；有的调整充实，如对科技总支领导班子进行了调整；有的指导督促，对个别发展停滞、老龄化严重的支部，督促他们重视发展工作，增强使命感、紧迫感。经过努力，已有不少支部补充了新鲜血液，如南昌二十六中、南昌八中、南昌卫校、南昌教育学院等。江西科技师院近两年发展的 4 位盟员层次高，贡献大，都获得过省级或国家级奖项。五年来，盟市委共发展盟员 114 人，人才结构和年龄结构更趋合理。通过换届，使一批德才兼备、热心盟务，与中共亲密合作的代表人士进入了领导班子，整体素质进一步提高，支部活力进一步增强。四是重培训。近年来，盟市委采取学习与考察相结合、培训骨干与培训新盟员相结合、自己培训与选送培训相结合等多种方式，加大培训盟员的力度，教育盟员继承和发扬民盟与中国共产党同舟共济、患难与共的优良传统，增强合作意识，做一名合格的盟员。今年，我们在三清山办班培训盟员 63 人，并参观了上饶集中营。选派盟员骨干参加省市社院培训达 20 余人次。盟市委培训工作做到了制度化、经常化，并建立了培训档案。五是重激励。通过评选先进，树立榜样。今年上半年，我们经过认真评比，评出了 12 个先进基层组织，并召开了基层组织经验交流暨表彰会。今年下半年，评出了 6 个省先进基层组织和 57 名省先进盟员。评选先进既是自我教育、相互学习的过程，也是总结提高，相互激励的动力，一定程度上调动了盟员的积极性。由于盟市委重视加强基层组织建设，各基层组织热心参与，盟组织的活动次数增多，活动形式多样，呈现蓬勃活力。江西科技师院、市教育学院、南昌师范、一职、一中、八中、十中、豫章中学、十九中、八一中学等支部，党盟关系进一步融洽，经常与中共党组织一道活动、学习考察。高专、进贤、南昌县、湾里等支部经常组织支部间走访交流，学习了经验，增进了友谊。尤其是中教二支部盟员，年龄大多在八九十岁以上，他们积极响应盟市委开展的“回娘家”活动，到盟市委畅谈感想，到秋水广场赞叹新区变化，表现了老盟员对盟组织的关心和热爱。

（二）人才强盟，健全后备干部成长机制

民盟中央九届四次常委会提出了“人才兴盟，人才强盟”的战略，确立了干部队伍建设和人才工作在盟的自身建设中的核心地位。盟市委为落实这一战略，以建立健全后备干部成长机制为抓手，重点抓好选拔、培养、推荐三个环节，建立三支队伍：以担任副科以上领导职务的干部队伍；以在基层单位担任中层以上领导职务的干部队伍；以综合素质好，业务素质优，参政能力强的后备干部队伍。对他们长期跟踪、多方关心、多给机会、适时推荐，让他们在工作实践中锻炼成长。江西科技师院的熊玛琍、吴美荣通过层层选拔，竞争上岗，分别走上了服装艺术学院和国际交流学院副院长的岗位，表现了他们良好的综合素质。原青云谱劳动就业管理局局长郭翀，为下岗工人上岗培训做了大量工作，因工作成绩突出，最近被任命为区工商联会长。

（三）加强宣传，办好盟内刊物

2004 年，盟市委创办了《南昌民盟连线》，开通了电子信箱，与广大盟员架起了一座心连心的桥梁。盟市委把盟内刊物当作内强素质，外树形象的主阵地，以科学思想教育人、以先进经验指导人、以正确舆论引导人、以模范人物鼓舞人。盟的主题活动、议政动态、经验交流、社会服务、盟员风采等内容，得到全面报道，突出了前瞻性、针对性和时效性。同时，还加强了与电台、报纸等媒体的联系，盟的多项活动在南昌电视台、《南昌日报》上播载，产生了一定的社会影响。盟内的重大活动，均能及时在《江西盟讯》《统战动态》上报道。《光华时报》《政协简报》也报道了盟内盟内大量文稿。各支部踊跃投稿，湾里支部、教育学院支部、青云谱支部投稿都在 7 篇以上。

三、立足本职，社会服务塑造新形象

社会服务工作是民盟学习和践行“三个代表”重要思想，树立社会形象和提升社会地位的重要途径。盟市委认真贯彻丁石孙主席“我们的盟员在哪里工作，就要在哪里为人民做事情，就要把好事做实，把实事做好”

的指示围绕市委市政府的中心工作，积极组织和推动开展“三下乡”、扶贫帮困、“三胞”联谊、招商引资等活动。

（一）发挥智力优势，热心社会服务

近年来，盟市委本着量力而行、务求实效的原则，把送医、送药、送科技、送教育、送戏下乡等社会服务活动作为一项重要工作抓实抓好。

这些年，盟市委多次与市第一医院支部联合，先后到南昌县麻丘镇、湾里区、新建县铁河乡等地为农民义务看病送药。市第一医院支部、进贤总支医卫支部主动到南昌 SOS 儿童村、敬老院为老人看病体检，上街开展义诊活动；市一医院支部还与省老干部局一道组织了大型健康知识讲座，200 多位离退休干部给予了高度评价。市卫校支部经常组织学生到医院、社区、福利院开展义工活动，2003 年，被省红十字会评为“社区义工先锋”。

禽流感流行期间，我们配合全市开展春季公共卫生周活动，邀请盟内畜牧兽医专家龚晓新和省农业厅回国归来的养殖专家刘卓林等，到南昌县向塘镇丁坊村，为养殖专业户举行防治禽流感等疫病与科学养殖方面的知识讲座。一些有专业特长的盟员，还多次应邀下乡为农民授课，用科技知识帮助农民脱贫致富。

市采茶剧团支部每年都参加了市委统战部组织的送戏下乡活动，今年又有七位盟员到铁河农场慰问演出，把先进文化送到了农村，丰富了农民的文化生活。

前不久，盟市委会又先后组织南昌一中支部、新建一中支部盟员教师到新建县石岗中学送课下乡，组织南昌市第一医院、市卫校专家到新建县生米镇送医下乡，切实为当地老百姓做好事，做实事。新建县支部的送课下乡做到了经常化，在最贫困的乡村学校留下了他们的足迹。

江西科技师院副教授熊玛琍与省民盟合作，为全市女盟员举办了一次“中老年服饰装扮艺术”讲座，深受盟员欢迎。南师高专支部组织盟员律师在象山文化广场开展义务法律咨询，前来咨询的市民络绎不绝，律师们冒着高温烈日，耐心为市民答疑解惑，提供法律援助。

此外，盟市委在维护社会稳定、维护盟员合法权益、关心盟员生活、化解社会矛盾等方面也做了大量工作，使盟员感受到了盟组织的温暖。

（二）立足本职，建功立业

我市担任领导职务的盟员率先垂范，以扎实的工作和突出的成绩，为我市经济建设和社会发展做出了贡献。市政府副市长、盟市委主委罗慧芬忘我工作，使我市的教育、文化、卫生和科技等各项工作，取得了长足发展。今年，我市荣获全国红十字会先进集体，10 月 28 日，她代表南昌市出席颁奖大会，受到胡锦涛、温家宝、曾庆红等党和国家领导人的亲切接见。原市一医院护理部主任章金媛，从事护理工作 50 余年，将毕生精力奉献给了圣洁的医学护理事业，去年，她获得了第 39 届国际护理最高荣誉——南丁格尔奖章。市第一医院内分泌科主任胡玲，以满腔的热情和精湛的医术，赢得社会交口称赞。今年上半年，她获得了“南昌市首届青年科技奖”“江西省青年科学家提名奖”，最近又被评为南昌市卫生系统知名专家——名医，她所带领的内分泌科也被入选南昌市卫生系统“十大名科”。市采茶剧团盟员邵洁主演的《大雁情》获得江西省“三个一”工程文艺调演一等奖；文艺支部施惠媛的歌曲《爱不够的井冈》同时获得二等奖。市文联副主席李南娜为宣传南昌拍下了许多优美的摄影作品，“江南畅想曲”被《人民政协报》采用，并担任国家邮政总局发行的“今日南昌——城市风光明信片”摄影总监，她被《人民画报》《中国画报》评为“中华翰墨名家”称号。市现代教育技术中心副主任李佐奇，以自己娴熟的技术，推动我市教育系统电子计算机的普及和多媒体网络建设，为我市教育技术现代化做出了突出贡献。莲塘一中高级教师方燕红，敬业爱岗，关爱学生，在今年高考中，她所带的班取得优异成绩，90% 考取重点大学，有 2 人以全市第二、第三名的身份考取清华大学，在全县引起轰动。

南昌百特高新技术有限公司董事长练新庭，被评为“省优秀青年企业家”“全省各民主党派、工商联为经济建设服务先进个人”“南昌市首届十佳创业指导专家”，事迹入选全市《光彩建设者风采录》。明珠公司总经理万伟成紧紧抓住会展经济这一朝阳产业，创办了我省第一家专业会展公司——江西明珠展览公司。他先后承办的省市、国家级会展，对于提升南昌的城市形象，带动相关产业发展，起到了良好的促进作用。盟员陈志强新开张的新赣江河鲜城解决就业 150 余人，为政府分忧解难。许多盟员企业家，发挥各自特长，直接为南昌的发展添砖加瓦。

此外，还涌现了像全国优秀教师魏依云，省先进工作者、南昌名师、特级教师谢弘，市模范教师涂湘仲，市“五一劳动奖章”获得者熊飞、王三林，市优秀公务员许慧等一大批做出了优秀成绩的先进人物。他们在本职岗位上，用自己的聪明才智和辛勤劳动，为我市的经济发展和社会进步做出了突出贡献，为盟组织争得了荣誉。

（三）积极招商引资

许多盟员发挥联系面广的优势，积极主动参与到招商引资工作中。例如，新建县政协副主席邓志平利用身为新建县工商联会长的优势，积极开展工作，先后引进资金3400万元。南昌县向塘镇副镇长谢华引进项目资金1000万元。民盟湾里支部发挥组织优势，热情接待湖南盟员到湾里投资，积极帮助他办理各项手续，使该盟员感到组织的关怀和温暖，很快便投资300多万元，成立了江西长风汽车零部件有限公司。东湖支部盟员李郁华利用自身优势，写信给海外亲友，介绍我市经济政策及巨大变化，为招商引资起了积极的促进作用。

（四）扶贫帮困献爱心

在去年抗“非典”期间，我市广大盟员同全市人民一道，积极投身于抗非典战役，谱写了许多动人篇章。担任各级领导的盟员在这场战斗中，身先士卒，冲锋在前，心系百姓，忘我工作。盟员中的医务工作者和全国广大医务工作者一道，个个争上一线，把安全留给别人。市一医院盟员个个写请战书，要求上第一线。工作在教育战线的盟员，他们每天提早到校，杀菌消毒，为学生量体温，做记录，防非教学两不误。在这场没有硝烟的斗争中，盟市委一边发出《动员全市盟员积极投身“防非”工作的通知》，一边动员全市盟员开展“抗非”捐款活动，并将所集款项送往贫困地区湾里太平乡。进贤县政协副主席、县教育局副局长胡彬从2002年起资助一名孤儿完成学业，表现了她慈母般的关怀。

各位代表、各位同志：

五年来，在民盟江西省委和中共南昌市委的领导下，全市盟员团结一心，开拓进取，盟的自身建设得到了进一步加强。面对新形势、新任务，我们的思想观念和工作机制明显滞后，还有许多问题尚待在今后工作中不断加以解决和完善，主要表现在：参政议政水平需进一步提高，期盼有更高层次的提案、议案和建议；专委会在参政议政中的职能没有充分发挥出来；组织发展落后于形势的发展，后备干部的培养滞后于参政议政的需要，基层组织活力需进一步增强；社会服务工作尚需拓宽视野。为更好地完成历史赋予我们的使命，我们必须积极探索新途径，寻求新方法，使盟务工作跨上新台阶。

对今后工作的建议

明年是全国全面建设小康社会的攻坚之年。面对新的形势，民主党派的工作任务大大加重了，要求也越来越高了。根据民盟九届九次中常会精神和盟市委的工作实际，民盟南昌市委会及时提出了“加强自身建设，提升参政水平”的奋斗目标。工作思路有以下 5 点：一是抓住一条主线，学习领会“三个代表”重要思想，贯彻落实中共十六届四中全会精神；二是突出两个重点，切实加强自身建设，积极履行参政职能；三是实现三个提升，人才兴盟、人才强盟战略要有新突破，调查研究、建言献策要上新台阶，立足本职，服务社会要树新形象；四是弘扬四种风气，团结之风，民主之风，务实之风，创新之风；五是提升五项能力，不断提高我们的政治把握能力、参政议政能力、民主监督能力、组织领导能力、合作共事能力，肩负起新时期参政党的历史重任。为此，民盟南昌市委会对今后工作提出以下建议。

一、抓住一条主线：学习领会“三个代表”重要思想，贯彻落实中共十六届四中全会精神

“三个代表”重要思想同马克思主义、毛泽东思想和邓小平理论一脉相承，是坚持和发展了马克思主义的典范，体现了对待马克思主义的科学态度，反映了当代世界和中国发展变化对党和国家工作的新要求。我们要深刻领会“三个代表”重要思想的深刻含义，不断增强学习贯彻“三个代表”重要思想的自觉性，要认识到“三个代表”重要思想不仅是共产党的党建思想和国家各项工作的根本方针，也是推进新世纪、新阶段参政党工作蓬勃发展的强大思想理论武器。我们要在真学真信真用上下功夫，把学习实践“三个代表”重要思想同贯彻中共十六届四中全会精神结合起来，深刻领会中国共产党居安思危的忧患意识，与时俱进的创新精神和总揽全局的领导艺术，决议闪耀着“三个代表”重要思想的光辉，它对凝聚党心民心、鼓舞斗志，提高党的执政能力、巩固党的执政地位必将发挥重要的指导作用。我们要把贯彻落实全会精神与不断提高对中国共产党先进性认识、增强接受和维护中国共产党领导的坚定性、自觉性结合起来；与不断增强参政意识、正确认识新时期参政党的历史方位、提高参政能力结合起来；与不断加强自身建设、发挥自身优势、积极建言献策结合起来，把民盟建设成学习型、知识型、研究型的参政党。

二、突出两个重点：切实加强自身建设，积极履行参政职能

时代背景的深刻变化和全面建设小康社会的伟大实践，为参政党发挥作用提供了更加广阔的空间，同时，要求我们必须适应形势任务变化，在加强自身建设中提高参政能力，与时俱进，完善工作机制，更好地发挥参政党的作用。思想政治工作要与时俱进，要探索在开放条件下开展盟员思想政治工作新形式、新方法。不断总结新形势下民主党派的思想政治工作的新鲜经验，通过生动活泼、形式多样的活动，让盟员知国情、知市情、知盟情，增强盟员的责任感、使命感和自豪感。盟的组织建设要以制度建设为重点，以激活基层组织活力为核心，以提高盟员素质、改善盟员结构为基础，培养一支知识丰富、领域宽广、多专多能的高素质的参政议政队伍，在参政议政中发挥切实有效的作用。同时，还要进一步加强盟的机关建设，建立健全工作制度，完善工作机制和基层干部队伍建设，全面提高干部素质，增强服务意识，讲团结，讲民主，讲奉献，讲效率，讲规范，讲协作，造就一支政治坚定、业务精湛、务实创新、作风过硬的盟务干部队伍。

三、实现三个提升：人才兴盟、人才强盟战略要有新突破；调查研究、建言献策要上新台阶；立足本职，服务社会要树新形象

为使“人才兴盟、人才强盟”战略在今后几年中有所突破，我们在组织发展上必须抓住两条线，一是学术地位高，社会影响大的专家学者和业务拔尖人才，保持盟在文教界的影响和优势；二是综合素质好，有参政议政潜能，有组织管理和协作能力的复合型人才，尤其是要拓宽视野，发展一定数量的经济、法律、金融、管理等代表人士，以适应参政议政的要求。我们要继续抓好选拔、培养、推荐三个环节，充实三支后备干部队伍，健全工作机制，完善干部跟踪办法，及时调整有关信息，把后备干部的物色、考察、培养、选拔等各项工作制度化、经常化，并给他们营造良好的成长环境，不断加强政治、业务素质的培训，为他们今后的发展搭台铺路。我们要以与时俱进的精神重视人才，以开拓创新的思维挖掘人才，以建设高素质参政党的目光培养人才，以适应参政议政的要求举荐人才，以真诚合作的态度请党委使用人才，以规范高效的信息管理人才，让大批优秀人才脱颖而出。

深入调查研究，积极建言献策是民主党派参政议政的主要渠道，我们要进一步加强和完善参政议政群体作用与运行机制，紧紧围绕建设现代新南昌的中心工作，充分发挥民盟各类专家汇集的优势，开展深入的调查研究。我们要重视人大、政协全会的议案、提案和大会发言，重视协商、座谈等参政议政活动，加强向政协、统战部等渠道报送信息的工作，探索议政、调研新的载体形式，如讲座、论坛和研讨会等，发挥好人大代表和政协委员的作用，形成合力，扩大盟的参政议政的效果和社会影响。还可组织“一人一建议”“一基层一建议”等活动，让广大盟员积极建言献策，投身到参政议政活动中来。

要继续鼓励广大盟员立足本职，爱岗敬业，不断拓展服务领域，提高服务成效。要引导广大盟员提高对社会服务工作的地位和作用的认识，把社会服务工作与盟的参政议政和自身建设的实践结合起来，本着发挥优势、突出特色、尽力而为和注重实效的原则，选好切入点，“出主意，想办法，做实事，做好事”。继续推进四进社区和“三下乡”活动，不断总结经验，明确目标，拓展思路，努力探索社会服务工作的新途径，树立盟的新形象。

四、弘扬四种风气：团结之风，民主之风，务实之风，创新之风

团结与民主，务实与创新是民盟长期与中国共产党精诚合作所形成的好传统，也是民盟自身发展的特色和宝贵政治财富。我们要继续发扬这些传统，讲团结，顾全大局识大体，彼此间要多增加信任，多合作，少猜疑；多理解，少误解；多宽容，少计较；多补台，少拆台，事业上同心，工作上合力，共同把盟务工作做好。讲民主，就是要有民主的制度，民主的程序，民主的意识，形成宽松和谐的氛围。博采众人之长，贯彻民主集中制。讲务实，我们要有求真务实的精神，踏踏实实的作风，勤勤恳恳地工作，扎扎实实地办事。讲创新，就是要解放思想，与时俱进，在坚持中国共产党领导的多党合作制度的前提下，围绕我市中心工作，创新工作思路，创新工作方法，创新参政议政的新角度，创新组织建设新观念，激发全体盟员的创新欲望，激发盟组织的青春活力。

五、提高五项能力：政治把握能力、参政议政能力、民主监督能力、组织领导能力、合作共事能力

参政能力，主要表现在这五种能力之中，其中政治把握能力是前提，参政议政能力和民主监督能力是核心，组织领导能力和合作共事能力是保障。我们要充分认识提高参政能力建设的重要性。参政能力建设问题，不只关系到参政党自身，更是坚持和完善我国多党合作制度、发展社会主义民主的需要，是全力支持执政党提高执政能力的需要，是全面建设小康社会、实现中华民族伟大复兴的需要。我们认真审视自我，借鉴执政党加强执政能力建设的经验，从这五项能力入手，努力提高盟的参政水平。

各位委员、各位同志：

让我们紧密团结在以胡锦涛同志为核心的党中央周围，高举邓小平理论伟大旗帜，以“三个代表”重要思想为指导，大力弘扬井冈山精神，在民盟江西省委和中共南昌市委的正确领导下，与时俱进，开拓进取，为加快南昌在江西率先崛起的步伐，实现全面建设小康社会的宏伟目标，做出我们应有的贡献！

加强自身建设　立足科学发展
为促进南昌“三大工程”建设做出新贡献

——在民盟南昌市第十二次代表大会上的工作报告

（2009 年 12 月 30 日）

罗慧芬

各位代表，各位同志：

我受民盟南昌市第十一届委员会的委托，向大会做工作报告，请予审议。

五年工作回顾

五年来，民盟南昌市十一届委员会在民盟江西省委、中共南昌市委的领导下，在各基层组织和广大盟员的大力支持下，切实加强自身建设，着力提升履职能力，坚持在继承中发展，在求实中创新，取得了良好的工作进展，展现出新的精神风貌，为南昌经济、社会的发展做出了贡献。盟市委被评为“全省盟务工作先进单位”，获南昌市综合目标管理考核一等奖，2006—2009 年度被民盟中央评为“盟务工作先进集体”。

盟市委以坚定理想信念为重点，采取多种形式，认真开展多党合作和盟的传统教育。广大盟员政治方向明确，思想健康稳定。在盟省委举办的“江西民盟知识竞赛”活动中获“优胜单位”。

盟市委深入贯彻“人才兴盟、人才强盟”战略，认真抓好组织建设，盟员结构不断改善，优秀人才辈出，组织活力增强。

盟市委围绕“一个参加，三个参与”基本点，积极参政议政，调研、提案、建议、信息等工作成绩显著。连年获得市政协提案工作和宣传信息工作先进单位。

盟市委按照“把实事做好，把好事做实”的原则，率先在社区建立了服务基地，开展了“农村教育烛光行动”，社会服务工作取得了新成绩。2009年，在全国民盟社会服务工作经验交流会上介绍了经验。

五年来，我们主要采取了以下做法。

一、立足盟的传统，切实高效开展思想教育工作

思想建设是民盟自身建设的核心。五年来，盟市委不断完善思想工作制度，创新加强思想工作的有效途径，思想教育工作取得了成效。

（一）完善工作机制，健全了思想宣传工作制度

自十一届市委会换届以来，我们建立了思想工作领导机构，建立了一套有效的工作模式。补充和完善了开展主题学习，内、外宣传和统战理论研究等相关工作制度，成立了领导中心学习小组，制订了机关干部每月一次集体学习制度。盟市委定期召开支部主委、盟员骨干和新盟员学习会、总结表彰会和各具特色的主题培训，建立长效机制。我们采取生动活泼的教育方式，力求入脑入心，取得实效。如组织盟员参观新农村建设，体会改革开放的成就。到延安学习考察、到盟的发祥地重庆寻根，增强了盟员对革命传统的更深刻的认识。培训会主题也是紧扣盟员实际，针对性强。2008年、2009年，我们与市社会主义学院联合开办了两期骨干盟员、新盟员培训班；邀请省政协和省盟专家对参政议政骨干和信息员进行了培训，盟员的政治素养得到提升，责任意识增强，履职能力进一步强化。

（二）保持工作特色，坚持开展主题教育活动

我们把形势、政策和爱国主义教育作为主题学习的重要内容，把继承盟的优良传统，坚持正确的政治方向作为主题学习的主要任务。五年来，我们开展了“学习共产党的先进性，保持盟组织的进步性”“忆传统、创佳绩、铸辉煌”等主题学习活动。尤其是在开展政治交接学习教育活动中，我们按照“不能轰轰烈烈走过场，一定扎扎实实做些事”的目标要求，把政治交接学习教育活动作为加强参政党建设的机遇和抓手，“学思结合”“知行统一”，把中国特色社会主义理论体系、多党合作制度的理论和历史与民盟历史及民盟前辈风范结合起来，通过举办统战、盟的知识竞赛，召开纪念改革开放30周年座谈会、举办“纪念中共中央发布‘五一口号’60周年图片展”等多种形式教育盟员，以“纪念南昌民盟成立六十周年”为

契机，编撰了《不平凡的历程》学习画册，宣传盟的历史和先进人物。通过学习，大家进一步增强了自觉接受中国共产党的领导、坚定走中国特色政治发展道路的信念。我们积极开展统战理论研究，保持理论上的清醒。每年都会按照市委统战部的统战理论研究课题计划，发动盟员开展统战理论的学习与研究。《构建和谐社会，用好党派话语权》《发挥统战作用，服务和谐创业》等多篇文章被盟中央、中国统一战线和省委统战部等网站采用，多篇统战理论文章在统战系统交流并获奖。

（三）创新工作思路，大力宣传盟内典型

五年来，我们建立了思想工作队伍，搭建了网络沟通渠道。《南昌民盟连线》和南昌民盟网站，及时报道盟内动态。2009 年，在市政协举办的纪念中华人民共和国和人民政协成立 60 周年征文和演讲比赛中，盟员郭翀获征文一等奖，涂珺获演讲比赛三等奖。盟员曹明文、雷伍华等分别在区政协组织的纪念政协成立 60 周年征文比赛中获得一等奖、二等奖。我们加强了盟务工作和盟员事迹的宣传报道，五年来，我们有 386 篇文章在有关媒体上发表，其中，28 篇刊登在《人民日报》等国家级媒体上。

二、夯实盟的基础，稳步推进组织发展工作

组织工作是盟务工作的基础。为了夯实基础，五年来，盟市委积极实施“人才兴盟、人才强盟”战略，努力探索基层组织的新思路和新途径。

（一）突出“两高”要求，做好组织发展工作

我们从“为盟聚才”的责任高度，积极招纳吸收高素质人才。通过下基层调查和到其他地市学习等途径，研究组织发展工作部署，规划组织发展目标，并制订措施抓落实。我们注重发展有影响的代表性人物，与他们常走往、多谈心，联感情、交朋友，坚守了文化、科技、教育的老阵地，拓宽了新领域，吸收了一批经济、金融、管理、法律、新社会阶层的优秀人士入盟。同时，我们积极争取基层党组织的支持，建立了和谐的党盟关系，市委统战部及各县区统战部、市卫生学校、南昌十六中党支部等都给予了很大支持与帮助，推荐了大量优秀人才。五年来，我们共发展了 229 名盟员，其中，博士 5 人，硕士 13 人，高级职称 66 人（含正高 2 人），正科级 1 人，副科级 4 人，市人大代表 1 人，县区政协委员 4 人。

（二）抓好三个环节，加强后备队伍建设

我们结合组织发展需要，积极选拔一些热爱民盟事业、有参政议政潜能和务实奉献精神的优秀中青年骨干充实到后备队伍，不拘一格选拔人才。在人才培养上，我们注重为盟员搭建成长的平台，一方面加强培训，提高他们的理论素养；另一方面让他们在实践中锻炼成长。我们尽量给盟员提供各种调研、社会服务及盟务工作的机会，让他们出席各类座谈会、报告会，推荐担任各类监督员及参加各种社会活动。同时，我们还十分注重灵活务实推荐人才。2005 年以来，有 18 人提升为科级领导职务，5 人提升为副处级领导职务。还有省人大代表 2 人，省政协委员 2 人，市人大代表 9 人，市政协委员 36 人，市政府参事 2 人，市特约人员 11 人，县区人大代表、政协委员 89 人。我们鼓励盟员参加公选干部招考。2009 年，7 名盟员参加全市公选笔试入围，其中，张伟考取了南昌市交通局总工程师职位，盟市委兼职副主委杜晓晖，通过招考被列为副厅后备干部。

（三）采取四项措施，增强基层组织活力

一是抓整合，对基层组织进行调整。根据盟员的工作性质和地域特点，结合发挥个人特长，及时调配人才资源，充实基层队伍。如成立西湖区总支、外国语学校支部和体育支部，从科技总支中分出经济支部。南昌二中支部、十六中支部、市直机关支部通过调整充实重现了生机。二是抓换届，我们制订计划，分期分批对基层班子进行调整。一批热心盟务，充满朝气的盟员进入了领导班子。三是抓规范，我们完善了各项规章制度，制定了《基层组织工作考评细则》，基层组织工作走上了规范化，基层组织考核评价也有据可依，评先激励机制得到有效发挥。抓交流，沟通基层组织相互学习的渠道。我们每年都要举办基层组织建设经验交流会，开展结对互访活动，举行各项文艺、体育、参观等组织之间的互动。民盟青云谱支部荣获民盟中央先进基层组织。此外，我们还与合肥、温州、汕头、大连、海口和保定盟市委、广州荔湾区盟组织进行了盟务交流。建立盟员 QQ 群，增进了盟员间的感情联络。

通过以上措施，基层和盟员热情得到激发，活力大大增强，提升了凝聚力。市一医院支部、科技师院支部、医卫综合支部近年来发展了许多硕士、博士等高级人才。盟员中涌现了一大批先进人物。据不完全统计，我市盟员获得市级以上各类荣誉600余人次。盟市委主委罗慧芬主管的奥运火炬传递工作成为全国的样板，在北京介绍经验。81岁老盟员章金媛，在荣获南丁格尔奖后，仍然倾心于慈善事业，再创新功绩，又先后获得第一届中华慈善奖、全国红十字会先进个人，还光荣登上了国庆游行彩车。盟市委副主委杜晓晖每年为我市创新基金引进资金2000余万元，荣获全国创新基金工作先进个人；盟员谢华获得全国安全生产监管、煤矿安全监察先进个人；万玉保获得全国卫生监督工作先进个人；谢晖获首届全国中小学心理健康教育“十佳教师”；李琴获得全国中青年教师课堂教学大赛一等奖；李南娜的作品“长空浩荡”在纪念抗日战争胜利60周年全国摄影大赛上获得二等奖；梅承旺获全国摄影大赛优胜奖；胡玲获得江西省百千万人才奖、江西省科技进步奖三等奖、南昌市政府“5·21”高级人才库第一层次人选、江西省江铃青年科技奖，是全省卫生系统唯一获得者；郭爱香获得省政府特殊津贴专家、省劳动模范；程英获江西省地税先进个人、南昌市“五一劳动奖章”。张澜的课题“美国威尔逊政府内政改革的经验与教训”实现了南昌市和江西科技师范学院在国家社会科学基金立项上零的突破。高级农艺师胡火金，参与国家援建非洲工作，协助有关部门邀请尼日利亚塔拉巴州州长来赣访问，受到时任省委书记孟建柱、省长吴新雄的接见。进贤县副县长胡彬分管的卫生文化工作都取得了新成绩，分别获省农村卫生先进县和文化先进单位。毛盛杰、方卫红等维护社会稳定、参加企业改制，做了大量细致的工作，为我市经济发展和社会稳定做出了贡献，受到有关部门的好评。龚晓新用真诚和专业技术，帮助贫困的扬子洲村建起了“沙洲虫草鸡”养殖基地，使他们摆脱了贫困，走上了致富之路。

三、履行盟的职责，促进科学发展

参政议政是我们的主要职责。盟市委始终围绕市委、市政府的中心工作，为促进南昌又好又快发展，积极建言献策。

五年来，我们通过制定制度，强化考核奖励的办法，极大地提高了参政议政工作的成效。制定了《民盟南昌市委会关于加强参政议政工作的实施细则》以及相应的考核奖励办法。通过完善制度，营造了参政议政的良好氛围，形成了主要领导亲力亲为、盟员参与、基层配合、上下联动、横向交流的参政议政工作新局面。为适应新世纪建设参政党的要求，提高参政议政水平，我们建立了参政议政的“三支”队伍，注重发挥盟内专家、两会代表、委员和基层骨干的作用，注重发现、培养和使用新人，他们理论水平高、视野宽、信息广，丰富了参政议政的领域。

据不完全统计，五年来，盟市委、各基层支部（总支）认真开展调研，撰写专题调研报告 35 篇。其中，盟市委的《创新管理机制，唱响八一品牌》《整合教育资源，构建和谐南昌》《关于妥善解决失地农民出路问题的调研报告》得到了省委常委、市委书记的亲笔批示，并被刊登在中共南昌市委办公厅主办的《决策参考》第 8 期上。《南昌文化创意产业现状与发展》和《加强创业文化建设，促进南昌生产力发展》的调研报告，在全市“创业创新文化建设——各民主党派工商联无党派知识分子联谊会专题调研成果报告会”上得到省委常委、市委书记的高度评价，市委常委、纪委书记作了亲笔批示。市政府参事高九荣撰写的《落实科学发展观，促进城市生态环境建设》的调研报告被列为 2006 年市政府办公厅第一号参阅文件。《积极推进重点文化项目的实施，推动文化事业和文化产业跨越式创新发展》《助力中小企业走好自主创新之路》《关注薄弱农村教育，促进城乡协调发展》等多篇调研报告作为盟省委的重点调研课题，在省政协会上列为大会发言材料。各县区支部（总支）都有不少调研报告被评为优秀调研报告，得到县（区）领导的批示。

五年来，盟员人大代表、政协委员认真履行职责，在各级人大、政协两会上，共提交提案、建议 580 余件，其中，优秀建议、提案、重点督办提案 99 件，集体提案 186 件。罗慧芬在省政协九届四次会议上提交的《关于切实加强知识产权工作，设立专项基金的建议》的提案，经省政府研究决定，已落实设立了每年投入 500 万元的知识产权基金，促进了知识产权的保护工作。民盟集体提案《保障失地农民的切身利益》列入市人大调研计划，并着手起草《南昌市失地农民保障办法》；集体提案《关于加强社区服务业管理和加快社区服务业体制创新的建议》被列为 2005 年市政协第一号重点督办提案。集体提案《关于普及农村网络教育，促进我市城乡义务教育协调发展的建议》和盟员李南娜、程英的个人提案获市政协2008—2009年度优秀提案。张澜的论文《改善高效运行的制度环境是当务之急》在全国民盟高教论坛上宣讲，并在《群言》杂志上刊登。《光华时报》《南昌日报》《南昌晚报》《江南都市报》等刊登了盟员人大代表、政协委员在两会上的大量建议、提案和活动照片。西湖区总支、进贤县总支、南昌县总支、新建县支部、青山湖区支部、湾里区支部、青云谱区支部等有多件提案被县政协评为优秀提案、重点督办提案。盟员张国印被评为“市人大先进代表”，杨松林、李植、史桂鹤获“2009年度市优秀政协委员”。民盟进贤总支、南昌县总支、新建支部、青云谱支部还配合省政协、盟省委开展多项调研。

五年来，我们提交了反映社情民意的信息600余件，有许多得到市委领导的批示。《地下水污染危机村民饮水安全》和《关于妥善解决朝阳洲地区失地农民出路问题的几点建议》得到省委常委、市委书记的高度重视，得到较好的落实，促进了社会和谐。《扶持职业教育的几点建议》被中央办公厅和民盟中央采用。有96条建议、信息刊登在《中国人大》《中国统一战线》《人民日报》、民盟中央网等国家级媒体，172条建议、信息刊登在《光华时报》《江西统一战线》、省委统战部心桥网等省级媒体。

四、树立盟的形象，建立社会服务工作新机制

社会服务是我们的优良传统。五年来，我们充分发挥南丁格尔奖获得者章金媛、名医胡玲，名师郭爱香等优秀盟员的示范带头作用，建立健全了社会服务工作新机制，在农村教育烛光行动、新农村建设和社区服务等方面做了实事，发挥了应有的作用。

（一）发挥自身优势，实施“烛光行动”

五年来，盟市委及基层组织先后多次组织南昌市重点中小学校教师到新建县、南昌县、进贤县、安义县、青山湖区等地开展送教送课活动，听课教师和学生达数千人次，取得了较好的社会效果。

2007年7月，民盟中央在全盟启动了“农村教育烛光行动”，盟市委积极响应，研究制订了开展“农村教育烛光行动”的实施意见和计划，要求有条件的基层组织，发挥自身优势，积极结对帮扶，开展以提高农村教育水平和教学质量，加强农村教师队伍建设为主旨的支教活动。分别在南昌县、安义县和进贤县设立了省、市、县（区）三级盟组织联合共建的“烛光行动”教师培训基地。青山湖区支部也结合自身特点，积极开展了“农村教育烛光行动”。通过邀请南昌市重点学校优秀教师到基地上示范课、举行专题讲座或座谈交流等形式，对当地农村教师进行培训，每次活动都是座无虚席。当地教育部门对民盟的“烛光行动”也给予了高度评价，“农村教育烛光行动”的开展，对于促进城乡教育均衡发展有着重要意义，为农村教育办了实事。

（二）开展“三下乡”活动，服务新农村建设

五年来，我们发挥盟内人才和智力优势，确立把送医、送科技、送温暖作为为新农村建设服务的新内容，先后组织盟员医疗专家到安义县万埠镇卫生院、南昌县富山乡、进贤县衙前镇开展义诊活动，为当地农民免费送医送药；邀请市林业局专家，到新建县望城乡为当地农民传授苗木种植技术，并分发农业科普资料3000余份；邀请农业专家到南昌县向塘镇剑霞村为当地农民举办瓜果栽培技术讲座，并冒着烈日酷暑到田间实地查看瓜苗状况，当场解答疑难问题，指导农民合理施肥用药。盟员企业家陈建新、毛华撑、温志平等主动要求为农村送医送药送温暖，为构建和谐新农村奉献了爱心。此外，我们还就如何建设社会主义新农村开展调研，撰写了《新农村建设应该注重文化建设》的调研报告，提交市委、市政府参考。湾里支部到幸福街道社区和罗亭镇开展送医活动，为居民义诊，发放药品，进行保健宣传，受到居民好评。

（三）共建和谐社区，开拓服务新领域

五年来，我们结合构建和谐社会精神，在服务社区方面做出了新的尝试，并取得了一定的成绩。盟市委先后组织盟员医疗专家为中老年盟员举办“健康科普知识讲座”，为社区居民免费义诊，举行急救知识讲座；为贫困户送温暖，看望孤寡老人；在“三八”国际劳动妇女节之际，举行妇女健康检查活动；邀请盟员律师到社区举办《物权法》讲座，为社区居民解答有关物业、物管方面的热点问题等；我们还结合南昌市全民创业活动，在西湖区绳金塔公园成功举办了“南昌市各民主党派、工商联宣传创业文

艺晚会”，热情鼓励人们积极投身到全民创业的热潮中去。为了更好地整合资源，集中人力、智力、物力开展社区服务活动，盟市委在南昌市东湖区上营坊社区，率先建立起南昌市民主党派“社区服务基地”。民盟基层组织也先后在青云谱区洪西社区、青山湖区怡兰苑社区、西湖区松柏巷社区、恒茂华城社区建立了社区服务基地，使得民主党派为社区建设服务活动在南昌市各社区得到广泛开展。我们还进一步拓展思路，积极整合省、市、区三级盟组织资源，开展优势互补的社区服务活动，先后在洪西社区、恒茂华城社区联合多次开展社区服务活动，使这两个社区成为省、市、区三级盟组织共建和谐社区的典范，得到省委统战部的肯定，省委统战部在这两个社区召开全省统战工作现场会，共建和谐社区经验在全省统战系统推广。我们还发挥盟员的“品牌”优势，开展特色社区服务活动。此外，我们还发挥省会城市优势，邀请南昌市知名专家到九江、新余、萍乡等地市讲学，开展法律咨询活动，加强了社会服务的横向联动，扩大了社会服务的范围和影响。

（四）心系灾区见行动，慷慨解囊献爱心

2008 年，南方冰雪灾害发生后，盟市委积极响应市委、市政府号召，开展捐款、捐物活动，组织医疗队与其他党派一起赴受灾严重的进贤县衙前镇，为当地农民义诊，并免费发放了近 3000 元的药品。“5・12”四川汶川大地震发生后，盟市委第二天便紧急召开会议，研究部署救灾捐助工作，发出通知号召全市盟员积极行动起来，踊跃捐款、捐物，以实际行动为灾民解困、为国家分忧。机关工作人员率先纷纷解囊，踊跃捐款 5550 元。广大盟员积极参加所在支部（总支）、单位或社区组织的捐款活动，交纳特殊盟费。仅几天时间，全市各基层盟组织和盟员捐款、捐物 125 万余元。其中，盟员交纳特殊盟费 16.88 万元，向支部（总支）、单位及红十字会、慈善总会等捐款 31 万元，捐赠电缆 20 万元、医疗器材 57.4 万元。特殊盟费中的 7 万余元交民盟中央援建汶川灾区学校。盟员练新庭被评为全盟抗震救灾先进个人，杜璇获得江西省教育厅学生资助先进个人。全市广大盟员以实际行动诠释了“一方有难，八方支援”的中华民族美德，展示了盟员良好的社会形象。

五、畅通盟的枢纽，打造勤勉务实的机关干部队伍

盟的机关工作是全盟的工作枢纽，是承上启下的桥梁。机关的工作作风、工作效能如何，直接影响工作的全局。按照十一届领导班子成立时提出的要造就一支政治坚定、求实创新、业务精湛的机关干部队伍的目标要求，着力打造作风过硬的机关干部队伍。

十一届委员会刚成立，办公室就完善了新的《民盟南昌市委会制度汇编》，并新制定了《民盟南昌市委会矛盾纠纷排查处置制度》《民盟南昌市委会机关计算机使用和管理办法》等多项制度，明确了部门的职责，规范了工作程序，各项工作走上了制度化、规范化、程序化轨道。盟市委的这一举措得到了市委统战部的充分肯定。

我们认真学习贯彻《公务员法》，强化机关干部的法律观念和公务员意识，切实改善工作作风，努力创建以人为本的机关工作氛围，建立团结和谐、务实高效的机关。我们以我市开展综合目标管理考核为契机，按照盟市委制订的目标考核要求，每年年初各部门都要制订工作项目推进表，明确工作的责任人和完成时间，本着“谁扣分、谁负责”的原则，加大检查监督力度，机关各项工作有序进行，达到了“以评促改、以评促进”的目的，机关干部的责任心和服务意识得到加强。

五年来，我们有以下工作体会。

（一）做好“三个坚持”，注重“五个结合”是做好思想建设和宣传工作的重要条件

“三个坚持”，“五个结合”，即坚持多层次、多形式、多类型的学习教育和培训活动；坚持抓好一把手工程，发挥领头羊和骨干成员的榜样、示范作用；坚持以支部和广大盟员为主体，以先进典型教育和激励盟员。注重务虚与务实结合，虚事实做；注重思想工作与组织建设结合，在组织工作中贯穿思想政治教育的内容；注重思想建设与参政议政工作结合，通过开展参政议政工作，促进盟员对多党合作的认识，促进思想建设工作；注重思想建设与社会服务活动结合，将开展各项有意义的社会服务活动作为思想宣传教育的载体和场所；注重思想建设与制度建设结合，通过建立健全各项规章制度，为思想建设提供保障。

（二）依靠党政支持，激发盟员热情是做好组织工作的必要前提

盟员勤奋工作，不断进取，奋发有为，就能扩大盟的社会影响，这是盟组织的根基。支委们对盟组织感情深厚，默默奉献，就能团结盟员，形成合力，这是组织凝聚力的核心。依靠各级中共领导的支持，党盟关系融洽，就能促进组织发展，这是盟组织健康发展的保证。

（三）健全工作机制，发挥自身优势是做好参政议政工作的必然要求

改进参政议政工作方法，健全参政议政工作机制，不断提高参政议政能力和水平是我们切实履行参政党义务的首要任务。发挥盟的特长和界别优势，注重深入调研，大处着眼，小处入手，是参无虚言，落在实处的关键。

（四）建立专家队伍，加强上下联动是做好社会服务工作的基本保证

社会服务工作是民盟的社会责任所在，是加强与人民群众广泛联系的需要，是提高参政议政水平的需要，是促进民盟自身建设的需要。只有切实加强了对社会服务工作的领导，建立了社会服务工作的基本队伍和长效机制，才能联合互动，优势互补，形成合力，才能满怀热情地把社会服务工作做得又实又好，展示民盟的风采。

各位代表、各位同志：

五年来，我们取得了令人可喜的成绩，但是，我们的工作与上级组织和广大盟员的要求还存在一些差距。如何提高参政履职的整体水平，还需要我们做长期艰苦的努力；如何提高盟的活力，合理配备好盟的后配干部，还需要我们认真加以研究和不断完善。相信在民盟江西省委、中共南昌市委的正确领导下，在全市盟员的共同努力下，我市盟的工作一定能够再上新台阶。

新一届民盟南昌市委会的工作思路

2010 年是“十一五”规划的收官之年，南昌的发展必将站上新的高点。在经济社会高速发展的新形势下，我们的使命艰巨，任务重大。我们要在继承创新中求发展，在参政为民、关注民生上多做贡献。根据民盟中央十

届八次中常会议精神和盟市委的工作实际，新一届民盟南昌市委会的工作思路是：高举中国特色社会主义的伟大旗帜，以邓小平理论和“三个代表”重要思想为指导，贯彻落实科学发展观，学习领会中共十七大精神，动员盟员团结进取、求真务实，坚定不移地走中国特色社会主义道路，以建设“理论上清醒、政治上坚定、组织上巩固、制度上健全和充满活力的参政党”为目标，为实现我市经济大提速、城乡大变样、文明大提升“三大工程”做出新贡献。

一、坚持走中国特色政治发展道路与巩固多党合作的政治基础结合起来

中共十七届四中全会做出的《中共中央关于加强和改进新形势下党的建设若干重大问题的决定》，着眼于推动中共十七大关于党的建设总体部署的贯彻落实，重点研究解决当前党的建设中带有战略性、根本性、紧迫性的重大理论和实际问题，具有很强的思想性、指导性、针对性，符合党和人民事业发展要求，符合新形势下党的建设的需要，体现了党的建设理论创新、实践创新、制度创新、工作创新的丰富成果，是指导当前和今后一个时期党的建设的纲领性文件。要充分认识中国共产党居安思危的忧患意识、勇于变革的创新精神和驾驭全局的领导能力，深刻认识中国共产党是建设中国特色社会主义事业的坚强领导核心。作为参政党，我们的参政地位也不是与生俱来的，更不是一劳永逸的。深刻理解这一点，有助于我们提高参政意识和忧患意识，增强加强自身建设的自觉性和坚定性。学习贯彻中共十七届四中全会精神，就是要与深化坚持走中国特色社会主义道路学习教育活动相结合，进一步提高对中国共产党先进性的认识，增强走中国特色社会主义政治发展道路的坚定性、自觉性，巩固与中国共产党亲密合作的政治基础。

二、坚持把参政党建设与社会全面进步紧密结合起来

关注社会，深入群众，投身社会实践，反映社情民意，以科学发展为第一要务，为南昌的建设发挥积极的促进作用。不断树立深入实际、求真务实的思想作风和工作作风，融入社会，服务社会，成为社会公认的重要力量。顺应社会发展趋势，站在改革开放和各项事业发展的前沿，做出敏锐的观察和反映，提出具有时代感、前瞻性的意见建议。

三、坚持把理论学习研究与盟务工作实践紧密结合起来

要深刻认识理论学习和研究的先导作用，要把学习、研究和工作实践有机结合起来，一方面要善于在理论指导下不断深化和拓宽工作的思路，另一方面要善于不断把工作中获得的新鲜经验进行总结、升华，在这一过程中，完善制度，探索规律，实现继承、创新和规范的结合。民盟市委领导班子要带头加强理论学习，营造勤奋学习的浓厚氛围。深入学习贯彻中共十七大及十七届四中全会的精神，联系我国政党制度的特点和优势，深化对坚持走中国特色社会主义道路重要性的理解和认识，为民盟的政治思想建设提供理论支持。加强对民盟历史、传统和前辈风范的研究，注重民盟的政治纲领、政治信念的历史文化渊源，为推动民盟的政治交接工作提供思想动力。继续加强对参政党自身建设和履行职能规律的研究，深化对盟务工作实践经验的总结和探索，把理性思考和制度建设有机结合，不断发挥其对推动盟务工作前进的先导作用，推动盟的自身建设和履行职能水平的不断提高。

四、坚持将履行职能与自身建设紧密结合起来

履行职能与自身建设，对于参政党同等重要，履行职能是自身建设的效果，自身建设是履行职能的保障。要在参政议政、社会服务的实践中，加强思想建设、组织建设，取得履行职能和自身建设的双重效果。多党合作的当前形势将参政党的履行职能、发挥作用置于前所未有的突出位置，因此，我们应进一步深化工作思路，调整工作部署，将履职尽责放在整体工作的龙头地位。发挥参政议政、社会服务工作对增强基层活力和人才队伍建设的带动作用，对提高理论修养、完善思想方法的载体作用，对增进共识、促成合力的纽带作用。

五、坚持将盟员的全面发展与民盟组织的事业发展紧密结合起来

作为组织，要努力营造团结、民主、和谐的氛围，要用生动活泼的形式和真挚情感来凝聚人心，吸引大批高素质的人才。要以人为本，珍视每位盟员加入民盟的选择，珍视每位盟员为盟所做的贡献。要关注更多盟员的成长，给予更多盟员以人文关怀，引导他们把本职工作与盟务工作有机

结合起来，把自我价值和社会价值的实现结合起来，最终达到盟员个人的成长进步与盟的事业兴旺发达同步而共赢。

各位委员、各位同志：

建设充满活力的参政党，是蒋树声主席提出的希望，更是新形势下自身发展的需求，是一项长期而艰巨的任务。我们要继续高举中国特色社会主义伟大旗帜，以中共十七届四中全会精神为指导，紧密团结在以胡锦涛同志为总书记的党中央周围，坚定信心，开拓进取，为加快南昌实现“三大工程”的宏伟目标，做出新的贡献！

适应新形势　明确新任务
为南昌实现“四个强起来”做出新贡献

——在民盟南昌市第十三次代表大会上的工作报告

（2015 年 12 月 2 日）

胡　彬

各位代表、同志们：

受民盟南昌市第十二届委员会的委托，我向大会做工作报告，请予审议。

工作回顾

六年来，民盟南昌市十二届委员会在民盟江西省委、中共南昌市委的正确领导下，在市委统战部的具体指导下，紧紧围绕南昌市委、市政府的中心工作，继承和发扬盟的优良传统，积极适应新形势，明确新任务，团结带领全市各级盟组织和广大盟员奋发向上、开拓进取，各项工作取得了新成绩，为南昌政治、经济、社会的发展做出了贡献。2010 年以来，盟市委先后获“全国各民主党派工商联无党派人士为全面建设小康社会做贡献先进集体”“全省民盟思想宣传先进集体”“全省盟务工作综合先进单位”等荣誉称号。我们的主要做法有以下几个方面。

一、坚持正确方向，强化思想建设

盟市委坚持把思想建设放在自身建设的首位，不断提高政治责任感和历史使命感，始终坚持正确的政治方向，切实增强广大盟员对中国特色社会主义的道路自信、理论自信、制度自信。

（一）以主题教育为载体，着力提升思想建设水平

六年来，盟市委深入开展了“树立和践行社会主义核心价值体系”“历史经验薪火相传，同心同德共创未来”“坚定信念、学习典型、争做贡献”等系列主题教育活动。以庆祝中国共产党成立 90 周年、中国民主同盟成立 70 周年及纪念中共中央发布“五一口号”65 周年、抗日战争胜利 70 周年等为契机，组织演讲比赛、知识竞赛、主题讲座、同心讲坛、座谈研讨会、书画摄影作品展等活动，并组织盟员赴四川、湖南等地接受革命传统教育。通过开展一系列内容丰富的活动，提高了盟员思想政治水平，坚定了与党同心同行的信念。

（二）以理论学习为抓手，着力提高政治理论素养

盟市委组织全市盟员深入学习贯彻中共十八大、十八届三中、十八届四中、十八届五中全会及习近平总书记系列重要讲话精神，学习中央统战工作会议、盟中央、盟省委及中共南昌市委等有关会议精神，召开社会主义核心价值体系学与行报告会，并编印报告集 800 余册下发各基层组织学习。每年全国两会刚闭幕就及时邀请省政协副主席、盟省委主委刘晓庄同志为盟员传达全国两会精神，刘晓庄同志还多次到盟市委及基层组织开展传统教育讲座。联合市社院举办新盟员培训班、参政议政骨干培训班、宣传信息培训班，多次组织盟员参加市政协大讲堂等学习活动。同时，盟市委还组织盟员结合我市实际和中心工作开展统战理论研究，撰写学习体会文章，不断提高盟员的政治素养和理论水平。

（三）以优化宣传为抓手，着力扩大南昌民盟影响

南昌民盟网站自 2010 年下半年恢复以来，紧紧围绕各项盟务工作，优化网站功能，丰富板块内容，及时对盟务活动进行宣传，并加强对基层组

织和广大盟员中先进人物、鲜活事例的宣传报道，不断提高网站的时效性、可读性；加强与社会媒体的联系与沟通，利用各种新闻媒体和宣传阵地全面展现盟市委履职尽责的突出成果。六年来，被《人民政协报》《中国统一战线》《团结报》等国家级媒体采用稿件20余篇；被《江西日报》《光华时报》等省级媒体采用稿件50余篇。江西卫视、南昌电视台等媒体也多次对盟市委的有关活动进行了报道，扩大了南昌民盟的社会影响。

二、履行议政职能，积极建言献策

盟市委紧紧围绕经济社会发展中的重大问题和人民群众普遍关心的热点难点问题，深入调查研究，积极建言献策，取得了良好的履职成效和社会影响。

（一）认真履职，积极参与政治协商

盟市委领导多次参加市委、市政府和有关单位召开的座谈会等活动，先后就“十二五”规划、《政府工作报告》、打造核心增长极规划纲要等重大事项提出意见建议。在市级及以上的人大、政协两会上，盟市委共提交集体提案60余件，盟员人大代表、政协委员共提交个人提案、建议90余件，盟市委多次被市政协评为优秀提案单位。《关于红谷滩新区增设城市配套公共设施的建议》被列为市政协主席督办提案；《关于尽快制定公益事业社会志愿者有关政策的建议》被列为市政协第一号主席督办提案；提交省政协的提案《加大食品安全监管，确保舌尖上的安全》获省委副书记、常务副省长会中办理；《关于解决融资难，促进小微企业发展的建议》获时任常务副省长会中办理；《关于改革中小学教师准入机制，完善教师队伍建设的建议》获时任市政协主席和常务副市长召开协调会督办；提案《关于规范人行道管理的建议》获市长批示。

（二）选准课题，深入开展调查研究

盟市委紧紧围绕市委、市政府的中心工作开展调查研究。据不完全统计，六年来，盟市委及各基层组织撰写调研报告20余篇。调研报告《南昌市基于服务外包产业的现代服务业发展与布局研究》获时任市长批示，并在市各民主党派工商联无党派知识分子联谊会专题调研成果报告会上宣读；调研报告《江西省发展“电子商务+物流配送”新型商业模式的对策研究》

《江西省富硒特色农业发展调查》转化成盟省委的集体提案被列为省政协副主席重点督办提案；《南昌文化产业园区发展对策研究》提交市委、市政府决策参考，获时任市长批示；调研成果《关于我省“空心村”背景下教育网点重新布局的建议》《大力发展和推广江西省富硒产业的建议》被选为省政协大会发言；《南昌城市发展的芯片：文化创意产业》《现代宜居城市建设需要文化政治意识作为支撑》被民盟中央2010中国城市文化论坛采用；《关于生态环境法制建设的几点思考》在民盟中央北方论坛上做专题发言。

（三）关注民生，精准反映社情民意

据不完全统计，2010年来，盟市委向盟中央、省政协、盟省委、市政协等报送社情民意信息500余条。其中，《城镇化进程中整合县乡义务教育资源的建议》获时任副省长批示；《畜禽肉食品质量安全出问题根子在监管不力、执法不严》《针对“网络涉毒”立法已迫在眉睫》《PPP模式存在的几个隐忧》等信息被盟中央采用，并报送全国政协；《关于静态交通秩序治理的建议》获省委常委、市委书记批示；《我市被征地农民社保情况调查与建议》《南昌市民办教育现状分析与发展战略》获时任市长批示。

三、着眼“人才强盟”，优化组织发展

盟市委高度重视组织发展、队伍建设和基层换届工作，坚持贯彻实施“人才强盟”战略，通过加强组织发展、后备干部队伍建设和基层组织建设等途径使南昌民盟组织更加具有活力。进贤县总支获民盟中央“盟务工作先进集体”“先进基层组织”荣誉称号。

（一）以人为本，加强组织发展工作

盟市委始终坚持组织发展数量与质量并重原则，努力发展热爱民盟事业、符合民盟特点、民盟工作亟须的代表性人士和新社会阶层的优秀人才入盟，盟员组成结构不断优化，在职盟员数量稳步增长。2010年以来，共发展了255名盟员，其中，博士1人，硕士29人，本科202人，高级职称42人，中级职称111人。

（二）着力培养，重视干部队伍建设

加强干部培训工作：选派13名盟员参加中央社院举办的学习培训班；选派6名盟员赴上海财经大学参加南昌市党外中青年领导干部高级研修班；

安排16名骨干盟员及新任市委会委员赴省社院参加学习培训；安排盟员近50余人次参加盟省委组织的各类培训班；组织盟员200余人次参加市级组织的各类培训班；等等。做好干部推荐选拔工作：在今年1月召开的全委扩大会上顺利完成届中调整工作；结合县区配备干部，积极主动向有关县区和市直单位推荐优秀盟员，举荐优秀盟员进入领导岗位，2010年以来，我市盟员新任正县级2人，副县级4人，正科级12人，副科级15人；推举优秀盟员进入参政议政岗位，截至今年11月底，2位盟员担任省人大代表，4位盟员担任省政协委员，12位盟员担任市人大代表，32位盟员担任市政协委员，18位盟员当选为县（区）人大代表，89位盟员担任县（区）政协委员；盟市委原主委罗慧芬同志光荣当选民盟十一届中央委员。

（三）多措并举，增强基层组织活力

加强沟通，有序推进基层组织换届：盟市委始终坚持德才兼备、以德为先的用人原则，及时与基层组织所在中共组织就新一届支委人选进行沟通协商，确保政治素质好、工作能力强、热心盟务工作的同志进入新一届班子。通过关爱盟员，凝聚人心：如盟市委领导多次对我市困难盟员进行走访慰问，探望生病住院盟员，给他们带去组织的温暖。创新活动形式，增强活力：盟市委及各基层组织结合实际，积极开展丰富多彩的组织活动，增强基层组织凝聚力。完善管理，全面推行考核评比：调整盟市委机关干部联系基层工作机制，盟市委领导带头走访调研基层组织，每年定期对基层组织进行综合考评。强化组织交流，促进盟务工作：加强与北京、上海、广州、昆明、赣州、九江等省内外盟组织的合作交流，学习发达地区与兄弟地市盟组织先进经验；2013年承办了民盟全省组织工作会议，并在会上做经验交流发言；以基层组织建设年为契机，将先进基层组织经验材料汇编成册并对先进基层组织和优秀盟员进行表彰。

（四）与时俱进，深抓盟市委机关建设

为更好地服务盟员，盟市委挂牌成立了“盟员之家”，为基层组织提供了活动场所。自2010年来，盟市委推荐了1名机关干部担任副县级职务，遴选了4名基层公务员到市委会机关工作，增强了机关的工作活力，提高了工作效率。几年来，通过选派机关干部参加培训、讲座、跟班学习等方式强化学习，机关干部的政治素养和业务水平不断提高。同时，盟市委会机关通过健全内部管理，完善工作制度，严格执行八项规定，改进工作作风，营造出了团结和谐、高效廉洁的机关氛围。

四、突出特色优势，服务社会民生

盟市委始终把社会服务工作作为履行参政党职能的重要内容，努力发挥特色优势，不断拓宽工作领域，服务社会民生，赢得社会各界点赞。西湖区总支和青云谱区支部被民盟中央评为“社会服务工作先进集体”。

（一）发挥优势，唱响烛光行动品牌

盟市委积极发挥教育文化科技界别优势，切实开展农村教育烛光行动，努力扩大社会服务工作品牌效应。2015 年，联合市教育局邀请北京四中原校长邱济隆教授为全市各县区中小学、民办学校校长以及部分从事教育工作的盟员共 500 余人做专题报告会；多次与盟省委和基层组织赴各县区农村学校开展送教下乡、教师培训、图书捐赠等活动；与民盟上海市杨浦区委签订合作共建协议，联合民盟上海杨浦区委在杨浦区教师进修学院为我市中小学骨干教师 250 余人进行免费培训；邀请上海盟内教育专家、我市优秀盟员教师和南昌新东方学校名师对我市基层教师进行教学培训。六年来，烛光行动共捐资捐物价值 30 余万元，培训教师 2500 余人次，资助农村贫困学生 600 余人次。

（二）突出特色，开展“黄丝带”帮教工作

盟市委积极响应盟中央实施“黄丝带”帮教计划的号召，成立民盟心理帮扶基地，努力打造心理帮扶品牌。几年来，盟市委多次开展帮教行动走进未成年犯管教所和心理帮扶进社区等系列帮教活动；依托司法行政系统的帮教工作平台和民盟的人才资源优势，开展对社区矫正人员和刑释解教人员安置帮扶等各类活动。今年，盟市委还在省少管所建立“黄丝带”帮教基地，开展了法律、健康和心理咨询等活动。

（三）服务联动，关注民生更倾真情

盟市委以服务“进社区、下乡村”为抓手，积极开展社会服务活动。联合盟省委分别与西湖区总支、青云谱区支部等基层组织开展送春联、健康咨询、免费义诊、节日慰问等活动；联合市委统战部在南昌县冈上镇开

展送科技、卫生、法律“三下乡”活动；联合章金媛爱心奉献团在市妇女儿童中心举办妇幼儿护理知识讲座等活动；积极与安义县长均乡对接联系，竭心尽力做好对口帮扶工作。进贤县总支也积极做好与罗溪镇莲塘村的对口帮扶工作，几年来共投入帮扶资金 30 余万元。各基层组织也通过各种形式，开展多种多样的社会服务活动，得到了社会各界的一致好评。

五、立足本职岗位，展现盟员风采

全市广大盟员立足本职，爱岗敬业，争先创优，为盟的事业增光添彩，涌现出一大批先进个人，据不完全统计，六年来，我市盟员共有 50 余人次荣获国家级荣誉，180 余人次荣获省部级荣誉。

86 岁的盟员章金媛同志及其爱心奉献团，十几年如一日地无偿为社区居民提供专业护理服务，章老先后获国际南丁格尔奖章、中国 60 华诞贡献奖、中华首届慈善奖、全国道德模范提名奖、全国三八红旗手标兵等全国、省、市级荣誉称号 70 余项，章金媛爱心奉献团事迹在新闻联播等国家级媒体上广泛报道。今年 8 月，省委常委、市委书记写信给章老，对她及其爱心团队多年来的志愿服务工作给予充分肯定；胡火金同志，为了中非友谊，为了非洲发展十年间四次带领技术人员援非，撰写并正式出版了《竹资源及其利用技术》专著，获得埃塞俄比亚林业部授予的埃塞俄比亚竹科技发展贡献奖，中央电视台对援非专家胡火金同志进行了专访；陈虹同志，一名甘于奉献的心理咨询师，长期为留守儿童、孤寡老人、监狱改造人员做义务心理辅导，近年来，她的事迹多次被江西省电视台等主流媒体报道，今年 9 月，她所作的案例在央视十二套法制节目播出；“感动洪城十大教师”——胡德华同志，无限忠诚于党的教育事业，在二十多年的工作生涯中，他牺牲了无数个节假日到学生家中进行家访、无偿为学生补课，他爱校如家，带病工作，因工作劳累过度猝然离世，年仅 46 岁，他的感人事迹在全省全市各级媒体上广泛报道。

回顾总结本届委员会六年来的工作，我们的体会是：始终坚持中国共产党的领导，坚持走中国特色社会主义道路，自觉践行社会主义核心价值体系，确保思想上与中国共产党同心同德、同心同行，是民盟事业发展的根基所在；解放思想、与时俱进，主动转变盟务工作方式，全面提升自身建设的科学化水平，不断提高履职能力，是民盟事业发展的关键所在；自觉投身中国特色社会主义事业伟大实践，坚持立盟为公、参政为民，努力在推动科学发展、促进社会和谐、实现人民幸福安康上有所作为，是民盟作为参政党的目标追求和价值所在。

各位代表、同志们：

六年来，全市民盟各项工作成绩的取得，得益于民盟江西省委、中共南昌市委的正确领导，得益于民盟各级组织和广大盟员的辛勤努力。在此，我谨代表民盟南昌市委会，向所有关心支持我们的领导和同志表示衷心感谢！向全市盟员致以崇高的敬意！

在肯定成绩的同时，我们也清醒地看到，与新形势对参政党提出的要求相比，与全市盟员对盟市委的期望相比，我们的工作还有待于加强。比如，思想建设的形式要更加贴近盟员实际；盟员参政议政的积极性需要进一步激发；专委会的工作以及个别基层组织的活力有待进一步提升；高层次代表性人士的发展需要进一步加强；民盟组织的社会影响力有待进一步提升等。对于这些问题，我们必须高度重视，不断探索研究，也真诚希望广大盟员对市委会的工作提出宝贵的意见和建议，推动我们的工作不断迈上新台阶。

今后工作的建议

各位代表、各位同志：

今后五年是全面深化改革、依法治市的关键攻坚期。面对新形势新要求，作为与中国共产党亲密合作的友党，民盟的使命光荣，责任重大。我们相信，盟市委新一届领导班子一定能够把握大局，积极作为，在民盟江西省委和中共南昌市委的领导下，团结带领全市广大盟员努力拼搏、锐意进取，肩负起参政党地方组织的使命和责任，不断提高参政议政水平，认真履行参政党职能，深入调查研究，积极建言献策，为我市经济社会发展做出更大贡献。

一、深入开展坚持和发展中国特色社会主义理论学习实践活动，夯实“同心”思想基础

学习贯彻中共中央和省、市关于多党合作的方针政策及习近平总书记系列重要讲话精神，准确把握参政党的性质定位，坚持中国特色社会主义政治发展道路不动摇，进一步统一思想，夯实多党合作的共同思想政治基础。继续深入开展坚持和发展中国特色社会主义学习实践活动，不断巩固中国共产党领导的多党合作制度，进一步夯实多党合作思想政治基础。

二、围绕“十三五”规划的实施，深入调查研究，积极建言献策

紧紧围绕“十三五”规划的实施，围绕全面深化改革和推进法治国家建设的战略部署，抓住科学发展这个主题，突出民盟参政议政特色，找准角度，精心选题，深入开展调查研究，积极建言献策。发挥各专委会作用，加强参政议政专家队伍建设。围绕发展，关注民生，加强反映社情民意工作。积极推动基层组织和广大盟员，开展统战理论研究工作，建立统战理论研究队伍。

三、以继续实施“人才强盟”战略为核心，全面提高自身建设的科学化水平

进一步加强组织建设，继续贯彻实施“人才强盟”战略，大力推进代表性人士和后备干部队伍建设。严格标准、注重质量，做好人才储备工作。在保持组织特色和传统优势的同时，进一步整合盟内人才资源，优化人才结构，提高盟员素质。要进一步加强基层组织建设，完善体制机制，促进基层组织工作制度化、活动经常化，努力营造团结、民主、和谐的氛围。

四、积极探索，着力推进社会服务工作

按照民盟中央关于新形势下做好社会服务工作的要求和部署，在坚持社会服务的政党属性和特色的基础上，充分发挥盟的自身优势和特色，引导盟员投身各类社会服务活动。通过加强盟内外的联合协作，吸收盟内外的资源，巩固和扩大传统优势，围绕重点工作，积极探索新的工作机制和工作方式，增强工作的实效性和可持续性，形成有效凝聚各方优势的长效工作机制，实现社会服务工作的新跨越。

五、强化作风建设，进一步提高机关工作效能和服务水平

进一步完善机关制度建设，建立健全机关日常管理的各项规章制度，使机关管理工作朝科学化、规范化、制度化轨道迈进。严格遵守“八项规定”，厉行节约，勤俭办事。坚持依法治理、综合治理和源头治理，牢固树立服务意识，着力提升机关干部综合素质，进一步发挥好盟机关的枢纽作用。强化服务意识，为盟员和机关离退休老同志做好各项服务工作，为基层服务，为盟员服务，真正把机关建设成为盟员之家。

各位代表、同志们：

“十三五”规划即将颁布实施，站在新的历史起点，展望未来，我们深感责任重大、任务艰巨、使命光荣。让我们更加紧密地团结在以习近平同志为核心的党中央周围，在民盟江西省委和中共南昌市委的坚强领导下，高举中国特色社会主义伟大旗帜，深入贯彻落实科学发展观，牢固树立社会主义核心价值观，凝心聚力、锐意进取、奋发有为，不断开创民盟事业新局面，为南昌实现“四个强起来”目标而努力奋斗！

增进共识　凝聚力量　解放思想　奋勇前行
为南昌切实彰显省会担当献计出力

——在民盟南昌市第十四次代表大会上的工作报告

（2020 年 12 月 13 日）

胡　彬

各位代表、同志们：

受民盟南昌市十三届委员会委托，我向大会做工作报告，请予审议。

工作回顾

五年来，民盟南昌市委会坚持以习近平新时代中国特色社会主义思想为指导，认真贯彻“四新”“三好”要求，在民盟江西省委会和中共南昌市委的坚强领导下，在市委统战部的精心指导下，切实加强自身建设，积极参政履职尽责，各项工作扎实推进，努力为南昌在描绘好新时代江西改革发展新画卷中充分彰显省会担当贡献力量，先后获得民盟中央“坚持和发展中国特色社会主义学习实践活动先进集体”“社会服务工作先进集体”“优秀盟员之家”等表彰，连续两年荣获民盟中央“思想政治建设和宣传工作先进集体”称号，连续三年获评“全省盟务工作先进集体”。

一、旗帜鲜明讲政治，思想政治建设和宣传工作成效显著

深化理论学习与研究。深入学习贯彻习近平新时代中国特色社会主义思想，持续提高政治站位，树牢“四个意识”，坚定“四个自信”，坚决做到“两个维护”。每年举办各类专题学习、精神传达会十余次，进一步夯实多党合作的共同思想政治基础。第一时间做出部署，在全市盟组织中掀起学习中共十九大精神，中共十九届二中、三中、四中、五中全会精神，习近平总书记视察江西时重要讲话精神，全国两会、党外人士座谈会、“彰显省会担当，我们怎么干”解放思想大讨论等活动热潮。深入开展理论研究，盟市委领导带头撰写理论研究文章，多次发表于团结网、民盟中央网站、《江西政协报》《南昌日报》等报刊媒体平台。新建区支部、进贤县总支思想宣传工作表现突出，先后荣获民盟中央表彰。

深入推进主题教育活动。“不忘合作初心，继续携手前进”主题教育活动启动以来，盟市委高度重视，认真部署，广泛动员。先后围绕南昌民盟成立70周年、纪念中共中央发布“五一口号”70周年暨庆祝改革开放40周年、庆祝中华人民共和国成立70周年，开展了一系列主题活动。举办文艺会演、体育友谊赛、庆祝大会、主题征文、图片展、演讲比赛、专题讲座、培训班、赴爱国主义及革命传统教育基地实地交流学习等活动，参与盟员超2000人次，多次获《团结报》、江西卫视关注报道。积极参加省市各类主题征文、朗诵、书画展等活动，2018年以来获省级奖项22人次。各基层组织、专委会也开展了形式多样的主题教育活动。江西民盟传统教育（进贤）基地于2020年8月揭牌成立。

加强宣传，弘扬正能量、传播好声音。在盟市委官方网站及微信公众号上推送报道信息近1200篇，获国家、省、市各级媒体采用300余次，其中，《人民政协报》《团结报》等国家级媒体平台采用20余次，在全市政协2020年宣传信息工作统计中得分名列前茅，列各民主党派和工商联第一。围绕深入学习习近平总书记视察江西时重要讲话精神、主题教育活动、学习贯彻省市重要会议精神、抗击新冠肺炎疫情、防汛抢险等专题，组织系列报道。结合主题教育活动，深入挖掘先进典型，对盟务工作动态、涌现的人物和事迹，全方位跟踪报道，微信公众号的阅读量、点赞量和影响力稳步提升，发出了南昌民盟好声音。

二、聚焦中心献良策，参政履职工作成果丰硕

近年来，民盟市委会参政议政综合评分在盟省委考核中持续位居全省第一，涌现了雷伍华、汪芳、张琳等一批参政议政先进盟员。

积极参与政治协商。积极参加中共南昌市委、市政府、市政协及市委统战部主持召开的专题协商会、情况通报会和重要座谈会。盟市委五年共提交集体提案54件，盟员个人提案、建议173件，《关于将游泳健身馆纳入健康规范的发展轨道的建议》等十余件被评选为优秀提案、年度好建议，《关于调整地铁2号线运营时间的建议》等多件提案被列为重点督办提案，获得省市媒体报道百余次。在市政协十四届四次会议上的大会发言入选中共中央党校出版社出版发行的大型文献史册。专题协商会发言多次获市领导高度肯定。

扎实开展调查研究。紧紧围绕市委、市政府的中心工作开展调研，申报课题省级中标62件，调研报告多次刊登于《江西日报》、中国江西网、江西新闻网等多家省市媒体。其中，《以地铁应用为突破口占领VR行业制高点》《政企合作建设信息化城市》《统筹5G生态资源共享，推动我市数字经济发展》等9篇调研报告获时任市委、市政府主要领导批示。《统筹推进大南昌都市圈产业合作与资源共享》等15篇调研报告被采用为省“两会”大会发言、书面发言、集体提案和重点督办提案。参与盟中央调研并完成子课题《推进南昌市先进制造业发展》，并获高度评价。积极参加民盟中央论坛，提交多篇论文。

强化社情民意信息工作。通过举办建言资政沙龙、开展新盟员反映社情民意信息工作培训等活动，激发、提升盟员撰写信息的热情和水平。五年来报送社情民意信息600余篇，荣获“民盟全省反映社情民意信息工作先进集体”称号。在市委办信息处2020年信息采用统计通报中，得分蝉联市直B类25家单位第一。雷伍华获评民盟中央“反映社情民意信息工作先进个人”。信息采用方面，《建立系统性抗洪机制》被全国政协采用，《废旧纺织品亟待“新生”》等10篇刊登在《人民政协报》《团结报》等国家级报刊媒体平台，《建议疫情期间运营商降低流量资费标准》等13篇被民盟中央采用，省政协采用34篇，《江西政协报》等省级媒体发表30余篇，盟省委采用191篇，市政协采用33篇。信息批示方面，《尽快将进贤电力公司归属南昌电网管理》获中共江西省委书记和时任副省长批示并得以落实，《稳妥推进行政审批局设立工作》等6篇获时任市委、市政府主要领导批示。

激发专委会履职活力。创新工作方法，盟市委常委“挂帅”各专委会主任，扩充参政议政工作委员会，增设青年工作委员会和社会法制工作委员会，在专委会启动仪式上为委员颁发聘书。结合专委会调整，布置了撰写社情民意信息和开展调研的委员作业，制定了参政履职考核评分细则，建立委员履职档案，定期统计通报，委员履职积极性和能力水平显著提升。各专委会发挥自身优势，开展特色活动：教育专委会围绕教师节开展活动，并组织委员及盟员骨干教师送教下乡；经济科技专委会组织调研盟员企业，并积极参加助学帮困；文化体育专委会承办文艺会演、体育友谊赛；老龄专委会组织重阳节活动，团结服务老盟员；妇女专委会结合“三风”专题举办妇女节活动，弘扬好家风好社风；社会法制专委会开展法律咨询和心理帮扶进社区；青年专委会召开专门会议研讨参政议政经验技巧，并开展主题教育读书月和读书分享座谈会活动；参政议政工作委员会举办了建言资政沙龙等系列活动。

三、凝心聚力强队伍，组织建设工作不断强化

稳步推进组织发展和人才队伍建设。2016年1月至今，共发展盟员258名，其中硕士、博士42人，正高级职称2人，副高级职称19人，中级职称103人。一批盟员获提拔重用，多名盟员担任省市特约人员、“五型”政府建设监督员，以及省政协、盟省委专委会委员等。每年选派盟员 200 余人次参加盟省委、市委统战部各类学习培训十余场，扎实开展新盟员培训，上好入盟第一课，省政协副主席、盟省委主委刘晓庄多次应邀为新盟员作盟史专题讲座。

夯实基层组织建设。盟市委主要领导深入基层组织走访，与盟组织所在单位的党组织积极沟通、协商，进一步密切了党盟关系，提升了南昌民盟影响力。积极推进“盟员之家”建设，先后在文艺支部、经济支部和进贤县总支成立“盟员之家”。统筹安排基层换届工作，完成了多个基层组织届中调整和换届改选，充实了基层组织力量。完善盟市委领导班子、机关干部联系基层制度，机关干部积极参与并指导基层组织开展盟务工作，每年进行年终考核。南昌县总支荣获民盟中央表彰，西湖区总支、新建区支部、科技总支先后荣获盟省委表彰。

积极开展组织活动。一是落实好主委谈心活动，主要领导深入基层，采取单独谈话、集中座谈等形式对全市基层组织负责人开展谈心，对薄弱基层组织负责人进行约谈，对入盟对象进行面谈。二是做好走访慰问工作，走访了机关老同志、离退休老盟员、有突出贡献老盟员、百岁老盟员、困难盟员、有代表性的盟员企业家及文艺界别有影响力的盟员。三是加强盟务交流，先后与成都、南充、西安、咸阳、深圳、东莞、广州、兰州、宜春、九江等地民盟市委会进行了盟务工作交流座谈。接待了巴中、佛山、武汉、赣州、顺德等地民盟市委会来访调研。

扎实开展盟内监督。盟市委监督委员会在督导各基层组织深入开展主题教育活动、盟市委会领导班子民主生活会、有关县区基层组织领导班子民主生活会、选人用人、换届工作等事项中将监督贯彻始终，进一步加强盟员作风建设。

盟员立足本职建功立业。据不完全统计，五年来，我市盟员共有 151 人次荣获国家级荣誉，315 人次荣获省部级荣誉。老盟员章金媛年过九旬仍坚守初心、无私奉献，坚持志愿服务。作为江西首位南丁格尔奖章获得者，她先后荣获“全国三八红旗手标兵”“全国最美女性”等称号及江西省政府颁发的“首届赣鄱慈善奖”，受到国家红十字总会和南丁格尔总队高度肯定，被授予终身成就奖，并登上央视《守护夕阳——为老服务志愿者荣耀盛典》的舞台。全市6位老盟员荣获中共中央、国务院、中央军委颁发的“庆祝中华人民共和国成立70周年”纪念章，胡火金获联合国粮农组织南南合作特别贡献奖，季亮获评全国助老、爱老、敬老模范并荣登“中国好人榜”，陈虹获全国妇联表彰，郭翀、古恒英、胡玲、陈虹获省“三八红旗手”荣誉称号，刘敏获省五一劳动奖章，党百远、季亮获评省劳动模范，胡玲获评省先进工作者、全省医师优秀个人，刘世坤、陈虹、季亮3名盟员入选全市“三风”榜样人物。全市广大盟员在各自岗位上做出了成绩，争得了荣誉，以优异的业绩为民盟组织增添了光彩。

四、好事实事惠民生，社会服务工作亮点纷呈

共克时艰，同心抗疫抗洪。新冠肺炎疫情期间，盟市委第一时间下发通知，发出倡议，部署工作。主要领导率先垂范，深入隔离点督导疫情防控工作。线上线下，全市盟员医务、教育、文艺、法律、社会工作者和心理专家、企业家、志愿者们忠于职守，冲锋向前，奉献爱心，勇建良策。据不完全统计，南昌民盟通过各种渠道捐集善款及各类抗疫物资共277万余元，报送抗疫复工相关社情民意信息50余篇，同时集中组织收看全国抗击新冠肺炎疫情表彰大会，学习弘扬伟大抗疫精神。经济支部荣获“中国民主同盟抗击新冠肺炎疫情先进集体”称号。在江西遭遇21世纪以来最大暴雨期间，在严峻的防汛形势面前，全市民盟组织和广大盟员积极响应号召，踊跃捐款捐物，并投身救灾一线，在抗洪防汛工作中彰显责任和担当，贡献南昌民盟力量，受到民盟中央网站、《团结报》多次报道。

开展脱贫攻坚专项民主监督。严格贯彻落实我市相关文件精神，成立了工作领导小组，盟市委主要领导带队，多次召开脱贫攻坚专项民主监督调度会，以实地调研、问卷调查、上门入户等方式，深入新建各贫困村开展民主监督。调研产业脱贫工作效能，对督导过程中发现的问题，认真梳理，及时反馈，汇总上报多项意见建议，并得到有关部门的采纳，为我市夺取脱贫攻坚的全面胜利发挥了积极的作用。

擦亮“烛光行动”品牌。邀请民盟上海杨浦区委赴我市开展了异地教育共建活动，邀请北京四中前任校长邱济隆教授做“如何做一名好校长”

专题报告会，举办“烛光行动——新东方教师社会责任行”等活动，义务培训乡村教师2000余人次。捐助乡村学校10余万元，资助农村贫困学生百余人次。基层支部发挥各自优势，开展了“名师送教送课下乡”“六一关爱留守儿童”“与贫困学子心连心”“金秋扶贫助学”、资助贫困生、留守儿童心理辅导、口腔卫生公益讲座等活动，多次获《江西日报》关注报道。

拓宽“黄丝带”帮教。在建立省未成年犯管教所“黄丝带”帮教基地的基础上，由全市盟员自筹资金打造了铁三东社区“黄丝带”帮教基地。盟市委主要领导深入省未成年犯管教所调研，持续开展大型“黄丝带”爱心帮教，捐赠爱心慰问金和书籍近千册，举办读书分享会，向困难服刑人员发放生活用品，为110余名服刑人员及家属提供法律咨询和心理健康讲座，为干警合唱指挥提供集训服务。组建“黄丝带”志愿者团队，在社区帮教基地开展“禁毒在线”、现场招聘和帮扶困难居民等活动，关爱社区矫正人员和特殊儿童，为500余人次提供心理帮扶，助力平安和谐社区建设。

深化“同心双共建”。民盟省、市、区三级联动，举办了慰问贫困户、送春联送温暖送义诊下乡进社区、微心愿敬老等活动，累计送出名家春联近万幅。在西湖区铁三东社区、青云谱区洪西社区、安义县把口村等地开展结对帮扶、心理帮扶、物力帮扶和项目帮扶，多次举办送医下乡活动为村民提供免费诊疗。在谢家村社区开展平安创建、“三风”宣讲、道德讲堂等活动，为70余户居民提供法律咨询。各基层组织结合当地实际，开展了“三风”课堂、送戏下乡进校园、送中医保健、送法律进社区、书法讲座、民生咨询、“百人康复”等活动。

五、改进作风提效能，机关建设工作健康推进

机关作风进一步加强。结合民主党派自身建设加强作风建设，第一时间召开机关工作会集中学习贯彻全省作风建设工作会议精神，推进“怕慢假庸散”专项整治，坚持把纪律和规矩挺在前面。同时，联合其他民主党派机关开展作风大整治活动，建立机关作风建设长效机制，在增强服务意识、提高办事效率、改进工作方式等方面取得了新成效，机关管理规范化、制度化建设持续深入。连续三年获得市直机关绩效管理考核优秀等次。领导班子获中共南昌市委年度考核“优秀”等次。

机关效能进一步提升。开展主委谈心活动，由主委和机关干部一对一面谈，了解工作、生活情况，营造了团结和谐的工作氛围。各部室既各司其职，各负其责，又团结协作，相互补位。积极组织学习政治理论知识和参加各类业务培训，不断提高机关干部的政治素质和工作能力。

各位代表，这些成绩的取得来之不易，得益于民盟江西省委会、中共南昌市委的坚强领导，离不开市委统战部的精心指导和社会各界的大力支持，凝结着全市盟员无私奉献、共同努力的智慧、心血和汗水。在此，我代表民盟南昌市委会，向关心支持民盟工作的各位领导、各位朋友表示衷心的感谢！向全市盟员致以崇高的敬意！

在肯定成绩的同时，我们也清醒地看到，对标“四新”“三好”新要求，回应新形势下新期待，我们的工作还有待改进。如思想政治建设和宣传有待进一步强化，基层盟员参政议政的热情有待进一步激发，高层次代表人士的发展有待进一步加强，专委会工作的活力有待进一步提升，南昌民盟的社会影响力有待进一步扩大，等等。这些都需要我们直面应对、着力破解，推动工作不断迈上新台阶。

今后工作的建议

今后五年，是我国实现“十四五”规划和二〇三五年远景目标、乘势而上开启全面建设社会主义现代化国家新征程的关键时期。我们坚信，盟市委新一届领导班子一定能团结协作、锐意进取，围绕市委、市政府决策部署，带领全市盟员增进共识、凝聚力量，解放思想、奋勇前行，为南昌切实彰显省会担当献计出力。

一、以政治坚定为核心，进一步加强思想政治建设

将旗帜鲜明讲政治摆在首位，着力在学懂弄通做实习近平新时代中国特色社会主义思想上下功夫，引导全市盟员进一步增强“四个意识”，坚定“四个自信”，做到“两个维护”，不断增进对中国共产党和中国特色社会主义的政治认同、思想认同、理论认同和情感认同。深入学习中共十九届五中全会精神，学习贯彻省委十四届十二次全会、市委十一届十一次全会精神，坚决用新思想武装头脑、指导实践、推动工作。抓好盟务宣传阵地建

设，突出盟内先进人物和典型事迹，创新形式，讲好南昌民盟故事。

二、以“十四五”规划为导向，进一步加强参政履职能力建设

紧紧围绕“十四五”规划的编制和实施，为以国内大循环为主体、国内国际双循环相互促进的新发展格局的加快形成凝聚合力。聚焦彰显省会担当，紧盯创新之城、实力之城、山水之城、文化之城、英雄之城建设目标，锚定市委、市政府中心工作，开展参政履职。做好重点课题的申报和调研。抓好盟员人大代表和政协委员议案提案的收集整理工作，跟进成果转化。继续加强反映社情民意信息工作。发挥专委会的参政履职骨干作用，做好委员履职档案统计工作，完善激励机制。组织盟员参加民盟中央各类论坛。

三、以人才强盟为重心，进一步加强组织和人才队伍建设

认真贯彻落实《中共中央关于加强中国特色社会主义参政党建设的意见》等文件精神，进一步加强代表人士队伍建设、盟员教育培训和盟内监督。把好盟员发展关，注重发展质量。统筹推动基层换届、示范基层组织打造，继续推进有条件的基层组织打造“盟员之家”。抓好基层组织建设，积极探索开展支部工作的新思路新方法，开展好组织活动，提升活力和凝聚力。进一步完善机关干部联系基层组织制度，推动谈心走访活动规范化。

四、以特色品牌为抓手，进一步整合资源服务社会

坚持唱响品牌，在继承中创新，推动社会服务工作转型升级。紧扣“两个一百年”奋斗目标，从帮扶脱贫攻坚向助推乡村振兴顺利过渡。发挥基层组织各自优势，丰富“同心共建”活动。密切省、市、区三级联动，探索社区服务新途径。创新帮教形式，丰富帮教内容，拓宽帮教覆盖面，深化与省未成年犯管教所的合作，发挥好铁三东社区“黄丝带”帮教基地示范作用。加强“烛光行动”品牌建设，持续开展教育扶贫、师资培训等活动。

各位代表，同志们，今后五年是大有可为的重要战略机遇期，也是爬坡过坎、转型升级的关键阶段。让我们更加紧密地团结在以习近平同志为核心的党中央周围，坚持以习近平新时代中国特色社会主义思想为指导，在民盟江西省委会和中共南昌市委的坚强领导下，凝心聚力铸辉煌，砥砺奋进谱新篇，进一步解放思想、担当实干，为南昌在描绘好新时代江西改革发展新画卷中充分彰显省会担当做出新的更大贡献！

民盟南昌市第十四届委员会
常务委员会工作报告

——在民盟南昌市第十四届第四次全委（扩大）会议上

（2022年5月19日）

郭　翀

各位委员：

受民盟南昌市第十四届常委会委托，我向大会报告工作，请予审议，并请列席会议的同志提出宝贵意见。

一年来工作回顾

2021年是中国共产党成立100周年，也是中国民主同盟成立80周年。一年来，在民盟江西省委会和中共南昌市委的坚强领导下，在中共南昌市委统战部的精心指导及各基层民盟组织的共同努力下，民盟市委会精心创建了“党盟同心+”体系品牌，思想政治建设、组织建设、履职能力建设、作风建设和制度建设实现历史性突破，荣获民盟中央“脱贫攻坚先进集体”“中共党史学习教育先进集体”“民盟80周年微视频宣传工作优秀集体”等中央、省市先进集体和个人荣誉361项。

一、创建“党盟同心·民盟讲坛”机制，思想政治建设实现历史性突破

1. 如火如荼扎实开展党史盟史学习教育。坚决贯彻落实中共中央党史学习教育动员大会和省、市党史学习教育部署会精神要求，深入研究和全面部署教育活动。成立学史教育领导小组，举办“学史忆传承　携手跟党走”主题教育活动48场；开展“民盟讲坛”16期，在新四军军部旧址陈列馆、八一起义纪念馆举办多党合作史专题培训班，组织参观小平小道陈列馆、方志敏烈士图片展，专题学习《民盟的苦难辉煌（1941—1949）》等重

温党史盟史，引导全市民盟组织和广大盟员进一步增强感党恩、听党话、跟党走、与党同心奋斗的政治自觉，为凝心聚力促发展贡献民盟力量。

2. 线上线下大力推进政治理论学习培训。开展 13 期中心组学习（扩大）会，50 批次学习中共十九大和十九届历次全会精神，习近平总书记重要讲话精神，全国、省市两会、省市党代会精神，引导全市盟员自觉以习近平新时代中国特色社会主义思想为指导，增强“四个意识”，坚定“四个自信”，做到“两个维护”。

3. 多形多式同步开展庆祝中国共产党成立 100 周年、纪念中国民主同盟成立 80 周年活动。录制庆祝中国共产党成立 100 周年祝福视频 15 个，制作全市盟史展板 48 块，编制《南昌民盟简史》等史料 22 本，创作南昌民盟之歌《盟心永驻》及 MV，制作纪录片《英雄城　民盟人》等；举办中国民主同盟成立 80 周年纪念大会、文艺会演和盟史成果展，开展 347 名盟员参加的“永远跟党走 · 盟心向党”歌咏比赛，开展“庆民盟 80 华诞 80 名文艺人才为 80 名老领导老盟员送祝福”活动，开展“我与民盟的故事”主题征文活动，举办“新时代　新使命　争做优秀盟员”演讲比赛。丰富多彩的学史教育活动有效地激活了基层组织活力，凝聚了全市广大盟员共识。

▲2021 年 12 月 11 日，民盟南昌市举行“永远跟党走 · 盟心向党”歌咏比赛

4. 加强宣传工作树立南昌民盟正面形象。2021 年，南昌民盟微信公众号编发推送报道 815 篇，共计 33.47 余万字，聚焦重要时间节点和重要事件，以成系列的形式报道盟务工作 353 期，民盟市委会荣获全市政协宣传工作先进单位。第一，对外树良好形象。盟务报道获全国政协、《人民政协报》《团结报》等国家级媒体、平台采用 33 篇次，多次进入《团结报》微信公众号全国各民主党派热文展播前三。《江西日报》《南昌日报》、南昌广播电视台等媒体报道盟务活动 13 次。第二，对内展正面风采。盟务报道获民盟中央微信公众号、网站采用 11 次，获民盟省委会微信公众号、网站、《江西盟讯》采用 699 篇，展示了民盟市委会各项工作，有效扩大了南昌民盟的社会影响力。

二、创建“党盟同心·协商共建”机制，组织建设实现创新性发展

1. 注重领导班子和代表人士建设。开展领导班子政治谈话、家访等监督工作，签订了《民盟领导干部廉洁自律承诺书》《民盟干部家属守廉助廉承诺书》；举办新任委员集体谈话暨廉政教育谈心谈话会，完成民盟市委会领导班子“深化作风建设、强化履职担当，不忘初心跟党走”专题民主生活会和述职评议会。开展覆盖 300 余人次的主委“谈心谈话”活动，启动代表人士人才库建设，发现并储备了教育、文艺、经济、科技等 6 大类 200 余名代表人士。

2. 优化干部“选育管用”机制。第一，高标准选优干部。严格把好入口关，组织发展上重点从高学历、高职称、高水平且政治坚定、业务精通、作风优良的先进知识分子中，选择一批优秀青年加入民盟组织，全年发展 41 名新盟员。第二，高配置培育干部。选送主要领导及班子成员参加全省各民主党派、工商联、知联会市级组织新任主委、主席、会长培训班和全市各民主党派、市工商联、市知联会新一届领导班子成员培训班；选调 14 名骨干盟员、17 名新盟员到省社会主义学院培训；选送 2 名民盟市委会副主委、7 名科级干部到市委党校学习；举办 31 名新盟员培训班、180 余名骨干盟员参政履职培训班；选送 1 名民盟市委会副主委到省发改委挂职。第三，高要求管理干部。召开专题会议集中学习贯彻“三个文件”精神。做好民盟市委会监督委员会工作，按照市委统战部要求，牵头制订了南昌市各民主党派内部监督工作制度，召开了3次监督委员会全体会议。第四，高频率使用干部。3名盟员被提拔为副处级干部，2名盟员副处级干部被重用到县区政府、政协工作，19名盟员或被提拔为副科级干部（副校级领导）或转岗重用，4名盟员被推荐为市营商环境监督员，177人次优秀盟员被推荐为市、县区人大代表、政协委员。

3. 激活基层组织活力。成立民盟红谷滩区支部，完成市体育支部、市文艺支部、市机关支部换届改选工作。首次向26个市直基层组织拨付活动经费3.3万元，为软弱涣散基层组织“输血”；启动“以强带弱”组团援建机制，通过“1个县区联系3—5个市直”结对的帮扶方式，推进软弱涣散基层组织参加盟内各项活动；将处于睡眠状态的薄弱组织“清零”，实现全市民盟组织活动的全覆盖；开展笑脸墙、“归雁工程”等。

4. 创新开展“党盟同心”座谈会。先后与南昌县、进贤县、青山湖区、新建区、红谷滩区、湾里管理局等9个县区党委，与市工商联、市教育局等11个市直党委党组，与豫章师范学院党委、南昌市卫生学校党委等，共开展了23场“党盟同心”座谈会，与近90个盟员所在单位党组织进行座谈，“一揽子”推进基层民盟组织各项工作。

5. 着力推进“盟员之家”建设。召开全市“盟员之家”建设工作现场推进会，完成了南昌县、西湖区、青山湖区、红谷滩区、市科技总支、中教二支部6个“盟员之家”建设，截至2021年年底，全市共有“盟员之家”12个；积极推进新建区、东湖区、市医卫综合支部、章金媛事迹陈列室、民盟市委会机关5个“盟员之家”建设与提升改造工作。

6. 矩阵式推动特色工作发展。以论坛促专委会工作，创新开展了青年工作委员会的“青年论坛”、教育工作委员会的“教育论坛”、参政议政工作委员会的“参政议政论坛”等8场专题论坛；举办了6场代表人士系列座谈会，举办了组织发展论坛和优秀盟员先进事迹报告会。成立南昌民盟书画院、南昌民盟艺术团，举办了“礼赞新时代　共祝祖国好”活动向中华人民共和国成立72周年献礼。做好民盟中央领导、市纪委主要领导调研民盟工作，先后与长沙、湘潭、九江等开展盟务交流。民盟市委会领导班子及基层组织开展重阳节、教师节走访慰问活动。

三、创新“党盟同心·盟眼聚焦”“党盟同心·三老三新”机制，履职能力建设实现根本性提升

（一）用“一重点，一基础，四平台，三抓手”全面加强参政议政能力建设

1. 做好调查研究这“一重点”。全年共申报调研课题48件，民盟省委会中标立项15件，中标率31%；中标专项课题1件，市委重点委托调研课题1件。调研成果《加快推进互联网医院建设　打通群众便捷就医“最后一公里”》被民盟省委会列为省政协大会书面发言，《织密织牢地方公共卫生应急管理网络》《构筑我市会展经济新蓝海》等5篇获时任市政府、市政协主要领导肯定和批示。积极参与民盟中央多个主题论坛征文，6篇论文入选民盟中央论文集，其中，《老工业基地振兴：国际借鉴与中国实践》获民盟中央第七届经济论坛优秀论文，打破了南昌民盟论文入选民盟中央优秀论文“零记录”。全年围绕《“一枢纽四中心”框架下　南昌市打造区域性金融中心》等13个课题深入开展实地调研。

▲2021年9月14日，中共南昌市委就中共南昌市第十二次代表大会工作报告广泛征求各民主党派、工商联、无党派人士意见建议。省委常委、市委书记李红军主持有关座谈会。民盟市委会主委郭翀代表民盟发言

2. 抓好反映社情民意信息这“一基础”。在社区成立首个社情民意收集中心，全年报送社情民意信息308篇，获各级采用125篇，《“双减”政策

下，多渠道增加体育老师》等 6 篇信息刊登在《人民政协报》《经济日报》《江西政协报》上，《南昌西客站出租车乱象亟待整治》等 2 篇信息获中共南昌市委主要领导批示。民盟市委会荣获民盟省委会 2020—2021 年度反映社情民意信息工作先进集体，荣获全市党委信息工作、全市政协社情民意信息工作先进单位。

3. 依托政党协商、两会、盟眼聚焦、民盟面对面这“四平台”。政党协商平台。积极参加由市委、市政府、市政协、市委统战部召开的专题协商会、情况通报会、座谈会，就我市经济社会发展、“十四五”规划编制、农贸市场立法、优化营商环境等问题建言献策，其中，《关于我省十四五规划的三点建议》获江西省“十四五”规划建言献策二等奖。充分利用两会平台。在 2021 年两次市两会上，民盟市委会共提交集体提案 18 件，盟员市人大代表、市政协委员共提交建议、提案 110 件，12 件提案被列为重点提案；民盟市委会主要领导作了《完善会展产业体系，构建“双循环”新发展格局》大会发言，6 位委员在市政协联组会议上围绕“五个新突破”“八个聚焦”做发言；《关于统筹 5G 生态资源共享，推动我市数字经济快速发展的建议》等被评为 2020 年度优秀提案。创建“盟眼聚焦”平台。聚焦乡村振兴、区域经济发展等举办了 4 场“盟眼聚焦”专题论坛，30 余名盟员在论坛上做精彩发言。创建“民盟面对面”平台。举办了 5 场“民盟面对面”沙龙，扎实推进参政议政工作。

▲2021 年 10 月 7 日，南昌民盟课题攻关专家小组成立，省政协副主席、民盟省委主委刘晓庄颁发聘书

4. 用好制度、队伍、培训这“三抓手”。抓制度。出台了《“六个一”参政议政工作制度》《参政议政工作量化考核方案》《民盟南昌市委会参政议政工作奖励办法（试行）》，对基层组织、专委会、盟员市人大代表、市政协委员、机关干部参政履职情况进行统计、通报。抓队伍。成立课题攻关专家小组，开展了4场课题攻关研讨会议；成立参政议政工作专班，开展了参政议政工作计划研讨会、调研选题评审会、参政议政工作推进会。编辑出版了2017—2020年《议政建言》《调查研究》《社情民意》三本参政议政文集。抓培训。举办了提案议案撰写培训、参政议政工作培训、骨干盟员参政履职培训3场专题培训班，参训人员近300名；组织召开2次盟员人大代表、政协委员两会前建议、提案撰写碰头会。

（二）深化社会服务“三老”品牌，创新“三新”品牌

1. 深化“三老”品牌。持之以恒开展社区乡村“同心双共建”、民盟“黄丝带”帮教、农村教育“烛光行动”“三老”社会服务工作。在江西省未成年犯管教所和西湖区铁三东社区建立民盟“黄丝带”帮教基地，在“三县六区”建立农村教育“烛光行动”基地，在青云谱区洪西社区、西湖区恒茂社区、安义县长均乡等地建立社区、乡村“同心双共建”基地。春节期间，在主城区社区开展“五个一”“十个送”、走进110余名80岁以上老领导、老盟员、代表性盟员家庭等活动；教师节期间，在安义县长均乡等地举办了“烛光行动”“黄丝带”帮教活动等20场，4000余名群众受益。

2. 创新“三新”品牌。创新开展“同心善行”“同心治理”“同心振兴”“三新”社会服务品牌。启动“同心善行·日行一善”行动，全市13个分会场同时开展“学雷锋”活动，3000余名群众受益；开展“同心治理·环保卫士”行动，在全市部分县区、高校开展环保卫士行动、服务乡村活动等20场，5000余名群众受益；开展“同心振兴·乡村振兴”行动，举办“同心振兴”行动揭牌和全省民盟首个乡村振兴实验基地成立活动，围绕法制乡村建设和关爱留守老人儿童等开展活动5场，捐赠了价值6000元的红色书籍和4000元的帮扶善款。

3. 开启“搭建组团划片与节日为民服务”新模式。采取“以强带弱”组团划片方式，开展了春节、“3.19”建盟日、七一建党节、重阳节等重大

节日系列走访慰问与送温暖活动30场，其中，开展全市民盟组织“金秋九九·情满重阳”服务周活动10场，5000余名群众受益。

四、开展“党盟同心·五型机关”创建，制度与作风建设实现全面性深化

1. 全方位推动机关建设。坚持按照“制度治盟”要求，创建和修订25项制度，开展政治型、学习型、创新型、效能型、和谐型“五型机关”建设；修订完善了机关考勤制度、财务管理办法、走访慰问实施办法等试行制度，制订了议事决策制度和全市各基层民盟组织接待调研等活动报告制度。

2. 多举措加强作风建设。开展领导班子家访监督工作，开展机关干部谈心谈话活动，召开“转作风　树形象　优环境”动员部署会暨廉政工作会议，召开“五一”廉政建设与安全生产提醒约谈会，开展中秋、国庆双节提醒和廉政警示教育，举办了第四季度廉政建设工作会议。

各位委员：过去的一年，民盟市委会所取得的成绩，是民盟江西省委会、中共南昌市委坚强领导和市委统战部精心指导的结果，是全市盟员无私奉献、共同努力的结果。在此，我代表常委会，向长期以来关心与支持民盟市委会工作的各位领导、各位朋友表示衷心的感谢！向各位委员和全市广大盟员表示诚挚的敬意！

2022年工作思路

2022年是中共二十大、民盟十三大召开之年，是实施“十四五”规划承上启下的关键之年。今年工作的总体要求是：全面学习贯彻习近平新时代中国特色社会主义思想，深刻把握“两个确立”的决定性意义，继续践行“四新”“三好”要求，深入学习贯彻中共十九大和十九届历次全会精神，民盟十二届五中全会、省第十五次党代会、市第十二次党代会精神，切实加强自身建设，不断提高把握新发展阶段、贯彻新发展理念、融入新发展格局的能力和水平，为南昌深入推进“一枢纽四中心”建设、实现“两个大幅提升”贡献智慧和力量。

一、努力推进思想政治建设达到新高度

坚持把学习贯彻习近平新时代中国特色社会主义思想作为思想政治建设的核心。紧紧围绕迎接、学习、宣传、贯彻中共二十大和民盟十三大这条主线，发挥民盟市委会中心组学习示范引领作用，强化政治理论学习制度的完善和落实。按照民盟中央、省委统战部、民盟省委会、中共市委的部署要求，积极深入开展“矢志不渝跟党走　携手奋进新时代”政治交接主题教育。统筹内宣外宣、网上网下，创新“一网一号”宣传工作形式，进一步加强思想宣传阵地建设，做好南昌民盟代表人士宣传及盟员先进事迹展播。

二、奋力推进组织建设迈上新台阶

坚持把贯彻落实“三个文件”精神作为加强组织建设的重点。加强领导班子和代表人士队伍建设，完善骨干盟员信息，建立南昌民盟代表人士库，做好全年组织发展工作。做好基层民盟组织换届改选，完成各类调学推荐工作，适时举办新盟员及骨干盟员培训班。深化“党盟同心”工作机制，推进基层组织“盟员之家”建设，打造示范性基层组织。强化盟内监督工作，持续开展好“谈心谈话”工作，进一步规范监督工作程序、提升监督工作成效。

三、聚力推进参政议政工作实现新突破

坚持把助力市委市政府中心工作作为参政履职的主线。积极参加专题协商会、征求意见座谈会等重要会议，认真做好有关调查研究，积极建言献策。充分利用“两会”平台，做好盟员人大代表、政协委员建议提案的收集和参政议政成果转化。进一步做好社情民意信息工作，发挥好专委会参政议政主力军作用，激发课题攻关小组积极性，积极参加民盟中央相关论坛，做好参政议政骨干盟员的业务培训。落实好《参政议政工作量化考核方案》和《“六个一”参政议政工作方案》文件要求，提升基层组织参政议政的能力水平。做好优化营商环境专项民主监督工作。

四、着力推进社会服务工作取得新成效

坚持把关注民生、服务社会作为履职的出发点和落脚点。持续开展好“黄丝带”帮教、农村教育“烛光行动”“同心双共建”工作，探索基层特色品牌创建，立足“基地”开展“联建”活动，完善划片组团“联动”机制。不断夯实“同心善行”“同心治理”“同心振兴”社会服务品牌，深入开展

“我为群众办实事‘盟员七师’进基层”活动。做好招商引资专项行动工作。

五、全力推进机关建设工作再上新水平

坚持把建制度、立规矩作为加强机关建设的重要举措。加强机关制度执行力度和作风建设力度，深化政治型、学习型、创新型、效能型、和谐型“五型”机关建设。

各位委员：

只争朝夕，不负韶华！让我们更加紧密地团结在以习近平同志为核心的党中央周围，高举中国特色社会主义伟大旗帜，团结一致、开拓进取，以更加坚定的信心、更加昂扬的斗志、更加务实的作风，为推动南昌高质量跨越式发展、携手书写全面建设社会主义现代化江西的精彩华章做出积极贡献，以优异成绩迎接中共二十大和民盟十三大的召开！

▲2022 年 9 月 21 日，中共南昌市委常委、市委统战部部长饶绍清出席“喜迎二十大 同心强省会”纪念中国共产党统一战线政策提出 100 周年演讲比赛决赛。比赛中，南昌民盟选手表现优异：别杨阳以第一名的好成绩荣获一等奖，章艳静、陈虹荣获二等奖，胡琳荣获三等奖

二、专项重点工作

“党盟同心 +” 体系品牌

2020 年 12 月换届以来，精心创建“党盟同心 +”体系品牌。思想政治建设、组织建设、履职能力建设、作风建设和制度建设实现历史性突破，为南昌经济社会发展凝聚磅礴力量，荣获民盟中央授予的“民盟脱贫攻坚先进集体”“中共党史学习教育先进集体”“民盟 80 周年微视频宣传工作优秀集体”等中央、省市先进集体和个人荣誉 360 余项。

一、“党盟同心·民盟讲坛”实现思想政治建设历史性突破

提升“党盟同心 +”品牌工作成效

▲民盟市委会“党盟同心”工作刊登于《中国统一战线》杂志 2022 年 6 期

以“党盟同心·民盟讲坛”为平台，以中心组理论学习为载体，举办了形式多样的学习、纪念活动，50 批次专题学习习近平总书记“七一”重要讲话、全国两会及省市有关重要会议精神，启动“矢志不渝跟党走　携手奋进新时代”政治交接主题教育，民盟江西省委主委、时任省政协副主席刘晓庄 7 批次专程来南昌出席活动，“线上线下”共同发声，引导全市基层民盟组织和广大盟员将思想与行动统一到党委的重大决策上来；举办学“四史”专题讲座 16 场，“学史忆传承　携手跟党走”主题教育活动 48 场；举办庆祝中国共产党成立 100 周年活动，录制祝福视频 15 个（综合视频获民盟中央展播）；举办纪念中国民主同盟成立 80 周年活动，制作全市盟史展板 48 块，编制《南昌民盟简史》等史料 22 本（348 余万字，收录照片 1200 余张），创作南昌民盟之歌《盟心永驻》

和纪录片《英雄城 民盟人》，举办中国民主同盟成立80周年纪念大会、文艺会演和成果展。品牌创建以来发布宣传报道1223篇，外宣工作多次进入《团结报》全国微信公众号热文排行榜前十，39个原创视频和文章被学习强国、新华社、民盟中央微信公众号、《团结报》等国家级平台采用，1100余篇次见刊于《江西日报》、民盟江西省委会网站、《南昌日报》等省市媒体。思想政治宣传工作实现历史性突破，连续两年获民盟中央“民盟思想政治建设和宣传工作先进集体”。

二、“党盟同心·协商共建”实现组织建设创新性发展

体系化探索推进基层组织建设新机制。始终将政治把握能力放在“五种能力”建设首位，深入开展主委谈心谈话，发挥领导班子带头示范作用，严格落实民主集中制。积极推进“党盟同心”协商座谈，先后与县区党委、市直机关党组、高校党委开展“党盟同心”座谈会41场，与100余个基层党组织对接联系，“一揽子”推进基层民盟组织工作。启动“以强带弱”组团援建结对帮扶机制，为软弱涣散基层组织“造血”，将睡眠薄弱基层组织“清零”。加强干部队伍建设，针对新盟员、骨干盟员开展专题培训，33名盟员获提拔重用。组织活动、盟务交流亮点纷呈，各节假日活动“不缺席”，常态化走访老盟员、困难盟员、代表性盟员。创新开展专门工作委员会论坛16场，举办教育、文艺、经济科技、法律工作者系列座谈会6场和基层组织发展论坛、优秀盟员先进事迹报告会。关口前移积极打造“盟员之家”，现场推进“盟员之家”建设工作，完成16个“盟员之家”建设，实现全市县区“盟员之家”建设全覆盖。

三、“党盟同心·盟眼聚焦”实现参政议政工作根本性提升

创建“党盟同心·盟眼聚焦”参政议政工作品牌与“盟员面对面”平台，狠抓履职能力建设。一是创建平台。出台《“六个一”参政议政工作制度》等系列工作制度，举办“盟眼聚焦”专题论坛和“盟员面对面”沙龙；成立课题攻关专家小组，主委挂帅，14名博士（其中4名博士后）为主体成员，定期开展课题攻关研讨；成立工作专班，开展课题研讨会、选题评审会、推进会，举办参政履职专题培训班，受训人数占比达盟员总数的24.88%，实现新盟员全覆盖。二是两会建言。创建以来，在省市两会上提交建议、提案176件，41人次接受电视台采访，大会发言、联组会发言9人次；20多篇论文入选省政协大会发言、省市优秀提案、获省市主要领导批示，获江西省“十四五”规划建言献策二等奖。三是调查研究。聚焦“加快民用大飞机产业集群发展”等开展专题调研，申报民盟江西省委会调研课题94件，中标立项34件，中标率36.2%；中标专项课题2件，市委重点委托调研课题2件。6篇调研成果被采用为省两会发言，7篇调研成果被转化为省两会集体提案，5篇调研报告获时任市政府、市政协主要领导重视。聚焦乡村振兴、区域经济发展等领域开展举办20余场专题论坛，6篇论文入选民盟中央论文集，其中，《老工业基地振兴：国际借鉴与中国实践》获民盟中央第七届经济论坛优秀论文，打破了南昌民盟论文入选民盟中央优秀论文“零记录”。四是反映社情民意。在社区成立首个社情民意收集中心，报送社情民意441篇，152篇获采用，其中，2篇获全国政协采用、6篇获民盟中央采用。6篇信息刊登在《人民政协报》《经济日报》《江西政协报》上，3篇信息获中共南昌市委主要领导重视。连续两年获全市党委信息工作、全市政协社情民意信息工作先进单位荣誉，在民盟江西省委会各设区市社情民意信息工作统计中位列第一。

四、“党盟同心·三老三新”实现社会服务工作系统性延伸

深化“三老”品牌，创新“三新”品牌，受益规模超两万人次。一是深化“三老”品牌。持续开展“黄丝带”帮教、农村教育“烛光行动”、社区乡村“同心双共建”社会服务工作。在主城区社区、安义县乡村开展了“五个一”“十个送”，走进110余名80岁以上老领导、老盟员、代表性盟员家庭活动，举办“烛光行动”“黄丝带”活动等系列活动近20场。二是创新“三新”品牌。创新开展“同心善行·日行一善”“同心治理·环保卫士”“同心振兴·乡村振兴”“三新”社会服务品牌，全市县区、高校13个分会场同时开展“学雷锋”活动，开展环保卫士、服务乡村活动等行动20场；开展“我为群众办实事‘盟员七师’进基层”活动，组织南昌市盟员中的七师（教师、医师、画师、律师、技师、艺师、心理咨询师）深入社区、乡村、学校、企业、家庭，定期开展各类社会服务活动；揭牌成立全省民盟首个乡村振兴实验基地，围绕法制乡村建设和关爱留守老人儿童等开展专题活动，持续捐赠红色书籍和帮扶善款。三是开启“组团划片·节日为民”新模式。采取“以强带弱”组团划片方式，开展了春节、“3·19”建盟日、建党节、重阳节等重大节日系列走访慰问与送温暖活动30场，其中，在全市民盟组织开展“金秋九九·情满重阳”服务周活动10场。

五、“党盟同心·五型机关”实现制度与作风建设全面性深化

用制度来管理，向管理要效率。坚持按照“制度治盟”要求，以“党盟同心·五型（政治型、学习型、创新型、效能型、和谐型）机关”建设平台为抓手，创建和修订议事决策制度等25项制度，打造“业绩一流、作风一流”的市级党派机关，连续4年获得市级机关绩效考核优秀等次，党派唯一。多形式强化作风建设，举办新任委员集体谈话暨廉政教育谈心谈话会，举行了廉政签约仪式；开展领导班子家访监督工作，签订《民盟领导干部廉洁自律承诺书》《民盟干部家属守廉助廉承诺书》，全覆盖开展了300余人次的“谈心谈话”活动。集中学习贯彻《各民主党派中央关于加强自身建设若干问题座谈会纪要》《关于进一步做好民主党派组织发展工作座谈会纪要》等文件精神。召开“转作风　树形象　优环境”动员部署会暨廉政工作会议、节假日提醒和廉政警示教育等。

全域建设“盟员之家”

家，对普通个体来说，是成长的乐园、精神的要塞、思想的城堡，是最温馨、最安心的港湾；盟员之家，对民盟组织来说，是自我教育的校园、参政议政的平台、成长锤炼的基地，是最具生命力、最具凝聚力的桥头堡。近年来，民盟南昌市委会按照民盟中央统一部署，以盟务为本，突出盟员主体作用，建用管融合发展，全域建设“盟员之家”，呈现“忽如一夜春风来，千树万树梨花开”的生动局面。统计显示，截至2022年12月，全市共建“盟员之家”20个，覆盖率达47.6%；建设总面积（可视面积）8000余平方米；建设总经费 360 余万元（其中，县区财政支持 180 余万元）。2020 年 12 月换届以来，“盟员之家”建设面积增加 6300 余平方米，面积同比增长超 200%；县区财政支持约 110 万元，较 2019 年、2020 年两年同比增长超 70%。

一、全景化设计，构建时空最长、史料最实、层次最多的谱系

“盟员之家”是展示民盟组织建设成果的阵地，陈列民盟历史并开展盟史教育的平台。在设计上，民盟南昌市委会采用全景化设计理念，从时空视角，把中国民主同盟历史拉回到战火纷飞的抗战时期，80 年的时光，民盟与中国共产党风雨同舟、患难与共，为中华人民共和国的成立做出了不可磨灭的贡献；80 年的时光，民盟自觉地同中国共产党共克时艰、共历风雨、共同前进、共襄伟业，推进了中国革命、建设、改革、实现中华民族伟大复兴中国梦的伟大事业；用时序的手法，把民盟简介、民盟先贤、重大历史时刻放在历史的坐标里，镌刻着民盟与中共合作的高光时刻，是每一个“盟员之家”的镇家之宝。从史料视角，史料的真实是“盟员之家”的灵魂，寻找真实的史料是每一个“盟员之家”的艰巨任务，一张张照片、一个个民盟人物、一件件历史事件都是每个基层组织必须面对和攻克的难题，抢救性地获取真实的史料，需要千方百计地努力探寻，或陈年报纸，或历史档案，或经典故事，或口口讲述，都是来得艰难，藏得珍贵。从层次视角，在盟史盟章里，把从民盟中央到地方民盟组织再到基层民盟组织的四个层级进行了章程定义，盟歌、入盟誓词、笑脸墙等这些经纬格式化的语言表达，在每一个“盟员之家”里，都被从上到下的层级组织谱系化，成为每位盟员心中的精神图腾。

二、全方位建设，打造标准最高、力度最大、成效最快的阵地

作为盟员的精神家园、信仰圣地，“盟员之家”赋予了其“家”的精神符号。为此，新时代“盟员之家”建设的第一要求是高标准。一是新建的“盟员之家”尽量启用全国人大常委会副委员长、民盟中央主席为“盟员之家”的亲笔题字，作为全盟最高领导人的笔墨本身就是最高规格的标志。二是针对史料的真实性与规格性要求，收集的史料涉及中央层面的，必须请民盟中央组织部负责同志把关，涉及省级层面的必须请省级组织部门把关，民盟中央、民盟江西省委会对史料的核定便是对“盟员之家”图片、照片、资料以及内容建设的体检，确保了史料工作的真实性、准确性。三是民盟江西省委会主要负责人、市委统战部主要负责人到现场为“盟员之家”揭牌，更是一种肯定。这样，“盟员之家”的建设做到高标准、有特色、有内涵、有影响，展示出基层组织在思想建设、组织建设、参政履职、社会服务、制度建设和作风建设等方面特色亮点。

选址和经费是建设“盟员之家”两个关键问题，这两个问题都需要中共党委政府的高度重视、统战部的帮助和基层组织的努力。一是依托“党盟同心＋品牌创建”，民盟南昌市委会第一时间及时向基层民盟组织所在的中共党组党委汇报建设意图，希望得到中共党组织的支持，所幸的是，南昌市的县区、市属单位党委党组的统战意识都强，听完报告之后都给予了的大力支持，为“盟员之家”的建设提供了政治保障和经费保障。二是选址是“盟员之家”的重要一环，基层民盟组织的极力推进是极为关键的，但统战部门的重视更为重要，在这一轮的阵地建设过程中，非常幸运的是，我们遇见一批优秀的中共党委统战部主要领导，他们不但亲自帮忙找址选址，甚至连楼层与面积都为我们争取，这么大的关怀力度，这对于我们来说是莫大的支持，是我们做好工作的内驱力。三是在“盟员之家”的基础建设过程中，几乎每位当地统战部门的主要领导都会亲自协调具体事务，在选址、布局、经费等方面，帮助解决建设中的困难，因此“盟员之家”取得了巨大的成效。在两年不到的时间里，全市共建南昌县、外国语学校等“盟员之家”20 个。正在推进市一中等 10 个支部建设，为全市盟员、兄弟盟组织提供了学习的园地、交流的场所、参政议政和社会服务的平台，进一步提升了全市盟员的归属感和组织的凝聚力，扩大了南昌民盟组织的影响力。

三、全周期辐射，呈现凝聚力最大、历史最久、特色最显、版图最大的体系

1. 民盟南昌市委会“盟员之家”是全市“民盟之家”规格最高、使用率最高、最具吸引力、最具凝聚力的一个阵地。是在中共南昌市委和民盟江西省委会的正确领导下，一代又一代英雄城民盟人薪火相传、持续奋斗的成果结晶，于2013年挂牌成立，面积100余平方米。2022年6月完成提升改造，打造了盟务长廊、民盟先贤墙、盟史陈列室、多媒体展示屏四大板块，可视面积拓展至500余平方米。

盟务长廊以时间为经、事件为纬，将有限的空间转化为一幅徐徐展开的立体画卷，展现了在思想政治建设、组织建设、履职能力建设、作风建设和制度建设等方面工作和成果。尤其是2020年12月换届以来，创建的“党盟同心+”体系品牌，为南昌经济社会发展凝聚磅礴力量，这条盟务长廊是有生命力的，展示了来自鲜活一线的实际工作。民盟先贤墙利用楼道侧立面的空间精心设计打造而成，象征着追随闻一多、陈望道、陶行知、华罗庚、苏步青等先贤足音，可谓群贤毕至。多媒体展示屏以多媒体的方式拓宽了“盟员之家”的时间广度、空间纵深，展现了“党盟同心”画出最大同心圆的中心和宗旨。盟史陈列室按照中央、省、市三级的架构划分展示板块：民盟中央包括了国家领导人与民盟中央领导亲切交往的珍贵史料、民盟简介、民盟中央历任和现任主席、历史重大时刻、盟员权利义务、基层组织基本任务及民盟各领域大家翘楚；省级层面，展示了江西民盟简介、历史坐标及历任主委；市级层面，展示了南昌民盟简介、时间轴及历任和现任主委。

2. 进贤“盟员之家”名为“贤净苑”，是我市历史最悠久、单体建筑面积最大的一个阵地。有六层楼，面积799.25平方米，具有独立产权，2020年6月竣工，建设经费104万余元。2020年8月23日，揭牌成立。现在的“盟员之家”无论是户外、楼道、走廊，还是室内，都力求打造成盟员“思想教育的桥头堡、基层组织的活力源、民盟文化的宣传窗、盟员教育的特色基地”，成为强化学习教育的“思想之家”，搭建平台载体的“成长之家”，扩大组织影响的“和谐之家”，也是江西民盟传统教育（进贤）基地。

3. 章金媛事迹陈列室是最具时代特色、最具代表性的教育阵地。江西护理界有位90多岁的老人，她用一生的努力推进着护理发展进程，鼓舞着全国48万护理志愿者，共同书写初心、坚定大爱永恒，她说“最快乐的事情就是做一辈子护理”，她就是当代中国的南丁格尔、盟员章金媛，她先后荣获国际南丁格尔奖章、中国60华诞贡献奖、中华首届慈善奖、全国道德模范提名奖、全国三八红旗手等众多荣誉，获得了邓小平、胡锦涛、习近平等国家领导人的亲自接见。建设章金媛先进事迹陈列室是历届民盟南昌市委会的心愿，为记录章金媛先进事迹，感召更多的人投身到志愿护理事业中，把服务做到群众心坎上，把奋斗书写在大地上，在充分尊重本人意愿的基础上，民盟南昌市委会经过多方沟通协调，先进事迹陈列室建在章金媛女士的母校南昌市卫生学校，展厅面积152平方米，共记录展出图片、珍贵实物、视频多个，展示了章金媛女士的经历、故事和成就，讲述她的传奇一生。

4. 红谷滩支部“盟员之家”面积最大。2021年8月，红谷滩支部“盟员之家”在南昌市红谷滩区第一小学建成，室内展厅面积120余平方米。2022年，红谷滩区支部“盟员之家”正在提升改造，主要由五大板块构成：盟史陈列室、民盟长廊、同心讲堂、民盟广场、民盟实训基地，可视面积达2000平方米，这是全市面积最大的“盟员之家”，计划2022年8月竣工。“盟员之家”陈列室内有前言，中共与民盟历任中央主要领导人的合影，民盟中央历任主席照片简介，民盟先贤、科教翘楚、文史学者、文体大家，民盟省级组织情况及历任主委简介，民盟市级组织情况及历任主委简介，省，市民盟代表性盟员，南昌民盟之歌，基层组织全体盟员“笑脸墙”及盟员简介和结束语；设置了优秀老盟员章金媛重大获奖荣誉展示柜；有会议桌椅、投影仪；民盟书屋有书架、书籍。支部“盟员之家”既是支部盟员的“温馨之家”“有为之家”“成长之家”，也是支部盟员自我教育的学校、团结和谐的家园、参政议政的平台、锤炼成长的基地，为新时代民盟红谷滩区支部履行参政党职能夯实了政治和组织基础。

5. 其他基层组织“盟员之家”竞相绽放光彩。2021年，民盟成立80周年，南昌市县区民盟组织“盟员之家”陆续建成。如民盟南昌县总支的“盟员之家”，在县委统战部的亲切关心下，建成了面积约300平方米，建设经费近60万元的单独三层楼“盟员之家”；民盟西湖区总支“盟员之家”面积约90平方米，建设经费约20万元，这两个“盟员之家”揭牌之日都得到了民盟江西省委会主要领导的高度肯定。青云谱区支部、青山湖区支部、湾里管理局支部、市文艺支部、市经济支部、市科技总支、东湖区支部、新建区支部、章金媛事迹陈列室及市医卫综合支部、市中教二支部等“盟员之家”，均按照盟史陈列室、民盟长廊、同心讲堂、民盟广场、民盟实训基地建成。值得一提的是市一中、二中、三中、八中、十中、十七中、朝阳中学、豫章中学、八一学校、江西应用科技学院等市属支部的“盟员之家”，在“党盟同心+品牌”推动下，都在有条不紊地推进，有望按计划完成。这些基层“盟员之家”在基层组织建设中发挥“桥头堡”“活力源”“宣传窗”“工作台”“加油站”五大作用，成为广大盟员凝心聚力、共同进步的重要平台，在基层组织建设中发挥了积极作用。

“盟员七师”进基层

社会服务是了解社情民意的重要渠道，是服务中心大局的实际行动。一直以来，南昌民盟秉承“奔走国是，关注民生”的优良传统，紧扣党委政府中心工作，在传统“三老三新”社会服务品牌（“三老”是指社区和谐共建、农村教育“烛光行动”、“黄丝带”帮教行动，“三新”是指同心善行、同心治理、同心振兴）的基础上，提升打造了社会服务品牌升级版——“盟员‘七师’进基层”，组织盟员七师（教师、医师、律师、画师、艺师、技师、心理咨询师）进基层，开辟了服务社会新天地，打通了民盟组织与社区群众连心桥，为丰富和完善中国共产党领导的多党合作制度下党派基层社会实践活动做出贡献。

统计显示：南昌民盟获“各民主党派、工商联、无党派人士为全面建设小康社会做贡献集体”“民盟社会服务工作先进集体”“民盟脱贫攻坚先进集体”“抗击新冠肺炎疫情先进集体”等国家级省级集体荣誉50余项，先进个人500余名次。

一、“三老”品牌，开启南昌民盟社会服务的新纪元

南昌民盟从关注弱势群体的视角来实现关注民生的政党理念。70多年

以来，开展农村教育“烛光行动”、社区和谐共建、“黄丝带”帮教行动，带领全市盟员深耕细作，助力南昌市社区、乡村和谐社会建设。

（一）推进农村教育“烛光行动”，撑起乡村教育的一片天空

农村教育“烛光行动”是提高农村教育水平和教学质量，开展农村义务教育阶段的师资培训，提高农村教师教师队伍素质。

1. 探索农村教育“烛光行动”雏形。民盟界别优势为农村教育“烛光行动”奠定了天然的条件，南昌民盟很早就开始了农村教育“烛光行动”雏形的探索。改革开放初期，一些盟员教师自发办学，这就是南昌民盟农村教育“烛光行动”的出发地。第一，1982 年，成立南昌求实综合学校；第二，1984 年，成立民盟南昌求实业余学校青云分校，简称“青云学校”，第三，1985 年，进贤县成立南昌求实综合学校进贤分校，该校于 2004 年停办；第四，1986 年，新建县成立求实学校分校；第五，2003 年，求实学校在青山湖区增办中学教学班。

统战新闻 人民政协报 3

“首先要改变我们自己”
——大连市委统战部助力营商环境建设小记

在京台胞欢聚一堂闹元宵

民进天津市委会调研提出——
青少年群体抑郁问题需重视

乡村振兴要有『数』
——民盟江苏省委会建言“数字乡村”建设

致公党四川省委会呼吁提升城市应急能力
尽快建立智慧应急预案实施体系

民盟江西省南昌市委会：
盟员七师进基层

为人民政协宣传思想工作留下精彩篇章

▲《民盟江西省南昌市委会：盟员七师进基层》，刊登于《人民政协报》2022 年 2 月 16 日，统战新闻版

2. 推进教育领域社会服务向农村教育“烛光行动”演进。2004 年起，南昌一中等市直学校、新建县、进贤县盟员赴新建县联圩乡中心小学、望城镇中心小学、石岗中学，安义县龙津学校送教送课下乡，到流湖、樵舍等边远地区为当地中小学师生讲课，到进贤县举办讲座、示范教学等活动；章金媛等到九江医学院、九江中医院开展讲学活动；2008 年，首个农村教育“烛光行动”在进贤正式挂牌。

3. 迎来农村教育“烛光行动”重大转折。一方面，牵手新东方教育科技集团开展农村教育“烛光行动”。2011 年，牵手新东方教育科技集团送教到永修中学教学交流；2018 年，民盟“烛光行动——新东方教师社会责任行”新建站义务培训活动启动仪式在新建区教师进修学校举行，邀请北京青少年创新教育考察组来南昌考察交流，邀请外教对湾里、联合南昌新东方对进贤县和新建县农村中学英语老师进行培训；组织教师赴南师附小参加培训，在南昌县幽兰镇三所最偏远小学、进贤县温圳中学开展送课下乡活动。另一方面，牵手民盟上海杨浦区委会开启新纪元。2012 年，签订合作共建协议后，多批次组织东湖区、西湖区骨干教师百余人赴上海杨浦区教师进修学院免费培训；在西湖区广南学校和站前路小学举行教育共建活动提供免费“菜单式培训”；联合上海市浦东新区开展金秋扶贫助学活动，在新建区举行爱心助学活动，邀请上海专家在南昌县、安义县、西湖区、青山湖区、湾里区和新建区开展南昌巡回教育培训暨民盟农村教育“烛光行动”、异地教育共建活动。在南昌县、东湖区、青山湖区开展“关爱孩子成长送书进社区活动”、“送教下乡”暨爱心捐赠活动、“三下乡”送教活动；其间，市二十中、湾里区、江西科技师范大学、南昌县等地盟员也开展形式多样的为农村留守儿童送关爱活动。

（二）社区和谐共建，燎起基层治理的熊熊烈火

1. 青云谱区民盟在洪西社区和谐共建的探索。社区和谐共建的探索源于一次社会主义新农村建设考察。2003 年起，青云谱区民盟在安义县开展社会主义新农村建设考察，率先在洪西社区开展送医、送药、送教育、送法律、送书籍等“六送”服务进社区活动；举办“民盟省市区迎新春文艺会演”，启动基层民主党派和谐共建社区制度化建设探索；在洪西社区开展“一对一”帮扶困难群众活动，服务社区基地工作初见成效。

2. 与章金媛爱心奉献团队合拢，社会服务成为另一道风景。2003 年，章金媛发起成立江西红十字会志愿护理服务中心，开展保健、康复、救护等义务护理活动，获得第 39 届国际南丁格尔奖；2004 年青云谱区民盟举行“学习章金媛先进事迹座谈会”暨社区“一对一”服务群众活动，开启了与

章金媛爱心奉献团队合作的新征程；之后举办“5·8”国际红十字日、“5·12”国际护士节活动，成立民盟青云谱区红十字会小组；2009年，培训“七城会”义务志愿者近千名并深入社区开展医疗保健等活动，举办妇幼儿护理知识讲座等活动；在南昌火车站开展“为旅客志愿者服务活动”，章金媛获得全国三八红旗手标兵和十佳最美女性荣誉称号，事迹被中央电视台新闻联播等媒体广泛报道。

3. 省市区三级民盟组织联动，正式签订和谐共建协议。2007年1月13日，省市区三级在洪西社区正式签订和谐共建协议，举办“发挥民盟优势，共建和谐社区”大型活动，从此，民盟省市区和谐共建社区工作步入常态化、规范化轨道。16年来，省市区民盟组织从未间断地走访社区贫困居民，为困难群众送大米、食用油、年货和写对联，为社区居民测血压、传授健康护理知识等，得到了民盟中央领导的高度肯定。2009年11月17日，民盟中央副主席李重庵专门赴洪西社区视察和谐共建工作，肯定了南昌民盟的社会服务工作，《团结报》《江西日报》《光华时报》《江西统一战线》、中央统战部网站、江西电视台、心桥网等中央、省市媒体先后对洪西社区和谐共建工作进行报道。

4. 社区和谐共建工作像星星之火一样，在豫章大地上燎起熊熊烈火。各基层组织、盟员个人积极投身于社会服务行动中，南昌县、进贤县、东湖区、西湖区、青云谱区、青山湖区、新建区等基层组织社区服务基地像雨后春笋一样建设起来，举办“共建和谐社区，义务服务群众”“服务社区居民，倡导健康生活”“千名党外专家下基层科技（科普）服务”等多种多样的社会服务活动。

（三）“黄丝带”帮教行动，找回社会失足人员归家路

建立“黄丝带”帮教基地配合司法部门加强对社会失足人员的教育转化，帮助他们早日完成改造回归社会。

1. 三个传统“黄丝带”帮教基地。第一，“甘家山安抚帮教”服务基地。2011年，“甘家山安抚帮教”服务基地在新建区成立，2014年，省市区三级联动在甘家山刑释解教就业安置基地举行“黄丝带”帮教活动。第二，“女子监狱帮教”基地。2013年起，在江西女子监狱举行“关注女性罪

犯，营造积极心态”心理健康活动和“黄丝带在行动”大型帮教活动，对困难服刑人员发放生活用品，向特困服刑人员捐赠助学爱心款，企业家现场招聘，律师、心理咨询师提供免费司法援助和心理帮扶，前往临川等地走访部分女监在押服刑人员困难家庭。第三，未成年犯管教所“黄丝带”帮教基地。2014 年起，走进江西省未成年犯管教所上心理辅导课，2015 年，民盟“黄丝带”帮教基地揭牌仪式在江西省未成年犯管教所举行；2017 年，举办民盟“黄丝带”帮教行动志愿者服务启动仪式，开展“南昌民盟‘黄丝带’帮教活动走进省未成年犯管教所”大型帮教活动和“兴家风、淳民风、正社风”南昌民盟“黄丝带帮教行动”走进省未成年犯管教所活动。

2. 铁三东“黄丝带”社区帮教基地。2012 年起，盟员陈虹团队进行心理矫正服务探索了民主党派参与社会管理新模式；2013 年，成立“民盟心理帮扶义务咨询服务基地”，在青峰社区、北京路学校、南昌 SOS 儿童村开展心理讲座，为社区孩子举办主题为“快乐成长”心理讲座；开展“家有儿女”主题活动和“携手帮扶矫正，创建平安社区”社区矫正人员健康心理讲座；赴都昌县、贵溪市开展爱心支教和心理疏导活动；2017 年，举行民盟“黄丝带”社区帮教基地揭牌仪式，陆续举行“禁毒进社区”国际禁毒日主题活动、“防疫不防爱”“阅读改变人生，知识照亮梦想”主题读书分享活动。

二、“三新”品牌，续写南昌民盟社会服务的新画卷

2020 年，在“三老”品牌基础上，南昌民盟建构了同心善行、同心治理、同心振兴“三新”品牌，续写南昌民盟社会服务的新画卷。

（一）同心善行

一是制度化开展学雷锋系列活动。2021 年 3 月 5 日，西湖区等全市 42 个基层组织同步推进“日行一善”行动，青云谱区等 12 个分会场同时开展“学雷锋”活动，提供中医理疗、健康咨询、医学体检、眼科检测、家电维修、美容美发等服务，当天近 1000 名盟员参加，1 万余名群众受益。二是品牌化开展重阳节服务周活动。2021 年 10 月 11 日，南昌民盟“金秋九九·情满重阳”服务周活动启动，开展测血压、健康咨询、体测评估、康复治疗等义诊活动，章金媛爱心奉献团成员教巧手操、洗手操、降压歌，分发常备药品和生活物资。同时，开展“金秋九九、情满重阳·赣文化历史传统教育”活动等形式多样活动。

▲2021年3月5日，中共南昌市委常委、市委统战部部长乐文红、章金媛爱心奉献团创始人章金媛、民盟南昌市委会主委郭翀共同为“南昌盟员日行一善”公益行动揭牌

（二）同心治理

一方面，开展同心治理行动。2021年，举办“积极参与垃圾分类，创建优美社区环境”“我为群众办实事，垃圾分类进社区”主题宣传活动；开展义务劳动，清理辖区垃圾、杂物，清除杂草，捡拾果皮和纸屑；参加植树节团建活动，践行“绿水青山就是金山银山”生态理念。另一方面，开展“十送”基层活动。2021年，开展“送法典进企业、送家教进社区、送医疗进社区、送戏曲进乡村、送服务进企业、送故事进心田、送健康进景区、送春联进家庭、送欢乐进社区”等“走基层、访盟员、送祝福”活动；东湖区“送法典进企业”，进贤县“送家教进社区”，西湖区“送医疗进社区”，采茶剧团“送戏曲进乡村”，青云谱区“送服务进企业”，进贤县“送故事进心田”，湾里区和医卫综合“送健康进景区”，西湖区和文艺“送春联进家庭”等活动，扩大了民盟的社会影响力。

（三）同心振兴

18年如一日，在乡村振兴路上贡献民盟力量。2004年起，到南昌县开展“平安创建大宣传及三下乡”活动，与富山乡三山村结成“帮扶对子”，赴南昌县、进贤县、湾里区送衣送被、送医送药；在进贤县建立首个农村服务基地，开展送医、送文化、送科技下乡和义诊活动，南昌县、进贤县等支部开展“共建乡村”医疗健康咨询服务为振兴乡村贡献民盟力量；省市区三级联动在安义县、新建区等地农村开展“送教、送医、送法律”三下乡活动进行义诊，开展结对帮扶、心理帮扶、物力帮扶和项目帮扶活动，开展送科技、送卫生下乡活动，助力乡村振兴战略；在新建区开展“送医下乡”等三下乡活动，开展救灾扶贫和科技支农活动，送医送药、送温暖活动，开展健康义诊、社区便民活动，开展送春联下乡活动；在西湖区开展“红色轻骑兵”慰问演出；在湾里区开展“送医”活动，开展“民盟帮扶点”改厕、送健身器材。

三、“七师”进基层，打造南昌民盟社会服务的新时代

在优化社区“和谐共建、烛光行动、黄丝带”“同心善行、同心治理、同心振兴”，这些“三老三新”品牌基础上，南昌民盟打造民盟“七师”进基层社会服务工程，在南昌县、进贤县等42个基层组织开展“我为群众办实事‘盟员七师’进基层”活动，组织教师、医师、律师、技师、画师、艺师、心理咨询师深入社区、乡村、学校、企业等，开展送教、送医、送法律、送心理、送文艺、送书画、理发、修理家电等活动。

（一）“七师”进基层启动，标志着社会服务工作进入了新时代

2022年2月16日，《人民政协报》刊登了南昌盟员“七师”进基层的启动仪式活动，这标志着南昌民盟社会服务工作进入了新发展阶段。1月13日，民盟南昌市委会“我为群众办实事‘盟员七师’进基层”活动启动仪式暨省市区三级联动“送春联送祝福进社区”活动举行，民盟中央、省市委会和驻区盟员代表，以及社区居民代表等参加启动仪式。同时，省市区三级联动开展了“送春联送祝福进社区”活动，把新春祝福和美好祝愿送到千家万户，还为社区部分困难家庭赠送了米、油等“暖心包”。活动宣告南昌民盟“我为群众办实事‘盟员七师’进基层”活动正式启动，南昌县、进贤县、东湖区、新建区等陆续开展了“盟员七师”进基层活动，将该项工作推入纵深。

（二）“七师”分为七个纵队，深入基层七个领域开展社会服务工作

盟员七师（教师、医师、画师、律师、技师、艺师、心理咨询师）深入社区、乡村等基层，开展各类社会服务活动。第一纵队由教师组成，在农村教育“烛光行动”基础上开展教育进基层活动。第二纵队由医师组成，在社区、乡村“同心双共建”活动基础上开展健康进基层活动。

第三纵队由律师组成，在“同心治理”行动基础上开展法律进基层活动。第四纵队由心理咨询师组成，在“黄丝带”帮教行动基础上开展心理咨询服务进基层活动。第五纵队由艺师组成，通过社区、乡村等基层一线，举办露天电影、群众音乐会等，送电影、送歌声、送戏曲、送节目、送文艺、送演出进社区、乡村，以爱党爱国为主旋律，歌颂和谐幸福生活。第六纵队由画师组成，在“同心振兴”行动的基础上，开展文化进基层活动。第七纵队由技师组成，在“同心善行”行动基础上，开展技能进基层活动。

以民主党派之能　注民主监督之力

优化营商环境是将营商环境的便利性、公平性、透明度、法治化、国际化等共性特征，在市场主体准入许可、生产经营、退出程序中彰显出来，以激发市场活力、增强发展动力，推进国家治理的现代化。近期，中共江西省委统战部将民主党派的民主监督职能与“一号改革工程”高度融合，在全省推进优化营商环境专项民主监督工作。民主监督本质上是政治监督，旨在对新形势下民主监督职能的实现形式进行新探索，通过新时代下地方多党合作的生动实践，体现参政党地方组织在加快江西推进高质量跨越式发展的法宝作用。

优化营商环境是省市的“一号改革工程”，省市委把开展优化营商环境专项民主监督的重任交给各民主党派，体现了对民主党派的高度重视和信任及坚持和完善多党合作制度的鲜明态度和决心。民盟南昌市委会不负重托、不辱使命，积极响应中共省、市委统战部的号召，在进贤县、青山湖区党委的坚强领导和统战部的精心指导以及基层民盟组织的大力支持下，全方位深入参与优化营商环境“一号改革工程”，专攻专研专注专精优化营商环境专项民主监督工作，用鲜活的地方党派监督实践来丰富宪法赋予民主党派的民主监督职能，以民主党派之能，注民主监督之力，“护航”营商环境。时域上，第一时间制定《关于开展优化营商环境专项民主监督工作方案》，召开优化营商环境专项民主监督工作启动会、盟员企业家优化营商环境座谈会、特邀监督员座谈会，专项部署“六种环境”“五大专项行动”“六个重点”等监督工作，组织系列专题监督活动。地域上，六轮次深入南昌市进贤县、青山湖区“一县一区”最前沿。在进贤县政务服务数据管理局及住房和城乡规划建设局，针对政务服务、实施提升政务服务满意度，调研“一链办理”“最后一公里”“24 小时不打烊服务”“六多合一”等透明高效的政务环境、竞争有序的市场环境建设；在青山湖区税务局和市场监督管理局，针对减税降费、降低企业成本、开办企业、市场监管，调研“非接触式”办税缴费、“承诺制”容缺受理服务、惠企政策兑现专窗、创新信用修复等亲商富商的政策环境成果。领域上，深入青山湖区湖坊镇李巷村旧货市场、京东镇鹿鼎家居市场等十二大专业市场，针对涉企服务优化、作风建设监督问责，通过发放优化营商环境调查电子问卷，建立问题清单台账和工作推进表，调研“一站式多元解纷 e 中心”“触发式监管、沙盒监管”、推广“企业安静日”等公平公正的法治环境改革。视域上，深入到街道、园区企业，针对企业家权益保护、获得用水用气、获得信贷、执行合同，调研“普惠金融服务中心创建试点”“压缩用水用气报装环节及时限”、诉讼服务“企服通”小程序等合作共赢的开放环境、健康向上的人文环境效能。

监督发现：近年来，南昌市在“江西办事不求人、江西办事依法依规、江西办事便捷高效、江西办事暖心爽心”营商环境品牌建设上取得一些骄人成效，特别是在破除制约市场活力的体制机制弊端上取得重大突破，解决了一大批重点、难点问题，降低制度性交易成本和企业经营成本，营商环境明显改善，但依然存在三类七大环节壁垒。第一类是改革环节，存在“新官不理旧账”“明放暗不放、放责不放权”等问题。第二类是市场环节，存在准入环节“准入不准营”等问题、生产经营环节“融资难融资贵”、退出环节“难破产、难退出”等问题。第三类是法治环节，存在立法环节“立改废”、执法环节“执法不公、多头执法、选择性执法”、司法环节“合法权益保护不够、公信力不强”等问题。为此，特提出以下监督建议。

一、打造透明高效的政务环境，涵养健康向上的人文环境，突破改革环节壁垒

监督发现：“新官不理旧账”问题还是存在，这既是“政德”问题，也是“合法性”问题。政德上违背了民本思想，合法性上损害了政府公信力。同时，“理旧账”也是一道难解的“题”，考验的是“新官”的行政担当。

为此建议：对存在的政府不履行承诺、不兑现奖励和扶持政策、不履行有效合同、不推动项目建设、不履行约定义务，对历史遗留问题漠视不管、久拖不决、决而不办等突出问题，认真核查、及时协调督促、依法办理，切实保障服务对象的合法权利；对需要追责问责的，移交纪检监察机关处理，形成政务信用管理体系，打出一系列优化营商环境“组合拳”。

监督显示：“明放暗不放、放责不放权”等问题或多或少地存在，这与现代国家治理现代化的客观要求相违背。把国家治理的“主战场”转移到基层，将基层治理纳入国家治理版图，推动行政权力下放是我国现代国家治理的应有之义。在此过程中，个别部门习惯于权力控制，以“放权”之名行“放责任”之实，出现“门好进、脸好看、事难办”“明放暗不放、放责不放权”等情况时有发生，这就像开车时松了手刹，却踩着脚刹一样，阻碍了基层政府治理能力的提升。

为此建议：按照“依法下放、宜放则放”原则，成熟一批、下放一批，确保放得下、接得住、管得好。既要明确权责边界，建立权责清单和相应分类管理制度，还要保障监管力量的衔接，更要统筹各种编制资源，保障配套设施，完善上位法，优化技术配置，确保行政管理体制的结构性改革与权责制度相匹配。

二、营造竞争有序的市场环境，滋养合作共赢的开放环境，突破市场环节藩篱

监督发现：在市场的准入、生产经营、退出三个主要环节中存在梗阻。

（一）准入环节

监督发现：“证照”是企业进入市场必不可少的两把“钥匙”，“准入不准营”表现在“办照容易办证难”，这已成为企业准入新难题，破解“准入不准营”难题，必须推进“证照分离”改革。

为此建议：推出证照分离、多证合一等改革。最大限度实现“证照分离”改革，降低市场准入门槛，优化营商环境，强化市场准入管理和加强风险防范与控制。从“严进宽管”转向“宽进严管”。根据“谁审批谁监管、谁主管谁监管”的原则，要逐项制订事中事后监管措施。统筹推进相关改革，“证照分离”改革与其他相关改革措施统筹推进，实行“多证合一、一照一码”。

（二）生产经营环节

监督发现：“融资难融资贵”是稳住我国经济的“半壁江山”的中小微企业成长中的烦恼，“保市场主体”就是要纾解中小微企业融资难、融资贵问题。

为此建议：继续落实好已出台的各项惠企政策，从政府、金融、企业三端持续发力，提升中小微金融服务的商业可持续性，增强财税、金融政策的联动性，培育中小微企业的信用意识，加强信用信息的共享、归集和利用和银企融资对接，降低企业综合融资成本。

（三）退出环节

监督发现：企业优胜劣汰是市场经济的正常现象，解决“难破产、难退出”问题，是优化要素配置和营商环境的重要举措。

为此建议：一是完善中小微企业简易注销制度，促进改善市场主体结构。二是企业注销之前，必须对所有的权利义务彻底了结，包括偿付债务、支付员工工资、缴清社保、清结税款等。三是建立企业破产和退出状态公示制度，完善信用机制建设和管理人制度，依法打击企业破产或退出中恶意逃废债行为。

三、锻造亲商富商的政策环境，蕴养公平公正的法治环境，突破法治环节桎梏

监督显示：法治是最好的营商环境，良好的营商环境是要依靠立法、执法、司法全链条全过程全周期的维护。

（一）立法环节

监督发现：“立善法于天下，则天下治；立善法于一国，则一国治”。科学立法为打造法治化的营商环境夯实制度保障基石。

为此建议："立改废释"是优化营商环境的基础性、全局性工作，优化营商环境必须加大营商环境领域的地方性法规规章的立、改、废、释力度，一揽子修改关于改革发展相关地方性法规规章，清理、修改、废止影响营商环境的法规规章，完善营商法规章支撑体系。

（二）执法环节

监督发现：市场经济下，"执法不公、多头执法、选择性执法"的现象时有发生，为防止自由裁量权过大、"见客下单"、选择性执法、多头重复检查等现象。

为此建议：一是贯彻"监管不扰民""履职不随意""裁量不失度"，坚持依法行政，公正执法，对监管执法中发现的违法侵权、制售假冒等损害市场公平竞争的行为，加大处罚力度。二是厘清监管事权，推进监管执法效能化，落实行政执法公示、行政执法全过程记录和重大执法决定法制审核"三项制度"。三是推行"柔性执法"，灵活采取行政建议、告诫、约谈、提示等行政指导方式，实现法律"权威力度"和执法"人性温度"的高度融合。四是构建以信用为基础的新型监管机制，推行"双随机、一公开"监管，推进市场监管清单化、规范市场监管裁量权。

（三）司法环节

监督发现：利民之事，丝发必兴。营商环境是企业生存发展的土壤，在法制护航营商环境的征程中，"合法权益保护不够、公信力不强"等问题客观上依然存在，群众司法需求亟待关切回应。

为此建议：一是加大对企业合法权益司法保护的力度，杜绝权力干预司法、地方保护、涉企诉讼漫长、投诉无门等现象。二是切实保障各类市场主体依法平等使用资源要素、公开公平参与竞争、同等受到法律保护。三是推动清理涉党政机关未结执行案件，重点清理涉民营企业、中小企业案件，督促党政机关自觉执行生效判决。四是探索建立"僵尸企业"司法处置工作指引，全面落实执行转破产制度，建立健全破产管理人运行机制等。

推动营商环境优化升级是当前发展新的时代命题，考验着我们的智慧和能力，检验着我们的责任与担当。履行民主党派民主监督职能，就是坚持同心同向、同频共振、同题共答，从民主监督形式、内容和方法上不断探索创新，完善体制机制、提升监督质效，做好“扩音器”“服务员”“连心桥”“践行者”，为党委政府科学决策、有效施策提供重要参考，确保专项民主监督工作出成果、能落实、有回音，为营造稳定公平透明、可预期的国际化法治化营商环境，全力打造区域性营商环境标杆城市贡献智慧和力量。

穿针引线助力招商

一、民盟市委会高度重视招商引资工作

把招商引资作为“一把手”工程，制订专项行动工作方案，列为年度重要工作抓紧抓实，形成主要领导亲自抓、分管领导具体抓、人人重视参与的招商引资专项行动工作格局。积极发挥招商引资专项行动工作领导小组作用，召集盟员企业家、经科委委员，第一时间召开了南昌民盟优化营商环境暨招商引资专项行动工作座谈会。

二、民盟南昌市委会打响新年招商引资第一枪

贯彻“党委政府的中心工作在哪里，民盟的脚步就跟进到哪里”的工作宗旨，2022 年 2 月 8 日，开展了首场招商引资项目对接会，并先后分赴新建区、进贤县、南昌县、青云谱区、红谷滩区、西湖区、青山湖区 7 个县区，实地考察了华侨城（南昌）实业有限公司、中国（江西）针织服装创意产业园、江西佳时特数控技术有限公司、瑞康医养康复中心、江西乐迪医疗科技有限公司、爱光生物医药（南昌）有限公司、红谷滩区市民中心等 10 个项目，涉及工业制造业、民生保障工程、纺织工业、医养康养、生物医药、医疗器械、文化旅游、银行金融等领域，积极报送招商引资项目线索。其中，广东浩翊鸿新材料科技有限公司，投资 1 亿元建设智能家居建筑材料生产基地项目，于 2022 年 2 月 11 日成功签约，现已开工。

三、民盟南昌市委会“以商招商”加强对外联络

省外由主要领导亲自带队，先后赴合肥市、长沙市等地访商会、走企

业，瞄准先进制造业、高端服务业、数字经济产业等业态，多方搜集信息，主动联系对接工作，介绍南昌发展情况和招商引资政策，吸引有意向的企业、乡友到南昌创业投资，实地考察调研了合肥市金融港园区、中国声谷产业园、科大讯飞、中电光谷、合肥晶合集成电路股份有限公司、合肥京东方显示技术有限公司，长沙市湘江基金小镇、水羊股份、天河国云、中电凯杰、中国信通院中南基地等10余家企业，了解企业生产、经营以及投资信息，其间，还拜访了湖南省江西商会。省内赴鹰潭、上饶、赣州、吉安等地调研交流，主动开展招商引资工作。

尤其，是主动融入全市招商引资大局中，发挥民盟优势，汇聚各方力量，通过省级有关部门牵线搭桥，主动与北京等地2家央企联系，就氢能源产业的招商引资进行了全程沟通、跟进。

四、民盟南昌市委会招商引资工作受到领导高度肯定

关于招商引资工作的专报获得江西省人民政府主要领导，省委常委、省委统战部主要领导等领导高度肯定和重视，下一步还梳理了10个项目，组织专报报中共南昌市委书记，其中，上面提到的由民盟南昌市委会促成的智能家居建筑材料生产基地项目也在其列。

接下来，民盟南昌市委会将集中资源和力量，助力招商引资工作取得新突破、新成效。一是树立正确的价值实现导向、明确的招大引强导向、准确的产业招商导向，牢固树立“项目为王”的理念，围绕“4＋4＋×”产业体系，强力招引大项目。二是坚持灵活高效地做好招引工作，摸清项目招引的必要环节，及时上报搜集到的项目信息，紧紧依托属地，全过程跟踪、服务、推动项目落地。三是主动加强沟通交流，发挥黏劲、钻劲、盯劲、狠劲，助力合力共为招商机制加快形成，在“强省会”、打造“一枢纽四中心”、实现“两个大幅提升”上展现民盟新作为、贡献民盟新力量。

三、历年参政议政主要成果

调查研究

民盟南昌市委会紧紧围绕党委、政府的中心工作积极开展调查研究，形成高质量的调研报告，为科学决策提供有价值的参考，促进了社会经济的发展。

1994 年，对农村股份制企业和建立辐射全国的服装批发市场两个课题开展调查研究，形成调研报告。

1995 年，为促进全市经济发展，先后为湖坊乡东方制药厂等乡镇企业联系深圳招商银行，引进技改资金。深入南昌县开展农副产品资源调查，提出开发旅游食品作为南昌县支柱产业，受到南昌县政府的重视。

1996 年，为促进南昌市“科教兴国”的战略，完成《推行教育投入多元化，增加我市教育有效投入的建议》《积极支持，加强管理，促进我市社会力量办学健康发展》《关于加强发展职业教育的调查》等调研报告。《关于我市精神文明建设的调查报告》被省委统战部评为二等奖。

1997 年，《我市纺织行业股份制改造，企业参与市场竞争，实施营销战略的现状及思考》的调查报告，对推动南昌市中、小企业股份制改造提出建设性意见。

1999 年，《推行教育多元化，增加我市教育有效投入的建议》的调研报告，被列为市政协的重要提案。

2000 年，《关于我市试点镇综合配套改革刻不容缓》的调研报告，为全市经济结构调整，加快城镇化进程提供新思路。《努力建设一支高素质的校长队伍》的调研报告，对全市教育水平的提高起到促进作用。

2001 年，《关于南昌市乡镇企业现状暨可持续发展战略的思考和建议》

的调研报告，被有关部门采纳。

2002年，《关于南昌市大专院校教育资源整合的调查与建议》《完善机制，开拓“低保”工作的新局面》的调研报告，为市委、市政府提供有价值的意见和建议。

2003年，《提升城市文化建设，增加城市综合实力》和《做好公共卫生工作，促进社区精神文明建设》的调研报告，为全市创建文明城市提出建设性意见。

2004年，《以科技创新支撑现代制造业》《南昌市血吸虫病流行及防治现状》的调研报告，引起中共南昌市委、市政府的重视。

2005年，《“十一五”期间南昌市大力发展文化产业的调研》《关于南昌市城市医疗服务体制改革的调研》调研报告，得到市委主要领导批示肯定。

2006年，提交《助力中小企业走好自主创新之路》和《新农村建设应重视文化建设》两篇调研报告。其中，《助力中小企业走好自主创新之路》作为民盟江西省委会重点调研课题报告提交省政协及有关部门。《关于加强市区乞讨现象管理规定的建议》获市委、市政府主要领导批示，在《人民政协报》、中国政协新闻发表；《科学规划和建设南昌地铁的建议》列入国家发改委立项和省市重大重点项目。

2007年，提交《南昌文化创意产业现状与发展的调研报告》和《关注薄弱农村教育，促进城乡协调发展》两篇调研报告。其中，《南昌文化创意产业现状与发展的调研报告》作为“2007年市委统战系统调研成果汇报会”的专题发言，受到有关领导和部门的高度重视。《关注薄弱农村教育，促进城乡协调发展》的调研报告作为民盟江西省委会的重点调研课题，并作省政协大会发言。同时，各基层支部（总支）积极开展调研，完成调研报告13篇。其中，西湖区总支《关于在朝阳洲地区开发中加大学校网点布局调整力度，合理配置教育资源的调查报告》得到副市长等领导批示。《推动非公经济又好又快发展》在《江西日报》发表。

2008年，提交《加强创业文化建设，促进南昌生产力发展》《南昌市城区中学贫困生心理健康状况调研》两篇调研报告。其中，《加强创业文化建设，促进南昌生产力发展》在全市“创业创新文化建设——各民主党派工商联无党派知识分子联谊会专题调研成果报告会”上得到市委主要领导、市纪委主要领导批示。《功利主义、形式主义对当今高校教育教学质量的影响及应对之策》在民盟江西高等教育研讨会上做大会交流并被评为优秀论文。

2009 年，《积极推进重点文化项目的实施，推动文化事业和文化产业跨越式创新发展》的调研报告被作为民盟江西省委会的重点调研课题，在省政协会上列为大会发言材料。《大力发展开放型经济》在《江西日报》发表，《帮助乞讨人“找”到回家的路》在《人民政协报》发表。

2010 年，《南昌市基于服务外包产业的现代服务业发展与布局研究》调研报告在南昌市各民主党派工商联无党派知识分子联谊会专题调研成果报告会上宣读，获市政府主要领导批示。《加快村镇建设，实现城乡统筹发展》在《江西盟讯》发表，《做鄱阳湖生态经济区建设的领跑者》在《江西日报》等发表。《南昌城市发展的芯片：文化创意产业》《现代宜居城市建设需要文化政治意识作为支撑》两篇论文被民盟中央 2010 中国城市文化论坛采用。《整合万寿宫文化资源，深化西山旅游开发》与《公选在阳光下运行》被心桥网采用；《关于在朝阳新城开发建设中妥善保留宝林书画藏品博物馆的建议》被市人大、市政协采纳，并召集相关部门落实。《发展楼宇经济，促进区域经济繁荣》入选省政协十届三次会议书面发言。

2011 年，《南昌市基于服务外包产业的现代服务业发展与布局研究》的调研报告，提交中共市委、市政府决策参考。《打造南昌市专业批发市场“航母”》在市政协专题发言，获市政协主要领导肯定。《关于生态环境法制建设的几点思考》《关于加强社区治安综合治理工作的调查报告》《关于南昌市义务教育阶段学生压力的调查和思考》等调研报告被民盟江西省委会采用为集体提案提交省政协大会。《关于我省和谐社区建设情况的调查》被民盟江西省委会采用。《关于将 219 路长班公交车更换为空调车的建议》《关于南昌市道路命名规范的建议》等调研报告得到相关部门的重视。

2012 年，《江西省发展“电子商务 + 物流配送”新型商业模式的对策研究》调研报告提交民盟江西省委会，《南昌市发展“电子商务 + 物流配送”

新型商业模式的对策研究》《南昌文化产业园区发展对策研究》提交中共市委、市政府决策参考，其中物流产业调研报告获市政府主要领导批示。《大力发展楼宇经济》在市两会发言，获市委主要领导点评，在人民网等发表。《用心做好农村留守儿童工作》获得好评。

2013 年，提交《简化民事案件立案程序，服务江西经济发展》等多项调研课题，其中，《江西食品安全现状问题及对策研究》作为民盟江西省委会提交省政协十一届二次大会上的书面发言材料；《关于南昌发展基层协商民主的思考与建议》《加强思想道德教育，提高市民道德水平》被编入市政协《政协理论与建言献策汇编》供有关部门决策参考。参与民盟江西省委会《4% 教育经费使用效率与优化配置》课题调研。

2014 年，《进一步做好我省食品安全监管工作的建议》《大力发展和推广江西省富硒产业的建议》作为省政协大会发言。受市委政研室的委托开展“建立南昌交通秩序治乱体系路径研究”调研。《关于我县空心村规划整合过程中义务教育网点的重新布局》在《昌南论坛》发表。《为民建言是政协履职的要义》在人民网、《人民政协报》、中国政协新闻网等发表。《加强校车安全管理》获市政府主要领导批示。

2015 年，中标课题 5 件，其中，民盟江西省委会课题 3 件，市委统战部课题 1 件，市委政研室课题 1 件。《江西省富硒特色农业发展调查》转化成民盟江西省委会的集体提案提交省政协，并被列为省政协副主席重点督办提案；《关于我省“空心村”背景下教育网点重新布局的建议》被选为省政协大会发言。《打造中国法官教育基地》在省政协发言获省政府主要领导的点赞，人民网专题报道，并于 2016 年获最高人民法院正式批复；《汪大渊“回”故里》获省委主要领导在新加坡发表主旨演讲时引用。

2016 年，中标课题 7 件，其中，民盟江西省委会重点课题 6 件，市委统战部课题 1 件。《南昌市县区农村水利基础设施情况》获市政府主要领导批示，《江西省老字号重焕新生对策研究》被省政协采用，《提升我省社区网格化管理水平的调研报告》报民盟中央。《筹建江西现代工业博物馆》在省政协发言获省领导的点赞，《实施精准扶贫战略的三点建议》《推进产业扶贫战略路径选择》分别在市政协专题会议发言，《打造中国道教圣地西山万寿宫》《加大江西南矶保护开发力度打造世界湿地生态旅游》《关于新建昌邑乡申报国家文化艺术戏曲之乡》等课题多次获江西广播电视台、《信息日报》专题报道，昌邑乡成功获批“江西省文化艺术戏曲之乡”，《家中总有一缕书香》在《人民政协报》发表，《中国古典民主政治思想的基本理念及对当下政治协商制度的启示》在《江西社会科学》发表。《关于我市中小学生“真空时间”托管难问题的调研》在省政协《光华时报》发表。

2017 年，中标课题 9 件，其中，民盟江西省委会重点课题 4 件，市委统战部课题 1 件。《以地铁应用为突破口占领 VR 行业应用的制高点》获市委主要领导批示，《整合本地餐饮特色，创建饮食集团品牌》《统筹规划、建设、管理三大环节，提高城市工作的系统性》做省政协大会书面发言，《加快我省融资租赁业发展的对策建议》《江西矿山尾矿生态现状调查》入选省政协民盟省委会集体提案。

2018 年，申报课题 27 件，民盟江西省委会立项课题 14 件。其中，《政企合作建设信息化城市》获市委、市政府主要领导高度重视和亲笔批示，并刊登于《江西日报》等多家省市媒体并促成大数据发展管理局落地。《带着深厚感情做群众的工作》《起航》《修德尚志》《新时代中国特色社会主义人权观及其实践》在《人民政协报》《中国统一战线》《理论视野》发表，以《让智慧之花在赣鄱大地激情绽放》为题在清华大学做讲座。

2019 年，申报调研课题 48 件，民盟江西省委会立项课题 18 件，重点推进课题 6 件，“党委出题、党派调研、政府采纳、部门落实”专题调研课题和全市重点委托调研课题各 1 件。《统筹 5G 生态资源共享，推动我市数字经济发展》等 5 篇调研报告获市主要领导批示，6 篇调研报告被民盟省委会采用为省政协大会集体提案，3 篇调研报告转化为省政协大会书面发言。参与民盟中央调研并完成子课题《推进南昌市先进制造业发展》。联合市政协开展《统筹推进大南昌都市圈产业合作与资源共享》课题调研。《“六度”视域下的新时代民营经济统战工作研究》获全省统战理论创新二等奖。

2020 年，申报调研课题 53 件，民盟江西省委会立项课题 13 件，中标率 24.5%，立项总数占 11 个设区市及省直基层组织的 14.4%，立项数量最多。“党委出题、党派调研、政府采纳、部门落实”专项调研课题和全市重点委托调研课题各1件。其中，《加快推进互联网医院建设，打通群众便捷就医“最后一公里”》被民盟江西省委会列为省政协大会书面发言，调研报告《加快推进互联网医院建设调研》《构筑我市会展经济新蓝海》《加快推进非法集资存量案件处理对策研究》获市政府、市政协主要领导肯定和批示。调研报告《织密织牢地方公共卫生应急管理网络》《区块链技术应用于政府数据公开共享的建议》同时获市政府主要领导肯定和批示。《推进南昌市文化产业园区高质量发展的思考》已录入《江西文化产业发展报告（2020）》，《关于“彰显省会担当，我们怎么干”解放思想大讨论活动征求意见分析》《实施就业优先战略　稳定就业基本盘》《推动落实〈江西省政府关于做好“六稳”工作落实“六保”任务的实施意见〉专题监督报告》获市有关领导的批示，《关于建设夜南昌，促进江西城市经济消费集聚区形成的建议》获省人大常委会重点督办，《关于推进高铁沿线产业聚集，打造江西新型高铁经济带的建议》被江西省电视台采访报道，《统一战线在国家治理体系和治理能力现代化中的优势作用研究》获全省统战理论创新一等奖，《在文化强省中彰显省会担当》在《江西日报》刊登，《爱国主义法学家梅汝璈》在《人民政协报》《江西政协报》等发表。

2021年，申报调研课题48件，民盟江西省委会立项课题15件，中标率31%；中标专项课题1件，市委重点委托调研课题1件。调研报告《加快推进互联网医院建设，打通群众便捷就医“最后一公里”》被民盟江西省委会列为省政协大会书面发言，《织密织牢地方公共卫生应急管理网络》《构筑我市会展经济新蓝海》等5篇获时任市政府、市政协主要领导肯定和批示。积极参与民盟中央多个主题论坛征文，6篇论文入选民盟中央论文集，其中《老工业基地振兴：国际借鉴与中国实践》获民盟中央第七届经济论坛优秀论文，打破了南昌民盟论文入选民盟中央优秀论文“零记录”。全年围绕13个课题深入开展实地调研。

2022年，申报调研课题46个，19个课题被确定为2022年度民盟江西省委会调研课题，中标率41.3%。《“一枢纽四中心”框架下，南昌市打造区域性金融中心的思考与探索》课题中标市委“党委出题、党派调研、政府采纳、部门落实”专题调研课题，《深入推进数字经济做优做强，打造全省数字经济引领区》课题中标市委办“深调研 强落实”活动调研课题。

附：

调研报告目录

2006 年：

1. 《助力中小企业走好自主创新之路》
2. 《新农村建设应重视文化建设》

2007 年：

1. 《南昌文化创意产业现状与发展的调研报告》
2. 《关注薄弱农村教育，促进城乡协调发展》

2008 年：

1. 《撑起项目引擎 推进江西开放型经济发展进程》
2. 《功利主义、形式主义对当今高校教育教学质量的影响及应对之策》
3. 《打造“健康工程”平台提升社区乡镇医疗水平》
4. 《大力支持省会南昌市加快发展，使之成为我国中部地区重要的金融中心》

2009 年：

1. 《着力发展楼宇经济，促进区域经济繁荣》
2. 《关于强化政府职责，化解物业纠纷的调查报告》

2010 年：

1. 《关于我省当前农村学前教育发展现状的调查》
2. 《关于优化文化消费结构 繁荣文化消费市场的调研报告》
3. 《鄱阳湖城市圈生态宜居建设的思考与研究》
4. 《进一步发挥商会在促进民营经济发展中的作用的几点建议》

2011 年：

1. 《关于生态环境法制建设的几点思考》
2. 《义务教育阶段中小学生学业压力的调查与思考》

3.《关于我省和谐社区建设情况的调查》
4.《关于加强社区治安综合治理工作的调查报告》
5.《南昌市专业市场后发展时代的路径分析》
6.《基于产业结构梯度转移的南昌服务外包业发展研究》

2012 年：

1.《江西发展“电子商务+物流配送”新型商业模式的对策研究》
2.《搭建多元平台，促进教研实效》
3.《关于提高义务教育阶段师资素质的调查报告》
4.《撬动财税杠杆　实现区域经济成长性发展》
5.《南昌文化产业园区发展对策研究》

2013 年：

1.《简化民事案件立案程序，服务江西经济发展》
2.《创新校企合作机制　促进经济社会转型发展》
3.《南昌物流业发展调研报告》
4.《发挥上市公司作用　促进昌九双核发展》
5.《南昌发展基层协商民主情况调研报告》
6.《江西食品安全现状问题及对策研究》
7.《关于我省普通高中教育现状调查与发展“瓶颈”突破对策的建议》
8.《改革中小学教师准入机制　完善教师队伍建设》
9.《关于加强中小学生心理健康教育的意见和建议》
10.《关于进贤县医患纠纷的调研报告》
11.《关于农村留守儿童的教育问题及对策》

2014 年：

1.《突出特色　整合资源实现南昌旅游跨越发展》
2.《困境与出路：涉法涉诉信访如何回归法治轨道——关于建立和完善涉法涉诉信访终结制度的调研报告》
3.《“空心村”背景下教育网点的重新布局》
4.《环保事件责任追究制度的完善》

5. 《江西省富硒特色农业发展调查》
6. 《新时期红十字会内外监督的重构》
7. 《关于我市城镇化进程中农村学校边缘化“空巢”现象分析与解决的建议》
8. 《民间借贷风险及防范对策》
9. 《南昌市中小学推广电子书包的可行性报告》
10. 《浅谈学校校长教师流动中存在的问题及对策》
11. 《建立南昌交通秩序治乱体系路径研究》

2015 年：

1. 《江西老字号重焕新生之策》
2. 《提升我省社区网格化管理水平的调研报告》
3. 《江西省县区农村水利基础设施情况调研报告》
4. 《新常态下我省经济增长点的培育》

2016 年：

1. 《PPP 模式下政府监管模式研究及风险防范》
2. 《做强做大我市餐饮业，带动地方经济发展》
3. 《江西省中医药产业发展现状分析及建议》
4. 《加快我省融资租赁业发展的对策建议》
5. 《当今网络空间舆论斗争下大学生的价值观取向调查报告》
6. 《江西矿山尾矿库生态现状调查》
7. 《江西省足浴沐浴行业发展情况调查报告》

2017 年：

1. 《以地铁应用为突破口占领 VR 行业应用的制高点》
2. 《背街小巷环境整治研究》
3. 《让医疗事业更好为养老产业服务》
4. 《从南昌市新建区看我省现代都市农业发展遇到的瓶颈》
5. 《关于加大南昌市殡葬改革力度的建议》
6. 《关于新型农村社区建设管理的对策与建议》
7. 《关于我省老年休闲养老旅游市场发展的建议》

8.《（非义务教育阶段）高中特困学生的应急救助机制的建立与完善》
9.《建立健全以居家为基础、社区为依托、机构为补充的多层次社会化养老服务体系》
10.《江西省城市内湖污染情况调研》

2018年：

1.《政企合作建设信息化城市》
2.《老年教育机构基础能力提升》
3.《大力发展文化创意促进文化与农副产品制造业相融合》
4.《培训新型农民　助力乡村振兴》
5.《加强城市环境治理　优化雨污管网建设》
6.《关于乡镇卫生院的现状分析及对策研究》
7.《完善学前教育链条　促进幼有所育平衡发展》
8.《职业教育与家门口就业的对接机制》
9.《推行公办民办双管齐下　提升我省学前教育水平》
10.《创南昌地铁模式，加快推进南昌地铁公司化运作》
11.《以名校集团化改革促进优质教育资源城乡一体化》
12.《合理匹配县乡两级监管事权调研报告》
13.《以孔子文化为乡村振兴铸魂》
14.《聚焦产业　广纳贤才》
15.《南昌市社区与居家养老机构评估调研报告》

2019年：

1.《统筹推进大南昌都市圈产业合作与资源共享》
2.《多方协同　合力破解“上下楼”难题——老旧小区加装电梯困境及策略探讨》
3.《打通消费“经济带”促进南昌“夜经济”》
4.《推动基层养老体系建设，迎接“银发潮”》
5.《农村中小学校闲置校园校舍的调研报告》
6.《统筹5G生态资源共享　推动我市数字经济快速发展》

7.《南昌制造业高质量发展的难点与对策》

8.《鄱阳湖生态经济区生态环境综合地质调查现状和成果应用分析》

9.《完善乡村学校教师补充机制的调研》

10.《推动食品小作坊地方特色快速培育成品牌》

11.《推进我市母婴室标准化建设》

12.《接驳人工智能产业再造经济发展新引擎》

13.《江西省特教教师培养机制研究》

14.《职业教育保障脱贫成果的有效机制》

15.《特岗计划的持续与提升》

16.《推广普及老年介护，为居家养老保驾护航》

17.《对接5G时代，地铁建设发展路径探索》

18.《提升政府投资项目性价管理模式的建议》

19.《从辰林教育集团上市实操过程入手，探索民办高校IPO路径优化》

20.《“互联网+”时代江西省乡村教师专业发展的社会支持现状调查》

21.《江西省儿童职业启蒙教育现状调查》

22.《打好校外教育治理组合拳，破解中小学“三点半课后管理”难题》

2020年：

1.《织密织牢地方公共卫生应急管理网络》

2.《充分发挥老教师在关爱留守儿童中的作用》

3.《严厉打击非法金融活动，加快推进非法集资存量案件处理》

4.《构建江西5G时代工业互联网安全保障体系》

5.《江西省地质遗迹资源开发利用调查》

6.《关于灾后民众心理建设研究调研报告》

7.《提升市场登记审批服务的调研》

8.《区块链技术在地质大数据中的应用调查》

9.《构筑我省会展经济新蓝海》
10.《多元化宣传促进我市历史文化产业发展》
11.《关于夯实家长教育基石筑好家庭教育大厦的研究》
12.《关于科学布局城市特色街区培育新型消费热点的建议》
13.《加快推进互联网医院建设调研报告》
14.《近年部分农业补贴政策实施情况调研报告》
15.《科学布局城市特色街区　大力培育新型消费热点》

2021 年：

1.《加快民用大飞机产业集群发展的建议》
2.《新型研发机构科技成果产业化转移路径研究》
3.《完善灵活就业群体合法权益保障　促进新业态健康发展》
4.《提高水稻、蔬菜等优良品种自主研发　实施现代种业提升工程》
5.《拓展“两山”转换通道　构建生态产品价值实现机制——以“湿地银行”试点建设为例》
6.《推进南昌“湿地银行”试点建设　做强山水文化特色品牌》
7.《〈社区矫正法〉在基层的适用探索》
8.《以城乡融合发展促进乡村振兴调研报告》
9.《建设江西现代化商贸经济体系　推动全省经济高质量发展——关于完善我省现代化商贸体系的思考》
10.《江西省古生物化石保护和利用调查》
11.《依托“红色资源”打造江西文旅新品牌》
12.《盘活做强江西省红色文化资源的调研报告》
13.《“十四五”期间林地保护与合法使用存在的问题和解决策略研究》
14.《国际国内双循环无接触交易供应链创新研究》
15.《暖心食堂的“幸福味道”——关于推进全省社区食堂标准化建设的思考》

16. 《完善全民应急储备体系的探索》

2022 年：

1. 《深入推进数字经济做优做强　打造全省数字经济引领区》
2. 《打造政策金融一体扶持体系，助力疫情下小微企业发展》
3. 《集中优势全力打造先进制造业集聚发展中心》
4. 《构建平等保护民营企业的法治环境研究》
5. 《加大中小企业扶持力度，助推区域经济发展》
6. 《引留职校青年在赣就业创业对策研究》
7. 《“东数西算”环境下江西数字经济发展路径研究》
8. 《疫情持续下如何做好重点人群的心理干预》
9. 《关于化解我省社区治理难题　推动基层治理高质量发展的思考》
10. 《关于加快推动“数字政府”建设的研究》
11. 《关于数字经济助推文旅市场，打造 VR 文旅城市品牌的建议》
12. 《中小企业降成本升级研究》
13. 《关于关爱残障群体职业教育发展的研究》
14. 《加强基本医疗保险基金监管，促进改善民生》
15. 《推动江西智能制造产业高质量发展的研究》
16. 《关于坚持就业优先，完善就业创业政策，提高就业质量的研究》
17. 《数字化保护视域下江西瓷板画的传承与发展》
18. 《推动特殊教育事业高质量发展的研究》
19. 《关于加快打造国产民机创新示范省的研究思考》
20. 《“一枢纽四中心”框架下南昌打造区域性金融中心的探索》

近年大会发言

2017 年：《依托“双向”大开放战略　构建南昌大旅游格局》

2018 年：《以地铁为突破口　占领 VR 行业应用的制高点》

2019 年：《应对全面二孩放开，做好我市“幼有所育”民生大文章》

2020 年：《统筹 5G 生态资源共享　推动我市数字经济快速发展》

2021 年：《完善会展产业体系　构建“双循环”新发展格局》

2022 年：《推进新型研发机构成果转化　落实创新驱动发展战略》
《推进 VR 关键技术和产业链发展，助推 VR 产业升级》
《南昌城市更新要延续城市文脉》

提案建议

1990 年，在市政协八届四次会议上，提案《关于我市技术教育的意见和建议》受到政府的高度重视，提案《改进我市商业食品供应点布局》被市商业局采纳。

1994 年，在市政协九届三次会议上，做题为“切实采取措施，严格执行《教师法》”的发言。

1995 年，在市政协九届四次会议上，《吁请市委、市政府把我市文化事业发展切实放到精神文明建设的重要地位》《推动我市民营科技发展的建议》《吁请市政府重视防疫工作》等意见和建议，均受到有关部门的重视，其中，《就我市建立与发展服装市场问题》引起市委、市政府高度重视，受到省政府主要领导的赞扬。

1996 年，《关于制定南昌市社会力量办学条例的意见》《对我市落实科技兴农战略的意见和建议》等提案、议案被政府有关部门采纳。其中，《关于制定南昌市社会力量办学条例的意见》在全省统战系统开展的“兴赣杯”双百竞赛活动中被评为“良策类二等奖”。

1999 年，在市政协十届二次会议上，提案《强化环保意识，加强素质教育的建议》被有关部门采纳。

2000年，全市盟员围绕“江泽民关于教育问题”讲话精神，展开相应的调查，形成提案被有关部门采纳。

2001年，提交“两会”提案、议案和建议20余件，其中，《南昌市风沙土地的现状和防治泥沙的对策》等集体提案引起有关部门高度重视。《开展创建“花园城市”活动的建议》引起市委的重视，并要求相关部门会同政协就“花园城市”的指标体系、目标内容、措施等进行专题研讨。

2002年，提交提案、议案、建议70余件。其中，《关于建立我市现代化书画艺术家作品收藏馆》受到市政府高度重视，批转有关部门落实。3件集体提案获市优秀提案一等奖、三等奖；获市政协优秀集体提案单位奖。

2003年，提交提案、议案70余件。其中，《让“小平小道”展现小平历程》在省级报纸刊登，《关于增进南昌市空气质量监测站》被市政府作为重点工程立项兴建；《关于做大南昌市高校的建议》的提案获市政协优秀提案奖。

2004年，《不与农民争利，保障失地农民的切身利益》被市政协列为10个重点督办提案第一号，被评为“2003—2004年度优秀集体提案”；《提请保护和维护我市翠花街、醋巷及合同巷等古街古巷，以展示老南昌风貌》《兴会展经济，创南昌伟业》《稳定农村劳动力资源，增强自身造血功能，确保农业可持续发展》提案，被评为市政协“2003—2004年优秀个人提案”。

2005年，在市政协十一届五次会议上，提交《对南昌市发展循环经济的几点建议》《关于加强赣江南昌段河道采砂管理，保护赣江河堤安全与渔业资源的建议》《关于加大南昌市职业教育扶贫帮助农民脱贫致富的建议》等集体提案12件，占大会集体提案总数的33%。提交个人提（议）案36件。其中，《关于进一步提高南昌市对外开放水平的几点建议》被列为市政协主席督办提案。

2006年，提交集体提案4件，个人提案33件。其中，集体提案《加强社区服务管理和加快社区服务业体制创新》被评为“2005—2006年度优秀集体提案”；个人提案《关于健全动物防疫体系，保障市民生命健康的建议》《关于全面推进新型农村合作医疗的建议》《关于尽快建立健全我市城市地下管网的管理和建设的建议》等被市政协评为“2005—2006 年个人优秀提案”。荣获市政协“2005—2006 年提案工作先进单位”。

2007 年，提交建议、提案 83 件。其中，集体提案 14 件，有 6 件提案被有关部门推荐参加“市优秀提案公开评选”，评得优秀集体提案 1 件，优秀个人提案 5 件，有 2 条建议获市人大表彰。《关于打造南昌文化软实力“城市精神”的建议》得到市委主要领导等批示，《关于加强社区卫生服务建设的建议》作为市政协主席重点督办提案。《大力实施“公交优先”战略》获市政协优秀提案。

2008 年，提交建议、提案 55 件。集体提案《关于普及农村网络教育，促进城乡义务教育均衡发展的建议》被列为市政协主席督办提案。

2009 年，提交提案、建议 106 件。其中，市优秀建议、提案、重点督办提案 6 件，集体提案 4 件。集体提案《关于普及农村网络教育，促进我市城乡义务教育协调发展的建议》和 2 位盟员政协委员个人提案获市政协“2008—2009 年度优秀提案”。《光华时报》《南昌日报》《南昌晚报》《江南都市报》刊登盟员政协委员“两会”上的大量建议。1 名盟员被市人大评为“市人大先进代表”，5 位盟员获市政协“2009 年度市优秀政协委员”。

2010 年，提交议案 4 件，提案 33 件，其中，个人提案 24 件，集体提案 9 件，平时提案、社情民意 3 件。《关于红谷滩新区增设城市配套公共设施的建议》被列为市政协主席督办提案，获市政协“优秀提案集体”，6 位盟员获市政协“优秀政协委员”称号。《关于重视“物联网”产业发展的建议》被评为 2010 年度市人大代表“好建议”。

2011 年，提交集体提案 16 件，个人提案 49 件。做题为《关于打造万寿宫宗教文化品牌的建议》专题发言。集体提案《关于尽快制定公益事业社会志愿者有关政策的建议》被列为市政协第一号主席督办提案。《关于科学制定高速公路限速标准的建议》和《关于公交优先要体现快速、便捷的建议》被人民网等十多个媒体转载。《关于综合治理“医闹”的建议》和《关于加快推进万寿宫历史文化街区保护项目的建议》被评为 2011 年度市人大代表“好建议”。

2012年，提交集体提案10件，个人提案18件。《发展楼宇经济支撑核心增长极》的发言获得市委主要领导高度点评，《关于成立医患纠纷调解机构的建议》得到市政府主要领导重视，《关于打造“最南昌”文化旅游链，吸引中外游客留宿南昌的建议》被市政协评为2012年度优秀提案。《成立民间拆迁工作促进会》等6件政协提案刊登于《江南都市报》等媒体。《关于尽快实施学前教育三年行动计划的几点建议》被评为2012年度市人大代表“好建议”。《江西需促进光伏产业不断创新发展》的建议被大江网等多家媒体转载。

2013年，提交集体提案6件，个人提案20余件。其中，《关于推进南昌银行上市为打造核心增长极提供支持的建议》获得市政协副主席督办。《关于解决融资难，促进小微企业发展的建议》获时任省委常委、常务副省长会中办理。《关于我省发展“电子商务+物流配送”新型商业模式的建议》提交省政协，获得省政协副主席督办，为我省研究出台《江西省人民政府关于加快电子商务产业发展的若干意见》提供了重要参考。《关于加快我市养老服务事业发展的建议》和《关于优化全市产业布局促进小蓝开发区产业集聚发展的建议》被评为2013年度市人大代表“好建议”。

2014年，提交集体提案8件，个人提案30余件。其中，《关于改革中小学教师准入机制，完善教师队伍建设的建议》获得市政协主要领导，常务副市长等领导召开协调会督办。《关于规范人行道管理的建议》获市政府主要领导批示，《关于鼓励引导新型农业经营体引领微生物生态农业技术的建议》被列为市政协副主席督办。《关于建立“五河一湖”及东江源头生态保护考核机制的建议》刊登在《光华时报》上，《走出“井喷式”旅游窘境》刊登在《人民政协报》和《群言》杂志上。《关于逐步推进生活垃圾分类的建议》被评为2014年度市人大代表“好建议”。

2015年，提交集体提案8件，个人提案20余件。《关于城镇化进程中县乡义务教育资源整合的建议》的发言，获市委主要领导点评，该建议还被多家媒体转载。

2016年，提交集体提案12件，个人提案20余件。《南昌如何承接“一带一路”发展机遇》《加强引导、支持中小企业快速走向资本市场》的发言，发言内容被多家媒体转载。

2017 年，提交集体提案 8 件，个人提案 20 余件。做题为《依托“双向”大开放战略　构建南昌大旅游格局》大会发言。《建议加强我省大病医保的监控工作》被评为“省政协优秀提案”。

2018 年，提交集体提案 7 件，个人提案 42 件，其中，4 件获评市政协优秀提案；提交建议 10 件，其中，1 件入选市人大 12 条“年度好建议”。盟员人大代表和政协委员积极履职建言，获省市媒体采访报道 26 次。做题为《以地铁为突破口　占领 VR 行业应用的制高点》发言，全文被多家省级媒体转载。界别联组发言《筑牢平台　助力我市人才云集》以及《改善经济发展环境，贵在开放市场和权为责用》，得到与会领导和委员的肯定与共鸣。

2019 年，提交提案 89 件，提交建议 12 件。其中，集体提案 10 件，《关于将游泳健身馆纳入健康规范的发展轨道的建议》等 5 件获评优秀提案，《关于调整地铁 2 号线运营时间的建议》等被列为重点督办提案，获得省市媒体报道 54 次。做题为《做好“幼有所育”民生大文章》的大会发言，入选中共中央党校出版社出版发行的大型文献史册《党的建设与思想政治工作优秀成果汇编》。

2020 年，提交集体提案 9 件，个人提案 55 件，提交建议 6 条，获得省市媒体采访报道 10 余次。做题为《统筹 5G 生态资源共享，推动我市数字经济快速发展》的大会书面发言。《关于创新营商环境，着力提高政务服务效能的建议》等 5 件提案被评选为政协南昌市第十四届委员会年度优秀提案。

2021 年，提交集体提案 18 件，个人建议、提案 110 件，12 件提案被列为市政协重点提案。做题为《完善会展产业体系，构建“双循环”新发展格局》大会发言，6 位委员在市政协联组会议上围绕“五个新突破”“八个聚焦”做发言；省人大建议《打造“夜南昌”促进城市经济消费集聚区形成》获省人大常委会重点督办；《建议出台独生子女家庭的针对性养老政策》等被评为省政协“2021 年度优秀提案”。

2022 年，提交集体提案 10 件，个人建议、提案 69 件，纳入《市政协2022 年度重点提案督办工作安排》6 件。其中，《关于打造南昌区域性金融中心的建议》获中共南昌市委主要领导督办。市政协十五届二次会议上，小组发言 22 人次，联组会议发言 6 人次，做题为《推进新型研发机构成果转化落实创新驱动发展战略》《推进 VR 关键技术和产业链发展，助推 VR 产业升级》《南昌城市更新要延续城市文脉》大会发言，市政协公众号报道3 人次。市人大十六届二次会议上，小组讨论发言 11 人次，接受南昌广播电视台、《南昌晚报》《南昌日报》等媒体采访 10 人次。省十三届人大六次会议上，围绕《推动科技创新向基层延伸　加快县域创新驱动发展》做专题发言，被《江西日报》全文刊登，受到参加代表团审议领导高度肯定。其中，建议《推进 20 个创新型县（市、区）建设试点》纳入《政府工作报告》。

附：

近年集体提案目录

2016 年：

1.《我市 PPP 模式的发展现状与建议》
2.《共建无线通信智慧城市的合理化建议》
3.《关于打造南昌博物馆群的建议》
4.《关于规范发展“地摊经济”的建议》
5.《关于加快发展我市新能源汽车燃料补充设施的建议》
6.《关于加强农村水利基础设施管护的建议》
7.《关于建立职业化消防队伍的建议》
8.《关于解决我市西藏班办学困难的几点建议》
9.《关于社区增设居民纳凉点的建议》
10.《关于提升我市社区网格管理水平的建议》
11.《关于振兴和发展我市老字号的建议》

12.《将建筑业重新打造成我市优势行业的建议》

13.《将书画艺术植入公共文化平台的建议》

2017 年：

1.《让 VR 技术率先在地铁上应用的建议》

2.《做强做大我市餐饮业带动地方经济发展》

3.《对国企董事长目标管理的建议》

4.《关于打击“伪基站”净化网络环境的合理化建议》

5.《关于对侵害公民个人信息的现象严厉打击的建议》

6.《关于建立南昌市实体经济财政扶持政策互联网 + 共享平台的建议》

7.《关于推进健康南昌建设，优化城乡医疗资源配置的建议》

8.《建议加快推进矫正“问题少年”的“四网”建设》

2018 年：

1.《背街小巷环境整治研究》

2.《打造便捷畅通的赣江之珠——美丽红谷滩》

3.《关于加大南昌市殡葬改革力度的建议》

4.《关于中小学教育信息化资源充分整合和利用现状分析及建议》

5.《加强基本医疗保险基金运行与监管》

6.《建议稳妥推进设立行政审批局工作》

7.《文化创意产业帮扶要“大众服，扶大众”》

2019 年：

1.《建议我市老旧小区加装电梯工作直面五大难题，做好四篇“文章”》

2.《建议进一步落实我市“人才新政”》

3.《建议将大南昌都市圈内高速公路建设为城市快速路》

4.《建议治疗人行道“破相”，构建“步行友好型”城市》

5.《关于南昌舰向社会免费开放的建议》

6.《建议加强电梯广告监管》

7.《关于建设城乡邮政及快递便民服务站全覆盖的建议》

8.《建议成立乡贤参事会　助力乡村振兴》

9.《建议重视临街广告牌安全隐患》

10.《建议将游泳健身馆纳入健康规范的发展轨道》

2020 年：

1.《统筹 5G 生态资源共享　推动我市数字经济快速发展》

2.《打造制造业升级版，推动南昌制造业高质量发展》

3.《关于推动食品小作坊地方特色快速培育成品牌的建议》

4.《农村中小学校闲置校园校舍处置的建议》

5.《加强少儿培训机构监管需标本兼治、疏堵结合》

6.《“游荡”的液化石油气钢瓶应纳入安全规范“归宿”》

7.《作业 APP“暗藏玄机”亟待监管补位》

8.《关于优化我市农村建房审批程序的建议》

9.《重拳打击农村集贸市场的假冒和“三无”产品的建议》

2021 年：

1.《深挖用好盘活红色资源　打响我市“八一”培训成为全国品牌》

2.《普通住宅小区前期物业费应实行政府定价》

3.《关于开展新生儿“四证联办”集成服务的建议》

4.《尽快将优质的社区医院作为配套设施纳入规范化建设》

5.《提升市场登记审批服务效能的建议》

6.《关于提高住宅专项维修基金使用效率的建议》

7.《多措并举清理拖欠民营小微企业工程款问题》

8.《关于加强旧城改造拆迁中市政管网规划施工的建议》

9.《关于治理南昌市城市湖泊水环境的建议》

10.《关于规范共享电动单车运营管理的建议》

11.《关于以地铁交通为轴线建立现代城市立体交通体系的建议》

12.《关于“双减”政策之下教培人员转型再就业的建议》

13.《关于做好工贸行业领域安全生产工作的建议》

14.《关于充分利用园馆资源做强南昌旅游业的建议》

15.《关于对农药包装废物集中回收处置的建议》

16.《关于将“小平小道”纳入小平小道陈列馆管辖区域的建议》

17.《关于加强我市普通住宅装修安全管理的建议》

2022 年：

1.《关于以城乡融合发展促进乡村振兴的建议》

2.《关于深化法律顾问制度在基层治理中的覆盖纬度　助力乡村振兴法治化的建议》

3.《关于推进我市社区食堂建设的建议》

4.《关于尽快将“牙医市场”纳入规范监管的建议》

5.《关于简化生育津贴领取方式的建议》

6.《关于盘活做强南昌文化资源的建议》

7.《关于进一步推动家庭应急物资储备的建议》

社情民意

2006 年，共报送 200 余篇，被采用 150 余篇。其中，《有容乃大促和谐——学习中共统战工作精神体会》等 6 篇文章在《光华时报》上刊登；《大力发展循环经济》等 9 篇文章在省委统战部心桥网上刊登；《走新型科技工业化道路》等 17 篇文章在《南昌日报》上刊登；《南昌市农村信息化建设正在加强》等 30 余件信息，被中共江西省委和南昌市委办公厅采用；《高举南丁格尔无私奉献的火炬》等 60 余篇文章在《中央盟讯》《江西统一战线》上发表。获市政协颁发的“好信息、好新闻”一等奖、三等奖，并被市政协评为“信息宣传工作先进单位”。同时，注重继承和发扬“心系民生、关注社会”优良传统，在创建“国家卫生城市”活动中，组织盟员参与“洪城市民踊跃为南昌创建国家卫生城市建言献策”活动，提交意见和建议 60 余件。其中，被市政协《社情民意》采用 38 件，被中共南昌市委办公厅《今日南昌信息》采用5件。《乞讨现象影响我市形象》得到市委主要领导批示。《关于加强对外来人员的管理力度的建议》获市委副书记批示。

2007年，被国家级媒体采用2条，省级媒体采用13条，市级媒体采用25条。西湖区总支、青山湖区支部、青云谱区支部、外国语学校支部等共提交反映社情民意信息50余条。其中，《地下水污染危及村民饮水安全》《关于妥善解决朝阳洲地区失地农民出路问题的几点建议》得到市委主要领导批示。《关于实施新型农村医疗制度的建议》等9篇信息，被省委宣传部刊载在《问计于民，共商发展》建言献策汇编上。青云谱区支部“面对面听取社区群众意见”的活动信息被《人民日报》等国家级媒体报道。

2008年，提交社情民意108件，被采用的信息62件（国家级17件、省级18件）。《南昌教科文体卫的改革三十年变化》被刊登在《江南都市报》头版。

2009年，提交社情民意90余件。《关于取缔八一广场新大地二手机销售及路边收购市场的建议》得到市公安局局长的高度重视和亲笔批示。《建立和畅通民意诉求渠道的新探索》《进一步发挥各民主党派在国家政治生活中的作用》被中央办公厅、民盟中央《群言》杂志采用。《税收执法环境面临的问题与思考》等18条建议、信息刊登在《新华时报》《光华时报》等国家级、省级媒体。

2010年，12篇社情民意信息被民盟省委会采用，10篇被市政协采用。在《光华时报》《人民代表报》《江西心桥网》《决策参考》等媒体发表大量文章。

2011年，报送信息36件，其中，《实行教师定期轮换流动制以促进基础教育均衡发展》《公益性社区文化建设亟待加强》《畜禽肉食品质量安全出问题根子在监管不力、执法不严》被民盟中央采用并报送全国政协。向市政协报送社情民意42件。《关于维护我市畜禽肉食品质量安全的建议》获得市政府主要领导批示。9名委员的建议被编入《南昌政协献策牵线活动成果汇编》。

2012年，报送社情民意信息60余篇，《妥善解决农村“撤点并校”的遗留问题已迫在眉睫》等4篇上报民盟中央；《医院食堂泔水要加强管理》等5篇刊登于《江南都市报》等省级媒体；《发展梅岭宗教文化旅游》等25篇被《南昌晚报》等市级刊物采用。9篇信息获得市委常委以上领导批示，《我市被征地农民社保情况调查与建议》《南昌市民办教育现状分析与发展战略》等获市政府主要领导批示。荣获市政协“2012年度信息报送工作先进单位”。

2013年，在“我为南昌建成小康社会献一策”活动中广泛采集社情民意信息。报送社情民意信息约70篇，27篇建言献策和社情民意刊登于省级以上媒体。其中，《建议人才培养应以市场为导向》《推进学生心理健康教育常态化》等建议刊登在《人民政协报》，《加强民生专项资金监督，确保民生工程落到实处》等5篇建言献策和社情民意上报民盟中央。《加大对消防通道整治力度》等20篇刊登于《光华时报》等省级媒体，并有多篇社情民意获得市委、市政府领导重视。

2014年，报送社情民意信息70余条，其中，民盟中央采用2条，省领导批示1条，省政协采用8条。先后开展了“我为南昌实现小康社会献一策”和“献计南昌科学发展金点子竞赛”活动；制定了《民盟南昌市委会反映社情民意信息工作实施办法》，建立了各基层组织反映社情民意信息季度通报工作制度；完善了《民盟南昌市委员会参政议政、宣传工作制度》，规范了信息逐级上报编辑工作制度和信息采用反馈机制等。

2015年，报送社情民意信息100余条。《城镇化进程中整合县乡义务教育资源的建议》获副省长批示，《针对“网络涉毒”立法已迫在眉睫》等信息被民盟中央采用并报送全国政协，《PPP模式存在的几个隐忧》被民盟中央采用，《关于静态交通秩序治理的建议》获省市委主要领导批示。

2016年，报送社情民意信息100余条。《建议完善吸毒人员肇事肇祸问题社会帮教体系》等信息被民盟中央采用并报送全国政协，《关于加强文交所邮币卡电子盘交易监管的建议》等信息被省政协采用，《小区防雷装置经年不检隐患大》获市委、市政府主要领导批示。《打造南昌博物馆群》获《每日新闻》专题报道。

2017年，报送社情民意信息40余条。《建议严控拆迁粉尘污染》《稳妥推进行政审批局设立工作》等信息被市政协《建言献策》采用，并获市委主要领导重要批示。《文化创意产业帮扶要“大众服，扶大众”》被省政协采用，并刊登在《光华时报》上。

2018 年，报送社情民意信息 135 篇。《厕所革命中的功能完善及长效管理问题值得重视》等 3 篇被民盟中央采用，《多措并举缓解黄金周“人在堵途”现象》等 7 篇被省政协采用，《警惕国企行政化》等 42 篇被民盟省委会采用，《关于尽快改进沿江南大道云锦路口高危路段交通的建议》等 10 篇被市政协采用，《建议将门禁卡复制业务纳入监管范围》获副市长批示。《乡村公路交通拥堵问题不容忽视》《老旧住宅加装电梯建议》在市政协工作报告中作为优秀社情民意信息受到肯定。《城市轨道交通国家立法应尽快提上议事日程》等 5 篇登上《人民政协报》《团结报》等国家级媒体，《优化政务　礼遇人才》等 30 余篇被《江西政协报》等省级媒体刊登报道，受到广泛关注。《打造中国道教圣地西山万寿宫》获江西电视台专访。组织 30 余名盟员信息骨干参加民盟全省反映社情民意信息工作培训会。

2019 年，报送社情民意信息 201 篇，《建立系统性抗洪机制》被全国政协采用，5 篇被民盟中央采用，《废旧纺织品亟待“新生”》等 5 篇刊登在《人民政协报》《团结报》等国家级报刊媒体平台，《尽快将进贤电力公司归属南昌电网管理》获省委主要领导批示。12 篇被省政协采用，多篇社情民意信息被吸纳入我省出台的相关政策性文件，获《信息日报》《江西晨报》《江西政协报》、江西网络广播电视台等省级媒体刊登报道 13 篇次。《第一代独生子女家庭养老问题不容忽视》等 79 篇被民盟省委会采用，12 篇被市政协采用。荣获 2019 年度“民盟全省反映社情民意信息工作先进集体”。

2020 年，报送社情民意信息 210 篇，其中全国政协采用 1 篇，民盟中央采用 4 篇，省委主要领导批示 1 篇，省委办采用 5 篇，省政协采用 15 篇，民盟省委会采用 116 篇，市委主要领导批示 2 篇，市委办采用 30 篇，市政协采用 8 篇。《人民政协报》采用 2 篇，《江西政协报》采用 5 篇，《江西统一战线》采用 1 篇。在 2020 年度民盟省委会各市委会反映社情民意信息工作统计中名列前茅。荣获“2020 年度全市党委信息工作先进集体”，是全市唯一获此殊荣的民主党派。1 位盟员荣获盟中央、省政协反映社情民意信息

“先进个人”，2 位盟员获评民盟省委会反映社情民意信息“突出贡献个人”。

2021 年，在社区成立首个社情民意收集中心，全年报送社情民意信息 308 篇，获各级采用 125 篇，其中，《构建 5G 时代工业互联网安全保障体系》等 2 篇获全国政协采用，《完善外卖骑手劳动权益保障的建议》等 6 篇获民盟中央采用，《“双减”政策下，多渠道增加体育老师》等 6 篇信息刊登在《人民政协报》《经济日报》《江西政协报》上，《南昌西客站出租车乱象亟待整治》等 2 篇信息获市委主要领导批示。荣获民盟江西省委会 2020—2021 年度反映社情民意信息工作先进集体，荣获全市党委信息工作、全市政协社情民意信息工作先进单位。

2022 年上半年，报送社情民意信息 182 篇。据不完全统计，获各级采用 69 篇。其中，获全国政协采用 2 篇，民盟中央采用 3 篇，省政协采用 9 篇，民盟省委会采用 49 篇，市委办采用 4 篇（2 篇获市委主要领导批示），市政协采用 2 篇。

附：

近年社情民意信息目录

2018 年：

1.《礼遇人才　优化政务》
2.《关于加大我市县域公共厕所建设力度的建议》
3.《关于在南昌市中小学开展急救课程的建议》
4.《多方联动让学生心理软着陆》
5.《类似上海迪士尼的天价“插队费”可以休矣》
6.《关于将 3 月 19 日确立为民盟的生日的建议》
7.《关于将老省委工作区大院全面开放为市民休闲区的建议》
8.《关于放开医师多点执业的建议》
9.《关于调整冬季路面洒水时间和频率的建议》
10.《关于在全市中小学校建设校园科技馆的建议》

11.《关于指导中小学生午休的建议》
12.《城市轨道交通国家立法应提上议事日程》
13.《关于把梅岭风景区建设成为国家气象公园的建议》
14.《完善学前教育链条　促进幼有所育平衡发展》
15.《保护凤凰洲汉晋豫章名迹郦道元〈水经注〉磐石及投书浦故址的建议》
16.《厕所革命中的功能完善及长效管理问题值得重视》
17.《大力加强共享单车的监管整治》
18.《乡村公路交通拥堵问题不容忽视》
19.《莫让充电设施成可看无用的摆设》
20.《给过期药品找一个好“归宿”》
21.《脱贫攻坚考核要重在绩效》
22.《关于将机关、事业单位和自由职业人员纳入生育保险参保范畴的建议》
23.《人才要“抢得来”更要“留得住”》
24.《乡村振兴还需传承“文化基因”》
25.《义务教育中小学校“午餐＋午间托管”监管水平有待提高》
26.《关于扩大生育保险参保范畴的建议》
27.《加速推动我省“互联网＋政务服务”的建议》
28.《关于乡村精准扶贫的几点思考与探索》
29.《建议加强房屋建筑的天台管理工作》
30.《安全细节要周全，隐患切忌“近视眼”》
31.《加强自媒体行业监管刻不容缓》
32.《关于建设城乡邮政及快递便民服务站全覆盖的建议》
33.《关于加强对农村饮用水水质管理的几点建议》
34.《关于加强养狗安全监管的建议》
35.《让中国女足荣誉与待遇相称》
36.《设置“手机驿站”让学生静心上课》

37.《安全教育要让“VR技术”发挥更大作用》
38.《大力倡导电动车文明出行　提升城市文明形象》
39.《校园饮水问题不容忽视》
40.《对孩子感恩教育的担忧与建议》
41.《遗体器官捐献——让奉献不等待》
42.《〈药品管理法〉应增加家庭过期药品回收条款》
43.《提高金融服务实体效率　助力乡村振兴战略实施》
44.《因地制宜缓解停车难问题》
45.《触“目”惊心　高近视率事关国家安全》
46.《大数据时代亟须构建个人信息安全保障体系》
47.《“疫苗事件”善后及长远建议》
48.《掠夺式教育的危害及对策》
49.《“群租乱舞”怪象急需遏制》
50.《推行“公勺公筷”提升餐饮卫生势在必行》
51.《交通管制不能只管“堵”不管“疏”》
52.《老龄化社会迫切需要“老年医疗服务”》
53.《关于转变社区居委会运行模式的建议》
54.《关于全面实行“劳动就业准入制”的建议》
55.《长春长生疫苗事件给公众带来的焦虑》
56.《从治疗人行道“破相”入手　构建“步行友好型”城市》
57.《电梯广告监管不容缺位》
58.《原料药涨价不能任性而为》
59.《游泳健身馆亟须纳入健康规范的发展轨道》
60.《精准扶贫授之以鱼不如授之以渔》
61.《关于县乡医供体建设中存在的问题与建议》
62.《网络诚信的影响及建设》
63.《织密编牢网约车的安全网》
64.《关于降低精准扶贫督查频率的建议》
65.《南昌大都市区域内高速公路应成为城市快速路》

66.《强化私营企业缴纳社保的意识　保障普通劳动者权益的建议》
67.《关于加强阳明路儿童医院段非机动车道管理的建议》
68.《真正让斑马线回归“生命线”》
69.《当前“精准扶贫”衍生问题不少》
70.《高峰期地铁“购票难”非小事》
71.《关于解决民主党派基层组织成员身份转变问题的几点建议》
72.《细化优化南昌市城区交通设施　营造安全的人行交通环境》
73.《关于开展“全民健康、全民参与”健康建设活动的建议》
74.《我市“人才新政”还需落到实处》
75.《关于保障律师依法履职的几点建议》
76.《多措并举缓解黄金周“人在堵途”现象》
77.《教师系统过度“女性化”现象需引起重视》
78.《坚决守住文物保护底线》
79.《手机网络游戏对当代青少年学生的侵蚀不容忽视》
80.《成立乡贤参事会　助力乡村振兴》
81.《关于缓解中小学教师队伍“产假式”人员断层现象的几点建议》
82.《建议推广公交车扫码支付功能》
83.《关于引导我省专业技术人才服务贫困县的建议》
84.《建议推广普及老年介护知识技能》
85.《“农家乐”的打造应名副其实》
86.《关于城市路灯精细化管理的建议》
87.《关于加强社区老年教育工作的建议》
88.《用“共同缔造”理念助力老旧小区旧貌换新颜》
89.《临街广告牌安全隐患需引起重视》
90.《改造中的昌南大道夜间行车隐患不容忽视》
91.《物业管理进社区中存在的问题需引起重视》
92.《老旧小区加装电梯要做好四篇“文章”》

93.《关于建立废旧圆珠笔二次回收利用机制的建议》
94.《关于加快建设老年病医院的建议》
95.《风电产生的负面影响不容忽视》
96.《关于落实〈综合防控儿童青少年近视实施方案〉的建议》
97.《加强对传统皮影艺术保护的建议》
98.《关于老城区推行物业管理模式的建议》
99.《建议加强红色旅游景区讲解员队伍建设》
100.《大力发展省会城市文化创意旅游产业的建议》
101.《四措并举保护女童、女性权益》
102.《关于多渠道解决“三点半难题”的建议》
103.《引进人才要避免“伤仲永”》
104.《网络直播亟待规范引导》
105.《关于规范我省高中、中专、技校等学校毕业证个人照片的建议》
106.《推行公办民办双管齐下　提升学前教育水平》
107.《政企合作打造政务云　助力政府服务转型》
108.《莫让寒暑假变成“补课季”》
109.《整治“两室一厅”餐馆刻不容缓》
110.《数字遗产保护需高度重视》
111.《城市高架噪声污染问题不容忽视》
112.《为现代住宅物业管理“把脉问诊”》
113.《推进农村承包土地经营权抵押贷款的对策建议》
114.《加强对非机动车管理的几点建议》
115.《反邪教应从萌芽阶段开始》
116.《重视基层商会建设　助力区域社会经济发展》
117.《加强职教宣传力度，提升职教吸引力》

2019 年：

1.《第一代独生子女家庭养老问题不容忽视》

2.《应对全面二孩放开，建议做好我省“幼有所育”民生大文章》
3.《提升还建房质量　促百姓美好安居梦圆》
4.《建议环卫绿化路灯道路养护维修等各类工程作业车避开交通高峰时段作业》
5.《以居民出行需求为导向，统筹调整地铁运营时间》
6.《关于加强公交司机安全管理的有关建议》
7.《“网红+电商”新模式下，警惕化妆品营销的监管盲区》
8.《国旗制品管理亟待纳入法律规范》
9.《调整行政区域规划，做强做大南昌的建议》
10.《农村房建设需做好防霉防潮》
11.《治理共享单车乱象需从规则抓起》
12.《个税App上“被老板”“被就业”现象还需要政府多部门一站式解决》
13.《抓住5G时代发展机遇，以信息化引领大南昌都市圈发展》
14.《关于加快推进我省城镇职工医保个人账户与家人共享的建议》
15.《关于严厉打击针对老年人“洗脑式”欺诈营销的建议》
16.《设计好晾晒衣格　开发商责无旁贷》
17.《未成年人优惠标准应看年龄不看身高》
18.《勿让街道洒水车成为城市新的“污染源”》
19.《加快农村生产用电改造　谨防“电老虎”伤人》
20.《让景点英文说明成为一张名片》
21.《金融惠企政策要紧抓实效》
22.《农村假货现象亟待整治》
23.《管控槟榔　刻不容缓》
24.《实现优质教育教学资源共享，打破城中村学校发展瓶颈》

25.《关于支持民营企业创新发展和转型升级的建议》
26.《工程评优应压实责任，预防权力寻租》
27.《对国家生态文明试验区（江西）的建议：绿色经济引领高质量跨越式发展》
28.《关于开发政协委员学习网的建议》
29.《作业 App“暗藏玄机”亟待监管补位》
30.《关于进一步优化“国务院政务服务投诉与建议小程序”的建议》
31.《初中生“晚睡早起、早餐应付”现象莫成“被遗忘的角落”》
32.《情感养老打通老有所养“最后一公里”》
33.《建立公务员心防工作站，呵护干部“心健康”》
34.《关于统一我省城市老城区老房门牌识别标识的建议》
35.《互联网新时代大数据安全至关重要》
36.《关于手表厂、江纺等淘汰老企建立老年人活动中心的建议》
37.《关于进一步完善我省餐饮行业、单位食堂餐厨垃圾处理体系的建议》
38.《关于优化我省农村建房审批程序的建议》
39.《老旧小区加装电梯要做好四篇“文章”》
40.《推进农村承包土地经营权抵押贷款的建议》
41.《解决四大难题　铺开“三点半课堂”》
42.《关于解决民主党派基层组织负责人发展瓶颈的建议》
43.《充分发挥大数据职能部门作用，加快推进政企合作打造政务云，助力政府服务转型》
44.《加强对宠物尸体的无害化处理》
45.《农村零星私人墓地不应成为文明祭扫监管新盲点》
46.《领导干部要有担当有作为把机构改革各项任务落到实处》
47.《打通脱贫攻坚“最后一公里”，需要“针尖对麦芒”》
48.《关注慢性痛症防治，建议开展“全民健康无痛”活动》

49.《扮靓市容环境，环卫垃圾箱“颜值”不容忽视》
50.《县乡村三级基层幼教师资培养亟待加强》
51.《校园协作破解职教坍陷，保障幼教师资有效供给》
52.《以新发展理念促进城市民族交往交流交融》
53.《关于推动我省大数据产业发展的建议》
54.《墓地改革需要兼顾文化切莫简单粗暴》
55.《世贸路地铁大厦站路段占道施工不应成“糊涂账”》
56.《安全主体责任意识相关法规法条宣传亟待填补空白》
57.《乡镇一级档案室亟待规范化管理》
58.《综合施策为提升幼教师资专业水平加装推进器》
59.《促立法、健体系，实现幼教师资“质”“量”双提升》
60.《建议将应急处突疏散预案纳入中小学幼儿园“规定动作”》
61.《新形势下提升民警应急救护能力刻不容缓》
62.《留住教育人才　促进教育公平——破题农村义务教育人才缺失》
63.《标本兼治破解我省民营中小企业融资难困境》
64.《以市场化为导向，破解我省民营中小企业融资难亟须对症下药》
65.《关于加快推进农村和城镇小区配套幼儿园建设的建议》
66.《关于推动乡村振兴的建议》
67.《关于加大江西南矶保护开发力度，打造世界湿地生态旅游的建议》
68.《关于将新建昌邑打造成昌邑王旅游城的建议》
69.《关于打破“三重门”，推动我省民营经济公平发展的建议》
70.《废旧纺织品亟待新生》
71.《消费维权天堑亟待变通途》
72.《尽快将进贤的电力管理划归南昌管理》
73.《综合施策走出小区停车收费“怨声载道”的怪圈》
74.《关于保障环卫工人作业安全的建议》

75.《设立国家电影学院奖　争夺华文话语权》
76.《增强制造业核心竞争力需耦合现代物流业协同发展》
77.《关于如何建设小微企业转型升级服务体系建议》
78.《新时期多元文化视角下内地新疆班教育刍议》
79.《建议公办幼儿园分时段面向家长开放远程视频监控》
80.《关于强化县区金融监管职能，提升服务企业融资及上市工作的建议》
81.《助推二孩政策落地，对育龄女性生育“补偿”福利应加码》
82.《综合施策激发国人生育的内生动力》
83.《城市道路命名应体现城市定位和时代精神》
84.《建议公共交通系统增加方言报站》
85.《文明城市的出租车是形象“窗口”，不应是“伤口”》
86.《鱼类养殖运输过程违规使用孔雀石绿现象亟待规范》
87.《妥善化解各级人民法院年底立案难的现状》
88.《关于民营资本参与国企改革问题的建议》
89.《关于重视食品安全，设置准入门槛的建议》
90.《关于增加城区垂直绿化种植面积的建议》
91.《关于推进城市建筑外立面快速化改造更新的建议》
92.《“被办卡”谁之错　个人信息安全保障谁之责》
93.《关于把民办幼儿教师纳入教师培养体系中来的建议》
94.《公交车应设立驾驶室安全门等措施，以保障行车安全》
95.《建议对市花进行科研推广，以花为媒聚天下客》
96.《老年人精神文化需求不容忽视》
97.《推广社区老年食堂，让居家养老更有“滋味”》
98.《儿童游乐场安全监管弊病不少》
99.《开发景区夜游演艺　打造文旅融合名片》
100.《“游荡”的液化石油气钢瓶应纳入安全规范“归宿”》
101.《关于老福山街心花园重新规划改造的建议》

102.《杜绝城乡教师交流“花架子”，进一步促进教育均衡发展》
103.《建议推进乡镇小学信息技术教育正规化》
104.《警惕马拉松赛的泛滥现象》
105.《关于应对高考期间常见问题的几点建议》
106.《个人生物信息安全警戒阈值提升迫在眉睫》
107.《大力整治高考志愿填报服务乱象》
108.《大数据传输要装上“防盗门”》
109.《银行卡“闪付”功能默认开通应坚决叫停》
110.《加强科技创新人才培养的建议》
111.《进一步完善工伤保险制度的建议》
112.《为教师心理减负势在必行》
113.《关于垃圾分类工作的几点改进建议》
114.《关于打造南昌地铁特色文化的建议》
115.《高空抛物乱象不容忽视》
116.《用优秀传统文化挺起民族精神脊梁》
117.《关于恢复南昌钟鼓楼的建议》
118.《关于引导老年人错峰出行的建议》
119.《推进垃圾分类亟须统一标准和完善智能识别》
120.《“基层减负年”毋忘基础教育领域》
121.《义务教育阶段民办学校的收费不应狂野生长》
122.《路边树上景观灯存在极大隐患应加强监管》
123.《考试诚信建档和管理应贯彻终身制》
124.《多措并举打赢“垃圾战争”》
125.《做好新时代城市民族工作实践探索》
126.《“全面二胎”放开背景下，妇女育后之忧需三重扶持》
127.《三管齐下破解老城区生源萎缩难题》
128.《以学校试点打开垃圾分类推广突破口》
129.《破解天价学区房要敢于动真碰硬撼动奶酪》

130.《关于将消费扶贫纳入我市脱贫攻坚政策体系的意见建议》
131.《依靠科技力量提升防洪质效，让防汛抗洪更“智慧”》
132.《充分准备　发挥水库调节器功能》
133.《建立系统性抗洪机制，确保民生安全》
134.《愈演愈烈的高考“喜报”之风应叫停》
135.《唤醒沉睡的建筑垃圾》
136.《法制当下，是“罚”是“补”，请你说清楚》
137.《优化营商环境还需“拆违破障”》
138.《聚焦放管服改革，将行政审批便民文章做足做好》
139.《加强少儿培训机构监管需标本兼治、疏堵结合》
140.《应对草地贪夜蛾入侵，需防控结合打好“蛾口夺粮”秋收保卫战》
141.《老干部活动团队富矿亟待挖掘扶持》
142.《面对“校园贷”新变种应化被动为主动》
143.《全力保障香港繁荣与稳定》
144.《关于加强农村基层协商民主议事点的建议》
145.《农家书屋要多些“农味”》
146.《治理拥堵点，莫让快速路变“停车场”》
147.《高考阅卷应专业人做专业事》
148.《坚定文化自信，从弘扬民乐开始》
149.《完整的小平小道更具教育纪念意义》
150.《关于优化新设立企业刻制公章流程和服务的建议》
151.《江西省文化大家王咨臣先生墓地亟待保护开发》
152.《关于打造我市红色文化品牌的建议》
153.《关于优化出口退税政策的建议》
154.《综合施策解决小区居民停车难题》
155.《按下经典儿歌创作快进键》
156.《关于将江纺老厂区改造成养老院的建议》

157. 《关于未来农村农业发展的几点建议》
158. 《建议开展“竖起大拇指”行动，促进车让人良性互动》
159. 《巩固脱贫长效机制，坚持走好“最后一公里”》
160. 《莫让交通安全教育之缺失成马路杀手》
161. 《让历史文化看得见：中国传统文化名人命名的“南昌路名”大有文章可做》
162. 《关于加强对港澳地区青少年关怀、引导、帮助的几点建议》
163. 《借主题教育活动热潮，遏短斤少两老问题》
164. 《小电池背后的大污染应当引起重视》
165. 《五星红旗悬挂方向须规范》
166. 《双职工家庭学龄前儿童“四点半”难题亟待解决》
167. 《打通消费“经济带”促进南昌“夜经济”》
168. 《江西省增设民营经济发展局的建议》
169. 《关于尽快解决村级卫生所医务人员短缺的建议》
170. 《关于在七至九年级继续开展少先队活动的建议》
171. 《尽快扫除有偿救援立法盲区》
172. 《对商业预付卡不可放任自流》
173. 《关于打造萧峰爱情主题旅游景区的建议》
174. 《关于引导家长为适龄儿童接种部分二类疫苗的建议》
175. 《创新营商环境，着力提高政务服务效能》
176. 《关于县乡市场监管存在的问题及对策建议》
177. 《关于推动 VR 产业发展的建议》
178. 《以信息化城市建设带动产业发展》
179. 《综合治理跳出猪周期》
180. 《深化“放管服”改革，打造“四最”营商环境》
181. 《统筹服务产业融合发展，增进大南昌都市圈人民福祉》
182. 《统筹大南昌都市圈 5G 资源共享，赋能我省、市 VR 产

业高质量发展》

183.《整治外籍保姆市场乱象刻不容缓》

184.《关于推进城市垃圾分类工作的若干建议》

185.《应对养老问题模式探索》

186.《别让非机动车无路可走》

187.《建议加强推进学生“走出去”活动》

188.《关于进一步推动“县管校聘”政策落地的建议》

189.《关于加强“产后抑郁症”干预防治的建议》

190.《关于加强城区噪声污染治理的建议》

191.《关于推进垃圾分类政策落实落地的建议》

192.《不要让夜市“火”起来》

193.《对少儿国学培训热需进行冷思考》

194.《完善食品安全管理需多方协作》

195.《关于开展电动车革命的建议》

196.《关于推动食品小作坊地方特色快速培育成品牌的建议》

197.《关于加强对婚纱摄影行业化妆卫生监管的建议》

198.《关于建立以社区（村）为主体的就近养老服务模式的建议》

199.《有害垃圾分类处理短板须补齐》

200.《协同作战多管齐下　打击整治电信诈骗顽疾》

201.《关于规范人工喷泉管理的建议》

2020 年：

1.《关于动员全社会协同作战多管齐下开展打击整治电信诈骗顽疾的建议》

2.《关于规范人工喷泉管理的建议》

3.《莫让农村集贸市场变成消废市场》

4.《关于处理疫苗接种异常反应问题的建议》

5.《关于完善取保候审制度的建议》

6.《新型冠状病毒疫情防控人人有责》

7.《疫情期废弃口罩的处置工作刻不容缓》
8.《尽快将优质的社区医院作为配套设施纳入规范化建设》
9.《防控疫情中的部分现象值得关注》
10.《关于疫情期间各卡口科学、规范登记的建议》
11.《关于在全市生活小区内推行小型无人超市的建议》
12.《关于在疫情防治工作中加强“楼长”队伍建设的建议》
13.《关于“停课不停学”网上课堂的若干问题及建议》
14.《疫情防控期推进企业复工复产要处理好五个关系》
15.《关于警惕病毒基因突变真实存在问题的几点建议》
16.《疫情期间，重启“原始”通讯方式》
17.《疫情期间运营商降低流量资费标准的建议》
18.《织密织牢国家公共卫生应急管理网络》
19.《建议为一线干部开展应急心理防御培训》
20.《关于疫情防控期间应重视战“役”人员和市民心理安抚，避免民众紧张的建议》
21.《建议党委政府任命卫健委主任应优先选拔专业对口的干部》
22.《关于设立抗击疫情纪念日的建议》
23.《筑牢超市防疫线》
24.《铁腕整治高速公路沿线黑服务区》
25.《新冠肺炎患者愈后处理应脱虚向实》
26.《以人为本，切实解决疫情防控期间停车问题》
27.《疫情防控须兼顾个人信息安全》
28.《治蝗刻不容缓》
29.《关于推迟今年高考时间的建议》
30.《关于加强大型批发市场新型冠状病毒肺炎防控工作的建议》
31.《关于对复工复产实体经济企业加大扶持力度的建议》
32.《关于扶持工业园区企业恢复产能的建议》

33.《关于出台密集型产业（企业）全面落实针对“建档立卡贫困户”扶贫招工惠农政策的意见建议》
34.《二孩时代呼唤更多更好的母婴室》
35.《关于加快江西南矶旅游发展的建议》
36.《建议尽快明确扬子洲发展定位，高位推动做足八一文章》
37.《关于建设夜南昌，促进江西城市经济消费集聚区形成的建议》
38.《构建 5G + VR 江西高地，提升大南昌“引领圈”首位度》
39.《推进高铁沿线产业聚集，打造江西新型高铁经济带》
40.《“疫”后修复须因地制宜精准施策》
41.《心理“感冒”不容忽视，建议坚决落实心理课程写入我省中小学课程表》
42.《打好打赢疫情防控人民战争的全球舆论战》
43.《秀美乡村建设转型成康养村落建设的建议》
44.《关于提升医务工作者社会尊崇感的建议》
45.《警惕疫区返回人员“借壳”出行》
46.《建议加快基层公共体育场馆建设》
47.《电子烟管控正当其时》
48.《关于整顿出租车绕路的建议》
49.《关于疫情期间中小企业应先解决活着的问题的建议》
50.《关于疫情期间推出“智慧”防疫、“码”上办的建议》
51.《关于孵化“网红直播基地”，促进中小微企业发展渠道多元化的建议》
52.《目前农村低保工作存在的突出问题不容忽视》
53.《打造我国医疗物资国际品牌》
54.《稳妥处置农村中小学校闲置校园校舍的建议》
55.《完善乡村学校教师补充机制的建议》

56.《接驳人工智能产业再造经济发展新引擎的建议》
57.《统筹5G生态资源共享，推动我省数字经济快速发展的建议》
58.《谨防高标准农田“整”建“零”用》
59.《关于将政治历史课纳入中小学基础课的建议》
60.《疫情防控仍不能放松警惕》
61.《关于加大对大健康服务行业信贷支持的建议》
62.《加强儿童职业启蒙教育的建议》
63.《关于推进我省母婴室标准化建设的建议》
64.《建议将“全体中国人”纳入感动中国2019年度特别奖》
65.《疫情后期应防止疫情死灰复燃》
66.《基本医疗保险定点医药机构评估准入机制有待完善》
67.《推动基层养老体系建设，迎接“银发潮”》
68.《打造制造业升级版，推动南昌制造业高质量发展》
69.《关于统筹推进大南昌都市圈产业合作与资源共享的建议》
70.《关于推广老年介护的建议》
71.《合理规划马路两侧园林等设计》
72.《关于对业主委员会进行换届离任审计的建议》
73.《筑牢安全复学防火墙》
74.《升级运动器械，做好我省老旧小区的“里子”改造》
75.《多措并举清理拖欠民营小微企业工程款问题》
76.《关于打造基层党群文化空间“故事导向”的建议》
77.《探索以网红模式助力营商环境优化》
78.《关于开展离婚前心理干预的建议》
79.《关于进一步加强早教机构规范管理的建议》
80.《关于有效推进我省流量经济发展的思考》
81.《为废旧家电找到好归宿》
82.《关于“住房不炒”我们应该如何干的意见建议》
83.《疫情之下传统企业转型突围之策》

84.《关于电动车上牌政策执行的几点思考》
85.《“疯狂”的头盔亟待监管》
86.《他山之石，可以攻玉——彰显省会担当，不妨四学杭州》
87.《关于做好我市大件垃圾清运处理工作的建议》
88.《关于妥善安排好中小学、幼儿园复学工作的建议》
89.《关于提高住宅专项维修基金使用效率的建议》
90.《应对重大突发灾情红十字会要做好“加减法”》
91.《完善高级会计师资格评聘机制的建议》
92.《农产品电子商务发展现状及对策分析》
93.《“一盔一带”政策执行不宜“用力过猛”》
94.《加强居民文化建设，创建和谐友爱社区》
95.《关于开展新生儿“四证联办”集成服务的建议》
96.《谨防医院以更加隐蔽的形式套取医保基金》
97.《原龙王庙立交改扩建施工隐患多》
98.《中心城区小学招生范围地段需用地图精准标示》
99.《“纾困基金难纾困”亟待破局》
100.《人才引育宜“筑巢引凤”“引凤筑巢”双向结合》
101.《发展“地摊经济”需破除思想藩篱》
102.《培育打造低端消费商圈，规范引导“地摊经济”发展》
103.《培育扶持“地摊经济”应明确两点理念》
104.《关于促进我省物流行业发展的建议》
105.《关于解决停车难问题的建议》
106.《关于有序开放“地摊经济”的建议》
107.《整治车辆违停，彰显新城新形象》
108.《关于南昌做好山水文章，发展优势、新兴产业，打造国际知名航空枢纽的陋砖浅见》
109.《从净是土到净土》
110.《破解医疗检查结果“互认难”的建议》

111.《化解5G基站建设阻碍的建议》

112.《打好打赢市场主体保卫战》

113.《银行卡销售进校园应尽快制止》

114.《给危险化学品道路运输穿上防护服》

115.《关于加快推进我省公共数据开放与安全管理立法的建议》

116.《城市管理与地摊经济协调发展的建议》

117.《特岗计划实施前准入机制中的局限性问题亟待打破》

118.《特岗计划实施中遇到的问题及瓶颈不容忽视》

119.《稳就业赋能经济高质量发展》

120.《当前地摊经济粗放过快增长背后的隐忧》

121.《职业教育保障脱贫成果的有效机制》

122.《垃圾中转站“进退两难”尴尬局面待破解》

123.《我市产业链发展存在的难题亟待破解》

124.《个人大病求助网络平台亟须法律规范》

125.《合理增设城区地下排水道抽水泵点位的建议》

126.《三大措施应对城市内涝》

127.《保护文化遗产刻不容缓》

128.《建议当前防汛工作要与防疫工作相结合》

129.《防汛抗洪重在久久为功》

130.《充分发挥老人自身作用，提升老年人幸福感》

131.《农村垃圾分类处理应“入乡随俗”》

132.《完成任务式的“农村土地流转”当休矣》

133.《汛期及灾后重建要抓好心理疏导》

134.《盘活用好国有闲置老旧楼宇》

135.《挖掘抗战文化建立抗战纪念园的建议》

136.《关于解决垃圾分类处理问题的建议》

137.《对于江西鄱阳湖流域汛情的几点看法》

138.《警惕高校毕业生就业乱象》

139.《建议拓宽特色红色文化产业宣传路径》
140.《关于完善“赣服通”3.0版本的建议》
141.《教育政策落地应去形式化》
142.《民办学校“高薪挖名师”乱象应纳入监管》
143.《中小学教师职称评审应增设“综合”和“全科”学科》
144.《精装修房存在的问题亟待解决》
145.《食品生产期、保质期标识亟待统一规范》
146.《建议加强外卖送餐人员高温保障》
147.《建议将康养模式推广到自然村》
148.《规范直播带货赋能新经济》
149.《公考培训市场乱象频出需加强监管》
150.《建议以乡镇为单位打造生态农业循环系统》
151.《深度利用乡村要素资源　复活乡村经济活力》
152.《关于将中华武术纳入幼儿中小学大学教育的建议》
153.《让武术在全民健身中发挥更大作用》
154.《在纾困惠企政策落实方面还存在痛点堵点》
155.《警惕！“暴利羊奶”洗脑老人新型“诈骗”亟待监管》
156.《恢复灾后农业生产要念好三字诀》
157.《完善宣传信息考核评价体系，构建机关单位和媒体“清亲”关系》
158.《垃圾分类势在必行》
159.《落实装修噪音法规执行，保障百姓安居健康环境》
160.《普通住宅小区前期物业费应实行政府定价》
161.《关于建立智慧健康社区的建议》
162.《脱贫攻坚战应着力于产业扶贫》
163.《完善小微企业征信体系建设的建议》
164.《关于在全市医院推行一卡通的建议》
165.《增加网络定时设置，减少网络三大危害》

166.《社区养老服务站的三大困境》
167.《积极推进我省农村饮用水工程建设》
168.《建议给学校附近小卖部做一次“安全大体检”》
169.《文明骑行，引领游览公园文明新风尚》
170.《关于创办中国（江西）针织服饰博物馆的建议》
171.《关于加强老年代步车监管的建议》
172.《做好南昌市“十四五”规划的建议》
173.《医院等重点场所常态化疫情防控工作宜抓紧抓实》
174.《关于节假日取消高新区紫阳大道公交专用道限行时段的建议》
175.《建议借鉴美国经验建立能够留住人才的体系》
176.《建议将取消“禁摩”提上议事日程》
177.《多措并举　解决学校音体美教师短缺难题》
178.《关于建设“江西校园科普联播网”加强我省中小学生科学普及的建议》
179.《粮食的源头浪费现象亟待重视》
180.《对“非遗保护和传承”的一些思考》
181.《非机动车上高架桥的“危险之旅”应引起重视》
182.《对辅助技术怀孕女职工应予特殊保护》
183.《长江禁捕需久久为功》
184.《加快物流产业发展　促进江西经济内循环》
185.《建立健全“地摊经济”增长新模式》
186.《关于数字经济促进传统产业转型升级的建议》
187.《双循环格局下外贸企业转型升级的几点建议》
188.《关于智慧城市建设的几点思考》
189.《破解二手车交易乱象》
190.《关于增强居民高层火灾自救能力的建议》
191.《关于建立大南昌都市圈人才资源共享机制的建议》
192.《谨防小电子产品的大隐患》

193.《关于虚拟现实 VR 应用产业的发展建议》
194.《人防车位售卖和使用的建议》
195.《运用现代 VR 虚拟技术　推进职业教育示范实训》
196.《推行网格化管理　促进社区治理现代化》
197.《多种方法通行　体现人文关怀》
198.《别让家暴成为暴力的隐秘角落》
199.《垃圾分类的问题和对策》
200.《多元化宣传促进我市历史文化产业发展》
201.《美国大选后中美关系新情况、新问题及对策建议》
202.《关于电动自行车使用的建议》
203.《关于小区物业管理的建议》
204.《基层学校“一把手”有效监管应创新思路与方法》
205.《以对话合作推动中美关系前进》
206.《关于公共聚餐实行分餐制的建议》
207.《用好三大改革利器　激发民营经济统战工作新活力》
208.《疫情下实施就业优先战略　稳定就业基本盘的建议》
209.《筑牢二手车信息公开透明底座》
210.《开展首套房不动产证“四证联办”一站式服务的建议》

2021 年（部分）：

1.《关于高峰时段增加地铁 2 号线和 3 号线班次的建议》
2.《关于尽快改造四经路的建议》
3.《关于抢占暑期旅游旺季市场的建议》
4.《莫让地下通道成为文明创建的盲区死角》
5.《关于在全省推广使用太阳能路灯的建议》
6.《建议允许学生凭学校证明乘坐地铁等公共交通工具》
7.《抓好抓实抓细村“两委”换届选举工作》
8.《有序推动烟花爆竹解禁》
9.《尽快增设袭警罪填补法律空白》

10.《社会主义学院还是单设为好》
11.《加大电玩城监管力度》
12.《建党百年庆祝活动要避免形式主义》
13.《农村公厕“旱改水”不能只“改”不“管”》
14.《〈江西省造价信息〉中的防水材料信息应规范　尽快填补电动自行车头盔国家标准空白》
15.《山地马拉松赛事应严格做好应急准备》
16.《八一精神应高度概括并列入中国革命精神谱系》
17.《推动香港与澳门两地公务员“挂职”交流》
18.《关于强化我省公共卫生人才队伍建设的建议》
19.《大力发展通航产业　促进航空产业转型升级》
20.《打造山水之城　展示美丽江西》
21.《县区自来水公司要真正转变工作作风》
22.《儿童电话手表期待“国标”护航》
23.《中小学教师职称评审中党内党外奖项与荣誉应同等量化加分》
24.《多方发力缓解医院停车难》
25.《常态化疫情防控要坚持重点论》
26.《未成年人文身治理应走上法治化轨道》
27.《室内儿童乐园要“看上去很美”用起来更美》
28.《新冠疫苗接种　物质激励不可取》
29.《关于进一步推动人才新政落地落实、做大人才供给源的建议》
30.《消费扶贫不能忽视“消费”本质》
31.《优化人才公寓政策提升城市吸引力》
32.《“双减”政策下多渠道增加体育教师供给》
33.《共享电动单车应与城市文明建设相得益彰》
34.《早安排早督导确保早稻生产》
35.《多措并举加快推进基层社区治理能力和水平》

36.《建议我省分批次加快推行企业环保设施向公众开放》
37.《小区内人车不分流引发的事故需引起高度重视》
38.《青山湖岸边惊现“水华”，请速治理！》
39.《创新引导学校“家委会”》
40.《架起学校与家庭的沟通“桥梁”》
41.《关于合理安排货车限行时间的建议》
42.《关于推进我省学前教育特色品牌建设的思考》
43.《关于将朱桥梅村纳入象湖梅湖景区总体规划的建议》
44.《关于提升全省县域物流水平的建议》
45.《关于推进赣粤农产品冷链合作　打造我省经济新引爆点的建议》
46.《关于大力推进我省县域物流中心建设的建议》
47.《关于加大我省仓储行业安全监管力度的建议》
48.《关于推动物流产业数字化转型的建议》
49.《关于引导物流数字化平台健康发展的建议》
50.《关于加大我省物流基础设施标准化建设力度的建议》
51.《建议切实加强春季森林防灭火工作》
52.《当前“九小场所”生产安全监管需引起重视》
53.《建议进一步加强化工园区安全监管》
54.《建议 8 路公交恢复停靠江西省人民医院站》
55.《关于核酸检测的建议》
56.《关于加强农村消防安全建设的建议》
57.《完善农村道路交通标识　更好服务我省乡村振兴》
58.《加强机制建设　助推社区治理升级——以南昌市西湖区为例》
59.《楼顶“钉子户”应何去何从》
60.《振兴传统中医药需要多元赋能》
61.《共享电动自行车佩戴头盔问题不容忽视》
62.《充分发挥教育战线“五老”》

63. 《在留守儿童关爱服务中的作用》
64. 《在各居民小区电梯内推广安装电动车禁入装置的建议》
65. 《关于进一步推进城市垃圾分类工作的建议》
66. 《破解老旧小区加装电梯难的建议》
67. 《科技赋能　筑巢引凤归》
68. 《关于落实中小学生研学活动的建议》
69. 《"双减"政策下加强小学科学教育的建议》
70. 《建设地质文化村（镇）　助力乡村振兴战略》
71. 《建议明确将禽鸽列入市区家禽禁止饲养范围并予以监管》
72. 《建议加强疫情常态化防控下民众心理建设》
73. 《将儿童友好理念融入城市规划和建设治理的建议》
74. 《申报认定国家高新技术企业应警惕滥竽充数》
75. 《关于打造区级综合便民服务中心的建议》
76. 《简化就医程序让患者"一次性"结账的建议》
77. 《培育乡风文明　助推乡村振兴》
78. 《大力推进科技创新平台建设　提升我市针织服装产业发展》
79. 《政务服务窗口工作人员水平"参差不齐"现象需引起关注》
80. 《关于提升一体化政务服务能力的建议》
81. 《完善我省农业补贴结构　提升农业补贴效率》
82. 《群众呼吁个人所得税专项附加扣除要更接地气》
83. 《警惕推行"政务服务"类平台及 App 时造成财政资金浪费等现象》
84. 《关于实现政务服务"网上办、就近办、不求人"的建议》
85. 《关于国家营商环境评价工作的建议》
86. 《关于加快成立政务服务数据管理局的建议》

87.《关于切实抓好“一件事一次办”改革工作的建议》
88.《吸纳农村青年致富带头人服务乡村发展》
89.《让学生寒暑假研学旅行的建议》
90.《学习申城经验兴办暑期托管的建议》
91.《建议九龙湖湿地公园植树防沙、绿化再升级》
92.《八一桥下不文明现象亟待整顿》
93.《建议尽快推行教师轮岗制度》
94.《关于加快打通祥云大道南昌西高速路出口段下方涵洞的建议》
95.《呵护盲人出行的“眼睛”莫让盲道变“忙”道》
96.《多措并举营造清朗和谐的网络环境》
97.《破除超时用工需多方共同发力》
98.《关于提高大健康养生行生从业人员社会地位的建议》
99.《关于寄宿型学校晚间自习管理服务纳入课后服务范畴的建议》
100.《关于我省增设大中小学生春假的建议》
101.《南昌市江安学校学生过齐城岗大道安全问题亟待重视》
102.《提供“保姆”服务　助推项目落地》
103.《用“长牙齿”的硬措施切实保护耕地》
104.《呼吁提高南昌城区道路限速　提升城市通行效率》
105.《用数字科技破解进城农民工路边揽活的难题》
106.《勿让城市“无障碍通道”形同虚设》
107.《景观灯过度建设引起的电力资源浪费应引起重视》
108.《关于构建城郊“项链式”红文旅坐标的建议》
109.《透过车站的“窗”看“江西风景独好”》
110.《警惕“网签投票”成为行使权力的物业“糊务”》
111.《深化基层群众普法　建设和谐法治社会》
112.《打造百姓身边“15 分钟健身圈”的建议》
113.《切实给予律师行使调查取证权时查询便利的建议》

114.《发展壮大农村集体经济　夯实乡村振兴之基》
115.《关于树全市教师新形象的建议》
116.《关于将电动车革命进行到底的建议》
117.《关于对乡镇事业编制干部有序发放车补的有关建议》
118.《科学分类垃圾　夯实乡村振兴基础》
119.《关于完善中小学心理咨询室软硬件设施的建议》
120.《关于开设课后“一刻钟”礼仪教育的建议》
121.《行政执法电瓶车更应上牌照》
122.《关于健全城市排水管网建设及管理机制的建议》
123.《多管齐下统筹推进生活垃圾分类处理》
124.《关爱留守儿童　让爱不再孤单》
125.《新时期高素质专业化基层审计队伍建设的思考》
126.《文明城市创建更要贵在常态化》
127.《数字经济发展现状及建议（以南昌为例）》
128.《建议整合使用校外阵地资源，助推“双减”落细落实》
129.《关于提升红色旅游发展水平的建议》
130.《关于进一步促进家庭教育发展的建议》
131.《关于中小学延时放学和下班高峰时段交通拥堵的建议》
132.《关于增加社区摄像头密度保障辖区安全的建议》
133.《主动融入国家战略　促进新时代江西经济高质量发展》
134.《关于规范南昌市房地产交易部分“霸王条款”的建议》
135.《规范银行贷款宣传　引导正确社会价值观》
136.《关于对退役军人事务工作的几点思考》
137.《高空抛物应从预防警示做起》
138.《提高基层医院血液净化收费标准》
139.《推动基层医院血液净化事业发展》
140.《关于各高校在应对突发公共卫生事件时》
141.《加强对学生管理和保护的建议》
142.《关于进一步加强小区垃圾分类管理的建议》

143.《从“三农”角度看乡村振兴战略》
144.《关于尽快出台农村小型排灌设施管理措施的建议》
145.《教师培养从“字”抓起的建议》
146.《我市电动汽车充电难的问题需要引起重视》
147.《医保接入医院公众号缴费的建议》
148.《关于用活社区平台推进“书香南昌”建设的建议》
149.《乡村振兴要切实解决人才问题》
150.《关除网络游戏平台　还青少年一个良好的成长环境》
151.《关于进一步加强托管机构规范管理的建议》
152.《关于大力推进充电桩进小区的建议》
153.《关于完善企业登记档案查询的建议》
154.《进一步深化“放管服”改革，多措并举提升市场登记审批服务效能》
155.《关于利用“互联网＋”提升我省政务水平的建议》
156.《关于推动全市惠企政策精准直达企业的建议》
157.《关于利用“互联网＋”提升我区政务水平的建议》
158.《关于整治南昌各大桥垂钓乱象的建议》
159.《重视槟榔带来的危害以及公共医疗资源的浪费刻不容缓》
160.《“双减”政策下应重视教培机构失业人员的社会稳定问题》
161.《举办造物节活动，发展经济、拉动 GDP 增长及促进就业的建议》
162.《解决我省农产品滞销问题的建议》
163.《后疫情时代关注企业家及创业者心理健康的建议》
164.《加强青少年近视防控工作　降低青少年人群近视率》
165.《关于在我省建立企业帮扶商学院的建议》
166.《关于对宠物强制接种疫苗的建议》
167.《减少凶案发生、维护社会稳定的建议》

168.《警惕保健品会销穿上马甲走进超市、家电卖场》

169.《开展节约用电宣传活动　应对夏季用电高峰》

170.《出台政策鼓励中小企业支持三孩生育政策》

171.《防控艾滋病在高校高发的建议》

172.《医疗行业腐败问题频发引发的思考》

173.《疫情常态化下有效助力企业发展的建议》

174.《加速推行碳中和全民化参与的建议》

175.《关于扶持我省创业者加速成为特新“小巨人”的建议》

176.《关于提高城市管理市民参与度的建议》

177.《拆除废弃太阳能　守护头顶上的安全》

178.《中小学课外辅导引发的教育内卷不容忽视》

179.《要科学合理规划年度重大重点项目》

180.《楼顶太阳能热水器“钉子户”亟待清除》

181.《关于防范老城区居民住宅楼火灾的建议》

182.《给充电桩加一件外衣——雨棚》

183.《关于推进门诊慢性病跨省就医的建议》

184.《以地铁交通为轴线，建立现代城市立体交通体系的建议》

185.《建议民盟中央为盟员定制“盟·胸针”》

186.《与媒体融合发展　为参政议政注入新能量》

187.《关于禁止学校（含幼儿园）收集“家庭背景”信息的建议》

188.《关于做好高校新生入学法制教育的建议》

189.《建议电信运营商为“扫健康码”予以定向流量免除优惠》

190.《打造“醉美”青山湖　便利交通来助力》

191.《关于制定《家庭应急物资储备建议清单》的建议》

192.《宗教活动必须合理合法》

193.《进一步扩大“交房即发证”试点范围的建议》

194.《全省统筹推进“惠民保”助力多层次医疗保障》

195.《不应对取缔校外培训机构一刀切》
196.《建议对各民族殡葬改革一视同仁》
197.《禁止党员、公职人员参加宗教活动的建议》
198.《让科技力量为老旧电话亭赋能》
199.《关于开展建党100周年庆祝活动的建议》
200.《关于樟树不再列入国家二级保护野生植物后续工作的两点建议》
201.《关于当前房地产领域出现恶意降价》
202.《扰乱市场秩序的几点建议》
203.《居民小区垃圾中转站应妥善选址》
204.《在民用建筑上多举措推广使用太阳能热水器》
205.《关于修复“六五·六”工程的建议》
206.《对国家组织药品集中采购和使用的建议》
207.《“双减”环境下莫要只让学校“做加法”》
208.《普通住宅装修安全管理亟待加强》
209.《建议加强城市立交桥桥下空间多元利用》
210.《关于公开民事诉讼庭审现场的建议》
211.《关于增设非机动车道路牌的建议》
212.《关于公务用车标识注册的建议》
213.《深化法律顾问制度在基层治理中的覆盖纬度》
214.《助力乡村振兴法治化》
215.《思考元宇宙与南昌市VR产业的关系和发展》
216.《老旧小区物业管理公益化的建议》
217.《科技创新型企业招商宜引早引优》
218.《让中医药走进社区的建议》
219.《完善全国12315平台　让市场监管为民便民》
220.《学生手抄报应重质减量》
221.《医美乱象亟须整治》

222. 《优化营商环境从净化城市环境开始》
223. 《推动广告产业发展　促进经济高质量发展》
224. 《规范管理共享单车及共享电动车的建议》
225. 《建议推行“老幼同养”为乡村振兴筑牢根基》
226. 《关于制定统一的中小幼学校“午餐管理”制度的建议》
227. 《对交通违章突击查处在时间选择上应人性化》
228. 《关于对服装直播销售不雅着装加强监测的建议》
229. 《关于对下沉的道路井盖坑进行垫高修复的建议》
230. 《关于临时施工交通路口早高峰合理管理的建议》
231. 《关于加强旧城改造拆迁中市政管网规划施工的建议》
232. 《关于外卖员交通安全保障的建议》
233. 《打造南昌城市品牌影响力的几点建议》
234. 《让每位公民享受医保福利的建议》
235. 《关于农业科技创新的几点建议》
236. 《关于建党100周年当天放假的建议》
237. 《关于在车险中增加“交通事故减值损失险”的建议》
238. 《建议简化生育津贴领取方式》
239. 《关于加强推进无纸化办公　建设节约型社会建议》
240. 《关于事业单位职称评聘分离的建议》
241. 《应对中印关系新问题的建议》
242. 《提高互联网购物优惠透明度的建议》
243. 《解决基层医疗机构发展的困难建议》
244. 《关于做好居家养老服务的建议》
245. 《健全互联网医疗行业监管体系的建议》
246. 《打破互联网诊疗业务壁垒的建议》
247. 《完善互联网医疗人事体制相关配套政策的建议》
248. 《做好互联网医疗患者用药安全和隐私保护的建议》
249. 《南昌西客站出租车乱象亟待整治》

250.《宠物市场销售“星期狗”问题应引起重视》
251.《关于增加柔性引进国内中高层次人才政策的建议》
252.《“双减”政策下规范校外培训面临的新问题不容忽视》
253.《南昌地铁英文站名需统一标准、规范译名》
254.《守好疫情防控“最后一公里”》
255.《需戒除社区治理形式主义》
256.《关于在各中小学推广特色课间操的建议》
257.《办公楼和公寓土地使用权自动续期问题须摆上议事日程》
258.《全面推进新时代高素质村干部队伍建设》
259.《应尽快将“牙医市场”纳入规范监管》
260.《进一步落实三孩政策的三点建议》
261.《关于规范小区内跳广场舞行为的建议》
262.《缓解老旧小区停车难问题的建议》
263.《关于完善超期羁押监督制度的建议》
264.《关于尽快解决中小学生中餐就餐安全问题的建议》
265.《莫让道路积水成为百姓幸福路上的“拦路虎”》
266.《还中小学教师一个纯净的教学环境》

2022 年上半年：

1.《关于解决老城区停车难的建议》
2.《关于提升（南昌市）生活垃圾分类管理的建议》
3.《2022 年新冠肺炎疫情防控面临的风险及对策建议》
4.《破除“速度枷锁”，把外卖小哥从系统中解救出来》
5.《坚定文化自信，让“非遗”文化活起来》
6.《关于实施人才兴昌战略的几点建议》
7.《建议整合使用校外阵地资源，助推“双减”落细落实》
8.《关于加强农村地区垃圾分类的建议》
9.《对进一步规范化管理医保特种病药物的建议》
10.《建议将心理服务纳入社会养老服务工作》

11.《合同章应纳入新开办企业首套印章刻制免费范围》
12.《健全完善托幼机构刻不容缓》
13.《关于开学季保障交通安全的建议》
14.《确保消防通道畅通无阻》
15.《关于加大（我市）住宅小区内新能源汽车充电桩建设力度的建议》
16.《关于拓展两山转化通道，构建生态产品价值实现机制的建议》
17.《确定产业链“链主”企业，打造先进制造业集聚发展中心》
18.《关于推进农民安置房现代化建设和管理的建议》
19.《文明交通“软硬”兼施　助力文明城市创建——关于对全市路口人行道处红绿灯设置情况摸排的建议》
20.《关于解决停车难的几点建议》
21.《关于加强“城市暗器”清理、修复力度的建议》
22.《关于加强“双减”后消费者权益维护的建议》
23.《关于做好老旧小区改造后续管理的建议》
24.《关于为农村留守儿童生命安全保驾护航的建议》
25.《关于缓解上下学校园门前拥堵现象的建议》
26.《浅谈基本医保报销人员年轻化的问题与对策》
27.《关于加大文明养犬力度的建议》
28.《“双减”后，建议加大对非学科类培训机构监管力度》
29.《建议开启多元养老模式　让老年人“老有所依”》
30.《关于更好地促进人口增长的建议》
31.《关于取缔司马庙立交桥防水补漏等马路市场的建议》
32.《关于南昌市人力资源和社会保障公共服务中心人满为患办事困难的情况反映及建议》
33.《关于缓解艾溪湖大桥西端北京东路口及北京东路沿线交通拥堵的建议》

34.《关于推进幼儿课后托管服务的建议》
35.《关于有效治理建筑垃圾的几点建议》
36.《关于政府采购中综合评分法普遍存在倾向性和排他性的问题反映及建议》
37.《关于改善井冈山大道 BRT 专用车道拥堵问题的建议》
38.《关于杜绝外卖食品安全问题的建议》
39.《开展县委书记大接访深化为民办实事》
40.《关于“双减”政策下加强学校传统文化教育的建议》
41.《让“声音”成为视弱者的“眼睛”的建议》
42.《关于整治托管中心的建议》
43.《优化人才公寓政策，提升城市吸引力》
44.《关于农村人居环境数字化管理的建议》
45.《加大非法捕鱼监管　保护渔业资源》
46.《关于快速提升我省实体企业直播能力，助力本土民族品牌崛起的建议》
47.《关于“双减”政策下解决家长焦虑的建议》
48.《关于公共厕所“补短板”的建议》
49.《坚持问题导向，推动“双减”政策落地见效》
50.《关于中小学生心理健康教育问题的建议》
51.《推动专业服务机构“智抗疫情”，应对疫情防控常态化发展的建议》
52.《开展新冠肺炎疫情防控大规模核酸检测存在的问题及建议》
53.《关于居家进行核酸检测的建议》
54.《精心组织好核酸检测采样工作》
55.《建议允许集中隔离人员携带小型宠物陪同隔离》
56.《开展新冠肺炎疫情防控大规模核酸检测存在的问题及建议（二）》

57.《疫情警报拉响，构建舆情引导“立交桥”》
58.《关爱女性，掀起女性运动热潮》
59.《全员核酸检测应做好充足准备》
60.《抗疫期间做好封控区、管控区、防范区居民的物资保障以及沟通协调工作刻不容缓》
61.《关于在全市中小学配备专职校医的建议》
62.《关于解决小区停车难、乱停车问题的建议》
63.《关于进一步做好废弃口罩收集处理工作的建议》
64.《公卫人才编制权限应下放给地市》
65.《警惕针对新冠肺炎阳性感染者的网络暴力造成感染者心理创伤》
66.《关于加强对流动务工人员进行疫情防控的建议》
67.《关于老旧小区改造后工程质量加强保修的建议》
68.《关于构建新时期社会心理服务体系的建议》
69.《关于提升在新冠疫情常态化下基层政府应急管理能力的建议》
70.《关于以文化振兴助力乡村振兴的建议》
71.《关于突发疫情期间“停课不停学”的有关建议》
72.《警惕管控区域的商超成为新冠病毒新的爆发点》
73.《关于提升基层党史教育水平的建议》
74.《关于做强我省农耕文化助力乡村振兴的建议》
75.《发展休闲体育　促进新兴消费》
76.《关于尽快推动经济复苏的建议》
77.《关于建立多元化养老机制的建议》
78.《提升课后服务质量，助推“双减”政策落地》
79.《建议完善对于各类防控志愿者的统筹协调预案》
80.《探索解决老城区医院就医“最后一公里”难题的建议》
81.《以文旅产业助推农村发展的建议》

82.《关于解决物业公司与小区业主矛盾的几点建议》
83.《关于“双减”政策下加强家长及教师思想教育的建议》
84.《关于禁止中小学生骑行电动自行车的建议》
85.《关于保障胜诉人债权的建议》
86.《关于缓解交通拥堵，提高道路通畅率的建议》
87.《关于加大不按规定使用远光灯查处力度的建议》
88.《关于整治校园周边食品安全的建议》
89.《现行药品集中采购政策下，药品短缺问题需引起重视》
90.《加强视障人士无障碍配套服务的建议》
91.《关于做好创业担保贷款为疫情下中小微企业助力纾困的建议》
92.《关于加强旧城改造拆迁中市政管网规划施工的建议》
93.《关于加快推进智慧斑马线建设的建议》
94.《“双减”背景下应注重提升家长教育能力》
95.《加强义务教育阶段学校管理 保护教育教学生态》
96.《关于将直播电商从业人员纳入人才政策体系的建议》
97.《关于在公共场所增设口罩自助售卖机的建议》
98.《建议尽快制定科学规范的新冠肺炎疫情核酸检测法案》
99.《尽早出台电子鞭炮国家标准》
100.《当前消防短板及建议》
101.《关于疫情之下有效落实“若干政策”的建议》
102.《精准化人性化抓好疫情防控工作》
103.《关于整治电动车“飞线充电”乱象的建议》
104.《关于尽快有序推进全市陵园复工的建议》
105.《建议进一步推动疫情信息公开透明化》
106.《建议做好关于助力中小微企业平稳应对未来突发情况的备案》
107.《关于在江西省人民医院红谷滩院区门口地段架设过街

天桥的建议》
108.《本轮疫情在社区防控中存在的问题以及建议》
109.《扎实做好保通保畅保供保运工作》
110.《建议尽快开发临时防疫公益性岗位助力疫情防控》
111.《建议增加拒不执行疫情防控规定人员的违法成本》
112.《构建江西“第一等”营商环境的几点建议》
113.《让便民核酸检测点真正便民的几点建议》
114.《加大现制现售水监管力度》
115.《建议尽快落实医保全国联网》
116.《关于大力推行生态树葬的建议》
117.《建议在昌通码、赣通码小程序推出核酸检测点排队情况查询功能》
118.《关于优化城乡教育一体化发展，缓解城区“容不下”与农村“装不满”难题的建议》
119.《关于发放中医保健行业疫情补贴的建议》
120.《充分保护利用澹台灭明墓遗址，打造南昌历史文化新名片》
121.《关于优化我省营商环境的建议》
122.《通过微生物肥料和种植技术推广，做到“藏粮于地，藏粮于技，藏富于民”的三点建议》
123.《警惕儿童沉迷游戏卡片现象》
124.《建议在车道绿化带旁设立维护安全区》
125.《加快普及“两癌”保险　呵护农村女性健康》
126.《加快数字乡村建设　助力我省乡村振兴》
127.《关于完善冷链物流企业疫情防控措施的建议》
128.《关于加快县域物流体系建设的建议》
129.《改善乡村物流体系需抓好“四个推进”》
130.《关于助力民营交通运输企业“穿越寒冬”的建议》

131.《关于为民营企业投资注入“强心剂”的建议》
132.《建议适度提高现行个税起征点》
133.《提升国有产业载体利用率　莫让“轻资产”变成“重负担”》
134.《建议进一步重视大飞机产业招商引资工作》
135.《建议在规划公园、旅游景点时考虑拖挂房车停车和休闲区域》
136.《关于全面监管“剧本杀”的建议》
137.《南昌方言亟须抢救性保护》
138.《夜间作业噪音扰民问题应引起重视》
139.《进一步加强社区文化休闲场所建设的建议》
140.《核酸检测产业国有化迫在眉睫》
141.《多措并举加强社区建设》
142.《应正确认识和看待高校毕业生就业率》
143.《关于优化法治营商环境的思考，有效整治南昌营商环境中“办事求人”的顽瘴痼疾的几点建议》
144.《建议尽快“对症下药”防治行道树栾树病虫害》
145.《“毒插图”事件必须严肃追责》
146.《打造数字社区　助力疫情防控》
147.《部分道路防疫临时围挡应尽快拆除》
148.《关于疏通融资渠道助力中小企业发展的建议》
149.《加大公共设施监管　提升市政公共服务能力》
150.《关于推进民营企业数字化转型升级的思考》
151.《强力推进数字经济　培育高质量发展新引擎》
152.《规范中介服务　优化营商环境》
153.《优化营商环境　助力个体户复工复产》
154.《关于加强疫情防控围合区管理的建议》
155.《关于培育我省、市数字经济人才队伍的建议》
156.《惠企政策制定及资金兑现工作切勿走进形式主义的牢笼》

157.《关于加大对中医药产业扶持力度的建议》
158.《关于推进大数据+中医药产业发展的建议》
159.《关于加快数字平台建设助力我市/省企业转型升级的建议》
160.《关于构建更加合理的城乡人才流动机制的建议》
161.《建议进一步升级加分磨盘山公园、矿坑公园旅游品质》
162.《期待更接地气的高考数学试题》
163.《关于促进高校毕业生进入服务行业的建议》
164.《警惕集中隔离成为一门“生意”》
165.《建议尽快建立民营企业融资信用评价体系》
166.《建议开发南昌红色旅游交通专线》
167.《推进制度集成创新　精心培育“链主”企业》
168.《关于加大海外仓支持力度的建议》
169.《促进科技成果转化　加速产业经济发展》
170.《莫让优秀教育人才沦为“卖货郎”》
171.《建议对社区党组织扩权赋能以提升区域应急响应统筹力》
172.《紧盯中小微企业强攻惠企纾困》
173.《以数字技术促进先进制造业高速发展》
174.《关于加强电竞酒店管理的建议》
175.《关于为中小学校女学生免费提供卫生用品的建议》
176.《建议为党外干部在职学历提升增加省级社院途径》
177.《促进科研成果转化　提升企业创新能力》
178.《关于妥善处理商品房“胡子工程”的建议》
179.《关于数字建设大背景下关注老年慢性病人拿药问题的建议》
180.《关于推动实体经济与数字金融建立多层次配套体系的建议》
181.《建议对一线工作人员进行服务技能培训》
182.《南昌市市场监督管理局业务咨询热线长期难以打通问题亟待解决》

民盟中央论坛论文

2017 年：

《整合优质资源　共享改革成果　以教育信息化支撑引领教育现代化》

2018 年：

1.《从“三农”角度看乡村振兴战略》
2.《研学助力微校，交流保护师资——城乡优质教育教学资源“另类”共享》
3.《革命老区如何争取“一带一路”话语权》
4.《江西推行“一带一路”战略构想的若干思考》
5.《深入推进“一带一路”深层次高水平双向科技合作》
6.《完善法治体系，优化营商环境》
7.《新型城镇化与社会治理》

2019 年：

1.《浅谈乡村教师队伍建设的问题及策略》
2.《实体经济与数字金融融合发展研究分析》
3.《大力推行慈孝竹智慧居家养老服务模式》

2020 年：

1.《“纾困基金难纾困”困境分析及对策探讨》
2.《进一步发挥商会在促进民营经济发展中的作用》
3.《疏导数字金融之水，润泽实体经济之田》

2021 年：

1.《老工业基地振兴国际借鉴和国内实践》
2.《新时代人口流动下民生发展的价值功能与路径选择》
3.《“大先生”视角下高校立德树人的思考》
4.《爱国主义法学家梅汝璈》
5.《今生无悔为盟员》

6.《为南昌轨道交通鼓与呼》

2022 年：

1.《融合与重构：推进江西大南昌都市圈区域经济一体化建设》

2.《构建人民至上的社区治理共同体》

理论研究（部分）

1.《发挥统一战线法宝作用视阈下实践全过程人民民主的功能演进探析》

2.《基层协商民主参与实践全过程人民民主的路向探析》

3.《以民主党派之能　注民主监督之力》

4.《统一战线嵌入国家治理体系和治理能力现代化研究——以南昌市统战实践为例》

5.《“六度”视域下的新时代民营经济统战工作研究》

6.《“三大”改革利器激发民营经济统战工作新活力》

7.《新时代中国特色社会主义人权观及其实践》

8.《中国古典民主政治思想的基本理念及对当下政治协商制度的启示》

9.《我国基层协商民主如何可能?》

10.《用好多媒体技术　开创宣传工作新局面——民主党派思想宣传工作新技术应用研究》

11.《提升参政党民主监督实效性的思考》

12.《民主党派与协商民主关联性研究》

13.《民盟履行参政议政职能的制度化、规范化、程序化路径研究》

14.《临危受命　功成身退——曾伯雄先生小传》

15.《新时代坚持“以党为师”，加强我市民主党派内部监督的几点思考——以民盟南昌市委会内部监督为例》

四、早期负责人及历届主委

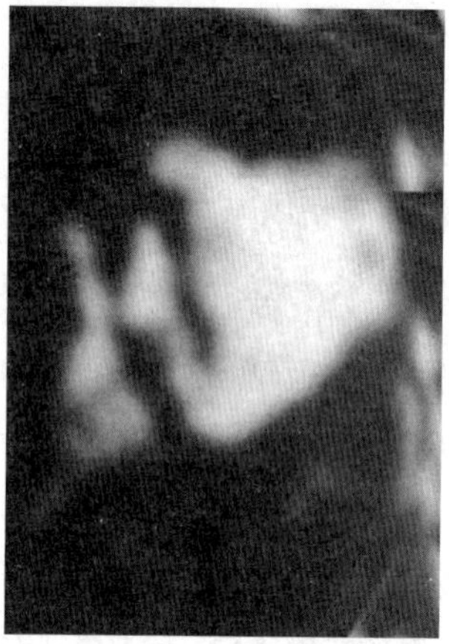

1. 傅铭第

1947—1951 年，任民盟南昌市分部临时工作委员会主任委员。

2. 向法宜

1951—1952 年，任民盟南昌市分部临时工作委员会主任委员。

3. 刘九峰

1952 年，当选民盟南昌市分部第一届委员会主委。曾任江西省人民政府体育运动委员会副主任、民盟江西省委副主委。

4. 谷霁光

1907 年出生，湖南湘潭人，教授、史学家。1954 年 1 月，当选民盟南昌市分部第二届委员会主委。曾任民盟江西省委第四至第七届委员会主委，江西大学副校长、校长、名誉校长，民盟中央委员，江西省教育厅副厅长，江西省人大常委会副主任、江西省政协副主席。

5. 王秋心

1903 年出生，江西永修人。1956 年 8 月，当选为民盟南昌市第三届委员会主委。中华人民共和国成立前，曾任中共河南省委宣传部部长，中共上海总工会秘书。北伐时期任十四军政治部代主任。抗战时期任上海文化界救亡协会委员。中华人民共和国成立后，曾任民盟江西省支部委员，江西省协商委员会委员，江西省抗美援朝分会委员，江西省中苏友好协会理事兼宣传部副主任，南昌市政协第一届副主席。

6. 周志方（女）

1913 年 10 月出生，江西清江县（现江西省樟树市）人。1959 年 1 月、1962 年 9 月分别当选为民盟南昌市第四届、第五届委员会主委。曾任南昌市第一中学、南昌市女子中学教导主任，南昌市教育局副局长，民盟江西省委会常委，南昌市政协第四、第五、第六、第七届副主席。

7. 雷世懋

1918 年 1 月出生，江西宜丰县人。1981 年 3 月，当选为民盟南昌市第六届委员会主委。曾任宜春师范教师，江西省协和中学教务处主任，南昌一中、南昌二中教导主任，副校长，南昌五中副校长，南昌市教育局副局长，民盟江西省委副主委，南昌市政协第七届副主席。

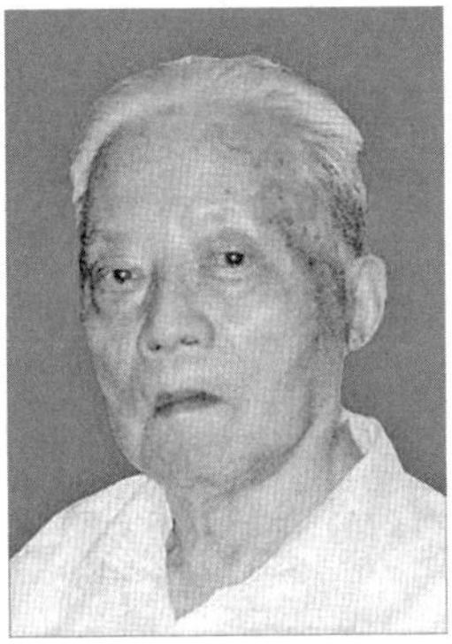

8. 殷楚经

1922 年 9 月出生，湖北大冶人。1984 年 12 月、1989 年 11 月分别当选为民盟南昌市第七届、第八届委员会主委。曾任南昌《大众时报》编务、中学教员，民盟江西省委组织部干事、民盟南昌市委组织部部长，南昌粮食局副局长，民盟江西省委会常委，民盟中央候补委员，南昌市第八届人大常委，南昌市政协第七届、第八届副主席。

9. 邓启明

1939 年 10 月出生，江西峡江县人。1992 年 3 月、1994 年 11 月、1999 年 12 月分别补选、当选为民盟南昌市第八届、第九届、第十届委员会主委。曾任南昌高专中文系副主任、副教授，江西省政协委员，南昌市人大代表，政协南昌市第九届、第十届副主席。政协江西省第七届、第八届常委，江西省政协提案委副主任。政协南昌市委会助理巡视员。

10. 罗慧芬（女）

1954 年 5 月出生，上海市人。2003 年 12 月、2004 年 12 月、2009 年 12 月分别补选、当选为民盟南昌市第十届、第十一届、第十二届委员会主委。民盟中央十一届中央委员，江西省第九届人大代表、第十二届省人大常委，江西省第九届、第十届政协常委，南昌市第十一届、十二届、十三届人大代表。曾任定南县中学副教导主任，南昌县莲塘三中副教导主任、副校长，南昌县司法局副局长，南昌县人大常委会副主任，南昌县副县长，南昌市红十字会会长，南昌市人民政府副市长，民盟江西省委会副主委，南昌市第十四届人大常委会副主任，江西省人大内务司法委员会副主任，江西省政府参事。

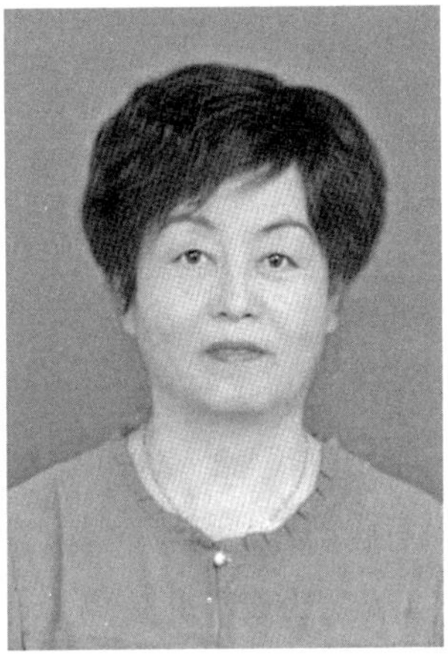

11. 胡彬（女）

1962 年 6 月出生，江西进贤人。1981 年 9 月参加工作，1989 年 1 月加入民盟，2015 年 1 月、2015 年 12 月分别补选、当选为民盟南昌市第十二届、第十三届委员会主委。江西省第十二届人大代表，江西省第十二届政协常委。民盟江西省第十二、第十三届委员会委员，第十四届委员会常委。南昌市第十至第十四届人大代表，南昌市政协第十四届委员会常委、副主席。曾任进贤县二中教师、副校长，县教委会副主任，县教体局副局长，县政协副主席，县人民政府副县长，民盟南昌市委会副主委（兼），民盟南昌市委会主委，南昌市政协副主席。曾获“全国县（市）科技进步考核先进个人”等荣誉称号。

12. 郭翀（女）

1970 年 11 月出生，湖南湘潭人，博士研究生，哲学博士学位。1994 年 7 月参加工作，2002 年 11 月加入民盟，2020 年 12 月当选为民盟南昌市第十四届委员会主委。民盟中央第十三届中央委员。南昌市政协第十一、第十二、第十三届政协委员，南昌市第十五届人民代表大会代表，江西省第十三届人民代表大会代表，民盟江西省第十五届常务委员会委员。南昌市作家协会会员、江西省作家协会会员。曾任南昌市青云谱区劳动就业局局长、青云谱区工商联主席、青云谱区政协副主席、南昌市新建区政府副区长，现任民盟南昌市委会主委、南昌市社会主义学院院长。先后获中国统一战线优秀特约宣传员、民盟中央脱贫攻坚先进个人、全省优秀统战宣传信息员、全省推动义务教育基本均衡发展工作中积极贡献个人、省市三八红旗手、全省先进盟员等多项中央、省市荣誉。在《人民政协报》《中国统一战线》《团结报》《理论视野》《中国领导科学》《江西社会科学》《江西日报》等报刊发表文章 200 余篇，出版学术论著《中国协商民主的制度优势研究》等，个人专著有《印痕》《山外那条河》《微言义气高》《满园缤纷惹人醉》《乡土芬芳》《春风十里正芳菲》等。

五、历任民盟中央委员名录

民盟中央委员

届次	委员
第五届	殷楚经
第六届	殷楚经
第十一届	罗慧芬
第十三届	郭　翀

六、担任县级及以上领导职务的盟员名录

姓名	工作单位及所任职务
王秋心	南昌市政协副主席（1955 年 2 月—1958 年 6 月）
周志方	南昌市政协副主席（1958 年 6 月—1987 年 5 月） 南昌市教育局副局长（1956 年 12 月—1960 年 7 月）
雷世懋	南昌市政协副主席（1983 年 4 月—1985 年 4 月） 南昌市教育局副局长（1960 年 8 月—1967 年 1 月）
殷楚经	南昌市政协副主席（1985 年 4 月—1992 年 5 月） 南昌市政府驻上海联络处主任（1980 年 3 月—1984 年 3 月） 南昌市粮食局副局长（1954 年 3 月—1967 年 1 月）
邓启明	南昌市政协副主席（1992 年 5 月—2001 年 5 月）
罗慧芬	民盟江西省委会副主委（2004 年 12 月—2017 年 12 月） 民盟南昌市委会主委（2004 年 12 月—2014 年 12 月） 南昌市人大常委会副主任（2011 年 10 月—2014 年 10 月） 南昌市政府副市长（2001 年 7 月—2011 年 9 月） 南昌县副县长（1997 年 10 月—2001 年 7 月） 南昌县人大常委会副主任（1995 年 2 月—1997 年 10 月）
胡彬	南昌市政协副主席（2018 年 1 月—2021 年 10 月） 民盟南昌市委会主委（2015 年 1 月—2021 年 12 月） 南昌市进贤县副县长（2004 年 12 月—2015 年 1 月） 南昌市进贤县政协副主席（2003 年 1 月—2004 年 12 月）
郭翀	民盟南昌市委会主委、南昌市社会主义学院院长（2020 年 12 月—　） 南昌市社会主义学院院长（2019 年 6 月—2020 年 12 月） 南昌市新建区政府副区长（2016 年 7 月—2019 年 6 月） 民盟市委会兼职副主委（2015 年 12 月—2020 年 12 月） 南昌市青云谱区政协副主席（2011 年 7 月—2016 年 7 月）
徐慕秦	民盟南昌市委会专职副主委（1989 年 11 月—1994 年 11 月）
胡绰	民盟南昌市委会专职副主委（1994 年 11 月—2003 年 10 月）

续表

姓名	工作单位及所任职务
胡巧蓉	民盟南昌市委会副主委（兼） 南昌市就业创业服务中心副主任（2020 年 12 月—　）
万菁	民盟南昌市委会专职副主委（2020 年 12 月—　）
雷伍华	民盟南昌市委会副主委（兼） 江西湾里新经济产业发展有限公司总经理（2020 年 12 月—　）
邢大春	南昌市爱国卫生运动委员会副主任（1952 年 2 月—1963 年 9 月）
吴英倩	南昌市科委副主任（1964—1977 年 1 月） 南昌市教育局局长（1954—1958 年 9 月）
李昌元	南昌市民政局副局长（1959 年 10 月—1967 年 1 月） 南昌市监察局副局长（1954 年 3 月—1959 年 10 月）
陈洪真	南昌市体育运动委员会主任（1955 年 5 月—1967 年 1 月）
万里鹏	南昌市文化局副局长（1956 年 7 月—1958 年 7 月）
黄锦图	南昌市教育局副局长（1956 年 7 月—1981 年 11 月）
万希文	南昌市民政局副局长（1957 年 1 月—1958 年 8 月）
熊志成	南昌市文化局副局长（1957 年 2 月—1967 年 1 月）
金立强	南昌市教育局副局长（1980 年 3 月—1983 年 1 月）
贾祥骅	南昌市爱国卫生运动委员会副主任（1982 年 1 月—1987）
张志毅	南昌市民政局副局长（1983 年 11 月—1987 年 1 月）
单人慧	南昌市教育委员会副主任（1990 年 12 月—2004 年 8 月）
万里凤	南昌市教育学院副院长（1994 年 6 月—2000 年 8 月）
杨松林	南昌市参事室调研员（2010 年 10 月—2012 年 12 月） 南昌市参事室副主任（1997 年 7 月—2010 年 10 月） 南昌县政协副主席（1997 年 10 月—2002 年 12 月）
王永南	南昌市政协港澳台侨和外事委员会主任（2011 年 7 月—2015 年 12 月） 南昌市科学技术协会副主席（2010 年 1 月—2011 年 7 月） 民盟南昌市委会专职副主委（2003 年 10 月—2009 年 12 月）
杜晓晖	南昌市科技成果转移转化中心负责人（2021 年 6 月—　） 南昌市科技局技术市场管理办公室主任（2012 年 6 月—2021 年 5 月） 民盟南昌市委会兼职副主委（2004 年 12 月—2015 年 12 月） 南昌市科技局创新基金管理中心主任（2004 年 8 月—2012 年 6 月） 南昌市青云谱区政协副主席（2002 年 1 月—2007 年 1 月）

续表

姓名	工作单位及所任职务
张伟	南昌市交通局总工程师（2009 年 9 月—2018 年 8 月，组织关系转宁夏）
许慧	南昌市体育局副局长（2016 年 3 月—　） 南昌市体育局副调研员（2013 年 3 月—2016 年 3 月）
谢长春	民盟南昌市委会社会服务部部长、四级调研员（2020 年 3 月—　）
史维新	南昌市南昌县政协副主席（1987 年 3 月—1990 年 3 月）
汪耿生	南昌市南昌县政协副主席（1990 年 3 月—1997）
李植	南昌市南昌县人大常委会副主任（2011 年 7 月—2021 年 10 月） 南昌市南昌县政协副主席（2003 年 1 月—2011 年 7 月）
汪芳	南昌市南昌县人民政府副县长（2021 年 8 月—　） 南昌市南昌县政协副主席（2018 年 3 月—2021 年 8 月）
雷鸣天	南昌市进贤县政协副主席（1981 年 12 月—1990 年 3 月） 南昌市进贤县副县长（1956 年 12 月—1958 年 2 月）
朱啸秋	南昌市进贤县人大常委会副主任（1980 年 12 月—1984 年 4 月） 南昌市进贤县副县长（1961 年 5 月—1967 年 1 月） 南昌市进贤县政协副主席（1959 年 12 月—1966 年 5 月）
傅桂茂	南昌市进贤县人大常委会副主任（1990 年 3 月—2002 年 12 月） 南昌市进贤县政协副主席（1987 年 3 月—1990 年 3 月）
刘安海	南昌市进贤县政协副主席（1997 年 4 月—2002 年 12 月） 南昌市进贤县副县长（1987 年 3 月—1998 年 3 月）
胡觉先	南昌市进贤县政协副主席（1998 年 1 月—2007 年 3 月）
郦丽	南昌市进贤县政协副主席（2021 年 10 月—　）
罗建华	南昌市进贤县农业农村局四级调研员（2022 年 1 月—2022 年 3 月）
万良堃	南昌市胜利区副区长（1956 年 10 月—1958 年 4 月）
张修镐	南昌市东湖区人大常委会副主任（1981 年 3 月—1990 年 3 月）
高九荣	南昌市东湖区人大常委会副主任（1991 年 3 月—1998 年 2 月）
谢华	南昌市东湖区政协副主席（2016 年 11 月—　） 民盟南昌市委会专职副主委（2009 年 12 月—2016 年 7 月）
刘子御	南昌市西湖区政协副主席（1984 年 9 月—1990 年 3 月） 南昌市西湖区副区长（1982 年 1 月—1984 年 8 月）

续表

姓名	工作单位及所任职务
蒋中道	南昌市青云谱区政协副主席（1984 年 9 月—1990 年 3 月） 南昌市青云谱区副区长（1982 年 1 月—1984 年 8 月）
刘克钦	南昌市青云谱区政协副主席（1992 年 11 月—2002 年 12 月）
温雪华	南昌市青云谱区政协副主席（2016 年 10 月—2021 年 10 月） 南昌市进贤县政协副主席（2014 年 1 月—2016 年 7 月）
方燕红	南昌市青云谱区政协副主席（2021 年 10 月—　） 民盟南昌市委会专职副主委（2017 年 11 月—2021 年 10 月）
张鹏	南昌市青云谱区政协副主席（2021 年 10 月—　）
程英	南昌市青山湖区政协副主席（2007 年 3 月—2016 年 10 月）
易晓红	南昌市青山湖区政协副主席（2021 年 10 月—　）
邓志平	南昌市新建县副县级干部（2007 年 1 月—2018 年 1 月） 南昌市新建县政协副主席（1997 年 10 月—2007 年 1 月）
毛盛杰	南昌市新建区政协副主席（2015 年 9 月—2021 年 10 月） 民盟市委会兼职副主委（2015 年 12 月—2020 年 12 月） 南昌市新建县政协副主席（2007 年 3 月—2015 年 9 月）
方卫红	南昌市新建区人大常委会副主任（2016 年 10 月—2021 年 10 月） 南昌市湾里区人大常委会副主任（2003 年 1 月—2016 年 7 月）
陶美秀	南昌市湾里区人大常委会副主任（1993 年 3 月—2002 年 12 月）
龚晓新	南昌市湾里区副区长（1994 年 12 月—2002 年 11 月） 南昌市青山湖区政协副主席（2002 年 11 月—2012 年 12 月）
席海	南昌市红谷滩新区城市管理行政执法局副局长、城市管理行政执法大队副大队长、四级调研员（2020 年 3 月—　）
王玉瑞	南昌市第一中学副校长（1988—1998 年）
王赓秀	南昌市第二中学校长（1978—1985 年） 南昌市第二中学副校长（1960—1968 年）
李宝蝉	南昌市第十九中学副校长（1984—1996 年 9 月）
毛国典	江西省书法家协会秘书长（2005 年 3 月—2007 年 4 月，组织关系转省属）
谢弘	南昌大学附属中学副校长（2005 年 4 月—2013 年 4 月）
熊玛琍	江西科技师范学院艺术设计学院副院长（2001 年 6 月—2010 年 6 月）

续表

姓名	工作单位及所任职务
吴美荣	江西科技师范学院国际教育学院副院长（2001 年 5 月—2015 年 6 月，组织关系转省属）
张澜	江西科技师范学院历史文化学院副院长（2005 年 3 月—2015 年 6 月，组织关系转省属） 民盟南昌市委会兼职副主委（2009 年 12 月—2015 年 12 月）
陈望波	江西科技师范学院外语系主任（2007 年 6 月—2015 年 6 月，组织关系转省属）
杨霞林	江西科技师范学院文学院副院长（2007 年 12 月—2014 年 11 月）
邬海明	江西科技师范学院理工学院副院长（2011 年 1 月—2015 年 6 月，组织关系转省属）
陈宝昌	江西财经职业学院国际商贸学院院长（2016 年 11 月—2022 年 4 月）
李佐奇	南昌二中副校长（2015 年 12 月—　）

七、1982年以来担任省、市、县（区）历届人大代表、政协委员盟员名录

（姓名前有△为增选人员）

一、江西省人民代表大会代表

第六届（1982年）代表：

万长枏　刘子彻　许德桂　贾祥骅　夏宗欧　殷楚经　雷世懋

文继贤

第七届（1987年）代表：

殷楚经

第八届（1992年）代表：

殷楚经

第九届（1997年）代表：

罗慧芬　万伟成

第十届（2002年）代表：

谢　弘　万伟成

第十一届（2008年）代表：

王永南

第十二届（2013年）代表：

罗慧芬（常委）　胡　彬

第十三届（2018年）代表：

郭　翀　方燕红

二、南昌市人民代表大会代表

第八届（1982 年）代表：

殷楚经（常委） 雷世懋（常委） 贾祥骅（常委） 张修镐 刘子彻 熊志成 朱莲芳 李朝墩 万长枘 蒋忠道

第九届（1987 年）代表：

李宝婵（常委） 张 旭 丁冠雄 燕方万 程光茜 张学云 邓启明 张修镐 刘安海 程 庞 徐慕秦 单人慧 许有功 聂国杰

第十届（1992 年）代表：

徐慕秦（常委） 高九荣 邓启明 邹 战 丁冠雄 单人慧 赵尔和 邓学明 刘安海 傅桂茂 胡 彬 聂国杰 程 庞 程光茜 邱觉先

第十一届（1997 年）代表：

邓启明 罗慧芬 龚晓新 傅桂茂 单人慧 高九荣 刘安海 胡 彬 万会莲 焦筱兰 邓学明 胡宜祺 傅 俊

第十二届（2002 年）代表：

谢 弘（常委） 罗慧芬 万圣兴 方卫红 傅 峻 曾昭萍 胡 彬 焦筱兰 万会莲 杨贤祥

第十三届（2007 年）代表：

王永南（常委） 万伟成 罗慧芬 曾昭萍 胡 彬 方卫红 王鑫英 谢 华 张国印

第十四届（2011 年）代表：

罗慧芬（副主任） 谢 华 肖 贤 艾建华 费从鑫 涂 珺 张国印 陈建新 方卫红 李 植 胡 彬 王鑫英

第十五届（2016 年）代表：

毛盛杰（常委） 郭 翀 方卫红 李 植 彭小玲 罗建华 曹三院 艾建华 肖 贤 汪 芳 易晓红

第十六届（2021 年）代表：
万　菁（常委）　汪　芳　郭亮珠　梁　睿　胡　琳　曹三院
管玉华　周　颖　易晓红　杨　平　杜　璇　艾建华

三、县（区）人民代表大会代表

1984 年
南昌县：史维新（常委）
进贤县：朱啸秋（常委）　雷鸣天（常委）
东湖区：张修镐（常委）　黄理安（常委）　姜志义　高林香
西湖区：刘子彻（常委）　胡　绰
青云谱区：邱韵芳
湾里区：李锦椿（常委）
1987 年
南昌县：史维新　邱觉先（常委）　许有功
进贤县：雷鸣天　熊东成（常委）　朱啸秋　傅桂茂　章士彦
　　　　卢中媛（常委）
东湖区：张修镐（副主任）　黄理安（常委）　雷　玮
西湖区：刘子彻　胡　绰　丁道周　单人慧
新建县：郭鲁民
湾里区：徐慕秦
郊　区：邹　战
1992 年
南昌县：邱觉先（常委）　罗慧芬（常委）　许有功
进贤县：傅桂茂（副主任）　卢中媛（常委）　余慧媛（常委）
　　　　胡　彬（常委）　刘安海　刘夹庆　熊东成
东湖区：高九荣（副主任）　雷　玮（常委）
西湖区：胡　绰（常委）　廖令森　刘世坤　丁道周
新建县：赵尔和

湾里区：李锦椿（常委）

郊　区：邹　战（常委）

1997 年

南昌县：饶小林（常委）

进贤县：傅桂茂（副主任）　胡　彬（常委）　聂国杰（常委）
　　　　焦筱兰（常委）　谭映辉

东湖区：阎　萍

西湖区：廖令森

新建县：毛盛杰（常委）

湾里区：陶美秀（副主任）　龚晓新　金美锦

郊　区：田作为

2002 年

南昌县：谢　华（常委）

进贤县：焦筱兰（常委）

东湖区：郭爱香

西湖区：赵小强

青云谱区：曾昭萍（常委）

湾里区：方卫红（副主任）

2007 年

南昌县：罗贤应（常委）　谢　华

进贤县：焦筱兰

东湖区：郭爱香　李佐奇　熊良明　温志平

西湖区：费从鑫

青山湖区：来敏健（常委）

新建县：于建春（常委）　余金环

青云谱区：曾昭萍（常委）　温　洁　陈建新

湾里区：方卫红（副主任）　张国印

2011 年

南昌县：李　植（副主任）　陈丽华

进贤县：梁　睿（常委）　胡　彬　罗建华　曹三院　王鑫英
东湖区：郭爱香　杨林青　李佐奇
西湖区：费从鑫（常委）
青云谱区：曾昭萍（常委）　陈建新　谢　娟
青山湖：杨　平
新建县：彭为福
湾里区：方卫红（副主任）

2016 年

南昌县：李　植（副主任）　邓月荣　阎　慧
进贤县：梁　睿（常委）　曹三院　吴冬华
东湖区：肖　贤
西湖区：古恒英（常委）　涂　珺　陈　虹
青云谱区：苏东兴　朱敏强　李　俊
青山湖：易晓红（常委）　杨　平
新建区：方卫红（副主任）　彭为福（常委）　余金环（常委）
郭　翀

2021 年

南昌县：郭亮珠（常委）　阎　慧
进贤县：梁　睿（常委）　曹三院（常委）　季　亮（常委）
东湖区：陈小灵　魏　欣
西湖区：董玉荣（常委）　魏晓燕　胡　延　涂　震　刘　薇
青云谱区：陈梦青　苏东兴
青山湖区：杨　平
新建区：彭为福（常委）

四、江西省政协委员

第五届（1982 年）委员：

筱牡丹（常委）　刘希武　周志方　熊志成　向法宜

郑丹华　熊　戈　孙定玉　王文方　朱莲芳

第六届（1987 年）委员：

筱牡丹（常委）　邓启明　李宝婵　程　庞　单人慧　郑丹华

熊　戈

第七届（1992 年）委员：

邓启明　刘安海　单人慧　程　庞

第八届（1997 年）委员：

邓启明（常委）　刘安海　程　庞　单人慧

第九届（2002 年）委员：

罗慧芬（常委）　邓启明　练新庭

第十届（2008 年）委员：

罗慧芬（常委）　陈建新

第十一届（2013 年）委员：

胡　玲　谢　华　舒文锋　陈建新

第十二届（2018 年）委员：

胡　彬（常委）　舒文锋

五、南昌市政协委员

第七届（1982 年）

副主席：周志方　△雷世懋

常委：徐文星　李昌元　向法宜　万希文　熊　戈　吴子彦　章金媛
　　△刘文荏

委员：雷世懋　辜捷成　黄荣禄　朱起凤　孙定玉　吴英偏　熊丹如
　　汪樾荣　陈方增　李传梓　周明珏　夏宗欧　夏湘霖　王文方
　　梁小豹　李宝婵　周树人　叶伯英　郭鲁民　颜学恕　吴成冠
　　余香荣　魏福荪　△涂健生　△雷鸣天　△章士彦　△郝士达

第八届（1987 年）

副主席：殷楚经

常委：王玉瑞　邓启明　刘文荏　胡康新　黄荣禄　郝士达　章金媛
熊　戈

委员：许淑琪　李传梓　陈煜南　周梦元　胡　绰　胡献坤　桂文波
袁茂华　徐　奔　徐巧玲　高林香　雷鸣天　蔡学轩　颜学恕
黄家彬　涂健生　贾　箴　陶美秀

第九届（1992 年）

副主席：邓启明

常委：王玉瑞　胡　绰　郝士达　万里凤

委员：李宝婵　袁茂华　蔡学轩　胡康新　桂文波　许淑琪　胡献坤
高林香　范慧珠　胡觉先　徐五一　谭劲曾　吴玉莲　熊淑兰
陶美秀　吕学谨　黄家彬　倪永年　陈煜南

第十届（1997 年）

副主席：邓启明

常委：王玉瑞　万伟成　万里凤　谢　弘　章荣彬

委员：杨松林　肖义公　邹盛淼　陈圣谋　胡觉先　施治权　饶小林
桂文波　徐小荣　徐声森　涂维民　谭劲曾　陶柱梁　郝士达
席　殊　吕学谨　邬海明　熊凤珍　范惠珠　许淑琪　盛文英
熊淑兰　陶美秀　刘浠亮　胡　绰

第十一届（2002 年）

常委：邓启明　万伟成　单人慧　邬海明　△王永南　△杜晓晖

委员：邓志平　朱亚芒　杨松林　杨霞林　李德华　陈志强　罗小玲
罗序明　胡觉先　郭　翀　顾正良　龚晓新　谢　华　熊　飞
熊凤珍　李南娜　陈至英　罗建华　练新庭　胡　华　胡　荣
胡　玲　徐小荣　郭爱香　熊玛琍

第十二届（2007 年）

常委：杜晓晖　程　英　邬海明　胡　玲

委员：杨松林　龚晓新　李南娜　陈至英　练新庭　陈建新　熊淑兰
徐小荣　杨霞林　胡　荣　罗小玲　熊玛琍　陈光英　陈　钢
李建芳　史桂鹤　谢　弘　罗建华　陈志强　毛盛杰　邓志平

李　植　郭爱香　施惠媛　胡细和　温志平　熊　飞　何啸鸣
张　澜　郭　翀　毛华撑　△艾建华　△李　琴

第十三届（2011 年）

常委：张　澜　程　英　胡巧蓉　李　琴

委员：万玉保　方燕红　王永南　毛盛杰　何啸鸣　张　伟　李颖春
来敏健　陈志强　周远平　罗建华　姜珍一　胡　荣　郭　翀
龚晓新　舒文锋　熊淑兰　邓志平　毛华撑　李佐奇　陈　煜
杨玉来　肖淑萍　李金星　郭爱香　许　慧

第十四届（2016 年）

副主席：△胡　彬

常委：胡　彬　李　琴　涂　珺　朱静谦（后被撤销市政协、常委、委员资格）

委员：谢　华　张　伟　方燕红　何啸鸣　彭为福　杜晓晖　许　慧
李佐奇　胡巧蓉　雷伍华　来敏健　刘　薇　刘庭忠　舒文锋
毛华撑　黄　旭　邵　洁　陈　虹　周思全　张　鹏　杜　璇
徐方清　吴登云　党百远　杨玉来　陶海武

第十五届（2021 年）

常委：郭　翀　方燕红　万生鹏　王　翔　龙晓柏　蒋建新

委员：胡　彬　刘小娟　刘庭忠　肖　贤　肖洪钰　张　鹏　张春燕
陈　虹　罗丽萍　胡巧蓉　郦　丽　涂　珺　章艳静　彭小玲
彭为福　雷伍华　毛汉星　杨丽萍　吴立尚　黎循航　刘　军
刘　薇　李琼娟　巫怡玲　郑海平　徐海峰

六、县（区）政协委员

1984 年

南昌县：甘　霖（常委）　邱觉先（常委）　石大白

进贤县：雷鸣天（常委）　章士彦（常委）　文继贤　方　辉　陶　棠
熊在和　焦国藩

东湖区：雷　玮　王斯琰　刘水蓉

西湖区：熊丹如（常委）　刘子彻（常委）　李泳彬　揭明璐　王　武
青云谱区：蒋中道（常委）　熊洪武　董启蒲　贺金兰　李朝墩
新建县：郭鲁民（常委）　毛志根
湾里区：李锦春（常委）　陶美秀　包忠宣
郊　区：吴铁俊

1987 年

南昌县：蔡学轩（常委）　汪耿生（常委）　甘　霖（常委）　石太白
　　　　夏自新　李培印　罗慧芬　史维新（政协副主席）
进贤县：雷鸣天（副主席）　傅桂茂（副主席）　黎　苏（常委）
　　　　章士彦（常委）　余慧媛（常委）　卢远炎　刘夹庆　刘安海
东湖区：刘水容（常委）　夏尉瑶　张慧珍
西湖区：刘子彻（副主席）　刘方中（常委）　熊丹如　杨彦俐
　　　　杨希荛　李泳彬　王　武　王玉瑞
青云谱区：蒋中道（副主席）　贺金兰　奎启浦
新建县：袁茂华（常委）　毛志根　欧阳僖
湾里区：李锦椿（常委）　熊　成（常委）　陶美秀　包忠宣

1992 年

南昌县：汪耿生（副主席）　蔡学轩（常委）　甘　霖（常委）
　　　　吴凯诗（常委）　李培印　石太白　罗琪生　邱　彪　夏自新
进贤县：傅桂茂（常委）　卢远炎（常委）　章士彦（常委）
　　　　刘夹庆（常委）　胡　彬（常委）　胡觉先（常委）
　　　　刘安海　赵炎根
东湖区：高九荣（常委）　徐声森（常委）　张慧珍　夏蔚瑶
西湖区：朱晓雄（常委）　杨希尧　杨彦俐　肖义公
青云谱区：刘克钦（常委）　董启浦　贺金兰
新建县：袁茂华（常委）　陈栋材（常委）　欧阳僖　李本梅
湾里区：熊　成（常委）　陶美秀（常委）　包忠宣　龚晓新

1997 年

南昌县：杨松林（副主席）　李　植（常委）　范宝华（常委）

罗贤应（常委） 谢华（常委） 石太白 黄珠仁 夏自新
涂晚英 罗琪生 邱 彪

进贤县：刘安海（副主席） 胡觉先（副主席） 傅桂茂（常委）
刘夹庆（常委） 罗建华（常委） 许忠民（常委）
焦志锋（常委）

东湖区：徐声森（常委） 黄 云 张惠珍 夏蔚瑶

西湖区：肖义公（常委） 张德隆 王永南 王克中 杨霞林 胡 荣

青云谱区：刘克钦（副主席） 曾昭萍（常委） 欧阳志群 杨立峰
舒春华

新建县：邓志平（副主席） 于建春（常委） 李本梅 陈栋材
张 颖 刘端斌 谢国权

湾里区：王三林（常委） 李阳春（常委） 万炳辉 熊良明 方卫红

郊 区：谢云根

2002 年

南昌县：李 植（副主席） 饶小林（常委） 罗贤应（常委）
范保华（常委） 涂晚英 方燕红 周燕霞 宋葆红
宋凤艳 黄珠仁 万玉保

进贤县：胡觉先（副主席） 胡 彬（副主席） 罗建华（常委）
洪良勇（常委） 樊建华（常委） 许忠民（常委） 陈细定
陈鹤年 王宪娥 吴谦万 王鑫英 谭映辉 李秋鸣 焦光锋
张丽娟 徐水保

东湖区：傅 峻（常委） 张惠珍 魏 群 马永红

西湖区：喻晓芬 毛韵洁 王克中 杨光宠 陈光英

青云谱区：杜晓晖（副主席） 郭 翀（常委） 杨立峰 欧阳志群
温 洁

青山湖区：龚晓新（副主席） 谢云根（常委） 徐小荣 陶小保

新建县：邓志平（副主席） 毛盛杰（常委） 于建春（常委）
刘端斌 徐进瑞 李晓智 李苏娟 谢国权

湾里区：万炳辉（常委） 李阳春 池 莲 饶小兰 许 静 龚光辉

△王三林（常委）

2007 年

南昌县：谢　华（常委）　李　植（副主席）　宋凤艳　饶小林　方燕红
范宝华　万玉保　支燕萍　周艳霞　宋葆红　熊荣弟　黄珠仁

进贤县：罗建华（常委）　曹国友（常委）　许忠民（常委）
洪良勇（常委）　焦光锋　万会莲　徐水保　樊建华　谭映辉
梁　睿　吴谦万　陈　煜　王惠莲　陈鹤年　雷小武　曹三院

东湖区：余　红（常委）　张慧珍　杨林青　李　琴　陈　瑛　陈吉夫
肖　贤（常委）

西湖区：涂　珺（常委）　喻晓芬　毛韵洁　闵思卫　李德华

青云谱区：郭翀（常委）杨立峰（常委）　汪　芳　梅海峰　宋心鑫
谢　娟　段连城　谭兆林　许菊兰　缪　琳　舒春华
谢振军

青山湖区：龚晓新（副主席）　程　英（副主席）　谢云根（常委）
陶小宝　徐小荣　周　漩　刘　刚　郑　琍

新建县：毛盛杰（副主席）　刘端斌　胡　静　谢国权　缪延辉
陈　瑛　彭为福

湾里区：王三林（常委）　李阳春　池　莲　龚光辉　李佩华　雷伍华
曹明文　许　静

2011 年

南昌县：方燕红（常委）　万玉保（常委）　支燕萍　宋葆红　熊荣弟
黄珠仁　李文华　樊慧敏　范保华　何建玲　唐　妍　彭小玲
涂　婧　陶海武　郭亮珠　罗曙光

进贤县：罗建华（常委）　曹国友（常委）　徐水保（常委）
徐芳青（常委）　姜　玲（常委）　洪良勇　熊　燕　陈鹤年
万会莲　焦光锋　陈　煜　吴　翀　王　卉　管玉华
雷小武　王惠莲　谭映辉　程承权

东湖区：肖　贤（常委）　余　红（常委）　罗　强　魏　群

西湖区：涂　珺（常委）　喻晓芬　毛韵洁　李德华　胡　延　董玉荣

徐晓菁　魏晓燕

青云谱：郭　翀（副主席）　汪　芳（常委）　杨立峰　宋心鑫
梅海峰　缪　琳　徐　明　汪　波　张　鹏　赵　强　朱　晶
夏志刚　陈国水　肖淑萍

青山湖区：龚晓新（副主席）　程　英（副主席）　谢云根
熊美红（常委）　周　漩　刘　刚　汪　沁　付庆芳　周思全

新建县：毛盛杰（副主席）　刘端斌（常委）　胡　静（常委）
缪延辉　陈　瑛　熊　海　徐　英　章敏文　杜　璇

湾里区：李佩华（常委）　王三林　池　莲　龚光辉　雷伍华　席沪莺
熊玉华　许　静　曹明文　高　丽

2016 年

南昌县：方燕红（常委）　彭小玲（常委）　陶海武（常委）　郭亮珠
樊慧敏　涂　婧　李　薇　舒小燕　何建玲　罗曙光　谭　颖
唐　妍　黄文静

进贤县：罗建华（常委）　徐方清（常委）　曹国友（常委）
陈　煜（常委）　熊　燕　龚华国　雷小武　陶玉梅　王旭萍
黄慧东　王惠莲　雷淑群　程承权　管玉华　雷泽远
吴　翀　万小勇　王　卉

东湖区：谢　华（副主席）　熊　芳（常委）　全　玲　罗　强
魏　群　郭爱香

西湖区：胡　延（常委）　徐晓菁　徐　红　杨丽萍　杨　欢　蒋　慧
魏晓燕　吴桂珍　董玉荣　涂　震

青云谱区：温雪华（副主席）　汪　芳（常委）　缪　琳　张　鹏
朱　晶　赵　强　宋心鑫　夏志刚　陈国水　吴晓斌
毛亦可　徐红坚

青山湖区：周思全（常委）　周　漩（常委）　黄珍珍（常委）
陈国清（常委）　刘　刚　邓雯婷　付庆芳　熊美红

新建区：毛盛杰（副主席）　熊　海（常委）　董向东（常委）
吴　燕　孙　强　徐　英　胡　萍　胡淑清　胡　琴

李园淇　闵定根

湾里区：雷伍华（常委）　高　丽　龚光辉　曹明文　万丽娟　熊玉华

陈熙德　付有文　涂　京　罗玉娟　李淑云

2021 年

南昌县：彭小玲（常委）　陶海武（常委）　李　薇　何建玲　钟　赛

邓文艳　罗曙光　魏　欢　喻　岚　梁　艳　唐　妍

舒小燕　黄　畅　黄文静　龚凡群　汪晓刚　谭　颖

李　妮　陈　丹　周佳璠　夏　贝

进贤县：郦　丽（副主席）　胡　琳（常委）　吴　翀（常委）

姚庆兰（常委）　龚华国　吴登云　陶玉梅　黄慧东　雷泽远

雷莉媛　胥丽亚　万明娟　宋明华　宋　芳　万海燕　曾玉红

徐祖华　李春梅　黄丽华　陈　煜　李　健　赵振华　王恺乐

东湖区：谢　华（副主席）　周　颖（常委）　肖　贤　魏　群　熊　芳

陶九篌　刘小娟　胡　琪　黄铁瑛　曹　炜　熊爱兰

宋珊珊　胡翌玮

西湖区：涂　珺（常委）　蒋　慧　徐　红　吴桂珍　杨丽萍　叶国平

费丽斯　陶文蹈　熊文凤　贾　真

青云谱区：方燕红（副主席）　张　鹏（副主席）　宋　敏（常委）

缪　琳　赵　强　李政美　夏宇蒙　危文彪　夏志刚

周洪芳　梅承旺　徐红坚　万一磊

青山湖区：易晓红（副主席）　周思全（常委）　黄珍珍（常委）

陈国清（常委）　汪　沁　付庆芳　肖秋香　张宏维

周俊涛　万　丽　罗晓玲　谷　娟

新建区：杜　璇（常委）　孙　强（常委）　雷世超（常委）　程梦驹

蔡　婧　熊昀玥　董向东　胡淑清　李　诚　程争卿

闵定根　胡珊秋　詹　萍　高　丽　罗玉娟

红谷滩区：肖洪钰（常委）　王国强　吴　杨　高洁荣　姜　浩

徐　正　朱　丽　唐　琦

八、民盟南昌市委会历届委员会及组成人员名录

（姓名前有△为增选人员）

民盟南昌市中华人民共和国成立前盟务活动负责人名单

（1947 年秋—1950 年 2 月）

1947 年秋—1949 年 2 月南昌市盟务领导工作负责人：包烜敏　廖伯坦
1949 年 3 月—1950 年 2 月南昌市盟务领导工作负责人：漆裕元　包烜敏

民盟南昌市分部临时工作委员会组成人员名单

（1950 年 3 月，奉民盟江西省支部临时工作委员会指示成立）

主任委员：傅铭第（1951 年后为向法宜）
委员（6 人）：殷楚经　李国华　胡先行　张自清　傅舜华（女）
胡宗澹

民盟南昌市分部第一届委员会组成人员名单

（1952 年 7 月 6 日，民盟南昌市第一次盟员大会选举产生）

主任委员：刘九峰
副主任委员：吴英俌
委员（9 人）：刘九峰　吴英俌　殷楚经　何克兴　傅铭第　雷世懋
黄新和（女）　季夫民　刘孔芝

候补委员（2 人）：黄安南（女）　汤维增

民盟南昌市分部第二届委员会组成人员名单

（1954 年 1 月 31 日，民盟南昌市第二次盟员大会选举产生）

主任委员：谷霁光

副主任委员：吴英脩　李　柱

委员（13 人）：谷霁光　吴英脩　李　柱　殷楚经　周　正　雷世懋　吕小薇（女）　季夫民　刘孔芝　燕天爵　于长伦　赵天睿　李昌元

候补委员（2 人）：赖淮靖　辛桂馥（女）

民盟南昌市第三届委员会组成人员名单

（1956 年 8 月 11 日，民盟南昌市第三次代表大会选举产生）

主任委员：王秋心

副主任委员：吴英脩　赵天睿

委员（19 人）：王秋心　吴英脩　赵天睿　于长伦　万希文　刘孔芝　刘子彻　李昌元　辛桂馥（女）　陈汉程　金立强　赵稚鸿　殷楚经　张修镐　张自清　张喜群　赖淮靖　潘　衡　谢治平

候补委员（5 人）：刘文荏　陈瑞云（女）　吴静芝　周明珏　黄明璪

民盟南昌市第四届委员会组成人员名单

（1959 年 1 月 21 日，民盟南昌市第四次代表大会选举产生）

主任委员：周志方（女）

副主任委员：吴英脩

秘书长：殷楚经

常务委员（10 名）：周志方（女） 吴英俌 殷楚经 徐文星 刘子彻
辛桂馥（女） 张修镐 赖淮靖 万希文 金立强
委员（23 人）：周志方（女） 吴英俌 殷楚经 刘子彻 辛桂馥（女）
张修镐 赖淮靖 万希文 徐文星 金立强 王友德
刘文荏 刘孔芝 叶兰生 吴静芝 李昌元 赵稚鸿
黄明璪 谢治平 贾祥骅 潘 衡 于长伦 王秋心
候补委员（3 人）：陈瑞云（女） 周明珏 熊丹如

民盟南昌市第五届委员会组成人员名单

（1962 年 9 月 29 日，民盟南昌市第五次代表大会选举产生）

主任委员：周志方（女）
副主任委员：吴英俌 雷世懋
秘书长：殷楚经
常务委员（10 人）：周志方（女） 吴英俌 雷世懋 殷楚经 徐文星
刘子彻 辛桂馥（女） 张修镐 万希文 金立强
委员（21 人）：周志方（女） 吴英俌 雷世懋 殷楚经 徐文星
刘子彻 辛桂馥（女） 张修镐 万希文 金立强
于长伦 刘文荏 向法宜 李昌元 陈洪真 胥繁荪
贾祥骅 黄模宗 熊 戈 熊丹如 潘 衡
候补委员（2 人）：陈瑞云（女） 周明珏

民盟南昌市委会临时领导小组组成人员名单

（1978 年 7 月，由雷世懋召集）

组成人员：雷世懋 殷楚经 金立强

民盟南昌市第六届委员会组成人员名单

（1981 年 3 月 26 日，民盟南昌市第六次代表大会选举产生）

主任委员：雷世懋

副主任委员：殷楚经　金立强　张修镐

秘书长：刘子彻

常务委员（11 人）：万希文　刘子彻　刘文荏　吴子彦　张修镐　金立强　周志方（女）　贾祥骅　殷楚经　雷世懋　熊　戈

委员（23 人）：雷世懋　殷楚经　金立强　张修镐　刘子彻　万希文　刘文荏　吴子彦　周志方（女）　贾祥骅　熊　戈　朱起凤　向法宜　吴成冠　吴英脯　李昌元　周明珏　夏宗欧（女）　夏湘霖　章金媛（女）　黄荣禄　熊丹如　熊志成

候补委员（2 人）：陈瑞云（女）　姜志义

民盟南昌市第七届委员会组成人员名单

（1984 年 12 月 22 日，民盟南昌市第七次代表大会选举产生，1987 年 12 月 28 日，召开盟员代表会议增选部分组成人员）

顾问：吴英脯　万希文

主任委员：殷楚经

副主任委员：张修镐　徐文星　李宝婵（女）　△王玉瑞

秘书长：刘文荏

常务委员（17 人）：殷楚经　张修镐　徐文星　李宝婵（女）　△王玉瑞　刘文荏　刘子彻　郝士达　黄荣禄　章金媛（女）　蒋中道　辜捷成　熊　戈　徐　奔　△单人慧（女）　△邓启明　徐慕秦（女）

委员（37 人）：殷楚经　张修镐　徐文星　李宝婵（女）　刘文荏
刘子彻　郝士达　黄荣禄　章金媛（女）　蒋中道
辜捷成　熊　戈　徐　奔　万长枬　王玉瑞
邓　萍（女）　张学云（女）　史维新　朱起凤
吴成冠　何远娴（女）　周明珏　陈煜南　胡康新
胡　绰　高林香（女）　涂健生　贾　箴
雷　玮（女）　雷鸣天　熊丹如　熊志成　燕方万
△单人慧（女）　△邓启明　△徐慕秦（女）
△刘安海

候补委员（6 人）：袁茂华　△方龙章　△杨松林　△欧阳懿江
△魏依云（女）　△桂文波

民盟南昌市第八届委员会组成人员名单

（1989 年 11 月 28 日，民盟南昌市第八次代表大会选举产生，1992 年 3 月 27 日，进行届中调整选举产生新主委、副主委）

顾问（5 人）：吴英倩　万希文　张修镐　徐文星　刘文荏

主任委员：殷楚经　△邓启明

副主任委员：王玉瑞　李宝婵（女）　单人慧（女）　徐慕秦（女）
△胡　绰

秘书长：胡　绰

常务委员（12 人）：殷楚经　王玉瑞　李宝婵（女）　单人慧（女）
徐慕秦（女）　胡　绰　邓启明　邹行健
郝士达　高九荣　黄荣禄　章金媛（女）

委员（34 人）：殷楚经　王玉瑞　李宝婵（女）　单人慧（女）
徐慕秦（女）　胡　绰　邓启明　邹行健　郝士达
高九荣　黄荣禄　章金媛（女）　万里凤　王　卫
刘安海　陈煜南　邹　战　杨　戈　杨松林
杨晶凝（女）　张起鹏　罗慧芬（女）　周梦元

胡康新　高林香（女）　袁茂华　桂文波　黄家彬
程　庞　程光茜（女）　傅桂茂　雷　玮（女）
熊　成　熊洪武

候补委员（4人）：王永南　陈文玉（女）　张继尧　刘克钦

民盟南昌市第九届委员会组成人员名单

（1994年11月20日，民盟南昌市第九次代表大会选举产生，1998年3月16日，增选组成人员）

主任委员：邓启明

副主任委员：王玉瑞　单人慧（女）　胡　绰

秘书长：杨松林

常务委员（13人）：万里凤　王玉瑞　邓启明　邓学明　杨松林
李　伟　单人慧（女）　胡　绰　郝士达
徐慕秦（女）　高九荣　熊　成　熊凤珍（女）

委员（38人）：万里凤　王　卫　王玉瑞　王永南　邓启明　邓学明
刘安海　刘克钦　杨松林　李　伟　肖义公　邹　战
邹盛淼　张起鹏　陈文玉（女）　陈煜南　罗序明
罗慧芬（女）　周梦元　单人慧（女）　胡　绰　郝士达
赵尔和　桂文波　徐声森　徐慕秦（女）　高九荣
唐晓燕（女）　龚晓新　章荣彬　程　庞　傅桂茂
廖令森　熊　成　熊凤珍（女）　潘海燕（女）　△邬海明
△胡　玲（女）

民盟南昌市第十届委员会组成人员名单

（1999年12月14日，民盟南昌市第十次代表大会选举产生，2003年12月28日，进行届中调整选举产生新主委、专职副主委）

主任委员：邓启明　△罗慧芬（女）

副主任委员：单人慧（女）　罗慧芬（女）　谢　弘　△王永南

秘书长：万圣兴

常务委员（12 人）：万圣兴　邓启明　李　伟　李南娜（女）　单人慧（女）　杨松林　杨霞林　罗慧芬（女）　胡　玲（女）　龚晓新　谢　弘　熊凤珍（女）

委员（34 人）：万圣兴　万伟成　王永南　毛盛杰　邓启明　包燕飞（女）　朱亚芒　李　伟　李南娜（女）　杜晓晖　单人慧（女）　邬海明　陈至英（女）　杨松林　杨霞林　罗序明　罗建华　罗慧芬（女）　胡　荣（女）　胡　玲（女）　胡　彬（女）　徐小荣　龚晓新　席　海　郭爱香（女）　谢云根　谢　弘　谢　华　焦筱兰（女）　温雪华　曾昭萍（女）　廖令森　熊凤珍（女）　熊玛琍（女）

民盟南昌市第十一届委员会组成人员名单

（2004 年 12 月 28 日，民盟南昌市第十一次代表大会选举产生）

主任委员：罗慧芬（女）

副主任委员：杜晓晖　谢　弘　王永南

秘书长：王永南（兼）

常务委员（12 人）：王永南　李南娜（女）　杜晓晖　杨松林　杨霞林　罗慧芬（女）　胡　玲（女）　席　海　龚晓新　谢　弘　谢　华　熊凤珍（女）

委员（35 人）：万伟成　万炳辉　方卫红（女）　王永南　毛盛杰　朱亚芒　李佐奇　李南娜（女）　杜晓晖　邬海明　陈至英（女）　肖美幸　何啸鸣　杨松林　杨霞林　罗序明　罗建华　罗慧芬（女）　赵小强　胡　荣（女）　胡　玲（女）　胡　彬（女）　席　海　徐小荣　龚晓新　郭　翀（女）　郭爱香（女）　谢　弘　谢　华　谢云根　焦筱兰（女）　温雪华　曾昭萍（女）　熊凤珍（女）　熊玛琍（女）

民盟南昌市第十二届委员会组成人员名单

（2009年12月30日，民盟南昌市第十二次代表大会选举产生，2015年1月31日，进行届中调整选举产生新主委）

主任委员：罗慧芬（女）　△胡彬（女）

副主任委员：杜晓晖　胡　彬（女）　张　澜　谢　华

秘书长：温雪华

常务委员（12人）：王永南　毛盛杰　李　琴（女）　杜晓晖　张　伟　张　澜　罗慧芬（女）　胡　玲（女）　胡　彬（女）　席　海　郭爱香（女）　谢　华

委员（36人）：万炳辉　方卫红（女）　王永南　毛盛杰　李　琴（女）　李　植　李佐奇　李毅敏　刘金平　邬海明　杜晓晖　张　伟　张　澜　陈志强　陈　瑛（女）　肖美幸　何啸鸣　罗　强　罗建华　罗慧芬（女）　周　漩　郑春华　林艳华（女）　胡　荣（女）　胡　玲（女）　胡　彬（女）　胡巧蓉（女）　席　海　郭　翀（女）　郭爱香（女）　黄灵芝（女）　谢　华　谢长春　焦筱兰（女）　温雪华　熊玛琍（女）

民盟南昌市第十三届委员会组成人员名单

（2015年12月3日，民盟南昌市第十三次代表大会选举产生，2016年8月30日，民盟南昌市第十三届委员会第四次常委会议通过了接受谢华同志因工作调整辞去专职副主任委员的决定）

主任委员：胡　彬（女）

副主任委员：毛盛杰　谢　华　郭　翀（女）

常务委员（13人）：方燕红（女）　毛盛杰　何啸鸣　张　伟　李　琴（女）　罗建华　胡　彬（女）　涂　珺（女）

郭　翀（女）　郭爱香（女）　谢　华　彭为福
朱静谦（开除盟籍）

委员（38人）：万德嵘　方燕红（女）　毛盛杰　邓　乐　刘　勇
何啸鸣　张　伟　李华荣　李　琴（女）　来敏健（女）
汪　芳（女）　肖　贤（女）　陈志强　陈　虹（女）
周思全　易小芳（女）　林艳华（女）　罗建华　郑春华
胡巧蓉（女）　胡　彬（女）　徐方清　涂　珺（女）
郭　翀（女）　郭爱香（女）　康玉婷（女）　梁　睿
黄　旭　黄灵芝（女）　龚文革　喻　玲（女）
彭小玲（女）　彭为福　舒　琦（女）　谢　华　谢长春
雷伍华　朱静谦（开除盟籍）

民盟南昌市第十四届委员会组成人员名单

（2020年12月15日，民盟南昌市第十四次代表大会选举产生，2021年11月16日，民盟南昌市第十四届委员会第三次全体会议同意方燕红同志辞去民盟南昌市第十四届委员会专职副主委、常委及监督委员会主任职务）

主任委员：郭　翀（女）
副主任委员：方燕红（女）　胡巧蓉（女）　万　菁（女）　雷伍华
常务委员（13人）：万　菁（女）　方燕红（女）　刘　薇（女）
汪　芳（女）　张　鹏　郑春华　胡巧蓉（女）
郭　翀（女）　涂　珺（女）　梁　睿　彭小玲（女）
彭为福　雷伍华
委员（38人）：万　菁（女）　方燕红（女）　邓莎莎（女）　刘　勇
刘　敏　刘　薇（女）　李华荣　汪　芳（女）
李佐奇　陈　虹（女）　肖洪钰（女）　张春燕（女）
杨　琴（女）　张　鹏　杜　璇（女）　易小芳（女）
郑春华　周思全　易晓红（女）　林艳华（女）

胡巧蓉（女）　郦　丽（女）　胡　琳（女）
郭亮珠（女）　郭　翀（女）　徐恩仙（女）
涂　珺（女）　阎　慧（女）　龚文革　章艳静（女）
梁　睿　彭小玲（女）　彭为福　喻　玲（女）
舒　琦（女）　雷伍华　雷　胜　蔡　舸（女）

九、各基层组织历届负责人名录

（姓名前有△为增选人员）

基层组织名　称	主委（组长）	副主委（副组长）	组织委员	宣传委员	其他委员	选举成立时　间
南昌县支部	史维新	甘霖	吴振群	邱觉先	—	1983 年 6 月
	史维新	蔡学轩 甘霖	罗慧芬	邱觉先	—	1987 年 2 月
	汪耿生	蔡学轩 甘霖	罗慧芬	邱觉先	—	1991 年
	罗慧芬	汪耿生 甘霖	邱觉先	蔡学轩	△熊小英 △吕林庚	1994 年 10 月
南昌县总支	罗慧芬 △谢华	范保华 罗贤应 李植	罗岩松 谢华	饶小林	—	1997 年 9 月 （总支成立）
	谢华	李植 范保华 罗贤应 饶小林	—	—	熊飞 △方燕红	2002 年 2 月
	谢华 △宋凤艳	李植 宋凤艳	方燕红 罗贤应	饶小林 范保华	熊飞	2006 年 9 月 （2010 年 5 月主委调整）
	方燕红	彭小玲 熊荣弟	宋葆红	何建玲	罗曙光 △涂婧	2012 年 3 月
	彭小玲	郭亮珠 李薇 陶海武	喻岚	齐思远	罗曙光	2017 年 12 月
	彭小玲	郭亮珠 李薇 陶海武 别扬阳	唐妍	钟赛	舒小燕 黄畅	2022 年 10 月

续表

基层组织名　称	主委（组长）	副主委（副组长）	组织委员	宣传委员	其他委员	选举成立时　间
进贤县支部	朱啸秋	—	李蔚隆	喻国昌	—	1949 年 3 月
	朱啸秋	—	李蔚隆	喻国昌	—	1950 年 3 月
	朱啸秋	—	雷鸣天	喻国昌	—	1953 年 1 月
	朱啸秋	曹慕彬	喻国昌	雷鸣天	黄蛟翔 肖绍南 高凌虚	1957 年 1 月
	朱啸秋	—	文继贤	汪乃清	—	1958 年 9 月
	文继贤	—	方辉	朱啸秋	—	1979 年 8 月
	文继贤	—	雷鸣天	方辉	杨德甫 朱啸秋	1983 年 8 月
	雷鸣天	方辉	章士彦 方辉	朱啸秋 杨德甫	—	1984 年 8 月
	雷鸣天	黎苏	傅桂茂 章士彦 余慧媛	刘安海 卢远炎 赵炎根 刘夹庆	—	1987 年 12 月
进贤县总支	傅桂茂	刘安海 胡觉先	章士彦 胡彬	刘夹庆 聂国杰	—	1991 年 9 月 （总支成立）
	傅桂茂	刘安海 胡觉先	胡彬 聂国杰	章士彦 刘夹庆	—	1994 年 10 月
	傅桂茂	刘安海 胡觉先	焦筱兰	刘夹庆 罗建华	胡彬 聂国杰	1997 年 7 月
	罗建华	胡觉先 胡彬 焦筱兰	聂国杰	许忠民	洪良勇 樊建华	2000 年 4 月
	罗建华	胡觉先 胡彬 焦筱兰	曹国友 陈鹤年	许忠民 徐水保	洪良勇 樊建华	2005 年 10 月

续表

基层组织名　称	主委（组长）	副主委（副组长）	组织委员	宣传委员	其他委员	选举成立时　间
进贤县总支	罗建华	胡彬（2015 年辞去副主委） 焦筱兰 许忠民	徐水保 曹国友	梁睿 徐方清	洪良勇 陈鹤年	2010 年 8 月
	梁睿	徐方清 熊燕 龚华国 胡琳	陶玉梅 黄慧东	陈煜 吴翀	吴登云 王卉	2017 年 12 月
东湖区支部	万良堃	—	闻振声	姜志义	—	“文化大革命”前胜利区初教支部
	孙芳华	—	李贞恒	王涵礼	—	1980 年 4 月（第一支部）
	姜志义	—	旷宗洁	黄理安	—	1980 年 3 月（第二支部）
	孙芳华	—	李贞恒	王涵礼	—	1982 年 5 月（第一支部）
	姜志义	黄理安	黄理安	刘水容	—	1982 年 5 月（第二支部）
	孙芳华	—	李贞恒	王涵礼	—	1985 年 1 月（第一支部）
	黄理安	雷玮	余昂	刘水容	—	1985 年 4 月（第二支部）
	黄理安	雷玮	余昂	刘水容	—	1986 年 4 月（第二支部）
	黄理安	徐声森	王小勇	余昂	—	1990 年 12 月
	徐声森	—	郭丽霞	王小勇	△张慧珍	1994 年 10 月
	徐声森	傅峻	张慧珍	郭爱香	—	1999 年 1 月
	张慧珍	郭爱香 杨林青	张风雷	魏群	—	2004 年 12 月
	肖贤	郭爱香 杨林青	张风雷	罗强	余红 魏群	2010 年 2 月
	肖贤	郭爱香 杨林青 魏群	熊芳	罗强	余红	2015 年 11 月
西湖区小组	程祥菊	丁如玉	—	—	—	“文化大革命”前西湖区初教小组
	熊丹如	陶声慈	—	—	—	“文化大革命”前抚河区初教小组

续表

基层组织名　称	主委（组长）	副主委（副组长）	组织委员	宣传委员	其他委员	选举成立时　间
西湖区支部	程祥菊	胡采繁	丁如玉 熊颜雯	温尚达	—	1980 年 3 月（第一支部）
	熊丹如	—	胡绰	丁道周	—	1980 年 3 月（第二支部）
	熊丹如	程祥菊	胡绰	王武	—	1982 年 5 月
	熊丹如	胡绰	王武 杨希尧	胡绰 杨彦俐	—	1985 年 3 月
	熊丹如	胡绰	王武 杨希尧	胡绰 杨彦俐	—	1986 年 3 月
	熊丹如	肖义公	杨希尧 廖萍	肖义公	—	1990 年 12 月
	肖义公	—	杨希尧	廖萍	—	1993 年 12 月
	赵小强	—	喻晓芬	毛韵洁	—	2002 年 12 月
	胡延	喻晓芬 毛韵洁	毛韵洁 △董玉荣	罗爱平	—	2008 年 3 月—2013 年 2 月
西湖区总支	费从鑫	何啸鸣 涂珺	胡荣 胡延	杨光宠 △涂金弟 △吴艳玲 △周玲	刘斌 涂传斌	2007 年 11 月（总支成立）
	涂珺	胡延 古恒英 徐晓菁 徐红	杨丽萍	蒋慧	—	2013 年 2 月
	涂珺	杨欢 古恒英 徐红 蒋慧	杨丽萍	魏晓燕	吴桂珍 陈虹 （参政议政）	2018 年 3 月
青云谱区支部	蒋中道	熊洪武	—	—	—	1983 年 7 月
	蒋中道	熊洪武	邱韵芳	熊洪武	—	1985 年 3 月
	蒋中道	刘克钦	董启浦	贺金兰	—	1988 年 12 月
	刘克钦	董启浦	董启浦	贺金兰	—	1991 年 12 月
	刘克钦	董启浦	谢东	张建军 △欧阳志群	—	1994 年 11 月
	刘克钦	张建军 △曾昭萍	欧阳志群	杨立峰	舒春华	1997 年 10 月

续表

基层组织名　称	主委（组长）	副主委（副组长）	组织委员	宣传委员	其他委员	选举成立时　间
青云谱区支部	郭翀	曾昭萍 △杨立峰	欧阳志群	杨立峰 △宋心鑫	舒春华	2002 年 12 月
	郭翀	杨立峰 曾昭萍 李慧 汪芳	宋心鑫	汪芳	李慧	2008 年 11 月
	郭翀	汪芳 缪琳 张鹏	宋心鑫	赵强	朱晶	2014 年 12 月
	△张鹏	缪琳 △赵强 △吴晓斌	宋心鑫	△宋敏 △邹剑钰	朱晶 △邱宏	2018 年 11 月（届中调整）
	张鹏	缪琳 赵强 吴晓斌	李政美	宋敏 邹剑钰	朱晶 邱宏	2019 年 12 月
青山湖区支部	谢云根	徐小荣	陶小宝	徐小荣	—	2001 年 11 月
	程英	周漩 郭中桔	汪沁	熊美红	肖秋香 刘刚	2008 年 12 月
	程英	周漩 周思全 熊美红	汪沁	熊美红	肖秋香 刘刚	2015 年 2 月
	△易晓红	周漩 周思全 熊美红	汪沁	熊美红	刘刚 △杨平	2017 年 1 月（届中调整）
	周思全	付庆芳 黄珍珍	周俊涛	邹兰	陈国清 杨平	2022 年 5 月
新建区支部	郭鲁民	毛志根	—	—	—	1983 年 8 月
	袁茂华	毛志根	毛志根	欧阳僖	—	1987 年 5 月
	袁茂华	赵尔和	欧阳僖	赵尔和	—	1990 年 12 月
	赵尔和	袁茂华	李本梅	陈栋材	—	1994 年 7 月
	毛盛杰	袁茂华 △于建春	李本梅	于建春	邓志平	1997 年 5 月
	毛盛杰	邓志平 于建春	刘端斌	于建春	李晓智	2000 年 12 月

续表

基层组织名　称	主委（组长）	副主委（副组长）	组织委员	宣传委员	其他委员	选举成立时　间
新建区支部	毛盛杰	于建春 刘端斌 胡静 △彭为福	谢国权	彭为福	李晓智	2005 年 11 月
	彭为福	余金环 熊海 杜璇	吴燕	孙强	杜璇（兼）	2013 年 10 月
红谷滩区支部	肖洪钰	王国强	姜浩	高洁荣	徐正 吴杨	2021 年 8 月 19 日
湾里区支部	李锦春	熊成	熊成 唐严	陶美秀 胡献坤	—	1984 年 4 月
	熊成	—	唐严	陶美秀	—	1988 年 10 月
	熊成	唐严	陶美秀	包忠宣	—	1991 年 12 月
	唐严	龚晓新	陶美秀	包忠宣	△李阳春 △王三林	1994 年 10 月
	龚晓新	王三林 李阳春	方卫红	万炳辉	—	1997 年 10 月
	方卫红	龚晓新 万炳辉	李阳春	王三林	—	2000 年 12 月
	方卫红	王三林 池莲 李阳春	龚光辉	饶小兰 △李佩华	—	2004 年 6 月
	方卫红	李佩华 池莲 张国印	雷伍华	席沪莺	龚光辉	2009 年 12 月
湾里管理局支部（2021 年 1 月更名）	雷伍华	高丽	陈熙德	罗玉娟	熊玉华	2016 年 5 月
市委会机关支部	张修镐	—	陈瑞云	黄荣禄	—	“文化大革命”前
	张修镐	黄荣禄	—	—	—	1980 年 5 月（小组成立）
	辜揭成	黄荣禄	黄荣禄	何远娴	—	1982 年 4 月（支部成立）
	何远娴	—	黄荣禄	辜捷成	—	1985 年 5 月
	徐奔	—	杨松林	欧阳懿江	—	1987 年 10 月
	徐慕秦	—	杨松林	方龙章	—	1988 年 11 月

续表

基层组织名　称	主委（组长）	副主委（副组长）	组织委员	宣传委员	其他委员	选举成立时　间
市委会机关支部	徐慕秦	—	杨松林	方龙章	—	1991 年 11 月
	杨松林	—	熊成	温雪华	—	1993 年 3 月
	温雪华	—	熊成	席海	—	1998 年 7 月
	温雪华	—	万炳辉	谢长春	—	2004 年 1 月
	万菁	—	万炳辉	张英群	—	2010 年 5 月
	万菁	—	雷胜	张英群	—	2015 年 3 月
	雷胜	—	邓丽华	张明悦	—	2020 年 10 月
市文艺支部	朱起凤	—	张斌	万里鹏	—	1981 年 12 月
	朱起凤	—	郝士达	万长枬	—	1983 年 7 月
	郝士达	詹正贵	王庸	朱如月	—	1986 年 2 月
	程庞	—	王庸	詹正贵	—	1989 年 1 月
	程庞	单人和	于博文	邹盛淼	—	1994 年 10 月
	李南娜	万伟成	单人和	邹盛淼 徐昌盛	肖淑萍	1999 年 7 月
	李南娜	肖淑萍	郑加虹	郑毅龙	施惠媛 林艳华	2006 年 12 月
	肖淑萍	郑毅龙	郑加虹	—	林艳华	2011 年 5 月
	刘薇	刘庭忠	林艳华	梅承旺	△徐明	2016 年 4 月
	—	—	—	△章艳静	△梁万斌	2018 年 11 月（届中调整）
	—	△付晨	△付晨	—	—	2019 年 12 月（届中调整）
	刘薇	刘庭忠 付晨	徐明	章艳静	△万一磊 梁万斌	2020 年 10 月（届中调整）
	刘薇	刘庭忠 付晨	徐明	章艳静	万一磊 梁万斌	2021 年 12 月 19 日
市科技支部	邹行健	—	高九荣	邓学明	—	1989 年 9 月
	汪坚	杨一哲	罗序明	熊光全	—	1994 年 3 月
市科技总支	汪坚	杨一哲	罗序明 包燕飞	李伟 熊光全	—	1999 年 11 月（总支成立）
	罗序明	陈瑶 陶金花 万伟成	吴越	周亚伟	—	2004 年 5 月
	陈瑶	—	—	包燕春	—	2010 年 8 月

续表

基层组织名　称	主委（组长）	副主委（副组长）	组织委员	宣传委员	其他委员	选举成立时　间
市科技总支	—	包燕春 王洁	胡琛	魏欣	徐正	2016 年 1 月
	阎慧	王洁 胡琛 刘勇	叶水平 刘志强	魏欣	闵春华 余雨珊	2020 年 12 月
豫章师范学院一支部	齐宪模	—	郑长庚	李传梓	—	“文化大革命”前
	夏宗欧	邹礼化	—	—	—	1982 年 5 月
	贾箴	何菊芬	—	—	—	1985 年 2 月
	贾箴	—	何菊芬	黄家彬	—	1987 年 2 月
	黄家彬	—	何菊芬	廖庆丰	—	1989 年 3 月
	黄家彬	—	金美莲	廖庆丰	—	1993 年 3 月
	林瑞华	黄家彬	孙忠华	廖庆丰	—	1996 年 6 月
	林瑞华	—	孙忠华	廖庆丰	—	1999 年 11 月
	来敏健	—	赖南燕	熊曦阳	—	2003 年 11 月
	来敏健	—	赖南燕	魏少敏	—	2009 年 5 月
	来敏健	—	赖南燕	熊艳	—	2014 年 11 月
	林艳华	周琢虹	熊艳	余宙	—	2019 年 12 月
南昌教育学院支部	黎彬文	颜学恕	—	—	—	1986 年 10 月
	颜学恕	万里凤	—	—	—	1988 年 12 月
	万里凤	刘耘	刘耘	陈至英	—	1994 年 7 月
	万里凤	陈至英	陈至英	陈国庆	—	1997 年 12 月
	陈至英	—	刘耘	陈至英	—	2000 年 10 月
	陈至英	—	叶智美	袁莉莉	—	2006 年 11 月
	邓乐	—	叶智美	袁莉莉	—	2012 年 10 月
豫章师范学院二支部（2019 年更名）	邓乐	—	叶智美	袁莉莉	—	2017 年 5 月
江西应用科技学院支部	熊欣	—	—	—	—	2002 年 4 月
	衷仁保	—	梁希伦	廖萍	—	2006 年 7 月
	周九华	—	李丽玲 △刘锦莲	胡绍义	—	2012 年 5 月
	房小珍	刘锦莲	刘锦莲（兼）	刘阳	胡绍义	2018 年 10 月

续表

基层组织名　称	主委（组长）	副主委（副组长）	组织委员	宣传委员	其他委员	选举成立时　间
南昌一专支部	月光琪	陈方增	傅美珠	陈方增	—	1987 年 9 月
	月光琪	傅美珠	谢芾	谭劲曾	—	1992 年 12 月
	陶柱梁	谢芾	贺得剑	谭劲曾	—	1996 年 12 月
	陶柱梁	—	周玲	康玉婷	—	2001 年 10 月
	周玲	—	康玉婷	熊伯均	—	2007 年 12 月
	康玉婷	—	张琨	熊伯均	—	2014 年 6 月
	康玉婷	△张琨	熊伯均	△刘敦	—	2017 年 5 月
	徐恩仙	张琨	段筱	郑明松	周君	2020 年 6 月
中教二支部	夏湘霖	周明珏	王香清 陈方增	骆世豪	—	1980 年 4 月
	王香清	—	陈方增	周玉成	—	1982 年 6 月
	王香清	—	涂淳侕 刘钟圣	李希贤 万辉文	—	1985 年 4 月
	王香清	—	刘钟圣	万辉文	—	1988 年 7 月
	刘钟圣	—	刘钟圣	万辉文	—	2009 年 3 月
	周娟	—	魏水莲	戚欢欢	—	2012 年 5 月
南昌一中支部	吴子彦	—	王孟发	涂淳侕	—	“文化大革命”前
	王玉瑞	—	—	—	—	1982 年 1 月
	王玉瑞	—	许德桂	程光茜	—	1984 年 12 月
	王玉瑞	程光茜	敖素文	张龙书	—	1989 年 9 月
	王玉瑞	—	胡荣	张琪	—	1997 年 12 月
	胡荣	—	涂相仲 △贺得剑	张琪	—	1999 年
	胡荣	—	陶泳 贺得剑	喻玲	张琪	2007 年 5 月
	陶泳	贺得剑	邵杰力	喻玲	涂相仲	2012 年 6 月
	喻玲	贺得剑	万绍兴	杨敏	贺得剑（兼社会服务）	2017 年 6 月
	尚洁	—	万绍兴	杨敏	—	2022 年 7 月
南昌二中支部	刘耀邦	—	陈方增	陈熙治	—	“文化大革命”前
	燕方万	—	—	—	—	1981 年 12 月
	燕方万	周梦元	—	—	—	1984 年 11 月
	周梦元	—	于淑秋	黄重武	—	1989 年 11 月

续表

基层组织名　称	主委（组长）	副主委（副组长）	组织委员	宣传委员	其他委员	选举成立时　间
南昌二中支部	李胜	周梦元	于淑秋	黄重武	—	1996 年 1 月
	黄灵芝	周艳华	谢玉林	傅晓华	—	2007 年 12 月
	李佐奇	黄灵芝 周艳华	汪熙翔	石兴	谢玉林 付晓华	2014 年 5 月
	李佐奇	黄灵芝 石兴 汪熙翔	吴莹	康念春	赵宇洁 胡丽明	2020 年 5 月
南昌三中支部	熊戈	—	—	—	—	“文化大革命”前（小组成立）
	熊大桢	周铭珏	—	—	—	1983 年 6 月（支部成立）
	熊大桢	邱焜之	邱焜之	周铭珏	—	1987 年 2 月
	王卫（代）	邱焜之	邱焜之	周铭珏	—	1989 年 9 月
	王卫	谢弘	邱焜之	盛文英	—	1994 年 9 月
	武金柱	谢弘 王卫	杨吉洲	盛文英	—	2004 年 9 月
	武金柱	—	李华荣	盛文英	—	2009 年 2 月
	李华荣	—	徐一凡	吴天	—	2014 年 10 月
豫章中学支部	李希贤	—	—	—	—	“文化大革命”前（小组成立）
	涂健生	胡建成	—	—	—	1986 年 9 月
	魏晓莺	胡建成	胡建成	王云之	—	1989 年 11 月
	魏晓莺	胡建成	胡建成	王云之	—	1992 年 12 月
	魏晓莺	—	—	王云之	—	1994 年 12 月
	魏晓莺	—	吴小红	杨瑞珠	—	1999 年
	魏晓莺	—	吴小红	杨瑞珠	—	2006 年 12 月
	吴小红	杨瑞珠	万晓卫	易小芳	—	2010 年 4 月
	易小芳	—	罗连英	徐捷	周俊	2015 年 5 月
	易小芳	周俊	艾春光	董爱君	徐捷	2020 年 6 月
南昌八中支部	单人慧	石婉容	梁希伦	石婉容	—	1987 年 10 月
	—	石婉容	梁希伦	郭赣生	—	1990 年 12 月
	刘浠亮	徐笑平	刘浠亮	郭赣生	—	1994 年
	王仁立	—	刘浠亮	郭赣生	—	2001 年 3 月

续表

基层组织名　称	主委（组长）	副主委（副组长）	组织委员	宣传委员	其他委员	选举成立时　间
南昌八中支部	吴艳玲	刘浠亮	倪高飞	黄静丽	—	2006 年 4 月
	吴艳玲	—	倪高飞	黄静丽	—	2012 年 5 月
	杨琴	—	倪高飞	王文蓉	邓群	2017 年 9 月
南昌十中支部	樊运更	黄佩珍	—	—	—	“文化大革命”前（小组成立）
	方灼华	—	黄佩珍	桑志清	—	1981 年 11 月（支部成立）
	方灼华	张起鹏	徐笃成	张起鹏	—	1985 年 1 月
	张起鹏	—	徐笃成	陈峻	—	1987 年 3 月
	张起鹏	—	朱亚芒	陈峻	—	1991 年 3 月
	张起鹏	—	朱亚芒	陈峻	—	1994 年 3 月
	朱亚芒	—	胡依伦	吴健民	—	1998 年 6 月
	李毅敏	吴健民	万德嵘	易红蕾	王苑	2008 年 7 月
	万德嵘	王敏	胡桑	刘艳敏	万庆	2014 年 11 月
	王敏	陶玉亮	胡桑	刘艳敏	万庆	2019 年 9 月
南昌十二中支部	夏湘霖	—	—	—	—	1982 年 4 月
	胡建成	夏湘霖	—	—	—	1984 年 4 月
	王永南	夏湘霖	—	—	—	1987 年 4 月
	王永南	熊健荪	—	—	—	1991 年 3 月
	王永南	—	—	熊健荪	—	1993 年 12 月
	王永南	—	刘斌	熊健荪	—	1997 年 12 月
	刘斌	—	杨敏	熊健荪	—	1998 年 10 月
	刘斌	—	王再春	涂杰	周欢	2011 年 11 月
	周欢	—	刘斌	涂杰	—	2016 年 7 月
南昌十六中支部	刘文茬	邓重滁	张光才	潘弥生	—	1981 年 10 月
	潘弥生	张光才	—	—	—	1983 年 5 月
	潘弥生	张光才	—	—	—	1987 年 4 月
	潘弥生	张光才	陈文玉	万晓卫	—	1989 年 11 月
	潘弥生	陈文玉	詹祥玫	万晓卫	—	1992 年 12 月
	潘弥生	陈文玉	詹祥玫	万晓卫	—	1994 年 10 月
	陈文玉	—	詹祥玫	万晓卫	—	1996 年 8 月

续表

基层组织名　称	主委（组长）	副主委（副组长）	组织委员	宣传委员	其他委员	选举成立时　间
南昌十六中支部	万晓卫	—	詹祥玫	黄瑞金	—	1999 年 12 月
	詹祥玫	—	詹祥玫	黄瑞金	—	2000 年
	吴卫民	—	李聪	詹祥玫	—	2005 年 12 月
	罗燕琴	—	李聪	谢晖	—	2011 年 6 月
	谢晖	—	李聪	江玮韡	周颖华	2012 年 11 月
	姜玲	—	江玮韡	谢晖	周颖华	2018 年 12 月
南昌十七中支部	张继尧	—	—	邹敬民	—	1987 年 5 月
	张继尧	邹敬民	李佐奇	邹敬民	—	1991 年 3 月
	邹敬民	—	罗明敏	谭林华	—	2001 年 8 月
	闵睿	—	罗明敏	谭林华	—	2010 年 11 月
	谭林华	—	闵睿	刘祥龙	—	2015 年 5 月
	刘祥龙	—	关宇	端木奕福	—	2020 年 9 月
南昌十九中支部	张耀德	—	—	—	—	“文化大革命”前（小组成立）
	李宝婵	黄永安	邱琨之	董宝莲	—	1984 年 9 月（支部成立）
	李宝婵	余传祥	许淑琪	吴昭云	—	1987 年 1 月
	李宝婵	余传祥	许淑琪	范立人	—	1990 年 12 月
	熊凤珍	—	范立人	熊爱武	—	1994 年 1 月
	熊凤珍	—	范立人	熊爱武	—	1996 年 12 月
	刘金平	—	熊长玉	刘达珊	—	2006 年 12 月
	刘勇	—	雷喜平	龚晓琴	—	2014 年 6 月
南昌二十中支部	陈煜南	甘华芝	甘华芝	陈峰	—	1983 年 6 月
	陈煜南	—	万丈	洪淑通	—	1988 年 11 月
	陈煜南	—	万丈	洪淑通	—	1994 年 5 月
	万丈	陈煜南	陈煜南	洪淑通	—	1996 年 12 月
	万丈	王永南	高晓鸿	涂传斌	—	2001 年 4 月
	涂传斌	—	龚文革	陈克俭	—	2007 年 6 月
	龚文革	徐冕	聂明华	陆旸	陈雅琴	2015 年 5 月
	龚文革	徐冕	陆旸	聂明华	陈雅琴 熊洪俊	2020 年 6 月

续表

基层组织名　称	主委（组长）	副主委（副组长）	组织委员	宣传委员	其他委员	选举成立时　间
南昌二十一中支部	徐忭初	—	—	—	—	1983 年 6 月
	徐忭初	徐慧华	—	—	—	1985 年 1 月
	徐忭初	—	徐慧华	肖和泰	—	1987 年 5 月
	徐忭初	肖和泰	徐慧华	杨光宠	—	1989 年 9 月
	肖和泰	—	徐慧华	杨光宠	—	1990 年 11 月
	肖和泰	—	徐慧华	杨光宠	—	1993 年 12 月
	杨光宠	—	徐慧华	涂金弟	—	1999 年 5 月
	涂金弟	—	徐慧华	涂金弟	—	2009 年 2 月
	孙富荣	—	徐慧华	涂金弟	—	2014 年 7 月
南昌二十六中支部	曹良封	—	杜继媛	熊自球	—	1993 年 11 月
	唐水秀	—	杨德胜	项汝平	△于建民	1999 年
	于建民	—	吴礼平	唐水秀	—	2005 年 9 月
	于建民	—	吴礼平	熊淑明	—	2011 年 6 月
	熊淑明	—	吴礼平	徐国洪	王晓玉	2016 年 11 月
南昌八一中学支部（2003 年 12 月原南昌十一中与南昌八一学校两支部合并）	林国斌	—	胡瑞琪	—	—	1987 年 2 月
	林国斌	—	胡瑞琪	陈至英	—	1991 年 4 月
	林国斌	—	张良龙	肖美幸	—	1996 年 12 月
	肖美幸	黎传祖	张良龙	黎传祖	—	—
	肖美幸	成玲	成玲	杨玉来	—	2009 年 3 月
	肖美幸	—	赵丽琴	舒琦	—	2014 年 11 月
	舒琦	—	赵丽琴	孙丽荣	—	2019 年 6 月
市外国语学校支部	何啸鸣	李佐奇 赵海英	赵海英	张小兰	—	2004 年 9 月
	何啸鸣	李佐奇	张鸿文	张小兰	—	2011 年 10 月
	—	△张鸿文	—	—	—	2015 年 11 月
	何啸鸣	张鸿文 黄家颂	周国文	李璐	黄家颂兼社会服务	2016 年 12 月
	凌惜墨	孙军	徐珂	罗海舷	徐平平	2022 年 8 月
江安学校支部	彭英亮	—	—	—	—	1989 年 12 月（小组成立）
	许桃生	—	彭英亮	辜承汉	—	1995 年 5 月（支部成立）

续表

基层组织名　　称	主委（组长）	副主委（副组长）	组织委员	宣传委员	其他委员	选举成立时　　间
江安学校支部	许桃生	—	辜承汉	谢根女	—	1998 年 6 月
	邹发顺	—	管新财	陈广珍	—	2009 年 3 月
	管新财	—	张缨	陈林	—	2014 年 10 月
	吴国洪	—	徐红军	余训国	—	2022 年 10 月
市机关支部	贾祥骅	—	李昌元	熊志成	—	1980 年 4 月
	贾祥骅	张修镐	李昌元	熊志成	—	1983 年 5 月
	贾祥骅	张修镐	黄绍彦	刘子彻	—	1985 年 4 月
	贾祥骅	张修镐	黄绍彦	刘子彻	—	1989 年 4 月—1993 年 5 月
	胡巧蓉	—	谢琴	冯冰	—	2009 年 11 月
	胡巧蓉	—	龚云峰	席沪莺	姜珍一	2014 年 8 月
	胡巧蓉	△龚云峰 △毛汉星	△徐海峰	席沪莺	姜珍一	2016 年 8 月（届中调整）
	张琳	龚云峰 毛汉星 徐海峰 万力	刘慧敏	黄如桃	熊世涛 程兰	2021 年 12 月 25 日
市经济支部	陈志强	—	陈业斐	廖振华	—	2009 年 3 月（支部成立）
	陈志强	毛华撑 舒文峰	陈业斐	廖振华	—	2014 年 12 月
	陈志强	毛华撑 舒文峰 △刘敏	△李继繁	△夏思进	△陈燕	2018 年 11 月（届中调整）
	刘敏	毛华撑 万玉荣 刘士杰	李继繁	夏思进	陈燕 罗莘璐	2019 年 12 月
市机关企业支部	陈在庚	—	潘贤灼	胡丽传	—	1980 年 3 月
	陈在庚	徐嘉谋	潘贤灼	胡丽传	—	1982 年 5 月
	陈在庚	徐嘉谋	吴铁俊 舒理达	徐嘉谋 古畹恒	—	1985 年 4 月
	徐嘉谋	舒理达	吴铁俊 陈在庚	胡献坤	—	1987 年 5 月
	徐嘉谋	舒理达	吴铁俊	谭茂础	—	1991 年 3 月
	吴铁俊	舒理达	陈在庚	谭茂础	舒理达 徐嘉谋	1994 年 9 月

续表

基层组织名　　称	主委（组长）	副主委（副组长）	组织委员	宣传委员	其他委员	选举成立时　　间
市机关企业支部	吴铁俊	舒理达	—	—	舒理达 徐嘉谋	2005 年 11 月
	肖伟平	姜珍一 席沪莺	雷世超	夏雯	柯志文	2022 年 6 月
医卫综合支部	鲍文德	—	张喜群	喻逸民	—	1980 年 3 月
	鲍文德	—	张喜群	喻逸民	—	1982 年 5 月
	王文芳	张喜群	罗来秋	曾秀宝	—	1985 年 4 月
	王文芳	—	张喜群	曾秀宝	—	1986 年 4 月
	王文芳	曾秀宝	万德惠	熊咏怀	—	1988 年 5 月
	袁漱群	王文芳	万德惠	吕葆英 刘冬柔	—	1991 年 12 月
	李国生	—	陈国恩	吕葆英	—	1994 年 12 月
	李国生	—	陈瑛	陈云鹏	—	1998 年 10 月
	熊淑兰	—	陈瑛	刘芝萍	—	2005 年 6 月
	熊淑兰	陈瑛 刘芝萍 黄旭	龚巧珠	计卫	张春燕	2010 年 4 月
	黄旭	刘芝萍 张春燕 杨建斌	龚巧珠	羡葵	张洁	2016 年 5 月
	张春燕	杨建斌 羡葵 李兵胜	李静	姜俊敏	叶青	2020 年 5 月
南昌市第一医院支部	鲍文德	—	肖文霞	章金媛	—	“文化大革命”前
	肖文霞	章金媛	—	—	—	1980 年 1 月 （成立小组）
	肖文霞	章金媛	—	—	—	1982 年 5 月
	张旭	—	肖文霞	章金媛	—	1985 年 5 月 （支部成立）
	张旭	—	章金媛	柳志宏	—	1988 年 11 月
	张旭	范惠珠	章金媛 潘海燕	柳志宏	—	1991 年
	范惠珠	田晶	潘海燕 △阎萍	柳志宏	—	1994 年 8 月
	范惠珠	阎萍	胡玲	陶晓三	—	1997 年 12 月

续表

基层组织名　称	主委（组长）	副主委（副组长）	组织委员	宣传委员	其他委员	选举成立时　间
南昌市第一医院支部	胡玲	阎萍	彭梅 熊道行	蔡静	—	2000 年 8 月
	胡玲	李金星	彭梅	郑春华	李秀丽	2011 年 12 月
	郑春华	曹骥 方译	王永波	胡瑛	李翠花	2019 年 12 月
南昌市体育支部	陈钢	—	许慧	史仁中	—	2004 年 9 月
	许慧	—	陈钢	应伟	—	2011 年 12 月
	许慧	—	陈钢	应伟	—	2016 年 6 月
	许慧	胡稳	胡稳	黄睿	周铨仲	2021 年 7 月 9 日
南昌采茶剧团支部	朱莲芳	—	张斌	高林香	—	1983 年 5 月
	汤声扬	—	梁小豹	高林香	—	1984 年 11 月
	汤声扬	高林香	胡茂信	梅相华	—	1986 年 12 月
	胡茂信	梅相华	梅相华	徐春娣	—	1988 年 11 月
	朱志义	黄超群	徐春娣	罗小玲	—	1994 年 10 月
	朱志义	黄超群	徐春娣	罗小玲	—	1997 年 12 月
	朱志义	黄超群	罗小玲	邵洁	—	2006 年 12 月
	邵洁	黄超群	罗小玲	邵洁	—	2015 年 4 月
	邓莎莎	吴蓓 郭剑莹	付亚运	谢雯雯	谭芮	2020 年 8 月
南昌京剧团支部	朱起凤	魏福荪	—	—	—	“文化大革命”前（小组成立）
	刘振声	—	郑丹华	王丽君	—	1983 年 7 月（支部成立）
	刘振声	戴伟民	郑丹华	王丽君	—	1986 年 3 月
	戴伟民	—	罗青华	杨宁智	—	1989 年 1 月
	戴伟民	—	罗青华	杨宁智	—	1992 年
	戴伟民	—	罗青华	杨宁智	—	1994 年 7 月
	戴伟民	—	罗青华	杨宁智	—	1997 年 12 月
求实学校（支部）小组	易忠霁	—	姚明仙	沈业恭	—	1983 年 3 月
	丁士濂	—	姜志义	王瑞英	—	1985 年 2 月
	丁士濂	—	姜志义	熊国隆	—	1986 年 12 月
	丁士濂	—	姜志义	熊国隆	—	1988 年 12 月

续表

基层组织名　称	主委（组长）	副主委（副组长）	组织委员	宣传委员	其他委员	选举成立时　间
求实学校（支部）小组	沈业恭	—	—	熊国隆	—	1993 年 5 月—2005 年（小组成立）
市人委机关支部	雷世懋	—	李昌元	熊志成	—	“文化大革命”前
第一综合支部	陈在庚	—	胡丽传	潘贤灼	—	“文化大革命”前
第二综合支部	方灼华	—	丁士廉	沈业恭	—	“文化大革命”前
第三综合支部	孙定玉	—	罗湘	傅楫	—	“文化大革命”前
第四综合支部	李允训	—	章期健	潘衡	—	“文化大革命”前
市防疫站小组	贾祥骅	彭景贤	—	—	—	“文化大革命”前
南昌越剧团支部	筱牡丹	陈桂芳	—	—	—	1983 年 8 月
	陈桂芳	于博文	—	—	—	1987 年 4 月
	姚润泉	于博文	—	—	—	1991 年 10 月—1993 年 5 月
南昌四中支部	李希贤	王世佩	—	—	—	1982—1985 年
南昌五中小组	姚明仙	—	—	—	—	“文化大革命”前
南昌六中支部	周明珏	—	夏湘霖	刘希武	—	“文化大革命”前
南昌九中小组	刘文茌	熊韻雯	—	—	—	“文化大革命”前
南昌十一中支部	涂健生	—	—	—	—	1983 年 12 月
	桂文波	徐艳芳	—	—	—	1987 年 5 月
	桂文波	雷良友	吴易化	雷良友	—	1991 年 3 月
	黎传祖	—	罗斌	黎传祖	—	1996 年 5 月
南昌二十二中支部（南昌外国语学校前身）	黄锡鹏	李鸿春	石婉容	李鸿春	—	1985—1987 年
南昌三十七中支部	陈善	—	刘戢	高文澍	—	1985 年 9 月（临时支部）

续表

基层组织名　称	主委（组长）	副主委（副组长）	组织委员	宣传委员	其他委员	选举成立时　间
中教一支部（2004年9月分解成南昌外国语学校支部和体育支部）	李希贤	方灼华	黄佩珍 夏宗欧	温建之	—	1980年4月
	黄绍彦	—	涂淳偭	曾仲生	—	1982年6月
	林国彬	曾仲生	胡瑞琪	王世佩	—	1985年4月
	李鸿春	—	李华	—	—	1987年9月
中教三支部	刘文荏	—	丁士濂	高文澍	—	—
	丁士濂	—	颜学恕	高文澍	—	—
	陈方增	—	孙锡钟	李华	—	1985—1987年
江西科技师大一支部（2015年6月划入省属）	熊戈	李传梓	齐宪模	李传梓	—	1980年1月
	熊戈	李传梓	齐宪模	李传梓	—	1982年9月
	李传梓	邹战	张学云	邹战	—	1985年1月
	李传梓	邹战	张学云	邹战	—	1987年4月
	邹战	熊玛琍	彭兰花	熊玛琍	—	1990年11月
	邹战	熊玛琍	彭兰花	田作为	—	1994年10月
	熊玛琍	田作为	王丽华	吴美荣	—	1997年12月
	熊玛琍	王丽华	吴美荣	李世珊	—	2003年12月
	熊玛琍	张澜	吴美荣	王艳	—	2009年3月
	张澜	熊震 王丽华	王艳	尹勋锋	—	2012年6月
江西科技师大二支部（2015年6月划入省属）	吴子彦	—	刘希武	涂淳偭	—	1980年2月
	吴子彦	—	刘希武	王铁间	—	1982年5月
	刘希武	—	徐奔	许力	—	1985年2月
	刘希武	—	邓启明	许力	—	1987年1月
	邓启明	许力	徐五一	涂维民	—	1991年3月
	唐晓燕	△邬海明	涂维民	万德惠	—	1993年10月
	邬海明	杨霞林	涂维民 △蔡久评	杨霞林	—	1998年12月
	邬海明	杨霞林 蔡久评	李俊峰	徐伟平	—	2010年12月